rowohlt

Stine Marg, Lars Geiges, Felix Butzlaff,
Franz Walter (Hg.)

Die neue Macht der Bürger

Was motiviert die Protestbewegungen?

BP-Gesellschaftsstudie

Rowohlt

Diese Studie wurde initiiert und gefördert
von der BP Europa SE.

1. Auflage Februar 2013

Redaktion Regina Carstensen
Satz aus der Minion PostScript, InDesign, bei
Pinkuin Satz und Datentechnik, Berlin
Druck und Bindung CPI – Clausen & Bosse, Leck
Printed in Germany
ISBN 978 3 498 07254 4

Inhalt

Vorwort

Die neue Macht der Bürger – Was motiviert die Protestbewegungen? lautet der Titel des vor Ihnen liegenden Buches. Was motiviert ein Unternehmen wie BP – ein Unternehmen, welches selbst Ziel von Protesten war und ist –, Grundlagenforschung zu Protestbewegungen zu fördern?

Die BP kennt ihre Rolle in der Gesellschaft: Unsere Hauptaufgabe besteht darin, sicher und kostengünstig Energie für Mobilität und Wärme zu liefern. Ohne diese Energie ist unsere moderne Gesellschaft und hochentwickelte Wirtschaft nicht lebens- und arbeitsfähig. Dafür arbeiten wir bei BP engagiert jeden Tag.

Als Unternehmen sind wir vor allem durch unsere Mitarbeiter tief in der Mitte der Gesellschaft verankert. Wir hören und spüren, was um uns herum vorgeht. Trotzdem wissen wir noch zu wenig über die neuen Formen der Bürgerproteste. Dieses Phänomen muss unsere Gesellschaft – also Politik, Unternehmen, Gewerkschaften und Zivilgesellschaft – verstehen. Wir spüren, dass sich hier etwas aus der Gesellschaft heraus artikuliert. Was treibt unsere Mitbürger, die sich selbst bisher oft als ruhige Bürger empfunden haben, in den Protest gegen eine Baumaßnahme, gegen eine Schulpolitik, gegen fossile wie erneuerbare Energien?

Diesen Fragen kann ein Unternehmen selbst nicht nachgehen. Das ist Aufgabe der Wissenschaft. Was wir leisten können, ist, die Forschung zu Bürgerprotesten zu fördern. Wir ermöglichen damit der Wissenschaft – in dieser Studie dem Göttinger Institut für Demokratieforschung –, diese Proteste zu untersuchen.

Das ist mit der nun vorliegenden Studie vortrefflich gelungen. Wir schulden dem Institut von Herrn Professor Franz Walter und seinem Team großen Dank dafür, dass sie sich engagiert mit dem Thema Bürgerprotest auseinandergesetzt haben. Dazu mussten Brücken gebaut werden, weil nach unserem Eindruck Unternehmen und politikwissenschaftliche Institute bisher noch über keine große Tradition der Zusammenarbeit verfügen. Umso mehr freuen wir uns, dass es mit dieser Studie geglückt ist, hier mit gutem Beispiel voranzugehen.

Wir hoffen, dass die Ergebisse Anlass zu vielen Diskussionen in Politik, Wissenschaft und Zivilgesellschaft geben wird.

Michael Schmidt
Vorsitzender des Vorstands der BP Europa SE

Bürger in Bewegung

Zur Einführung

Franz Walter

Unlängst beherrschten noch Bilder von der revoltierenden Jugend mehrerer europäischer Metropolen die Titelseiten und Homepages der Medienwelt. Brennende Autos, plündernde Demonstranten, Straßenschlachten mit Polizisten, das waren visuelle Leckerbissen für die journalistischen Profis an den Newsdesks. Dahinter traten dann die hierzulande zuvor vielbeachteten «Wutbürger» ein wenig zurück. Denn der bundesdeutsche Wutbürger galt gegenüber dem jungen englischen «Sozialrebellen» oder den französischen *jeunes de banlieus* eher als schon etwas gesetzter, nicht so aufregender Typus.

Doch die Protest- und Partizipationsbürger zwischen München und Hamburg sind nicht verschwunden, auch wenn es zuletzt etwas leiser um sie wurde. Sie gehen weiterhin auf die Straßen der Republik, demonstrieren gegen Stromtrassen, Flugzeuglandebahnen und Windräder. Sie organisieren Kampagnen gegen Bildungsreformen und mobilisieren gegen die Macht der Atomindustrie. Die Bürger sind in Bewegung – nur wie und wohin sie sich bewegen, darüber weiß man noch sehr wenig.

Dabei dürfte ihre Zeit gerade erst begonnen haben. Im alternden Deutschland der nächsten Jahrzehnte werden die Bürgerprotestler (vermutlich) noch stärkere Rollen als Organisatoren der Unzufriedenheit spielen. Ein bisschen salopp orakelt: Spätestens zwischen 2015 und 2035 werden sich Hunderttausende hochmotivierter und rüstiger Rentner mit dem gesamten Rüstzeug der in den Jugendjahren reichlich gesammelten Demonstrationserfahrungen in den öffentlich vorgetragenen Widerspruch begeben. Das Altern der Republik wird also keineswegs zu Gleichgültigkeit in den öffentlichen Angelegenheiten führen – im Gegenteil. Doch wohin genau sich das alles politisch sortiert, ob sich die einzelnen Elemente des Dissens etwa gegen spezifische Großprojekte vereinheitlichen oder aber durch verschiedenartige Interessen auseinanderstreben, ist 2013 noch keineswegs deutlich, nicht seriös zu prognostizieren. Festhalten jedenfalls lässt sich ein Doppelbefund: Auf der einen Seite schwinden gesellschaftliche Integrationskräfte von Parteien, Verbänden und Kirchen, auf der anderen Seite entwickelt sich anscheinend eine rege Zivilgesellschaft mit postkonventionellen Partizipationsformen, um Einfluss auf Politik und Gesellschaft zu nehmen. Irgendwo dazwischen finden wir auch viel ziellosen Verdruss einer typischen Misstrauensgesellschaft. Dies alles wird – sollte es sich verstetigen – unser Zusammenleben nachhaltig beeinflussen.

Dabei erscheint das Spektrum der Proteste nach wie vor unübersichtlich. Die Formen des Einspruchs reichen von kleinen Kampagnen über Mahnwachen bis hin zu Großdemonstrationen. Und diejenigen, die hier aktiv werden und Resistenz organisieren, passen anscheinend nicht mehr in die überkommenen Vorstellungen. Doch was sind eigentlich die entscheidenden Charakteristika dieser Proteste, die sich gegenwärtig an den unterschiedlichsten Themen an verschiedensten Orten in der Republik mit ganz variierender Intensität entzünden? Welche Motive treiben diejenigen an, die demonstrieren, campieren, sich an Gleise ketten, mit Sternmärschen und Lichterketten, Platzbesetzungen oder satirischen Happenings auf sich aufmerksam zu machen versuchen?

In ihrer Bürgerlichkeit jedenfalls setzen die Protestler der

Jahre 2010 ff. eine dominante Tradition aus dem vergangenen halben Jahrhundert fort. Die markanten Protestwellen mindestens seit den sechziger Jahren in der Bundesrepublik Deutschland waren ganz überwiegend von bürgerlichen Teilnehmern durchwirkt. Die Achtundsechziger-Rebellen, später die erzürnten Bürger und Bauern auf dem Bauplatz in Wyhl, entstammten nicht dem Proletariat. Auf den Friedensmärschen und in den Alternativbewegungen der späten siebziger, frühen achtziger Jahre, aus denen die Grünen anfangs Antrieb und Personal zogen, sah man viel Nachwuchs des deutschen Bildungsbürgertums.

Bald fünfzig Jahre ist das her. Und natürlich haben sich gesellschaftliche Problemlagen gravierend verändert, die Bedingungen, die Protest umrahmen und mitbegründen, haben sich ungleich gewandelt. Die drängenden übergeordneten, auch unbeantworteten Fragen sind jedoch gestern wie heute dieselben: Was bewegt die Bewegungen? Was motiviert die Protestler? Was treibt sie an? Darum ging es den Autoren dieses Buchs. Sie fragten nach Wertvorstellungen, Sozialmoral und Tradition, die Deutschlands Aktivisten verbinden und letztlich in Bewegung versetzen. Welche Ressourcen, Wissensbestände und Routinen bringen sie in die Arbeit rund um die Bürgerinitiative, den Verein oder das Netzwerk mit ein? Welche zurückliegenden Erfahrungen mit zivilgesellschaftlichem Engagement, herkömmlichen politischen Institutionen oder gesellschaftlichen Strukturen haben diese Menschen gemacht? Wie wirken sich diese Erfahrungen auf ihre gegenwärtige Einstellung und ihr Handlungsrepertoire innerhalb des Protests aus? Gibt es Lernprozesse, die sich tradieren lassen? Verbindende Emotionen, die angesprochen werden? Narrative des Protests? Welche Vorstellung von Demokratie, Parteien, Politik und Gesellschaft leiten die Aktivisten? Was verbinden sie mit bestimmten, für unsere Gesellschaft zentralen Werten wie Verantwortung, Gerechtigkeit, Gleichheit oder auch Freiheit? Und was erwarten sie generell vom Staat und der Politik? Schließlich ermittelten wir auch, wie sie sich organisieren, wie sie Entscheidungen in informellen Gruppen treffen, welche Hierarchien, Strukturen und Organisationsrealitäten sich ausbilden.

Zu all diesen Fragen suchten wir in einer großangelegten Studie nach Antworten. Wir näherten uns den unterschiedlichen Protestformen über teilnehmende Beobachtungen auf Demonstrationen und Versammlungen, über Einzelinterviews und ausgedehnte Gruppengespräche. Um hier auch regional in die Breite zu gehen, Typen, Eigenarten, Gemeinsamkeiten und Unterschiede zu entdecken, sind die Autorinnen und Autoren von Nord bis Süd, von Ost bis West der Republik unterwegs gewesen. Wir waren in urbanen Metropolen wie im ländlichen Raum. Wir haben ökonomisch boomende Regionen besucht und Gegenden, in denen der demographische wie betriebliche Wandel deutliche Spuren hinterlassen hat. Da die Studien ein möglichst breites Themenfeld abdecken sollen, bereisten wir die wahrlich weite bundesrepublikanische Protestlandschaft. Wir machten uns kundig in den Camps von Occupy, bei den Opponenten gegen Infrastrukturprojekte, bei den Organisatoren der Einsprüche gegen diverse Vorhaben im Kontext der Energiewende, den Kontrahenten von Schulreformen, den Aktivisten von Internetkampagnen und der Fronde gegen den Euro sowie den Protagonisten satirischer Protestgruppen. Wir hoffen, den Protest dieser Jahre dadurch verständlicher gemacht zu haben, ohne dabei in die Rolle der positiven Identifikation oder schroffen Distanzierung geschlüpft zu sein.

Die Studien sind am «Institut für Demokratieforschung» der Universität Göttingen entstanden. Über mehrere Jahre hatten wir dort bereits Untersuchungen zu historischen Sozialoppositionen durchgeführt. Nun gingen die Forschungen in die Beobachtung gegenwärtiger Bürgerproteste über. Förderer des konkreten Projekts war die BP Europa SE. Eine solche Kooperation war alles andere als selbstverständlich. Auf unserer Seite, der Sozialwissenschaft, existierten einige Unsicherheiten über Motive und Interessen des Förderers. Aber er hielt, was er von Beginn an versprach, und nahm keinen Einfluss auf Forschungsfragen, Methoden und die hier als Buch vorliegende Präsentation der Ergebnisse. Unter diesen Bedingungen halten wir weitere «Gesellschaftsstudien» für wünschenswert und lohnend.

Die nachfolgende Darstellung beginnt mit einer akkuraten Präsentation der Forschungsinstrumente und -ansätze. Die wissenschaftliche Forschung und Debatte verlangt das, gewiss mit einigem Recht. Doch nicht jeder Leser dürfte ein drängendes Interesse an dergleichen fachwissenschaftlichen Reflexionen und Diskursen verspüren. Wem die Details von Methodik und Begründung nicht allzu wichtig sind, muss sich der Lektüre dieses Abschnitts nicht aussetzen. Man kann sich auch gleich «ohne alle Mühsal akademischer Vorbauten und Umwege» (Dolf Sternberger) unmittelbar auf das Feld der sicher etwas anschaulicheren Protestermittlungen begeben.

Wie erforscht man Protest?

Forschungsdesign und Methodik

Stephan Klecha / Stine Marg / Felix Butzlaff

Wer protestiert, fällt auf. Denn Widerstand wird nicht im Stillen artikuliert, sondern meist laut und öffentlich – vor den Rathäusern, auf den Straßen und Marktplätzen. Schon deshalb sind die Protestbürger der vergangenen Jahre kaum zu übersehen gewesen. Man hört und liest von ihnen und von ihren Anliegen beinahe tagtäglich, wobei das Wissen über ebendiese Bürger auf den Barrikaden und ihren Protestformationen erstaunlich gering ist. Daher: Wie erforscht man Protest?

Zunächst einmal können politische Teilnahme im Allgemeinen und Protest im Besonderen als Symptome einer Legitimations- und Partizipationskrise des politischen Systems begriffen werden oder – positiv gewendet – als Ausdruck der politischen Emanzipation und somit als Potenzial für eine demokratische Revitalisierung verstanden werden. Darüber hinaus gilt: Politische Partizipation ist anstrengend. Und deswegen erzielen vergleichsweise einfach zu realisierende Maßnahmen wie die Teilnahme an Wahlen, die Diskussion im Freundes- oder Bekanntenkreis oder die Eingabe einer Petition unverändert hohe bis höchste Beteiligungswerte. Demgegenüber ist politisches Engagement abseits von Wahlen mit größerem Aufwand und zahlreichen Hürden verbunden und wird demzufolge von deutlich weniger Menschen regelmäßig wahrgenommen.[1] So verlangen alle Formen der politischen Mitwirkung jenseits der einfachen

Aktivitäten den Beteiligten ein höheres Maß an Verbindlichkeit ab und setzen mitunter andere Ressourcen und auch Fähigkeiten voraus.[2] Bei genauerer Betrachtung der Entwicklung in Deutschland ergibt sich gegenwärtig ein zweischneidiges Bild: Während die Wahlbeteiligung rückläufig ist, nimmt der Grad des Engagements in anderen Bereichen stetig zu und verändert sich zugleich. Spiegelbildlich dazu schwindet die Legitimität der durch Wahlen gestützten repräsentativen Demokratie, ohne dass neue Legitimitätsdepots bislang dafür einen Ersatz schaffen können.

Doch die Krise der Repräsentation muss nicht zwangsläufig zur Krise der Demokratie erklärt werden. Man kann die wachsende Bereitschaft, sich jenseits des Wahlakts politisch einzusetzen, auch als mögliches Element der Neubelebung von Demokratie begreifen. Wenn die repräsentative Demokratie hinterfragt wird und bürgerschaftliches Engagement sich dezidiert mit politischen Anliegen hervortut, so steckt darin ein immenses Potenzial der demokratischen Emanzipation. Aber das hat ebenfalls eine Kehrseite: je anspruchsvoller die politische Partizipation an sich, desto ungleicher die Teilhabe.[3] Eben weil die komplexeren Angebote und Forderungen ganz bestimmte individuelle Ressourcen voraussetzen, findet auf dieser Ebene eine soziale Ausgrenzung der Teilhabenden statt, die vielleicht nicht so viel Wissen einbringen können.

Ob diese Feststellungen für die Initiatoren der Anti-ACTA-Demonstrationen (ACTA = Anti-Produktpiraterie-Handelsabkommen), Occupy-Camper oder die Proteste gegen Windkraftanlagen Geltung beanspruchen darf, ist eine Frage der vorliegenden Studie.

Dazu müssen die Bedingungen betrachtet werden, aus denen heraus eine Unzufriedenheit mit dem politischen System, mit seinen Leistungen oder Strukturen entsteht, und wie dieses dann in politische Aktion und zivilgesellschaftlichen Protest umschlägt. Und: welche Vorstellungen von Gesellschaft und Demokratie in den Protestformationen präsent sind, welche Aufgaben die Aktivisten den Parteien und Politikern zuschreiben, welche Erwartung sie an «die Politik» haben und welche Rolle sie «der Wirtschaft» zugestehen – all das ist nicht unbedeutend, wenn man über Wirkung und Folgen des gegenwärtigen Protests und des latent vorhandenen Protestpotenzials in unserer Gesellschaft nachdenkt. Weil seit einiger Zeit das bürgerschaftliche Engagement «außerhalb der konventionelle(n) Organisationsverfassungen und -formen»[4] wächst, ist diese Fragestellung gerade im Zusammenhang mit dem gegenwärtigen Protestsektor zu erforschen. Zu klären ist dabei, unter welchen Umständen der Einzelne bereit ist, Energie, Herzblut, Zeit und Geld im politischen Feld für eine ihm dringliche und wichtig erscheinende Frage aufzuwenden.

Proteste an sich sind kein neues Phänomen in der bundesrepublikanischen Gesellschaft. Noch vor den studentischen Protestkampagnen der späten sechziger Jahre gab es beispielsweise Demonstrationen gegen die Nutzung der Atombombe («Kampf dem Atomtod») oder die ersten Ostermärsche. Nach der *Spiegel*-Affäre 1962, bei der die Öffentlichkeit sich für die Pressefreiheit einsetzte, rollte bereits eine regelrechte Protestwelle durch das Land. Und auch der vermeintliche Höhepunkt 1968 stellt sich im Rückblick eher als Ouvertüre einer anhaltenden Protestgesellschaft dar, als die sich die Geschichte der Bundesrepublik ebenfalls deuten ließe: von den Anti-AKW-Demonstrationen über die Bewegung gegen den NATO-Doppelbeschluss bis hin zu den Massenkundgebungen gegen den Golfkrieg – um nur einige Ereignisse zu nennen. Wenn man die ostdeutsche Friedensbewegung und natürlich die Umbrüche vom Herbst 1989 einbezieht, kann man Protest sogar als eine gesamtdeutsche Erfahrung auffassen. Demzufolge stellt das Thema mittlerweile auch ein eigenes Forschungsfeld innerhalb der Sozialwissenschaften dar. Diese Disziplinen operieren, um Protest, Demonstrationen, Partizipationsbegehren und Ähnliches zu fassen, vorzugsweise mit der Begrifflichkeit der «sozialen Bewegung» und skizzieren diese als ein «Netzwerk von Gruppen und Organisationen, gestützt auf eine kollektive Identität, eine gewisse Kontinuität des Protestgeschehens ... das mit dem Anspruch auf Gestaltung des gesellschaftlichen Wandels verknüpft ist ...».[5] Es stehen also Kollektivakteure und Protestnetzwerke mit ihrer geteilten Identität, dem Mobilisierungspotenzial und Deutungsstrategien im Forschungsfokus, während die individuelle Ebene, die biographische Prägung der Akteure und ihre Motivation vernachlässigt werden.[6] In diese Lücke wollen wir mit unserem Forschungsprojekt stoßen und so zu einer umfassenden Erklärung des Protestes beitragen.

Aus dieser Perspektive ist unsere Untersuchung auch ein Beitrag zum Stand der Protestforschung in der Bundesrepublik. Wir erfassen Protest nicht mit quantitativen Methoden oder mittels der Auswertung von Polizei- und Zeitungsberichten,[7] sondern nähern uns dem Feld mit einer breiten qualitativen Studie. Wir führten Gespräche mit zentralen Akteuren und Aktivisten (insgesamt achtzig Einzelinterviews) und arrangierten achtzehn Gruppendiskussionen mit jeweils sechs bis elf Teilnehmern. In diesen zwei bis drei Stunden dauernden Gesprächsrunden konfrontierten wir die Gesprächspartner mit Szenarien, Plan- und Kreativspielen, um ihre latenten Einstellungen und Werthaltungen herauszufiltern. Aus diesen Interviews und Fokusgruppen ergaben sich circa 1300 Seiten transkribiertes Material, das dann analytisch aufgearbeitet und verdichtet wurde. Somit konnten neueste und hochaktuelle Kenntnisse über die Träger des gegenwärtigen zivilgesellschaftlichen Prozesses gewonnen werden. Unsere Stichprobe umfasst insgesamt 200 Personen, deren politische Aktivitäten wir methodisch geleitet in Einzelinterviews, Gruppendiskussionen und mittels teilnehmender Beobachtung verstehend analysiert haben. So können wir – jenseits der pauschalisierenden Diskussionen über den Wutbürger – einen fundierten Einblick in die aktuellen Protestbewegungen bieten.[8]

Gerade die gegenwärtig so heterogene Protestlandschaft der Bundesrepublik ist allerdings analytisch schwierig zu fassen. Welche Protestzusammenhänge wählt man aus, mit welchen Aktivisten führt man ein Interview, wen lädt man in die Gruppendiskussionen ein, auf welche Veranstaltungen fährt der Sozialwissenschaftler als Beobachter und demzufolge auch: Was bezieht man *nicht* in die Untersuchung mit ein? Zunächst einmal ist diese Frage ganz pragmatisch zu beantworten: Auch eine Studie dieses Umfangs ist abhängig von Rahmenbedingungen, die das Forscherteam zwingen, abzuwägen, auszuwählen und schließlich zu ignorieren. Vor allem die Betrachtung aktueller Phänomene hängt vom Untersuchungszeitraum ab. Dieser erstreckte sich hier auf die erste Hälfte des Jahres 2012. Ziel des Projekts sollte das Verstehen und Erklären der gegenwärtigen und auch neuen Formen sein, die die gesellschaftspolitische Diskussion seit den Protesten um den Stuttgarter Bahnhof bestimmen. Auch deshalb standen die Aktivisten gegen Bauprojekte und die Hamburger Schulreform, die Organisatoren der Occupy-Camps und der Internetkampagnen in unserem Fokus und weniger die – in der Protestgeschichte schon beinahe etablierten – Ostermärsche, die Aktivitäten der Friedens- sowie Umweltbewegung oder die Demonstrationen gegen Rechtsextremismus.

Eine Ausnahme bilden in diesem Feld die Anti-Atom-Proteste. Wir haben diese jedoch bewusst mit einbezogen, weil die zahlenmäßig starken Demonstrationen seit dem Reaktorunfall im japanischen Fukushima ein aktuelles Phänomen darstellen und gleichzeitig die Aktivisten aus diesem Bereich eine Art Kontrollgruppe unseres Untersuchungsgegenstands repräsentieren.

Denn fragt man nach individuellen Antriebskräften für Engagement und Protest, nach biographischen Prägungen, Organisationsformen, Wertefundamenten und politischen Einstellungen, ist davon auszugehen, dass Menschen mit einer langen Karriere als Vorkämpfer in etablierten Konfliktarenen andere Werthierarchien, Präferenzen und vor allem Erfahrungen haben als diejenigen, die schwungvoll und mit viel Elan die erste Demonstration ihres Lebens organisieren, und das womöglich in einem neu entstandenen Konfliktfeld. Indem wir also ebenfalls die Protagonisten der Anti-Atom-Proteste befragt haben, stellten wir gleichzeitig sicher, auch Aktivisten einzubeziehen, die über eine jahrzehntelange Erfahrung im Protestsektor verfügen. Somit ließ sich nach Gemeinsamkeiten und Unterschieden etablierter und neu engagierter Akteure fahnden.

Noch einmal: Protest sollte in dieser Studie nicht über Organisation, Rahmbedingungen oder Kollektivakteure, sondern über die einzelne, im Feld tätige Person, über ihre Wertvorstellungen, Präferenzen und politischen Einstellungen erfasst werden. Doch nach welchen Kriterien wurden die jeweiligen Personen in unsere Untersuchung aufgenommen? Der Arbeitsbegriff unserer Studie war der des «Aktivisten». Wobei hier immer Männer *und* Frauen gemeint sind – Personen, die innerhalb des jeweiligen Protestzusammenhangs eine gewichtige Rolle einnehmen, wie zentrale Organisatoren oder auffällige Wortführer. Hätten wir uns jedoch auf diese Auswahlkriterien beschränkt, wäre die Gefahr sicher nicht klein, lediglich einen spezifischen Typus einzufangen: den nicht öffentlichkeitsscheuen, selbstbewussten Macher, während eventuell die stillen Strategen, leisen Vermittler oder gegebenenfalls radikaleren Typen vernachlässigt worden wären. Daher war der Arbeitsbegriff relativ offen formuliert und sollte ein breites Spektrum abdecken. Die im Protest Tätigen sollten jedoch ein «gewisses Aktivitätsniveau» aufweisen. Nur «Mitläufer» auf einer Demonstration kamen aber auch deswegen nicht in Betracht, weil sich ein weiterer Aspekt um die Frage nach gesellschaftlichen Veränderungspotenzialen und der persönlichen Motivation für das «kostenintensive Engagement» drehte. Unter welchen Bedingungen sind Menschen bereit, persönliche Ressourcen zu investieren, um sich für oder gegen etwas einzusetzen und damit die Gesellschaft mitzugestalten? Denn es macht tatsächlich einen Unterschied, ob jemand an drei Abenden in der Woche zu einer Versammlung der Bürgerinitiative geht, um die nächste Aktion vorzubereiten, oder ob man lediglich durch Anwesenheit bei der Aktion seinen Beitrag leistet.

Um diese verschiedenen Akteure mit einzubeziehen, sind wir in den jeweiligen Themenbereichen so vorgegangen: Durch Veranstaltungsbesuche sind wir mit «Wortführern» des Protests in Kontakt gekommen. Dabei haben wir diese als *Gatekeeper* angesehen. Über deren Weiterempfehlungen haben wir nach dem Schneeballprinzip oftmals weitere Gesprächspartner ausfindig gemacht. Bereits über diesen Zugang ließen sich Netzwerke und Machtbeziehungen identifizieren und sich somit der Protest als eigenständiges soziales Phänomen analysieren. Diese Methode der Rekrutierung für die Fokusgruppen und Einzelinterviews war zwar überaus aufwendig, jedoch auch erfolgreich.

Was schließlich einen Aktivisten ausmacht, ob er tatsächlich die Vorstellung einer offenen Zukunft, Selbstbewusstsein und Vertrauen benötigt,[9] um sich zu engagieren, welche verschiedenen Typen an Aktivisten es in den unterschiedlichen Protestzusammenhängen gibt, welche Motivationen und Wertvorstellungen sie leiten, welche biographischen Prägungen mit größerer Wahrscheinlichkeit einen aktiven und gesellschaftspolitisch engagierten Bürger hervorbringen als andere, soll am Ende unserer Untersuchung stehen.

Einzelinterviews

Für eine erfolgreiche Anwendung des Instruments des Einzelinterviews bedarf es variierender Methoden, die offen sind für verschiedene Deutungsformen und die den Blick für die Bildung von Hypothesen weiten. In den Sozialwissenschaften sowie in einigen Kulturwissenschaften ist die Form des narrativen Interviews nach Fritz Schütze[10] seit einiger Zeit etabliert und methodologisch weit entwickelt.[11] Ausgehend von einem erzählgenerierenden Impuls, tätigt der Interviewte eine autobiographisch geprägte Haupterzählung, die ganz oder in Teilen die Lebensgeschichte des Befragten aus seiner eigenen Sicht reproduziert. Dabei sollen ausdrücklich subjektive Einstellungen, Werthaltungen und Interessen zum Ausdruck kommen. Deswegen ermuntert der Fragende seinen Gesprächspartner von Anfang an, Dinge zu vertiefen und auszuführen, die ihm selbst wichtig sind. Er zeigt also ein überaus starkes Interesse an der Person, mit der er sich unterhält, und an deren Geschichte. Die Offenheit und das Interesse kommen bereits in der Einleitung des Gesprächs zum Ausdruck und werden auch in den Nachfragen immer wieder deutlich. Der Interviewer knüpft dazu direkt an die Erzählung seines Gesprächspartners an, um noch nicht beantwortete Stellen zu schließen und um diesen zur Bilanzierung seines eigenen Handelns zu bewegen.[12]

Der Interviewer besitzt im Idealfall weder einen Leitfaden, noch versucht er, das Gespräch über den erzählgenerierenden Impuls hinaus auf Themen zu lenken, sondern stellt seine Frageweise darauf ab, den Gesprächsfluss am Laufen zu halten. Die Stärke dieses klassischen Verfahrens liegt darin, dass die Befragten sich gegenüber dem Interviewer öffnen und umfassend Auskunft geben, was den Blick auf hintergründige Argumentationsmuster und -zusammenhänge freigibt. Diese Gesprächsform generiert wegen ihrer größtmöglichen Offenheit in beträchtlichem Umfang Informationen, die Auskunft über vergangene Prozesse geben und darüber, wie sie der Interviewpartner wahrgenommen hat.[13]

Aus zwei Gründen war diese völlig offene Interviewtechnik aber für unsere Fragestellung nicht beziehungsweise nur eingeschränkt geeignet. Erstens gingen beide Seiten mit einer gewissen Vorerfahrung in das Interview. Die Auswahl der Gesprächspartner erfolgte nicht zufällig, da wir politische Aktivisten und Engagierte der verschiedensten Richtungen bewusst aufgesucht haben. Zwar wurde in der Gesprächsanbahnung wie in der konkreten Gesprächseröffnung nie der Begriff des «Aktivisten» verwendet, doch die Interviewpartner wussten von Beginn an, dass wir uns aufgrund ihres politischen Engagements für sie interessieren. Umgekehrt war den Studienteilnehmern bekannt, dass wir als Sozialwissenschaftler arbeiten – und auch ohne explizite Nennung unsererseits lassen sich die Arbeitszusammenhänge, in denen wir tätig sind, einfach erschließen. Insofern wäre bei allem Bemühen natürlich stets erkennbar, dass wir zielgerichtet interessiert sind. Mithin erhielten wir – was auch nicht zu erwarten war – nie die vollständige Lebensgeschichte beziehungsweise in Reinform das, was den Befragten als wesentlich erschien, sondern immer einen in Bezug auf das Engagement beziehungsweise auf die Demokratie hin thematisch gefilterten Ausschnitt.

Daneben ergab sich, zweitens, ein forschungspraktisches Problem. Durch die offene Gesprächsführung erhielt der Befragte viel Raum. Zugleich konzentrierte sich unser Forschungsinteresse aber nicht auf die Lebensgeschichte als solche, sondern auf die politische Lebensgeschichte in Bezug auf das aktive Engagement. Da die offene Methodik des narrativen Interviews erfahrungsgemäß schnell die vorhandenen zeitlichen Ressourcen hinsichtlich einer sachgerechten Auswertung übersteigt,[14] hätten die auf diese Weise zusätzlich generierten Daten leicht den Rahmen des Projekts gesprengt. Daher bot sich eine stärker problemzentrierte Perspektive an.

Die amerikanischen Soziologen Robert K. Merton und Patricia Kendall[15] haben dafür das fokussierte Interview in die Methodendebatte gebracht. Dieses versucht ebenfalls über Stimuli, den Gesprächspartner zum Erzählen zu bringen, es ermöglicht zugleich aber eine Engführung des Themas während des gesamten Gesprächs oder während einzelner Phasen. Zielsetzung des fokussierten Interviews ist, die subjektiven Erfahrungen auf der Grundlage einer konkreten Situation zu ergründen.[16] Wiewohl alle Gesprächsteilnehmer in sehr unterschiedlicher Form aktiv sind, bildet ihr jeweiliges Engagement diese konkrete Situation und einen gemeinsamen Nenner. Möglicherweise sind sie aktiv geworden als Reaktion auf eine gewachsene oder grundsätzliche Unzufriedenheit mit der Funktionsweise der repräsentativen Demokratie und ihrer realen Einflussmöglichkeiten. Dieser von dem britischen Politikwissenschaftler Colin Crouch unter dem Schlagwort «Postdemokratie»[17] in die wissenschaftliche Diskussion eingeführte Gedanke *könnte* jedenfalls dem Handeln beziehungsweise Aktivwerden zugrunde liegen. Daher spricht einiges dafür, die Einstiegsfrage so zu wählen, dass überprüft werden kann, ob die Form der Aktivität sich als Reaktion auf ein gewandeltes Verhältnis zur Politik deuten lässt. Das wiederum setzt voraus, dass wir den Gesprächsteilnehmern die Gelegenheit bieten, sich erst in narrativer Form zu äußern. Nun plädieren Merton und Kendall aber sehr entschieden für die Verwendung eines Leitfadens, der ihnen schon alleine deswegen geboten erscheint, weil nur so die Vergleichbarkeit der Interviews gewährleistet ist.[18]

In der Konsequenz beider Anforderungen (Offenheit und Vergleichbarkeit) haben wir uns für eine Verbindung der Ansätze entschlossen, wie sie auch immer wieder empfohlen wird.[19] Demnach gliedern sich unsere Interviews in einen stärker narrativen und einen fokussierten Teil. Die Einstiegsfrage soll dabei zur Erzählung anregen und will erkunden, wann unsere Gesprächspartner das erste Mal in Kontakt mit Politik gekommen sind. Dadurch setzen wir einen Startpunkt für die Erzählung. Hierauf aufbauend, wird nachgefragt, wie sich seitdem Einstellung und Beziehung zur Politik entwickelt haben. Das Gespräch wird also auf den Kontext Politik fokussiert, zugleich aber so strukturiert, dass dieser aus der eigenen Wahrnehmung heraus beschrieben wird. Die Narration dient dazu, die Interviewpartner zu veranlassen, ruhig gründlich und umfassend ihre Sicht der Dinge darzustellen. Wie im narrativen Interview üblich, werden Nachfragen dazu eingesetzt, den Redefluss zu unterstützen, ohne gleichzeitig diesen in Richtung des engeren Fokus zu steuern. Erst im späteren Verlauf des Gesprächs wird dann, soweit noch erforderlich, flexibel auf Leitfragen zurückgegriffen, um die Unterhaltung auf die drei Kategorien «Politisierung und Aktivismus», «Einstellung zu konventionellen Beteiligungsformen» sowie «Arbeit und Ziel in der konkreten Protestgruppe» zu lenken.

Gerade weil Protest von außen häufig mit Gesellschaftskritik identifiziert wird, begegneten uns die Studienteilnehmer mitunter vorsichtig bis skeptisch. Hier arbeiteten wir dann gezielt im Sinne des von Jean-Claude Kaufmann entwickelten verstehenden Interviews.[20] Die Methode des französischen Sozialwissenschaftlers geht davon aus, dass das Gegenüber Anhaltspunkte braucht, um seine eigenen Äußerungen entwickeln zu können. Der Befragte muss in der Lage sein, den Fragenden einzuschätzen, um sich richtig auf die Gesprächssituation einlassen zu können. Daher sollte der Interviewer Empathie und Sympathie vermitteln und sich freundlich, positiv und offen für alles zeigen und somit auf den Gesprächspartner eingehen.[21] Nur so können die angenommene Distanz zwischen Interviewer und Interviewtem durchbrochen[22] und die offene Erzählung der jeweiligen politischen Biographie unterstützt werden.

Diese kombinierte Herangehensweise ermöglichte es, die insgesamt achtzig Interviews in den sehr verschiedenen Aktionsfeldern auszuwerten und auch miteinander vergleichen zu können, ohne dass es den Erkenntnisgewinn schmälerte. Auf dieser Grundlage ließen sich dann einige Thesen herausarbeiten und vertiefend analysieren.

Gruppendiskussionen

Auf der Grundlage der Einzelinterviews lässt sich bestimmen, *warum* jemand aktiv wird. Gleichzeitig geben sie aber nur eingeschränkt Auskunft darüber, *wie* sich der Aktivismus real ausdrückt. So klafft zwischen dem Anspruch («*Man* müsste eigentlich etwas tun») und der Realität («*Ich* engagiere mich») trotz wachsender Bereitschaft eine Lücke. Hier kommen einige Faktoren ins Spiel, die den Einzelnen daran hindern, den Anlass für partizipatorisches Handeln in diejenige Aktion umzusetzen, die er selbst für geboten hält. Persönliche Hindernisse dürften dabei im Einzelinterview deutlich werden, etwa familiäre, ökonomische oder berufliche Restriktionen. Uns ging es aber nicht nur um eine individualisierte Betrachtung von Wut, Protesthaltung und möglicher Aktivität. Wir suchten bewusst Hinweise auf die Gesellschafts- und Gruppenprozesse, die eine latente Protesthaltung erst manifest werden lassen und die zu ihrer Mäßigung oder Radikalisierung beitragen können. Deswegen galt es, eine Erhebungsform zu finden, die den Ertrag der Einzelinterviews sinnvoll ergänzt.

Dabei ist einzubeziehen, dass Menschen sich in einem institutionellen Kontext bewegen, der zur Herausbildung politischer Aktivität essenziell ist. Institutionen werden von den Akteuren jedoch weder bewusst wahrgenommen noch rational durchdrungen. Es sind die formellen und informellen Regeln, die das Zusammenleben und Zusammenagieren von Menschen beeinflussen.[23] Wenn Menschen sich mit Gleichgesinnten zusammenschließen, setzen sie bestimmte Umgangsformen und Erwartungen. Sie tasten sich in den Prozessen, die in Gruppen stattfinden, vor und testen aus, ob ihre Vorstellungen mit denen ihrer Mitstreiter übereinstimmen. Sie übernehmen dabei bestimmte Muster oder versuchen, diese zu verändern. Anders ausgedrückt: «Die Meinungsstruktur eines Individuums … ist ein soziales Produkt von Interaktionen.»[24]

Bei der Rekonstruktion von Protestbewegungen und gesellschaftlichen Protestformen wird man kaum zweifelsfreie Informationen darüber erhalten, welche Institutionen das Handeln der Einzelnen in dem Augenblick seiner politischen «Erweckung» beeinflusst haben. Gruppendiskussion bieten sich an dieser Stelle aber als probates Mittel an, um diese Lücke zu schließen. Sie haben den Vorteil, dass sie im besten Fall eine Diskussion zwischen den Gesprächspartnern in Gang setzen, die den alltäglichen Meinungsbildungsprozess nachbildet und in der die Teilnehmer zumindest zeitweilig ohne Eingriffe der Forscher miteinander kommunizieren und dabei Ansichten, Einstellungen, aber eben auch Debattenformen in verschiedenen Protestkulturen deutlich zutage treten lassen.[25] Dieses Vorgehen wird in der Markt- und Meinungsforschung gern verwendet, wohingegen in den Sozialwissenschaften der Einsatz lange Zeit eher selten war, weshalb die Methodologie immer noch als ergänzungsbedürftig eingeschätzt wird.[26] Gleichwohl gibt es seit den fünfziger Jahren immer wieder entsprechende Forschungsansätze.[27] In den letzten Jahren wird sogar eine wachsende Beliebtheit dieses Verfahrens konstatiert,[28] und auch das Göttinger Institut für Demokratieforschung hat bereits in früheren Untersuchungen reichliche Erfahrungen mit dieser Methode gesammelt,[29] auf die wir in diesem Vorhaben zurückgriffen.

Die zum Gespräch eingeladenen Teilnehmer bildeten zumeist keine gemeinsam agierende Realgruppe – bei diesem Projekt ging es nicht zentral um Meinungsbildung in Gruppen. Es existierte bei den Einzelnen aber doch ein Wertehintergrund, auf dem Erfahrungen im Engagement gemeinsam diskutiert werden konnten, der Austausch von bisher Erreichtem möglich war. Diese Herangehensweise bewegt sich weniger in der deutschen sozialwissenschaftlichen Tradition der offenen Gruppendiskussion, sondern ist eher an einem outputorientierten Vorgehen orientiert, das sich vor allem in der amerikanischen Forschung einer großen und wachsenden Beliebtheit erfreut.[30] Fokusgruppen haben für unser Vorhaben den besonderen Vorteil, dass die Teilnehmer in ihnen versuchen müssen, ihrer Argumentation «einen gewissen Grad an Allgemeingültigkeit» zu verleihen.[31] Dadurch ist es möglich, mit einem verhältnismäßig geringen Aufwand rasch Hypothesen und weitergehende Forschungsansätze zu erarbeiten. Bedingt durch die – allerdings nicht zwingend personenidentische – Kombination mit den Einzelinterviews, hat man auf diese Weise eine zusätzliche Reflexionsebene.

Sieben Untersuchungsgruppen wurden gebildet, bei denen wir je Protestfeld ein bis vier Fokusgruppengespräche geführt haben. In der konkreten Gruppendiskussion kam es dann darauf an, den Teilnehmern die Möglichkeit zu geben, modellhaft denkbare Arbeitsstrukturen und Protestformen zu entwickeln. Das heißt: Auch wenn wir wussten, dass die Personen miteinander aktiv sind oder sich zusammen für ein Thema engagieren könnten, wollten wir erreichen, dass sich, ausgehend von ursprünglich individuellen Bedürfnissen und Zielsetzungen, ein mögliches gemeinsames Interesse und Bewusstsein durch «wechselseitige(r) Bezugnahme und Herausforderung im (Gruppen-)Diskurs» herausbildet.[32] Dabei ging es uns auch um die Erschließung gemeinsamer Sprach- und Argumentationsmuster, Erfahrungen und Schlüsselmomente, geteilter Analysen und Hoffnungen. Dadurch ergibt sich nicht nur ein tiefer Einblick in das «Innenleben» der Protestbewegung, sondern auch in ihre Selbstwahrnehmung, in Deutungen von Umfeld und Zusammenhängen, in Inszenierungs- und Mobilisierungstechniken.

Gruppendiskussionen im Allgemeinen folgen meist einer ganz bestimmten Grundstruktur: Aufwärmphase, Herausbildung von Rollenstrukturen, am Ende Ausklang der Debatte.[33] Hinsichtlich der Reproduzierbarkeit der Ergebnisse wird auch hier – ähnlich wie bei den Einzelinterviews – eine «gewisse Standardisierung» als notwendig erachtet.[34] Aus diesem Grund verwenden wir einen teilstandardisierten Leitfaden, der die gängige Grundstruktur abbildet und wie im fokussierten Interview den einzelnen Teilnehmer wie der Gruppe Freiräume zum Assoziieren und Erzählen bietet. Die Erfüllung dieser hohen Erwartungen hängt jedoch von der Leistung des Moderators beziehungsweise der Moderatorin ab. Gerade weil die anvisierten Themen in zweieinhalb bis drei Stunden diskutiert werden sollten, erschien uns der Einsatz eines Moderatorenteams sinnvoll. Hier entschieden wir uns für ein gemischtes Doppel in jeglicher Hinsicht: ein in das Themenfeld eingearbeiteter sowie ein «unwissender» Moderator, ein männlicher sowie ein weiblicher. Letztere war gerade für die unterrepräsentierten Teilnehmerinnen der Gruppendiskussionen immer ein guter Ankerpunkt. Die Moderatoren teilten sich im Vornherein ihre Parts auf, waren jedoch auf verabredete Zeichen hin auf die Intervention des Partners eingestellt. So konnten Nachfragen gezielter eingebracht werden.

Eine gelungene Moderation braucht Übung. Um als Moderator eine Gruppe steuern zu können, muss man den Themenleitfaden verinnerlicht haben, also frei agieren können und in der Lage sein, rasch mit Empathie auf Menschen zuzugehen und sich in bestimmten Situationen zurückzunehmen, um so den Gesprächsteilnehmern den Freiraum für die Entfaltung ihrer Gedanken sowie persönlichen Erfahrungen zu geben. Der Moderator sollte die gängigen Fragetechniken beherrschen, von der offen formulierten Einstiegsfrage zu vertiefenden Fragen übergehen, gezielt persönliche Erfahrungen und Einstellungen «ermitteln» und die anderen Teilnehmer zu einer Auseinandersetzung mit dem Gesagten animieren.[35] Gerade das aktive Zuhören und Paraphrasieren ist eine Technik, die Moderatoren beherrschen sollten.[36] Das Ziel innerhalb der jeweiligen Themenblöcke war die Selbstläufigkeit, das heißt, die Gruppe sollte idealerweise – möglichst ohne Intervention durch die Moderatoren – mit sich selbst im Gespräch sein und so Werthaltungen und Einstellungen offenlegen.[37]

Intime Informationen kommen in Gruppendiskussionen nur dann zur Sprache, wenn die Teilnehmer im Lauf der Unterhaltung die Laborsituation, in der sie sich befinden, nach und nach «vergessen». Daher musste gerade in diesem Fall die Auswahl des Raumes, in dem die Gruppendiskussion stattfinden sollte, sorgfältig getroffen werden. Üblicherweise werden Fokusgruppen in Marktforschungsstudios oder in ähnlich sterilen Räumlichkeiten durchgeführt. Hier sind die Kameras häufig unauffällig an der Decke fixiert, Tischmikrophone nehmen das Gesagte auf, und eine verspiegelte Scheibe ermöglicht den Beobachtern, versteckt das Geschehen zu verfolgen. Solche Studios befinden sich jedoch nur in (Groß-)Städten und schienen für Teilnehmer aus dem Protestmilieu auch nicht geeignet. Wir suchten, teilweise im wahrsten Sinn des Wortes, alternative Räumlichkeiten, zeichneten alles mit eigenen Kameras und Mikrophonen auf. Gelegentlich waren wir auch zu Gast bei den «Protestlern». Dies hatte den Vorteil, dass die sogenannte Aufwärmphase quasi übersprungen wurde, die Teilnehmer kaum mit der Örtlichkeit fremdelten und sich sofort in das Gespräch einfanden. Für die Moderation war es so aber mitunter schwieriger, die Gruppe auf unsere «Gesprächsregeln» beziehungsweise Rahmenbedingungen festzulegen. Es war aufwendiger, die Teilnehmer für die Dauer der Diskussionsrunde am Tisch zu halten, diese an die zuvor verabredeten Pausen zu binden und den Gegenstand der Diskussion anhand des Gesprächsleitfadens vorzugeben.

Neben Moderation und Räumlichkeit wurde auch die Gruppengröße erörtert. Während die sozialwissenschaftliche Literatur zu dieser Frage eine Spannweite von neun bis zwölf Teilnehmern angibt,[38] empfiehlt der Arbeitskreis Qualitative Markt- und Sozialforschung des Berufsverbands Deutscher Markt- und Sozialforscher eine Größe von acht Teilnehmern.[39] Auch hier würden wir aus unseren Erfahrungen für eine differenziertere Herangehensweise plädieren, das heißt: Die Gruppengröße sollte vom Themenkatalog und der angenommenen Nähe der Teilnehmer zu den Diskussionsgegenständen abhängen. Eine Gruppe mit politikfernen Gästen, die ausschließlich auf die Einstellung zu und Erwartungen an Politik fokussiert ist, kann sicherlich mit acht oder neun Teilnehmern durchgeführt werden. Befragt man allerdings – wie in unserem Fall – politisch aktive Menschen, die häufig über das nachdenken, was Gegenstand der Gruppendiskussion sein sollte, und die es überdies als Wortführer oder zentrale Personen innerhalb ihres Protestzusammenhangs auch gewohnt sind, sich und ihre Meinungen vor einer Gruppe zu präsentieren, ist eine deutlich kleinere Gruppengröße mit fünf bis sieben Teilnehmern ein ideales Setting.

Gruppendiskussionen bedürfen also einer gründlichen Vorbereitungszeit, einer genauen Rekrutierung, geschulte Moderatoren und zu guter Letzt einer überlegten Auswertung. Die Grundbedingungen von Fokusgruppen sollten sich dabei dem Untersuchungsgegenstand anpassen. Dies gilt nicht nur für die Räumlichkeit, die Gruppengröße oder die Anzahl der Moderatoren, sondern auch und vor allem für die Gesprächsmethoden, für die Begriffe, mit denen die Teilnehmer konfrontiert werden.

Hier ist ein hohes Maß an ständiger Reflexion im Forschungsprozess erforderlich. Die Ambivalenzen, die diese Herangehensweise mit sich bringt, sollten keinesfalls ignoriert, sondern ständig bedacht und flexibel gehandhabt werden. Nur so kann man der Realität bestmöglich entsprechen und die Komplexität der Lebenswelten einfangen. Nur bei einem reflexiven, offenen und dem Forschungsstand angepassten Umgang bei Ausübung und Gestaltung der Rahmenbedingungen kann die Methode der Gruppendiskussion für die Sozialwissenschaften eine multiperspektivische Quelle darstellen.

Was innerhalb der Studie hingegen kaum verändert wurde, ist der Themenleitfaden. Dadurch ist es möglich, über die einzelnen Gruppen und Protestzusammenhänge hinaus eine gewisse Vergleichbarkeit des Gesagten und auch Ungesagten zu gewährleisten. Der für unser Projekt entwickelte Themenleitfaden sollte einerseits die Bereiche vergangener und gegenwärtiger Engagement- und Protesterfahrung abdecken und andererseits die Einstellungen der Teilnehmer zu Politik, Demokratie und Gesellschaft darlegen. Letzteres erfolgte in einer Vorstellungsrunde, durch eine Bezugnahme zu von uns vorgegebenen Bildern und Fotografien. Dazu präsentierten wir im Raum circa achtzig Motive, aus denen die Gesprächspartner frei ein bis drei ihnen wichtige Bilder auswählen sollten. Bei deren Präsentation wurden sie angehalten, einen Bezug zu ihrer Person und vergangenen Erlebnissen und Erfahrungen herzustellen. Die Aufnahmen waren bunt gemischt und bildeten Szenen aus den Themenkreisen Familie, Leben, Kinder, Hobbys, Beruf, Protestbewegungen sowie politische Ereignisse im nationalen und internationalen Rahmen ab. Sowohl die übrigen Teilnehmer in der Gruppe als auch das Forscherteam erhielten dadurch eine grobe Orientierung, was Biographie, Werte und Prioritäten betraf. Die Vorstellungsrunde erfüllte also funktional drei Aufgaben. Sie lockerte den formalen Rahmen auf und diente als «Eisbrecher»[40]. Zudem führte sie zu einer Gesprächsatmosphäre, die als angenehm empfunden wurde und einen produktiven Ablauf ermöglichte. Die ausgewählten Bilder lösten letztlich den Grundreiz für eine Diskussion über Aktivität aus.

In der danach folgenden Gesprächsphase sollten sich die Gruppenteilnehmer assoziativ dem Demokratiebegriff nähern. Gefragt wurden sie, was sie unter Demokratie verstünden, sowie nach Beispielen von persönlich «erlebter Demokratie» in ihrem Alltag. Die Moderatoren hakten nach mit der Zielsetzung, Dissens oder Konsens über den Demokratiebegriff aufzudecken.[41] Weitere Nachfragen orientierten sich an einem Leitfaden, der die Diskussion bewusst fokussierte. Durch die stete Aufforderung, Beispiele und eigene Erfahrungen einzubringen, sollte die Diskussion weiterhin auflockern und Raum für freie gedankliche Verbindungen bieten, gleichzeitig aber – analog zur Fragerichtung der Einzelinterviews – an den biographischen Erfahrungshintergrund der Diskussionsteilnehmer gekoppelt bleiben.

Dieses Vorgehen ermöglichte, relativ unvoreingenommen Rückschlüsse auf den Demokratiebegriff zu ziehen. So war zu erwarten, dass in den Assoziationen ganz überwiegend das Prinzip des freien Wahlrechts, des Mehrheitsentscheids oder der Volkssouveränität hervorgehoben werden würde. Demgegenüber konnte man davon ausgehen, dass nicht alle Teilnehmer sofort Dinge wie Gewaltenteilung, Rechtsstaatlichkeit, Minderheitenschutz oder Herrschaft auf Zeit äußern würden. Hätten die Moderatoren gezielt nachgefragt, wäre dies suggestiv gewesen und hätte den Prozess der beabsichtigten Selbstvergewisserung in der Gruppe verfälscht. Es ging aber gerade darum, Erkenntnisse darüber zu erlangen, wie in den einzelnen Aktivistengruppen der Demokratiebegriff bewertet und mit Inhalt gefüllt wurde. Durch Beobachtung der Interaktion der Teilnehmer sowie ihrer nonverbalen Kommunikation ließen sich auch Hypothesen formulieren, ob bestimmte Aspekte nur versehentlich nicht genannt wurden oder ob der eigene Demokratiebegriff den geäußerten Schwerpunkten möglicherweise entsprach.

Anschließend wurden zwei Gruppen gebildet, in denen sich die Teilnehmer unabhängig voneinander Gedanken darüber machen sollten, wie sie als Bürger mit einer sie betreffenden gesellschaftlichen Konfliktsituation umgehen würden. Die Art der persönlichen Betroffenheit diente als Stimulus, um eine Verbindung zu den individuellen Interessen und dem realen Engagement herzustellen. Je nach Thema wurde eine fiktive Situation konstruiert, die den Diskussionsteilnehmern aufgrund ihrer bisherigen Konflikterfahrungen vertraut sein konnte. So wurde bei den Fokusgruppen «Infrastruktur und Stadtentwicklung» beispielsweise ein an der Dresdner Waldschlösschenbrücke angelehntes fiktiv formuliertes Szenario präsentiert, das sich um den Bau eines Großprojekts dreht, mit dem sich die Teilnehmer in der Kleingruppe auseinandersetzen sollten. Die Aufgabe war, einen Plan zu entwickeln, wie sie in einem solchen Fall handeln würden. Die beiden Teilgruppen sollten visualisiert darstellen und anschließend einander präsentieren, wie sie sich organisieren, welche Methoden und Mittel sie anwenden würden und wie ihr Zeitplan aussähe.

Anders als im fokussierten Einzelinterview erzeugten wir also gleichsam experimentell eine Situation, in der sich die Teilnehmer verorten sollten. Wir erhofften so, dass diese ihren individuellen Erfahrungshintergrund einbringen, um ihre Einstellungen und Positionen nicht nur in der Gruppe zu aktualisieren, sondern dass diese sich weiter herausstreichen lassen.[42]

Im letzten Themenblock fragten wir nach Wirkungsort und -intention ihres konkreten realen Engagements und baten sie um einen Perspektivwechsel, der sie zwang, die problemorientierte Sichtweise zu verlassen, um über mögliche Lösungen und Alternativen nachzudenken: In einem Gedankenexperiment über die «ideale Gesellschaft» sollten Visionen und Hoffnungen sowie mögliche individuelle oder gruppenspezifische politische Zielsetzungen im Zentrum der Debatte stehen.

Teilnehmende Beobachtung

Eine zusätzlich verwendete Methode, die die Eindrücke aus den Interviews und Fokusgruppen ergänzen und aus anderer Perspektive vervollständigen sollte und die darüber hinaus der Rekrutierung weiterer Studienteilnehmer diente, ist die der «teilnehmenden Beobachtung». Sie ist in der Soziologie seit den zwanziger Jahren, seit der «Chicagoer Schule»,[43] und der für den deutschen Sprachraum bahnbrechenden Studie über die Arbeitslosen von Marienthal[44] durchaus verbreitet, vor allem Ethnologen, Psychologen oder Marktforscher greifen gern auf diesen Ansatz zurück.[45] Die Marienthal-Studie gilt als Klassiker der empirischen Sozialforschung, basiert auf vorgefundenen und erhobenen Daten einer Siedlung in der Nähe von Wien und sticht durch eine eindringliche und erzählerische Darstellungsweise heraus – damit diente sie dieser Untersuchung zum Vorbild.

Die jungen, von dem österreichischen Soziologen Paul Felix Lazarsfeld inspirierten Wissenschaftler arbeiteten mit bis dahin bekannten Methoden wie der Auswertung amtlicher Statistiken sowie Expertenbefragungen, bezogen jedoch auch neue Vorgehensweisen wie die wissenschaftliche Erforschung von Aktionen oder eben die teilnehmende Beobachtung bei Arztterminen, Schnittzeichenkursen oder Familienbesuchen mit ein.[46] Diese Offenheit hinsichtlich kreativer Formen der teilnehmenden Beobachtung ist in der Politikwissenschaft selten, hier gibt es eine schwer zu erklärende Distanz zu diesem Forschungsansatz. Dabei gelten Politikwissenschaftler durchaus als genaue Beobachter politischer Prozesse und Vorgänge. Sie verfolgen aufmerksam parlamentarische Vorgänge, begleiten Parteikonferenzen oder begutachten deren Manifestationen. Nicht selten mischen sie sich sogar selbst als Mandats- oder Funktionsträger in die politische Arbeit einer Partei oder eines Verbands ein – und reichern implizit dadurch auch ihr Wissen über die Funktionsweise der Politik an. Explizit jedoch nutzen sie dieses Wissen eher selten. Zweifelsohne besteht die Gefahr, sich zu sehr mit dem Forschungsgegenstand zu identifizieren beziehungsweise in der Beobachtung lediglich Bestätigungen für die bei politischen Fragen fast zwangsläufig normativen eigenen Voreinschätzungen zu suchen.[47]

Unabhängig von diesen grundsätzlichen Problemen, die auch anderen Forschungsansätzen immanent sind, steht dem Ansatz jedoch möglicherweise vor allem entgegen, dass eine differenzierte Methodologie der teilnehmenden Beobachtung in der Politikwissenschaft bislang nicht vorliegt. Im Ergebnis sind Studien, die sich dieses Forschungsansatzes verschrieben haben, sowohl in der amerikanischen als auch in der deutschen Politikwissenschaft bislang rar.[48] Im Zweifelsfall verlassen sich Politikwissenschaftler weniger auf ihre eigenen Beobachtungen, sondern stützen ihre Erwägungen in quellengesättigter Form mit verfügbarem Primärmaterial ab, wozu sie Medienberichte einbeziehen oder auf die Werke von Kollegen verweisen, also Fremdbeobachtungen übernehmen und diese dann selbst einordnen.

Diese Fremdbeobachtungen sind natürlich eine wichtige Basis der vorliegenden Studie, jedoch war es für das Erschließen neuerer und kleinerer Protestformationen unerlässlich, selbst als Beobachter aufzutreten. Das in anderen sozialwissenschaftlichen Fächern entwickelte Verfahren der teilnehmenden Beobachtung beinhaltet verschiedene Ausprägungen, von denen an dieser Stelle nur die in der Studie verwendete Form der «unstrukturierten, offenen und passiv teilnehmenden Beobachtung» vorgestellt werden soll. Als unstrukturiert wird dabei das Fehlen eines vor der Beobachtung entwickelten Beobachtungsschemas bezeichnet, das die Frage danach, was, wie und wo beobachtet werden soll, beantwortet. Hypothesen sollen aus der unvoreingenommenen Beobachtung und den damit verbundenen theoretischen Überlegungen generiert werden, was nicht ausschließt, «dass gleichwohl gezielt und systematisch nach theoretischen Interessen und Vorstellungen wissenschaftlich beobachtet wird».[49] Eine offen teilnehmende Beobachtung besagt, dass die Beobachteten um den Beobachtungsvorgang wissen. Im konkreten Fall bedeutet dies, dass die Teilnehmer an Treffen von Bürgerinitiativen, Besprechungen, Demonstrationen etc. über die Rolle des Göttinger Besuchers informiert sind. Die passiv teilnehmende Beobachtung rekurriert dabei auf die Beschränkung des Forschers auf seine Rolle als Beobachter, bei der er wenig bis gar nicht an den zu analysierenden Interaktionen partizipiert.[50]

Die unstrukturierte, offene und passiv teilnehmende Beobachtung beabsichtigt, «die natürliche Umwelt von Individuen und Gruppen mittels teilnehmender Beobachtung im Feld zu erfassen, zu beschreiben und zu analysieren»,[51] womit die teilnehmende Beobachtung natürlich und authentisch ist, da sie nicht im Labor-, sondern in der natürlichen Lebenswelt (Feldkontext) stattfindet.[52] Aus diesem Grund ist es von großer Bedeutung, dass der Beobachter zunächst sein Präkonzept,[53] also sein Vorwissen formuliert und durch sein Verhalten die zu untersuchende Situation nicht stört oder verändert, sondern reiner Beobachter bleibt.[54] Die Teilnehmer im Feldkontext, ihre Interaktionen, die soziale Situation, in der sie sich befinden (Ort, Zeit etc.), sowie die «Regelmäßigkeit des Beobachteten oder seine Einmaligkeit»[55] werden im Anschluss an die Beobachtung in einer dichten Beschreibung protokolliert. Die daraus entstehenden Gedächtnisprotokolle werden zunächst für sich analysiert, interpretiert und miteinander verglichen, später dann mit dem

Präkonzept sowie den Erkenntnissen aus den Interviews und Gruppendiskussionen ins Verhältnis gesetzt. Dabei werden für die Interpretation zusätzliche Informationen aus der Sekundärliteratur sowie aus anderen Medien herangezogen.[56] Von besonderem Interesse war für uns, wie stark die Eigensicht der Engagierten von dem beobachtbaren Handeln abweicht oder ob sie sich als konsistent mit diesem zeigt.

Dokumentation und Auswertung

Für alle Gespräche und Beobachtungen haben wir uns an die in den Sozialwissenschaften üblichen Dokumentationserfordernisse und Datenschutzbestimmungen gehalten.[57] Da es uns nicht auf eine phonetische oder linguistische Feinanalyse ankam, sondern der Schwerpunkt auf dem Inhalt des Gesagten lag, wurden die aufgezeichneten Aussagen aus den Einzelinterviews wörtlich nach einfachen Transkriptionsregeln verschriftlicht.[58] Eine Transkription erfolgte ebenfalls für die Fokusgruppen, wobei diese audiovisuell aufgezeichnet wurden. Die weitere Auswertung der Einzelinterviews wurde allein auf der Grundlage der Transkriptionsabschriften durchgeführt, während hingegen die Materialbasis der Gruppendiskussionen deutlich breiter war. Hier wurden sowohl die Transskripte als auch die Notizen und Aufzeichnungen der Teilnehmer während der Diskussionsrunde sowie die Bildmitschnitte in die Auswertung mit einbezogen, um mehrere «Sinnebenen»[59] zu erfassen. Überdies lagen uns für die Auswertung sozialstatistische Daten aller Studienteilnehmer vor, da wir diese am Gesprächsende mit einem standardisierten Fragebogen erfasst hatten.

Sowohl im Anschluss an die Einzelinterviews als auch im Nachgang der Fokusgruppen wurden in Form eines Forschungstagebuchs all jene Dinge festgehalten, die möglicherweise das

Gespräch beeinflusst haben könnten. Und bereits während der Durchführung der Fokusgruppengespräche waren stets mindestens zwei Mitarbeiter damit befasst, die wichtigsten Ergebnisse des Verlaufs mitzuprotokollieren, um so das Material für die Feinauswertung vorzustrukturieren. Diese Beobachtungsprotokolle sind besonders hinsichtlich der Metaebene sinnvoll, da Mimik und Gestik der Teilnehmer sowie die Stimmung im Raum selten über die Video- und Audiomitschnitte transportiert werden und sonst verloren gingen.

Das gesamte Material wurde im Anschluss einer sogenannten kontrollierten hermeneutischen Auswertung unterzogen. Dabei ging es zunächst um eine sinnverstehende Erschließung des Gesagten, wobei immer mehrere Forscher ein und dasselbe Transskript interpretierten und im ersten Schritt jede Lesart zugelassen wurde. Diese möglicherweise verschiedenen Lesarten wurden dann diskutiert, abgewogen und gegebenenfalls durch eine Feinanalyse überprüft. Auf dieser Basis wurden im Anschluss Hypothesen gebildet, die wiederum an anderen Interviews und Gruppendiskussionen getestet wurden. Dadurch gelangten wir zu belastbaren Erkenntnissen. Dieser mehrschichtige und intersubjektiv überprüfbare Prozess des Verstehens wurde ergänzt durch die Analyse des immanenten und dokumentarischen Sinngehalts. Es ging bei der Auswertung nicht nur darum, das tatsächlich Gesagte herauszuschälen, sondern auch das zu interpretieren, was sich in den Aussagen an dahinterstehenden Identitäten und Mentalitäten dokumentiert. Hier waren bei den Fokusgruppen besonders die Meinungsdynamiken und gegenseitigen Interpretationen der Aussagen von Bedeutung.[60]

Eine der großen methodischen Stärken bei Fokusgruppen ist nicht nur die Analyse des Gesagten, sondern auch die Möglichkeit der Rekonstruktion des Ungesagten. Dies kann jedoch nur dann gelingen, wenn man den Text nicht nur immanent aus sich selbst heraus interpretiert, sondern zugleich thesenorientiert und fragengeleitet an das Material herangeht. Diese Thesen und Fragen waren zum einen durch unseren Forschungsansatz vorgegeben und entwickelten sich zum anderen aus unseren ersten Feldzugängen.

Durchgängige Analysekategorien waren demnach auf individueller Ebene das Alter und Geschlecht, die persönlichen Ressourcen (Bildung, Kompetenz, Zeit), die bisherigen Erfahrungen mit zivilgesellschaftlichem Engagement und Politik, die Einstellungen zur Demokratie, die eigenen Interessen, die Sicht auf Nicht-Engagierte sowie (traditionelle) Werthaltungen und Einstellungen. Auf einer überindividuellen Ebene befragten wir die Materialien nach den Techniken und Methoden der Mobilisierung, nach der Organisationsrealität des Protestzusammenhanges, nach den Gesichtern und Köpfen der Gruppe und suchten schließlich nach kommunikativen Mustern wie Erzählstrukturen, Semantiken, Topoi und Metaphern. Durch dieses Grobraster war es uns möglich, die Protestzusammenhänge über die Spannweite der Themen vergleichbar zu halten, Gemeinsamkeiten und Unterschiede herauszuarbeiten sowie Typen zu identifizieren und gleichzeitig flexibel in den einzelnen Arbeitsgruppen nach Besonderheiten zu fragen.

Die mit Hilfe dieser Kategorien codierten Textstellen konnten anschließend aus den transkribierten Interviews extrahiert, zusammengefasst und für die Interpretation der Ergebnisse in Bezug auf die Fragestellungen verwendet werden.[61] Im nächsten Schritt erfolgte die Anwendung inhaltsanalytischer Gütekriterien.[62] Dabei handelt es sich um die Untersuchung der Ergebnisse unter anderem auf Reliabilität, also die Prüfung der Verlässlichkeit der Daten und Vorgehensweise, auf Validität, das heißt «den Grad der Genauigkeit, mit dem eine bestimmte Methode»[63] das Merkmal erfasst, das es erfassen soll, sowie auf Reproduzierbarkeit der Interpretationen.

Die Codierung und Feinanalyse der Transskripte haben wir computergestützt durchgeführt, sodass die Materialfülle überblickt werden konnte und eine kooperative Arbeit im Forscherteam möglich war. Diese Art der Codierung, Analyse und schließlich Interpretation der Texte gewährleistet eine sogenannte Intercoder-Reliabilität[64] und ist dennoch hinreichend flexibel. So waren die Codierungen und Verschlagwortung der Interviews zunächst Hilfsmittel im Sinne einer gutorganisierten und variabel verfügbaren Registratur. Das Codesystem und die Codierungen des Textes lieferten eine erste Orientierung. Sie sollten uns allerdings nicht unnötig binden. Eine absolute Zuordenbarkeit wurde nicht erzwungen, beziehungsweise eine eineindeutige Vergleichbarkeit haben wir nicht künstlich simuliert, wenn keine vorhanden war. Obgleich also die Memo- und Teamwork-Funktionen des Programms sich gut dazu eigneten, sich in der Forschergruppe rasch und ortsungebunden über Interpretationen auszutauschen, die Suchfunktion in allen Dokumenten gleichzeitig die Überprüfung generierter Thesen ermöglichte sowie Gewichtungs- und Dictio-Tools, die Worthäufigkeiten angeben und veranschaulichen, als Unterstützung bei der Bedeutungszuschreibung der Aussagen dienten, sollte man sich als Forscher nicht in die notwendigerweise existierenden Grenzen eines solchen Programms zwängen lassen.

Abseits der Codierungsregeln wollten wir mehrdeutige oder auch diffuse Aussagen in den Transskripten beachten, gerade wenn sie nicht in das zunächst vorgegebene Codesystem passten und so aus der Gesamtanalyse herauszufallen drohten. Mit der gewählten Methode der qualitativen Inhaltsanalyse können wir analytisch bereits überaus vielfältige Befunde darlegen, allerdings haben wir auch hier versucht, den Blick durch dieses methodische Element nicht unnötig einzuengen. Denn nur durch die skizzierte offene Herangehensweise, die ständige Reflexion der Vorannahmen und die Abwägung unterschiedlicher

Interpretationsmuster ist ein neues Forschungsfeld mit dem vielschichtigen und komplexen Methodenprogramm von teilnehmender Beobachtung, Interviews und Fokusgruppen erschließbar, verstehbar und erklärbar.

Deutlich wird die Grenze eines einzelnen methodischen Zugangs bei der Auswertung der Fokusgruppen und Einzelinterviews. Als Institut für Demokratieforschung mit einer entsprechenden normativen demokratiebejahenden Grundhaltung müssen wir damit rechnen, dass die Antworten einer «sozialen Erwünschtheit» entsprechen könnten. Mitunter könnten unsere Interviewpartner dazu neigen, bestimmte kritische Äußerungen zur Demokratie und Politik zu verbergen, dementsprechend mussten wir die Aussagen einer gewissen Plausibilitätsprüfung unterziehen. Die Diskurse wurden daher gezielt nach Widersprüchen und formelhaften Formulierungen abgesucht, um Aussagen zu identifizieren, die eventuell nur getätigt wurden, weil die Interviewten glaubten, dass wir sie hören wollten, oder weil sie davon ausgingen, dass diese in die soziale Erwartungsstruktur der Situation passten. Ein weiteres wichtiges Element in der Analyse der Fokusgruppen ist die selbständige Themensetzung der Gesprächsteilnehmer jenseits unseres Gesprächsleitfadens. Denn so ließ sich einerseits auch das Ungesagte identifizieren und andererseits eine Priorisierung und Themenhierarchisierung der Gesprächspartner herausfiltern. Auf diese Weise arbeiteten wir parallel mit mehreren Auswertungsroutinen, um das Material einerseits thematisch mit Hilfe unserer Codes zu analysieren und andererseits chronologisch anhand des Gesprächsleitfadens beziehungsweise des Gesprächsverlaufs durchzuarbeiten.

Verweise und Literatur

1 Vgl. Jan van Deth: Politische Partizipation. In: Viktoria Kaina u. a. (Hg.): Politische Soziologie. Ein Studienbuch. Wiesbaden 2009, S. 141–161, hier S. 149

2 Susanne Pickel: Das politische Handeln der Bürgerinnen und Bürger – ein Blick auf die Empirie. In: Georg Weißeno u. a. (Hg.): Politisch handeln. Modelle, Möglichkeiten, Kompetenzen. Bonn 2012, S. 39–57, hier S. 50

3 Vgl. exempl. hierzu Pickel: Das politische Handeln, S. 55; Deth: Politische Partizipation, S. 153; Dirk Jörke: Bürgerbeteiligung in der Postdemokratie. In: Aus Politik und Zeitgeschichte. Heft 1–2/2011, S. 13–18, hier S. 16 ff.; Petra Böhnke: Ungleiche Verteilung politischer und zivilgesellschaftlicher Partizipation. In: Aus Politik und Zeitgeschichte. Heft 1–2/2011, S. 18–25; Niels Taubert u. a.: Evaluierung des Kölner Bürgerhaushalts. Kassel 2011

4 Helmut Klages: Individualisierung als Triebkraft bürgerlichen Engagements. Empirische Fakten und Folgerungen. In: Ernst Kistler u. a. (Hg.): Perspektiven gesellschaftlichen Zusammenhalts. Empirische Befunde, Praxiserfahrungen, Messkonzepte. Berlin, S. 101–112, hier S. 104

5 Roland Roth u. a. (Hg.): Die sozialen Bewegungen in Deutschland seit 1945. Ein Handbuch. Frankfurt am Main 2008, S. 13

6 Vgl. jüngst Laura Naegler u. a.: Urbanität und Protest. Neue Herausforderungen der Stadt- und Bewegungsforschung. In: Forschungsjournal Soziale Bewegungen. Jg. 25 (2012). Heft 3, S. 121–126, hier S. 126; auch: Simon Teune: «Gibt es so etwas überhaupt noch?» Forschung zu Protest und sozialen Bewegungen. In: Politische Vierteljahresschrift. Jg. 49 (2008). Heft 3, S. 528–547, hier S. 529 f. Wir halten uns – in der Argumentation Teune folgend – zunächst auch an die Begrifflichkeit des «Protestes» statt der «sozialen Bewegung», weil man – abgesehen von den Anti-AKW-Protesten – bei den von uns untersuchten Themenfeldern noch nicht wissen kann, inwiefern sie sich mit bestehenden Initiativen und Organisationen vernetzen, ob ihr Engagement eine längere Dauer aufweisen wird und ob sie tatsächlich Veränderungen herbeiführen wollen, anstelle Bauvorhaben lediglich zu blockieren, Gesetze zu verhindern oder Projekte zu stoppen.

7 Wie es in Projekten von Dieter Rucht und anderen immer wieder gemacht wurde. Vgl. exemplarisch Dieter Rucht u. a.: Quantitative Inhaltsanalyse. Warum, wo, wann und wie wurde in der Bundesrepublik demonstriert? In: Ulrich von Alemann (Hg.): Politikwissenschaftliche Methoden. Opladen 1995, S. 261–291

8 Exemplarisch für die Diskussion zum Wutbürger vgl. Gerhard Matzig: Einfach nur dagegen. Wie wir unseren Kindern die Zukunft verbauen. München 2011; Thymian Bussemer: Die erregte Republik. Wutbürger und die Macht der Medien. Stuttgart 2011; Rainer Knauber: Wege zu einem Konsens für Fortschritt. Berlin 2011

9 Wie es Kraushaar formulierte in: Wolfgang Kraushaar: Aufruhr der Ausgebildeten. Vom Arabischen Frühling zur Occupy-Bewegung. Hamburg 2012, S. 187

10 Fritz Schütze: Zur soziologischen und linguistischen Analyse von Erzählungen. In: Günter Dux u. a. (Hg.): Beiträge zur Wissenssoziologie, Beiträge zur Religionssoziologie. Contributions to the sociology of knowledge, contributions to the sociology of religion. Opladen 1976, S. 7–41; Fritz Schütze: Die Technik des narrativen Interviews in Interaktionsfeldstudien. Dargestellt an einem Projekt zur Erforschung kommunaler Machtstrukturen. Bielefeld 1977

11 Vgl. Ivonne Küsters: Narrative Interviews. Grundlagen und Anwendungen. Wiesbaden 2006; Gabriele Rosenthal: Interpretative Sozialforschung. Eine Einführung. Weinheim 2005, S. 137; Gabriele Rosenthal u. a.: Analyse narrativ-biographischer Interviews. In: Uwe Flick u. a.: Qualitative Forschung. Ein Handbuch. Reinbek 2000, S. 456–468

12 Vgl. Heinz Bude: Der Sozialforscher als Narrationsanimateur. Kritische Anmerkungen zu einer erzähltheoretischen Fundierung der interpretativen Sozialforschung. In: Kölner Zeitschrift für Soziologie und Sozialpsychologie. Jg. 37 (1985). Heft 2, S. 327–336, hier S. 328

13 Vgl. Thomas Brüsemeister: Qualitative Forschung. Ein Überblick. Wiesbaden 2000, S. 125

14 Stefan Aufenanger: Qualitative Analyse semi-struktureller Interviews. Ein Werkstattbericht. In: Detlef Garz u. a. (Hg.): Qualitativ-empirische Sozialforschung. Konzepte, Methoden, Analysen. Opladen 2000, S. 35–59

15 Robert K. Merton u. a.: Das fokussierte Interview. In: Christel Hopf u. a. (Hg.): Qualitative Sozialforschung. Stuttgart 1979, S. 171–204

16 Ebd., S. 171; auch Horst Kern: Empirische Sozialforschung. Ursprünge, Ansätze, Entwicklungslinien. München 1982, S. 175

17 Colin Crouch: Postdemokratie. Bonn 2008

18 Merton u. a.: Das fokussierte Interview, S. 184

19 Christel Hopf: Qualitative Interviews. Ein Überblick. In: Uwe Flick u. a. (Hg.): Qualitative Forschung. Ein Handbuch. Reinbek 2000, S. 349–360; Rosenthal: Interpretative Sozialforschung, S. 152

20 Jean-Claude Kaufmann: Das verstehende Interview. Konstanz 1999

21 Vgl. ebd., S. 77f.

22 Ebd., S. 91

23 Konstanze Senge: Zum Begriff der Institution im Neo-Institutionalismus. In: Dies. u. a. (Hg.): Einführung in den Neo-Institutionalismus. Wiesbaden 2006, S. 35–47, hier S. 43

24 Siegfried Lamnek: Gruppendiskussion. Theorie und Praxis. Weinheim 2005, S. 132

25 Vgl. hierzu Aglaja Przyborski u. a.: Gruppendiskussion und Fokusgruppe. In: Günter Mey (Hg.): Handbuch Qualitative Forschung in der Psychologie. Wiesbaden 2010, S. 436–448, hier S. 440; Helmut Bremer: Von der Gruppendiskussion zur Gruppenwerkstatt. Ein Beitrag zur Methodenentwicklung in der typenbildenden Mentalitäts-, Habitus- und Milieuanalyse. Münster 2004, S. 105; Siegfried Lamnek: Qualitative Sozialforschung. Lehrbuch. Weinheim 2005, S. 414ff.; Renate Blank: Gruppendiskussionsverfahren. In: Gabriele Naderer u. a. (Hg.): Qualitative Marktforschung in Theorie und Praxis. Grundlagen, Methoden und Anwendungen. Wiesbaden 2011, S. 290–312, hier S. 295

26 Zum Beispiel von Lamnek: Qualitative Sozialforschung, S. 411; Przyborski, Gruppendiskussion, S. 444

27 Für Deutschland maßgeblich Friedrich Pollock: Gruppenexperiment. Ein Studienbericht. Frankfurt am Main 2005; Lamnek: Gruppendiskussion

28 Blank: Gruppendiskussionsverfahren, S. 292

29 Vgl. Johanna Klatt u. a.: Entbehrliche der Bürgergesellschaft? Sozial Benachteiligte und Engagement. Bielefeld 2011; Michael Lühmann u. a.: Zeitgeisteffekt oder grüner Wertewandel? Die neuen grünen Wählerinnen in Baden-Württemberg, online unter: www.boell.de/downloads/Baden-Wuerttemberg_Zeitgeisteffekt_oder_gruener_Wertewandel_Zwischenbericht_end_Juni2011.pdf (eingesehen am 13. Februar 2012)

30 Blank: Gruppendiskussionsverfahren, S. 294; Richard A. Krueger: Focus Groups. A Practical Guide for Applied Research. Los Angeles 2009; Bremer: Gruppendiskussion, S. 109

31 Claudia Puchta u. a.: Diskursanalysen institutioneller Gespräche – das Beispiel von «Focus Groups». In: Reiner Keller (Hg.): Handbuch Sozialwissenschaftliche Diskursanalyse. Opladen 2003, S. 454

32 Ralf Bohnsack: Gruppendiskussionsverfahren und Milieuforschung. In: Barbara Friebertshäuser u. a. (Hg.): Handbuch qualitative Forschungsmethoden in der Erziehungswissenschaft. Weinheim 1997, S. 492–502, hier S. 292

33 Blank: Gruppendiskussionsverfahren, S. 296 ff.; Lamnek: Gruppendiskussion, S. 135 ff.

34 Bohnsack: Gruppendiskussionsverfahren, S. 499

35 Da sich die Sozialwissenschaften bisher relativ wenig mit der Frage einer gelungenen Fokusgruppenmoderation auseinandergesetzt haben, muss hier auf Managementliteratur und Arbeitsbücher aus dem Marketingsegment zurückgegriffen werden. Vgl. beispielsweise Josef W. Seifert: Moderation und Kommunikation. Gruppendynamik und Konfliktmanagement in moderierten Gruppen. Offenbach 1999; Alexander D. Myksok u. a.: Moderieren in Gruppen und Teams. Handbuch für Moderation. Paderborn 2008; Richard A. Krueger: Moderating Focus Groups. The Focus Group Kit. Bd. 4. Thousand Oaks 1998; Thomas L. Greenbaum: Moderating Focus Groups. A Practical Guide for Group Facilitation. Thousand Oaks 2000; Christina Benighaus u. a.: Moderation, Gesprächsaufbau und Dynamik in Fokusgruppen. Wiesbaden 2012

36 Hierzu auch Thomas Kühn u. a.: Gruppendiskussionen. Ein Praxis-Handbuch. Wiesbaden 2011, S. 139–171

37 Vgl. zur Selbstläufigkeit Aglaja Przyborski u. a.: Qualitative Sozialforschung. Ein Arbeitsbuch. München 2010, S. 116

38 Vgl. beispielsweise Lamnek: Gruppendiskussion, S. 111–132

39 Vgl. Kühn: Gruppendiskussionen, S. 86

40 Lamnek: Gruppendiskussion, S. 146

41 Exemplarisch: Karin Klebert: Moderations-Methode. Das Standardwerk. Hamburg 2006

42 Peter Loos u. a.: Das Gruppendiskussionsverfahren. Theoretische Grundlagen und empirische Anwendung. Opladen 2001

43 Vgl. Andreas Diekmann: Empirische Sozialforschung. Grundlagen,

Methoden, Anwendung. Reinbek 2010, S. 549 f.; Brigitta Schmidt-Lauber: Ethnizität und Migration. Einführung in Wissenschaft und Arbeitsfelder. Berlin 2007, S. 223

44 Marie Jahoda u. a.: Die Arbeitslosen von Marienthal. Ein soziographischer Versuch über die Wirkung langandauernder Arbeitslosigkeit. Frankfurt am Main 1996

45 Vgl. exemplarisch Brigitta Häuser-Schäublin: Teilnehmende Beobachtung. In: Bettina Beer (Hg.): Methoden und Techniken der Feldforschung. Berlin 2003, S. 33–54

46 Vgl. Reinhard Müller: Marienthal. Das Dorf – die Arbeitslosen – die Studie. Innsbruck 2008, S. 293 f.

47 Vgl. Lamnek: Qualitative Sozialforschung, S. 591

48 Vgl. Helmar Schöne: Die teilnehmende Methode als Datenerhebungsmethode in der Politikwissenschaft. Methodologische Reflexion und Werkstattbericht. In: Historical Social Review. Jg. 30 (2005). Heft 1, S. 168–199, hier S. 169; Richard Fenno: Observation, Context and Sequence in the Study of Politics. In: American Political Science Review. Jg. 80 (1986). Heft 1, S. 3–15, hier S. 14

49 Lamnek: Qualitative Sozialforschung, S. 600; vgl. auch Peter Atteslander: Methoden der empirischen Sozialforschung. Berlin 2006, S. 87

50 Vgl. Lamnek: Qualitative Sozialforschung, S. 613; Atteslander: Methoden, S. 85

51 Lamnek: Qualitative Sozialforschung, S. 573

52 Vgl. Lamnek 2005, S. 575

53 Franz Breuer: Reflexive Grounded Theorie. Eine Einführung in die Forschungspraxis. Wiesbaden 2009, S. 26

54 Vgl. Lamnek: Qualitative Sozialforschung, S. 599

55 Ebd., S. 621

56 Vgl. ebd., S. 631 f. u. S. 621

57 Vgl. hierzu Christel Hopf: Forschungsethik und qualitative Forschung. In: Uwe Flick u. a. (Hg.): Qualitative Forschung. Ein Handbuch. Reinbek 2000, S. 589–600; Cornelia Helfferich: Die Qualität qualitativer Daten. Manual für die Durchführung qualitativer Interviews. Wiesbaden 2011, S. 190 ff.

58 Vgl. zu den einfachen Transkriptionsregeln Thorsten Dresing: Praxisbuch Transkription. Regelsysteme, Software und praktische Anleitungen für qualitative ForscherInnen. Marburg 2011, online unter: www.

audiotranskription.de/praxisbuch (eingesehen am 6. September 2012), S. 18–24; Udo Kuckartz: Einführung in die computergestützte Analyse qualitativer Daten. Wiesbaden 2008, S. 38 ff.

59 Przyborski: Gruppendiskussion, S. 442

60 Vgl. Gregor Dürrenberger u. a.: Die Fokusgruppe in Theorie und Anwendung. Stuttgart 1999, S. 26 f.

61 Vgl. Sandra Steigleder: Die strukturierende qualitative Inhaltsanalyse im Praxistest. Eine konstruktiv kritische Studie zur Auswertungsmethodik von Philipp Mayring. Marburg 2008, S. 32

62 Vgl. ebd., S. 24

63 Marlen Schulz: Fokusgruppen in der empirischen Sozialwissenschaft. Von der Konzeption bis zur Auswertung. Wiesbaden 2012, S. 174

64 Kuckartz: Datenanalyse, S. 174

«Wir lassen nicht mehr alles mit uns machen!»

Bürgerproteste an und um den öffentlichen Raum, Infrastruktur und Stadtentwicklung

Felix Butzlaff / Christoph Hoeft / Julia Kopp

Sie sollen strahlen und leuchten. Sie sollen einer Stadt, einer Region, ja, einem ganzen Land neuen Glanz verleihen, den Weg in die Zukunft weisen, mit ihrer Einzigartigkeit herausragen und eine moderne Heimat verkörpern: «Leuchtturmprojekte». Befeuert von den Städten buhlen Raumplaner und Stadtentwickler von Oslo bis Messina um Aufmerksamkeit für ihre Großprojekte. In den vergangenen Jahrzehnten ist ein regelrechter Wettbewerb um Leuchtturmprojekte entstanden. Von Brücken über Opern und Fußballstadien, Wohnviertel, Schauspielhäuser und Autobahnkreuze hin zu Bahnhöfen, Flugzeuglandepisten und Hafenanlagen. Die Liste der Leuchtturmprojekte ist lang – weltweit, auch in Deutschland. Nicht zuletzt deshalb, weil selbst Kommunalpolitiker rasch solche ausrufen, wenn sie nur eine ein paar hundert Meter lange Umgehungsstraße planen. Doch ob Milliarden oder Hunderttausende von Euro, im Kleinen wie im Großen – die Logik ist stets die gleiche: Investitionen in ein Leuchtturmprojekt versprechen Aufmerksamkeit, sollen Wachstum entstehen lassen, die Region interessanter und wohlhabender zugleich machen, was wiederum ein Grundstein für weitere neue Investitionen darstellt.

Doch ganz so einfach ist es offenbar nicht. Viele Bürger widersprechen. Überall dort, wo «Leuchtturmpolitik» betrieben worden ist, kam es in den vergangenen Jahren zu Protesten.[1] Seit

2008, seit der wirtschaftlichen Krise, geraten exponierte und große Leuchtturmprojekte einmal mehr in die Kritik, da sie die Logik, Städte als Unternehmen zu begreifen, die mittels Standortbedingungen um «Kunden» eifern, symbolisch verkörpern. Und weil sie darüber hinaus über die großen Summen, die für solche Projekte ausgegeben werden, in einer Krise der öffentlichen Haushalte zu einer Belastung beziehungsweise erwartbaren Verschlechterung anderer Ausgabenbereiche wie etwa der sozialen Versorgung führen. Insofern ist der hier beschriebene Bereich der Proteste einer, bei dem sich die Protestierenden immer auch dem eigenen Staat beziehungsweise seinen planerischen Ideen gegenübersehen – auch wenn bei der konkreten Umsetzung von Großbauprojekten die öffentliche Hand oft nur mittelbar via Finanzierung, Beteiligungen oder Kreditgarantien beteiligt ist.

Die betrachteten Proteste zeigen auch deutlich, dass das Konfliktfeld «Stadtentwicklung und Infrastruktur» oft genug ein Signum von Wachstumsregionen ist. In boomenden Städten, in empordrängenden Regionen bestehen zunächst einmal mehr als anderswo die gefühlte Notwendigkeit und die finanziellen Möglichkeiten, große, der Hoffnung nach identitäts- und bildstiftende, prestigeträchtige Projekte auf den Weg zu bringen.

Alle drei von uns untersuchten Protestorte – die Entwicklung des «Unternehmens Hamburg», der Neubau des Stuttgarter Bahnhofs sowie der Ausbau des Münchner Flughafens – tragen den Anspruch auf Bedeutung und Gewicht in sich. Gleichzeitig aber treffen sie auf eine Bevölkerung, die über ihren Beitrag zu einer ökonomisch prosperierenden Region ein durchaus prononciertes Selbstbewusstsein entwickelt hat und sich ihrer Fähigkeiten und Ressourcen bewusst ist. Hinweise auf diese Konstellation finden sich in allen drei betrachteten Beispielen. Sowohl Hamburg, Stuttgart als auch München sind in Deutschland Regionen mit überdurchschnittlicher Kaufkraft pro Kopf[2], gehören zu den wenigen Ballungsräumen, die einen Bevölke-

Neu- und Wiedervermietungsmieten Wohnungen 2011[3]

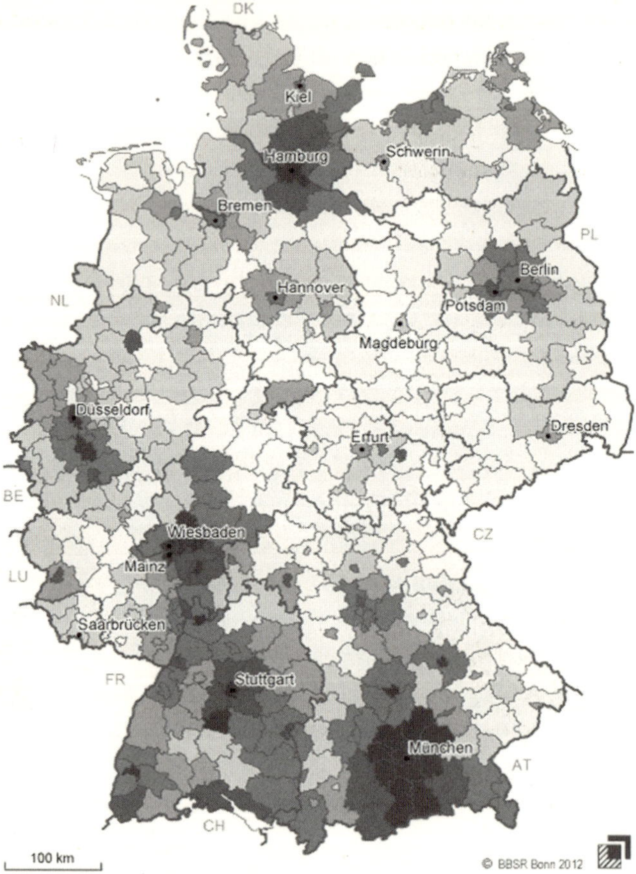

Neu- und Wiedervermietungsmieten (Angebotsmieten nettokalt) 2011 in Euro ja m²

- bis unter 4,50
- 4,50 bis unter 5,00
- 5,00 bis unter 5,50
- 5,50 bis unter 6,00
- 6,00 bis unter 7,00
- 7,00 bis unter 8,50
- 8,00 bis unter 9,00
- 9,00 und mehr

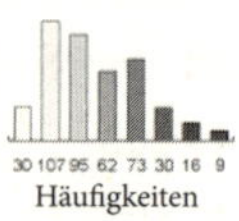

Häufigkeiten

Datenbasis: BBSR-Wohnungsmarktbeobachtungssystem, IDN ImmoDaten GmbH
Geometrische Grundlage BKG, Kreiste (modifiziert), 31. 12. 2009
Anmerkungen:
In Brandenburg innere Differenzierung der Kreise nach engerem Verflechtungsraum und äußerem Entwicklungsraum. Regionalkreis Hannover und Städteregion Aachen differenziert nach Stadt und ehemaligem Umlandkreis.

rungszuwachs erfahren und bei denen Mieten und Grundpreise über die letzten Jahre kontinuierlich gestiegen sind. Es sind Räume der ökonomischen Prosperität.

Bevölkerungsveränderung nach Ursachen für alle deutschen Landkreise und kreisfreien Städte 2007[4]

(Datengrundlage: Statistisches Bundesamt)

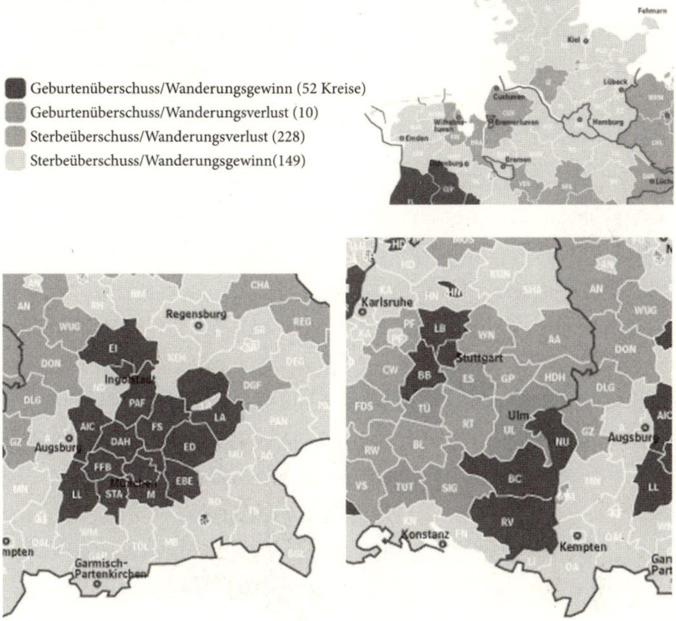

Darüber hinaus stehen die drei Beispiele für die Vielfalt an Protestformen, die es bei der Entwicklung von Städten und ihrer Infrastruktur zu beobachten gibt. Das Projekt Stuttgart 21 etwa mit den Protesten um den Bahnhofsneubau und die Umgestaltung des Schlossparks zählt zu den Initialzündern neuer Bürgerproteste, die seit 2008 in Deutschland zu beobachten sind. Stuttgart 21 zählt auch wegen der mittlerweile erschienenen Vielzahl an Sekundärliteratur sowie aufgrund der vom Institut für Demokratieforschung in den zurückliegenden Jahren bereits unternommenen Vorstudien zu den symbolisch aufgeladenen Studienfeldern, ohne die eine Studie zu Bürgerprotesten in Deutschland unvollständig bleiben würde.[5] Zugleich ist Stuttgart aus protestdynamischer Perspektive ein Untersuchungsfeld, auf dem die Akteure nach einer gefühlten Hochphase, großer Mobilisierung und Emotionalisierung Rückschläge und Niederlagen hinnehmen mussten: Sowohl die anberaumten Schlichtungsgespräche als auch die anschließende Volksbefragung erzielten nicht den von den Protestierenden gewünschten Effekt. Wie sich dies auf die Aktivisten auswirkt, wie sie das Nicht-Erreichen der eigenen Ziele verarbeiten und wie sich dies auf ihre Reflexion über die Demokratie auswirkt, erscheint uns dabei äußerst interessant.

Ganz im Gegensatz dazu Freising 2012. Betroffene Bürger und Naturschützer sind euphorisiert, sie wähnen sich fast am Ziel ihrer Mühen. Das Bürgerbegehren in München im Juni hatte dazu geführt, dass die Stadt München als Anteilseignerin im Verwaltungsrat der Flughafenbetreibergesellschaft gegen den Bau einer dritten Startbahn stimmen muss.[6] Insofern trafen wir bei unseren Recherchen im bayerischen Landkreis Freising auf eine im Kontrast zu Stuttgart im positiven Sinne emotionalisierte Protestbewegung. Auch hier waren deutliche Auswirkungen auf Demokratiesicht und Politikverständnis zu erwarten. Und letztlich die Hamburger «Recht auf Stadt»-Akteure, die sich in einer vieljährigen Entwicklungslinie sehen und seit den Hausbesetzungen der achtziger Jahre gegen eine Ökonomisierung der Stadt und ihrer Bewohner wenden. Die Erfahrung langjährigen Engagements ist deutlich zu spüren, fast eine Professionalisierung, auch Rationalisierung: Überkochende Emotionen jedenfalls, die unter Umständen zu taktisch ungeschickten Situationen führen können, aussichtslose Nebenkriegsschauplätze oder dergleichen mehr werden nach Eigenaussage vermieden. Man geht, trotz radikaler Postulate und dem Anspruch, «das System als Ganzes» in Frage zu stellen, bemerkenswert pragmatisch und abgeklärt mit den eigenen Themen um.

Die drei herausgesuchten Protestschauplätze versprechen eine erfahrungsreiche Reise durch die Landschaft derer, die sich in Deutschland gegen symbolhafte Großprojekte und die Ökonomisierung von Städten und öffentlichem Raum wenden. Wie liefen die Proteste ab? Wer sind die Aktivisten und wie haben sie sich durch ihr Protestengagement verändert? Was erhoffen sie sich vom eigenen Tun und der Demokratie? Von diesen Fragen handelt das Kapitel.

«Für ein anderes Leben» – Hamburg und das «Recht auf Stadt»

«Urbane Protestbewegungen», die die Gestaltung gesellschaftlichen Zusammenlebens in Städten in den Mittelpunkt ihrer Aktivitäten stellen, sind an sich nichts Neues.[7] Dennoch haben in den letzten Jahren, parallel zur Verschärfung der Debatten um Gentrifizierung[8] (verstanden als Aufwertung bestimmter Wohnviertel und der damit einhergehenden Verdrängung bislang dort lebender Bewohner), Qualität und Quantität der Proteste zugenommen.[9] Neben militanten Aktionen in Berlin hat sich dabei insbesondere Hamburg als geographischer Schwerpunkt für Aktivitäten herauskristallisiert.[10]

Obwohl Hausbesetzungen in der Hansestadt Tradition sind (so die Hafenstraße ab Anfang der achtziger Jahre und der Widerstand um die Rote Flora[11] Ende der Achtziger), war es zu Beginn des neuen Millenniums erstaunlich still geworden. Dies änderte sich erst 2008, als die Auswirkungen der Aufwertungsprozesse in der Stadt immer deutlicher zu spüren waren und erste Initiativen entstanden, die sich explizit mit Umstrukturierungsprozessen in einzelnen Stadtteilen auseinandersetzten. Im Lauf des Jahres 2009 wurde die Vernetzung dieser weiter vorangetrieben und mündete schließlich in der Gründung des Netzwerks «Recht auf Stadt»,[12] dem heute sechsundfünfzig unterschiedliche Initiativen angehören.[13]

Das Netzwerk setzt sich mit Veränderungen in der Stadt auseinander. Inhaltlich geht es um Kritik an der Gentrifizierung, um eine neue, demokratische und soziale Stadtplanung, bezahlbaren Wohnraum, Vergesellschaftung von Immobilien, gegen Großprojekte, für die Erhaltung von Grünflächen und die Gestaltung von Freiräumen, in denen man sich abseits von einem kommerziellen Denken in einer politischen Praxis selbst verwirklichen kann. Der Protest verbindet auf diese Weise die althergebrachte «Sozialkritik» einer kollektiven Emanzipation mit der oft isoliert ablaufenden, auf individuelle Verwirklichung abzielenden «Künstlerkritik».[14]

So vielfältig die Schwerpunkte von «Recht auf Stadt» sind, so unterschiedlich die Aktionen des Netzwerks. Die Palette reicht von Hausbesetzungen und Demonstrationen – eher ein Vorgehen linker Gruppierungen – über kreative, lustige und bunte Proteste (wie zum Beispiel das «Kapern» von öffentlichen Wohnungsbesichtigungen durch sogenannte «Fette-Mieten-Partys») bis hin zu klassischen «bürgerlichen» Formen des Engagements, etwa Unterschriftenaktionen und Bürgerbegehren.

Die soziale Zusammensetzung dieser Protestbewegung erscheint ebenso heterogen – zumindest aus Sicht der Protestierenden selbst. So heißt es in einem Text über die Bewohner des Gängeviertels in der Hamburger Innenstadt, das vor Verfall und Abriss gerettet werden soll («Kommt in die Gänge!»): Wir sind «Maler, Stadtplaner, Graphiker, Tänzerinnen, Studierende, ungelernte Hilfsarbeiter, Gärtner, Dichter, Hartz-IV-Empfänger».[15] Ein deutlicher Schwerpunkt der Bewegung liegt dennoch unbestreitbar im «linksalternativen Mittelklasse-Milieu, das sich in den Szene-Stadtteilen von Hamburg konzentriert».[16] Gemeint sind damit das Schanzenviertel, Altona und St. Pauli.

Auffallend ist auch das Durchschnittsalter: Ein Großteil der Aktivisten ist zwischen dreißig und sechzig Jahre alt.[17] Die Jungen sind deutlich unterrepräsentiert. Viele befinden sich in einem poststudentischen Lebensabschnitt, fühlen sich in einem alternativen Milieu zu Hause. Das genuin studentische Milieu allein erscheint zu unstet, um sich so fest zu formieren, wie wir das für die Hamburger Aktivisten vorgefunden haben. Einzigartig am «Recht auf Stadt»-Protest ist seine Verankerung im Stadtviertel. Die Aktivisten arbeiten nicht nur politisch zusammen, sondern sie wohnen im selben Viertel, sind Nachbarn, Bekannte und Freunde; sie treffen sich nicht nur auf Demonstrationen, sondern auch in ihrer Freizeit, im Fußballstadion oder beim Einkaufen. Auf diese Weise wird das Politische nicht zu einem eigenständigen Bereich im Leben, zu etwas, das man abends nach Feierabend macht, sondern es wird zum ständigen Bestandteil des Alltags. Betont wird von daher eine enge, schon beinahe selbstverständliche Einbindung in eine «linke Szene»[18] («Ich wohne in einem Wohnprojekt, das aus einer Besetzung entstanden ist»).

Das «Szene»-Konzept findet in der Politikwissenschaft selten Eingang, dennoch hat es für die Aktivisten eine entscheidende, intuitiv erfasste Bedeutung, die niederländische Autonome folgendermaßen zusammengefasst haben: «Die Szene entsteht, wenn man einander immer öfter an dazu auserkorenen Orten über den Weg läuft … Die Szene ähnelt dem Kaffeehaus des 18. Jahrhunderts, dem Salon des 19. Jahrhunderts … kurzum all den (in)formellen Institutionen, die die Erinnerung an ein Ereignis mit einem Lebensstil verbinden, in dem das Versprechen auf Wiederkehr kultiviert wird.»[19]

Über die Szene hinaus entsteht aber auch eine tiefgehende Identifikation mit dem Stadtteil. Beispielsweise wird häufig betont, ebenso zu den «normalen» Einwohnern des Viertels oder den Gewerbetreibenden vor Ort ein sehr gutes Verhältnis zu haben. Und umgekehrt. Nicht nur, dass alle Bewohner linke Projekte wie die Rote Flora oder das Centro Sociale, einen autonomen Nachbarschaftstreff im Schanzenviertel, als selbstverständlich anerkennen, immer wieder kommt es zu gemeinsamen Aktionen (zum Beispiel als Anwohner, Geschäftsleute und Linke gemeinsam gegen den Bau eines großen Musical-Theaters im Schanzenviertel demonstrierten). Selbst für die radikaleren Aktionen der Aktivisten bringen viele Alteingesessene Verständnis auf: «Dann gab es … auch so Leserbriefe im *Hamburger Abendblatt*, wo dann zum Beispiel … auch teilweise Ältere schrieben, ja, eigentlich bin ich eine völlig gewaltfreie Person, aber ich habe mich ertappt, dass ich klammheimliche Freude habe neuerdings für jede klirrende Scheibe.»

Die Zugehörigkeit zu einem lebensweltlichen Protestmilieu ist Potenzial, nichtsdestotrotz ist es mit einigen Problemen verbunden. Praktischen Nutzen ziehen die Aktivisten immer wieder aus der Möglichkeit, sich in eine längere Tradition linker Bewegungen zu stellen. Auf diese Weise profitieren sie von einem kollektiven Wissen, das durch die Einbindung in die Strukturen des Protestmilieus weitergegeben werden kann. Nicht jede (unangenehme) Erfahrung muss von jeder neuen Protestgeneration selbst gemacht werden, sie kann stattdessen auf Einsichten und Erkenntnisse vorheriger Bewegungen zurückgreifen. Die Vorteile, die daraus gezogen werden, reichen von praktischen, taktischen Überlegungen (Mit welchen Politikern kann man reden? Welchen Anwalt kann man anrufen? Wer ist ein potenzieller Ansprechpartner bei der Stadt?) bis hin zu ideellen Aspekten. So können sich neue Aktivisten in eine mehr oder weniger ruhmreiche Geschichte linker Bewegungen in Hamburg einreihen, ohne wirklich dabei gewesen zu sein. Sie sagen beispielsweise: «Wenn man ein bisschen links tickt und überlegt, in welche Stadt man zieht, dann zieht man nach Hamburg. Und man zieht hier auch hin, weil es die Hafenstraße und weil es die Flora gibt.» Diese Bewegungsgeschichte, als deren Teil man sich auch als Neu-Aktivist fühlen kann, geht über die Hausbesetzungen hinaus, reicht bis zu den alternativen Anti-AKW-Protesten in den siebziger Jahren und einer überhöhten «proletarischen» Vergangenheit der Hansestadt, etwa wenn auf die entscheidende Rolle von Hafenarbeitern während der Revolution 1918 oder den KPD-Aufstand in den zwanziger Jahren verwiesen wird.

Die Einbindung in eine gemeinsame Lebenswelt führt zu engen Vertrauensverhältnissen, die die politische Arbeit entscheidend vereinfachen oder überhaupt erst möglich machen: «Warum ‹Recht auf Stadt› in Hamburg so funktioniert, wie es funktioniert, und warum es anders funktioniert als in anderen Städten, ist ganz wesentlich der Informalität geschuldet, dass es einfach ganz viele Beziehungen gibt, die über die Jahrzehnte zu Vertrauensverhältnissen geführt haben und die über politische Trennungen oder Fraktionierungen oder Unterschiedlichkeiten hinweg trotzdem Dinge möglich machen.» So profitierte beispielsweise eine neugegründete Initiative, die sich für bezahlbaren Gewerberaum einsetzt und damit bei einigen linken Aktivisten zunächst Skepsis und Verwunderung auslöste, stark von dem Umstand, dass die darin Aktiven vielen Leuten in der Szene bekannt waren und ihnen daher vertraut werden konnte: «Das sind jetzt nicht irgendwelche Yuppies, sondern das sind die.» *Die* waren die bekannten Aktivisten aus der Hafenstraße.

Aus der engen Verflechtung innerhalb der linken Szene können aber auch Schwierigkeiten entstehen, das zeigt die Besetzung beziehungsweise «Bespielung» des Gängeviertels. So sah sich etwa die von Künstlern dominierte Aktivistengruppe in diesem Stadtteil anfangs großen Vorbehalten ausgesetzt: Kritisiert wurde insbesondere deren Bereitschaft, mit Leuten von der

Stadt zu verhandeln, etwas, das bei militanteren Besetzungen oft kategorisch ausgeschlossen wird. Gleichzeitig hatten wiederum viele Aktivisten aus dem Gängeviertel ihre Probleme mit den etablierten Umgangsformen der prononciert linken Aktivisten. So wurde beispielsweise betont, dass die Diskussionskultur in der Flora oft als dogmatisch empfunden wurde, man immer unsicher gewesen sei, ob man korrekt genug spreche, was bei Veranstaltungen im eigenen Viertel einfacher gewesen sei. Ein Aktivist stellte jedoch gerade die unterschiedliche Herangehensweise als entscheidenden Schlüssel zum Erfolg dar, da man nicht zu den «üblichen Verdächtigen» gehörte, offen war für Verhandlungen, öffentlichkeitswirksame Aktionen unter Einbezug der Presse nicht ablehnte. Und die Gespräche mit der Stadt seien eben keine Kollaborationen gewesen, sondern man habe sich alle Erfolge – die Akzeptanz des Alternativprojekts «Gängeviertel» – mit Händen und Füßen erstritten. Nur eben nicht auf der Straße, sondern am Verhandlungstisch.

Parallel zur Dauer des Protests näherten sich die Besetzer aus dem Gängeviertel der traditionellen linken Szene an. Nach und nach wuchs der gegenseitige Respekt und das Verständnis für die jeweiligen Aktionsformen, die Zusammenarbeit zwischen den «Protestneulingen»[20] und dem Milieu wurde intensiver. Beispielsweise wurden die Pläne für eine mögliche Legalisierung der Besetzung durch die Gründung einer Genossenschaft in enger Abstimmung mit den Besetzern aus der Hafenstraße erarbeitet. Die Aktivisten aus dem Gängeviertel konnten so prototypisch von dem kollektiv erarbeiteten Wissen der linken Szene profitieren. Auch bei den Verhandlungen mit der Stadt konnten sie ihre Verbindungen zu anderen Besetzungsprojekten nutzen. Die Vertreter der Stadt hätten sich vor den möglichen Konsequenzen einer Räumung gefürchtet, vor dem «Horrorszenario bürgerkriegsähnlicher Zustände in der Innenstadt». Und dass das passieren konnte, war allen bewusst.

Die Aktivisten aus dem Gängeviertel mussten nicht einmal militante Aktionen androhen, sondern sie machten sich zunutze, dass sie von außen als Teil der traditionellen Protestszene gesehen werden. Feine Unterschiede sind dennoch geblieben: Auch wenn die Künstler aus dem Viertel deutlich nach links gerückt seien, sich nach und nach politisierten und radikalisierten, so seien sie «nicht radikal im Sinne von Steine schmeißen», es wachse lediglich die Bereitschaft zu zivilem Ungehorsam.

Die Geschichte des Widerstands im Gängeviertel zeigt exemplarisch, wie eine anfangs misstrauisch beäugte Bewegung mit der Zeit in das lebensweltliche Protestmilieu integriert werden konnte. Möglich gemacht wurde das erst durch das spezifische Hamburger «Recht auf Stadt»-Bündnis als Konsequenz und Lehre aus zurückliegenden Aktionen. Entscheidend ist dabei die Netzwerkstruktur, die den Aktivisten ermöglicht, miteinander zu arbeiten, ohne sich auf ein verbindliches gemeinsames Vorgehen einigen zu müssen. Auf diese Weise gelingt es, ein an sich äußerst breites Protestspektrum, das weit über die lebensweltlich verbundene Szene hinausreicht, in einer gemeinsamen Klammer zusammenzufassen: «Auseinandersetzung mit Veränderungen in der Stadt.» Dieser Frame verbindet mittlerweile unterschiedlichste Gruppen, die von urbanen Kleingärtnern bis hin zu Autonomen im Umfeld der Roten Flora reichen. Jede einzelne Initiative arbeitet für sich, keine muss sich mit allen Aktionsformen der anderen Gruppen identifizieren, sondern man kann punktuell tätig werden. Diese Möglichkeit einer losen Kooperation habe sich, laut den Aktivisten, seit den Anfängen der Hausbesetzungen in der Hafenstraße bewährt, wo es ebenfalls möglich war, sich mit den Besetzern zu solidarisieren, ohne zwangsläufig alle militanten Aktionen unterstützen zu müssen.

Das Faszinierende am Netzwerk sei, dass man diese Kooperation ermöglicht, indem man den Leuten verschiedene Angebote macht, sich mit dem Netzwerk zu identifizieren: «Was ‹Recht auf Stadt› in Hamburg geschafft hat, ist, dass man aus vielen lokalen Geschichten eine städtische Erzählung gemacht hat … wo quasi auch Leute, die nicht unmittelbar betroffen sind, nicht unmittelbar irgendwo beteiligt sind, sich wiedererkennen können. Und dass man auch Argumente hat, bei denen sehr viele verschiedene Leute sich andocken können. Und das ist zum Beispiel bei aller Unterschiedlichkeit ein wesentlicher Aspekt, der früher auch in der Hafenstraße eine Rolle spielte. Man konnte dafür sein, ohne dazugehören zu wollen, dabei sein oder das Gleiche meinen zu müssen.»

Eine derartige Netzwerkstruktur hat noch andere Vorteile. Beispielsweise ermöglicht sie einen Protest, der im Großen und Ganzen ohne besonders hervorstechende Köpfe auskommt. Da es keine übergeordneten Sprecher gibt, sondern jede Initiative eigenverantwortlich handelt, ist die Hierarchie innerhalb der gentrifizierungskritischen Bewegung sehr flach. Dies wird von den Protagonisten immer wieder besonders unterstrichen, handelt es sich doch bei vielen Gruppen dem Selbstverständnis nach um antiautoritäre, hierarchiekritische Zusammenschlüsse. Unabhängig davon wird aber auch reflektiert, dass es in jeder Initiative trotzdem eine kleine Gruppe von Leuten geben müsse, die sich um aufwendige und langwierige Fragen und Probleme kümmert.

Diese Arbeit ist sehr belastend und erfordert ein Höchstmaß an Zeit – was zwar einerseits lobend anerkannt wird, etwa wenn betont wird, dass diese Menschen und ihre aufopferungsvolle Arbeit kaum zu ersetzen seien, andererseits werden sie nicht besonders gegenüber «normalen» Aktivisten herausgestellt. In der Eigenbetrachtung ihrer Protestorganisation sind sich die Aktivisten dennoch sicher: Eine klassische Aufteilung in Vorsitzende, in Verhandlungsführer auf der einen und eine Mitgliederbasis auf der anderen Seite soll es bei ihnen nicht geben –

dafür erheben sie zu sehr den Anspruch, in der Verbindung von Lebenswelt und Protest alternative und somit hierarchiefreie Lebensmodelle zu erproben.

Die langjährigen, fast schon professionellen Erfahrungen linker Bewegungen prägen nicht von ungefähr die Perspektiven der Aktivisten auf andere politische Akteure wie zum Beispiel auf Parteien, Gewerkschaften oder die städtische Verwaltung. Ihre Sicht auf Parteien kann als ablehnend und resigniert beschrieben werden, gleichzeitig aber auch als unaufgeregt und pragmatisch. Kaum ein Aktivist bezweifelt, dass Parteien und politische Institutionen heute ihre einstigen Aufgaben nicht mehr lösen können. Sie seien starr geworden, abgekoppelt von den Wünschen und Erwartungen der Gruppen, die sie eigentlich vertreten sollen. Obwohl dort erkannt werde, dass die üblichen Verhaltensweisen die Situation nicht verbessern könnten, werde dennoch krampfhaft an ihnen festgehalten; Veränderungen und kritisches Hinterfragen der eigenen Rolle suche man vergebens. Jegliches Handeln sei zu Routine verkommen, anders als beim eigenen Engagement fehle professionellen Politikern oft die Leidenschaft und Begeisterung für ihr Tun. Klar ist daher für die Aktivisten, dass die Institutionen, die «neoliberal» geworden seien, kaum mehr reformiert, sondern im Prinzip radikal durch neue ersetzt werden müssten. Und dennoch wird daraus keine hasserfüllte Ablehnung und Bekämpfung abgeleitet, sondern ein stark an den eigenen Zielen orientiertes pragmatisches Handeln.

Kritisiert wird beispielsweise, dass die Politik einen Großteil ihrer Macht unnötigerweise an die Wirtschaft abgegeben habe, das Primat der Politik verloren gegangen sei. Die grundsätzliche Sinnhaftigkeit von Parteien und Politik wird dagegen nicht in Frage gestellt. Mehrfach wird betont, dass Parteien und Politiker nicht per se als Gegner wahrgenommen werden. In allen Parteien des linken Spektrums, also vor allem bei der LINKEN, den Grünen und der SPD, finden sich Menschen, mit denen die Initiativen enge Kontakte pflegen, auch weil in diesen Parteien die Offenheit gegenüber den Belangen der Gentrifizierungsgegner besonders hoch zu sein scheint.

Man weiß genau, an wen man sich mit bestimmten Problemen wenden kann, wer einem zuhöre, wer eventuell mit praktischer Hilfe zur Seite stehen könnte. Selbst die CDU sei als möglicher Verbündeter zu betrachten: «Wir reden ja eh mit allen, wir reden auch mit der CDU. Aber es ist trotzdem so, dass wir da skeptisch sind.»

Ähnlich gestaltet sich auch das Verhältnis der Aktivisten zur Polizei: Zwar beschreiben alle Interviewten die Polizei als ausführendes Instrument einer staatlichen Repression, das immer wieder mit äußerster Brutalität zuschlage; wirkliche Empörung kann dies aber nicht mehr auslösen. Zu sehr ist das alltägliche Katz-und-Maus-Spiel von linken Aktivisten und Polizisten bereits zur Gewohnheit geworden, wie in unseren Befragungen deutlich geworden ist. Gewalt wird dabei, anders als noch zu den Zeiten der Hafenstraße, mittlerweile einhellig abgelehnt.[21] Einerseits würden Protestierende gegen die professionalisierten Einsatzkräfte heutzutage in einer physischen Auseinandersetzung keine Chance mehr haben, sodass andere Aktionsformen zielführender seien. Andererseits sei Gewalt kein Mittel mehr, um Aufmerksamkeit für die eigene Sache herzustellen. Eine Zuschreibung der Bewegung zur Gruppe der «Randalierer und Chaoten» führe nur dazu, dass sich die Öffentlichkeit nicht länger mit den Inhalten des Protests beschäftigen würde. Das sei daher unbedingt zu verhindern.

Eine Alternative zur bestehenden Gesellschaftsordnung, eine radikal andere Form des Zusammenlebens wird zwar herbeigesehnt, sie präzise zu formulieren fällt den Aktivisten aber schwer. Was alle Befragten eint, ist eine intuitive Ablehnung der als «neoliberal» bezeichneten Werteordnung in der kapitalistischen Gesellschaft: Das Streben nach Profit und die Kommerzialisierung menschlicher Beziehungen werden als Gift für jegliches Zusammenleben bezeichnet. Eine generelle Ablehnung des Kapitalismus wird dagegen sehr deutlich formuliert: «Das ist eine Systemfrage, da braucht man nicht groß drum herumreden.» Auch Kapitalismus und alternative Lebensweisen schließen sich aus: «Das geht nicht.»

In den Ausführungen der Befragten schimmert immer wieder der Wunsch nach einer Gesellschaftsform hindurch, in der die Werte wie Gleichheit und Gerechtigkeit eine stärkere Rolle spielen, ohne dass konkret geschildert wird, wie ein solches Zusammenleben aussehen könnte. Marxistische, sozialistische und anarchistische Ideen besitzen für die Aktivisten eine gewisse Attraktivität.[22] Allerdings werden sie klar gegen die bislang erfolgten Umsetzungsversuche abgegrenzt, immer wieder wird beispielweise betont, dass der Staatssozialismus ebenso zum Scheitern verurteilt war, wie der neoliberale Kapitalismus es heute sei. Eine «sozialere» Gesellschaft zu bauen gehe nicht über Gleichmacherei, Bevormundung und Unterdrückung, niemandem solle etwas weggenommen werden, lediglich die Verteilung der erwirtschafteten Gewinne solle gerechter erfolgen. «Luxus für alle» sei eine attraktive Vorstellung, bei größerer auf Gleichheit bedachter Verteilung würde das gemeinsam Erarbeitete allen Menschen ein gutes Leben ermöglichen.

Das Bemühen um Selbstreflexion und Abgewogenheit spiegelt sich dann auch in der Skepsis gegenüber einfachen Ideen. Bei der Frage nach einer idealen Gesellschaft wird häufig darauf verwiesen, dass es mehr Fragen als Antworten gebe, dass eine ideale Form des Zusammenlebens nicht bestehen könne, sondern eine reine Utopie sei, an der man sich ausrichten müsse, ohne sie jemals erreichen zu können. Dies könnte ein Grund sein, weshalb der unmittelbare Bereich des eigenen Lebens, die Stadt beziehungsweise das Viertel, in dem man wohnt, als Wirkungsort des persönlichen Engagements ausgewählt wurde. Im

Stadtviertel soll symbolisch vorweggenommen werden, was bislang diffus erträumt wird, da schwer vorstellbar: eine alternative Form des Zusammenlebens auf einer höheren gesellschaftlichen Ebene. Erträumt wird eine Stadt mit mehr «Wildwuchs», eine Stadt, die nicht von oben durchgeplant wird und dadurch ein spontaneres Miteinander erlaubt. Den Menschen sollen mehr Einflussmöglichkeiten auf ihre unmittelbare Umgebung geschaffen werden, was aber nicht mit den bislang bestehenden Formen der Bürgerbeteiligung verwechselt werden darf: Denn man habe nicht den Eindruck, dass diese Partizipation ein ehrliches Angebot der Stadt sei, man habe nämlich immer das Gefühl, «die Tür ist zu und man muss sie irgendwie erst mal aufbrechen. Und irgendwie einen Fuß in die Tür kriegen, um irgendwas durchzusetzen. Man wird ja nie mit offenen Armen aufgenommen.» Die Erfahrung mit den Beteiligungsangeboten der Stadt habe gelehrt, sehr vorsichtig mit ihnen umzugehen. Häufig sei dies nur eine Strategie der Scheinbeteiligung, über deren Ergebnisse man im Ernstfall ohne Weiteres hinweggehen würde, teilweise würden die Ergebnisse auch genutzt werden, um Proteste zu ersticken oder zu delegitimieren.

Die Aktivisten aus Hamburg propagieren daher eine «Politik aus erster Hand», in der jeder Mensch selbst aktiv wird, um Einfluss auf die Dinge, die ihn betreffen, auszuüben. Das eigene Engagement sei keine Stellvertreterpolitik, eine solche Politik werde ohnehin als nichtauthentisch abgelehnt. Auch wenn die eigenen Projekte eine riesige Projektionsfläche seien, auf die jeder seine eigenen Hoffnungen und Wünsche deuten könne, so verfolgen sie explizit ein partikularistisches Ziel und dienen nicht dem Allgemeinwohl. Dies sei auch gar nicht möglich, da es zunächst überhaupt erst eine Diskussion darüber geben müsste, was genau heutzutage unter «Allgemeinwohl» verstanden werden kann. «Ich behaupte, dieser Partikularismus ist gerade notwendig, und viel mehr Leute sollten partikular sein. Ich übersetze das mal in meine alte Vergangenheit zurück. Schafft eins, zwei, drei, viele Vietnams, hätte man früher gesagt, um überhaupt verhandeln zu können, wie denn die Welt aussehen soll. Und so würde ich sagen, du brauchst viele Gängeviertel oder viele ganz andere Sachen, um überhaupt mal wieder ein Aushandlungsfeld zu haben und entsprechenden Dampf im Kessel, der eine lokalpolitische und meinetwegen auch dann größere Definition von Gemeinwohl möglich machen könnte.»

Das System insgesamt in Frage zu stellen, auf der symbolhaften Ebene des städtischen Nahbereichs ein alternatives, selbstbestimmtes Leben vorwegzunehmen, dabei auf ein über Jahrzehnte gewachsenes Netzwerk von eng verbundenen politischen Aktivisten zurückzugreifen und pragmatisch und abgeklärt mit den im Prinzip veralteten Institutionen der repräsentativen Demokratie zusammenzuarbeiten – dies sind die Grundzüge des Hamburger Protests.

Stuttgart 21 – «Es ist so viel Verbitterung in der Stadt»

Die Erfahrungen der Protestierenden gegen das Infrastrukturprojekt Stuttgart 21 sind eindrücklich, haben diese doch gesellschaftlich und politisch vieles durchlebt. Kaum eine andere Protestbewegung hat in den vergangenen zwei Jahren eine solche (mediale) Aufmerksamkeit erfahren wie die der Stuttgarter Kesselstadt. Die Protestierenden haben in dieser Zeit Erfolge gefeiert, die über das Projekt hinauswiesen, etwa die Abwahl der von Stefan Mappus geführten CDU-Regierung bei den baden-württembergischen Landtagswahlen im März 2011, die für viele der Aktiven gleichzeitig das Ende des «schwarzen Filzes» bedeutete, der achtundfünfzigjährigen Regierungszeit der CDU im «Ländle». Dazu gehörten aber auch die Schlichtungsgespräche im Oktober und November 2010 unter der Leitung Heiner Geißlers, die wohl als Durchbruch und Rückschlag gleichermaßen gelten können. Zwar wurden erstmals alle Beteiligten an einem Tisch versammelt, um öffentlich und transparent über die in der Kritik stehenden Daten und Fakten zu dem umstrittenen Bahnprojekt zu diskutieren. Der gewünschte Erfolg blieb dennoch aus – gebaut werden sollte Stuttgart 21 weiterhin. Der im November 2011 verlorene Volksentscheid bedeutete schließlich de jure die endgültige Entscheidung für den Bau des Projekts, der Konflikt jedoch besteht noch immer. Für einige der Interviewten steht Stuttgart 21 heute für «eine Riesenenttäuschung», auf die sie nahezu «lethargisch und depressiv» reagieren. Andere wollen weitermachen und sich noch immer zu Demonstrationen zusammenfinden, Vereine gründen, in denen sie ihre jeweiligen Anliegen weiterentwickeln, während wieder andere ihren «Widerstand» nicht mehr auf die Straße tragen. Sie alle verbindet das Gefühl der Niederlage.

Doch zunächst standen im Mittelpunkt der Auseinandersetzung der denkmalgeschützte Stuttgarter Bahnhof sowie der Schlosspark. Beide gelten als «Wahrzeichen» Stuttgarts, in denen sich auch ein spezifisches städtisches Selbstbewusstsein ausdrückt: «Umbilicus sueviae» – «Nabel von Schwaben» –, so nannte sich der Entwurf des 1928 fertiggestellten Baus unter der Leitung des Architekten Paul Bonatz.[23] Der Schlossgarten, im 14. Jahrhundert bereits als gräflicher Lustgarten inmitten der Kesselstadt entstanden und im 19. Jahrhundert unter königlicher Anweisung weiter ausgebaut, ist elementarer Teil Stuttgarter Stadtgeschichte.[24] Daran hänge «das Herz des Stuttgarters» und sei gleichzeitig «Identifikationsobjekt», hieß es unter den Befragten. Schlossgarten und Bahnhof hätten den Krieg überlebt, während «die Innenstadt platt» gemacht wurde. Es waren oft emotionale Momente während unserer Gesprächsrunden: «Wenn man das antastet, da geht dem Stuttgarter schon der Hut hoch.»

Dabei ging es für die Aktiven in dem Konflikt immer um weitaus mehr als um die Erhaltung einer denkmalgeschützten Bausubstanz oder einer Gartenanlage.[25] Diese sind zum Schauplatz geworden für einen Konflikt, in dem die Aktivisten die Beziehung zwischen der Bevölkerung und ihren Repräsentanten grundlegend kritisierten und sich auch gegen bestehende wirtschaftliche und vor allem politische Strukturen wendeten. Auch stellten sie die daraus erwachsende politische Kultur in Frage. In diesem Zusammenhang wurde insbesondere der Anspruch formuliert, als «Bürger» anerkannt zu werden. Die Schlagkraft, mit der dieser Anspruch formuliert wurde, resultierte zuvörderst aus ihrem Selbstverständnis, das darauf gründet, sich selbst bislang als Teil einer staats- und gesellschaftstragenden Gruppe erfahren zu haben. Denn die Trägerschicht der Stuttgarter Protestierenden rekrutierte sich – ähnlich wie in München – überwiegend aus einem ressourcenreichen sozialen Milieu, insbesondere hinsichtlich Bildung und Vermögen.[26] So haben die meisten der Interviewten einen Universitätsabschluss. Nahezu sämtliche Aktiven blicken auf langjährige (nicht unbedingt konstante) berufliche Karrieren zurück, unabhängig davon, ob sie noch im Beruf stehen oder bereits Rentner sind. Zu ihnen gehören etwa Juristen, Ingenieure und Künstler. Gleichzeitig berichten fast alle von zurückliegenden Erfahrungen mit zivilgesellschaftlichem Engagement, das viele innerhalb der Anti-Atom-Bewegung gesammelt haben. Einige sind beziehungsweise waren parteipolitisch aktiv, wobei die Mitgliedschaften von der CDU bis zur LINKEN reichen. Viele der Interviewpartner bringen damit eine außerordentliche (Organisations-)Erfahrung mit. Dabei ist ihnen das Gefühl, Dinge bewegen oder entscheiden zu können, bekannt. Man weiß auch, dass gerade politische Parteien sowie wirtschaftliche Unternehmen oftmals ganz besonders um sie werben, die Gunst dieser sozioökonomischen Schicht gewinnen möchten.

Doch mit den Erfahrungen mit Stuttgart 21 sind ebendiese Überzeugung und Vorstellung zusammengebrochen. Einige der Interviewten berichten davon, vor den Ereignissen «viel vertrauensseliger» gewesen zu sein, sie hatten in die Politik als «Güterabwägung der verschiedenen Interessen» und «in die Sachbezogenheit der Landespolitik» Vertrauen gesetzt. Danach hieß es: «Aber dieses Vertrauen habe ich vorläufig bis auf Weiteres verloren.» Man erlebe, so der durchgängige Vorwurf, dass nur noch wirtschaftliche Interessen relevant seien, während weder eigene Bedürfnisse noch gesellschaftliche Erfordernisse gehört würden: Probleme werden «über unsere Köpfe hinweg gelöst und nicht im Interesse der Bürgerschaft, sondern im Interesse der Leute, die Macht und Geld haben». Sinnbildlich dafür stehen für die Protestierenden die physischen Auseinandersetzungen mit der Polizei am 30. September 2010 im Schlossgarten: «Ja, das ist einfach, wenn wir als Bürger nicht so spuren, wie das Konzernchefs und Politiker haben wollen, dann wird halt die Polizei genutzt, um gegen uns vorzugehen, um Projekte durchzuziehen mit aller Kraft, mit aller Gewalt, ohne Rücksichtnahme, das symbolisiert sich.» An diesem Tag, der «ein ganz einprägsames Datum, das hier nie vergessen werden wird», und einen manifesten Bestandteil der kollektiven Protesterzählung und -erinnerung darstellt, wurden verschiedene Polizeieinheiten eingesetzt, um das Fällen der ersten Bäume zu ermöglichen, da man auf Widerstand der S21-Gegner vorbereitet war. Innerhalb kurzer Zeit strömten Hunderte Menschen in den Schlossgarten, um das Bäumefällen zu verhindern.

Die Polizei setzte im Verlauf der Konfrontation Wasserwerfer und Tränengas ein. Der «Schwarze Donnerstag» stellt einen der Höhepunkte der Konflikte um Stuttgart 21 dar, insbesondere wegen der emotionalen Auswirkungen, wie die Aktiven berichten. Die Rede ist unter anderem vom «Trauma des 30. 9.»: «Für mich war das Brutalste, wie die dann nachts eben irgend so'n

Riesenbaum umgehackt haben, den sie gar nicht hätten fällen müssen, und es war einfach nur klar, das machen sie nur, um zu schauen, wie weit die Leute es aushalten. Der ganze Park ist in Tränen ausgebrochen.» In den Augen der Befragten habe sich in jener Nacht «der Staat» über die Polizei als verlängerten Arm physisch unter Einsatz von Gewalt gegen «seine normalen Bürger» gewendet. Von diesem Moment an begannen die Bahnhofsgegner, die Konfliktsituation als eine Auseinandersetzung zwischen «Establishment und Basis» zu konstruieren. Dies beeinflusste damit auch das Selbstverständnis der Protestierenden, indem die Erfahrungen um diesen Tag herum einen entscheidenden Baustein der eigenen Protestgeschichte ausmachen und nachhaltig einen starken Identifikationspunkt bilden.

Interessant ist auch die Einordnung der Befragten in die individuelle (Protest-)Biographie: Für einige von ihnen übersteigen die Erfahrungen im Schlosspark selbst die Demonstrationsschlachten um Atomanlagen wie etwa in Wyhl, bei denen viele Bahnhofsgegner angaben, dabei gewesen zu sein. Die Polizeigewalt um Stuttgart 21 sei wesentlich heftiger gewesen. Die Bewertung der Ereignisse erscheint hier wie eine Art «Heroisierung» der heutigen Proteste bei gleichzeitiger Vernebelung der Konflikte um die Atomkraft. Ein solcher Vergleich mag aber auch strategischen Charakter haben, in der Hoffnung, dieses Signum verleihe dem eigenen Widerstand zusätzliche Glaubwürdigkeit und dem heutigen Engagement mehr Wucht und überdauernde Tiefe. Aus den Auseinandersetzungen im Schlosspark lasse sich aber auch Kraft ziehen, bekunden die Interviewten unisono, sie hätten eine Wende gebracht mit sehr vielen Solidaritätsbekundungen aus ganz Deutschland. So fand etwa eine der größten Demonstrationen mit circa 150 000 Teilnehmern unmittelbar im Anschluss an diesen Tag statt.[27] Die darauffolgende Phase der Proteste kann wohl insgesamt als Hochphase der Entwicklungen für die Protestierenden angesehen werden. Zulauf und die öffentliche Zustimmung waren ausgesprochen hoch, die Fronten verhärteten, aber auch die eigene Selbstgewissheit festigte sich.

Die Auswirkungen der Protesterfahrungen auf die eigene Lebenswelt, die immer wieder als Quellen der Motivation und der «Solidarität» genannt wurden, beeinflussten die Dynamik der Bewegung. Zu den grundlegenden Veranstaltungen gehören dabei die nahezu rituell stattfindenden «Montagsdemonstrationen», womit bereits begrifflich an die Bürgerbewegungen der DDR angeknüpft wurde, sowie der «Schwabenstreich», der von einzelnen Gruppen individuell gestaltet und abgehalten wurde. Insbesondere die Demonstrationen entfalteten starke Wirkungsmacht: «Also, es ist immer wie ein Auftanken, also wenn ich jetzt nur an die Montagsdemo denke. Es ist nicht nur eine Pflichtveranstaltung, sondern … eine Tankstelle für Energie.»

Als eine der Besonderheiten gilt dabei die Gestaltung der Veranstaltungen: «Und dann frag ich, wo in Deutschland spielt bei einer großen Demonstration die Professorin für Geige die Solosuite von Bach? Das ist so ziemlich das Schwerste, was es gibt auf der Geige, und da hören 10 000 Leute totenstill zu.» Demonstrationen werden damit über ihre Wirkung als Massenveranstaltung hinaus zum «Kulturevent» erhoben – «eine Explosion von Protest, von Aktion und von Kreativität, unglaublich», schwärmt ein Aktivist. Auch für frühere Phasen wird hierin von vielen ein wichtiger Anknüpfungspunkt gesehen. Sie sind sozialer Treffpunkt, an dem nicht nur alte Freunde wiedergetroffen werden. Noch wichtiger sind die neu geschlossenen Bekanntschaften, die sich um die Ereignisse von Stuttgart 21 herum entwickeln. Gerade das sei das Schöne, dass persönliche Beziehungen zwischen unterschiedlichen Leuten mit unterschiedlichen Berufen und Lebensgeschichten entstanden, die dann jeweils das einbringen würden, was sie könnten. Stuttgart 21 wurde damit für die Aktivisten nicht nur zum «Aha-Erlebnis», um politische, gesellschaftliche und ökonomische Zusammenhänge «zu durchschauen», sondern auch zu einer Bereicherung der eigenen Lebenswelt auf persönlicher Ebene. Ebenso berichten einige, insbesondere Zugezogene, von einem identitätsstiftenden Moment. Man sei durch den Protest gegen Stuttgart 21 überhaupt erst «richtig» in der Stadt angekommen: «Ich hätte mich bis vor zwei Jahren nicht als Stuttgarter oder als Schwabe bezeichnen lassen, und jetzt bin ich hier zu Hause. Nach fünfundzwanzig Jahren dann in diesen zwei Jahren, wo der Kampf um Stuttgart geht.» Ohnehin kommen viele der vor dem Volksentscheid im November 2011 Interviewten geradezu ins Schwärmen über ein «neues Lebensgefühl», das sich in der Stadt unter den Protestierenden entwickelt habe. Das «Klima» habe sich verändert, Stuttgart sei eine offene und freundliche Stadt geworden, sagen die Befragten, «zumindest dann, wenn man sich mit dem gleichen Button eben erkennt».

Sosehr sich die Interviewten durch das Erlebte in ihren Positionen und Forderungen bestärkt fühlen, so sehr beeinflusst es auch ihre Sicht auf Parteien und Politiker sowie ihre Haltung gegenüber Demokratie und Staat. Gerade in Bezug auf Parteien und Politiker sind ihre Erzählungen von Wut, teils von Zynismus geprägt und zeugen von tiefgehender Empörung: Die von einigen Interviewten harsch auch als «Lügenpack» bezeichneten Akteure der ehemaligen baden-württembergischen Landesregierung hätten demnach die ihnen «verliehene Macht wie eine Dauerleihgabe empfunden» und seien «gutsherrenartig … damit umgegangen». Sie stützen sich dabei in ihren Argumentationen auf die Betonung negativer Erfahrungen, die für sie in immer wieder offengelegten Widersprüchen bis hin zu Fehl- und bewussten Falschinformationen zugunsten einer Umsetzung des Bahnprojekts bestünden. Beispielhaft dafür steht die Bewertung der Schlichtungsgespräche und des Volksentscheids: Diese werden in den Berichten vieler Interviewten sinnbildlich zum

«Betrugsfall» und zur «Falle», in die «wir Stuttgarter leider auch reingefallen» seien. Für sie hat sich während und durch diese Verfahren der Eindruck und die Überzeugung manifestiert, gerade nicht ein gleichberechtigter Teil der Aushandlungsprozesse um Stuttgart 21 zu sein: «Nicht zu vergessen, das sind wirklich Instrumente, um Bewegungen – wenn Bürger aufstehen und ihre Meinungen kundtun wollen – wirklich niederzuschlagen.» Denn: «Die wollen ja überhaupt nicht reden, die wollen im Prinzip durchdrücken.» Zwar beziehen sich die Interviewten in ihrer Argumentation konkret auf ihre Erfahrungen um Stuttgart 21, doch sehen viele von ihnen darin grundlegende strukturelle Probleme einer «politischen Kaste» oder eines Politikertypus, der für sie durchaus in allen Regionen der Bundesrepublik existent sei: Es sind «verlogene Autoritäten, … die ihre eigenen Pfründe absichern». Politische Strukturen in diesem Sinne zeichneten sich vor allem durch «Lobbyismus, Nepotismus, Kungelei» aus sowie durch fehlende Verantwortlichkeiten und eine starke Orientierung an wirtschaftlichen oder parteipolitischen Interessen. Der Begriff «Demokratie» werde dabei von einigen parlamentarischen Vertretern lediglich «missbraucht».

Denn «Demokratie» bedeutet für viele der Interviewten ein Konglomerat aus Werten wie «Frieden, soziale Gerechtigkeit, Menschenrechte und Umwelt»; sie steht ihren Auffassungen nach den beschriebenen politischen Handlungs- und Akteursstrukturen konträr entgegen, für die geradezu metaphorisch der Begriff des «schwarzen Filzes» steht. Auffällig ist allerdings die Diskrepanz in der Darstellung, die vermutlich auf das gegenwärtige Stimmungsbild der Befragten hinweist: Denn im Gegensatz zu dem zornigen Blick auf einen Teil der Parteien und Politiker zeigen sich die Gesprächsteilnehmer in der Auseinandersetzung mit den Potenzialen und Schwierigkeiten heutiger Demokratie überaus reflektiert. Gesellschaftliches Leben sei immer auch von Konflikten begleitet, so die einhellige Meinung, die durchaus zur Bereicherung werden könnten, solange umsichtig mit ihnen verfahren wird. Insbesondere durch das eigene Engagement habe man gelernt, dass Demokratie voraussetzungsreich sei, eines «mündigen Bürgers» bedürfe und vor allem die direkte Demokratie eine «Heidenarbeit» bedeute. Daraus ziehen viele den Schluss, dass die Zufriedenheit mit dem politischen System in keiner Weise mit der parlamentarischen Ausgestaltung der Demokratie zusammenhänge, sondern an der Einbindung beziehungsweise der Orientierung der politischen Entscheidungen am gesellschaftlichen «Wohl» hänge.

Die Rolle der Stuttgarter Protestierenden zeichnet sich für einige der Interviewten gerade dadurch aus, innerhalb dieses Spannungsverhältnisses zwischen Demokratie und politischem System eine spezifische Stellung einzunehmen, der zufolge «die Bürgerbewegungen die Ziele verfolgen, die sozusagen für die gesamte Bürgerschaft von Vorteil sind. Eben das, was man als gesunden Menschenverstand bezeichnen könnte.» Dieses Selbstverständnis ist insbesondere im Kontext der beschriebenen Erfahrungen der vergangenen Jahre zu sehen und wird gleichzeitig zu einer Begründung für den Anspruch, als «die Bürger», als «eine vierte Gewalt», eben als «Korrektiv» anerkannt zu werden. Hier geht es aber dezidiert nicht um eine rechtliche Anerkennung, wie das bei einigen «emanzipatorischen» Bewegungen der Fall ist, oder um ökonomische Umverteilungen, sondern um die Anerkennung von sozialer Wertschätzung.

Gebildet, informiert, ressourcenstark, so treten die Bahnhofsgegner auch heute noch auf – ausgestattet mit einer breiten Basis an fachlichem Expertenwissen. In ihren Erzählungen wird vor allem deutlich, dass es in erster Linie um die Anerkennung sozialer Wertschätzung geht und dass man sich in seiner Funktion als Bürger verletzt sieht. Die gemeinsame Produktivität wird somit zu einer eigenen Quelle des Selbstbewusstseins, produziert man doch ein Gefühl dafür, wie gesellschaftliches Zusammenwirken gelingen könnte. Nach dem «definitiven Ende aller Hoffnungen» jedoch, dem verlorenen Volksentscheid, bleibt der unerfüllte Anspruch nach Anerkennung. «… und am Schluss ist die Spaltung schlimmer – sie ist stärker geworden. Der Konflikt ist nicht gemildert worden … es ist so viel Verbitterung in dieser Stadt.»

Das Kirchliche im Protest – Freising und der Münchner Flughafenausbau

An Flughäfen und deren neuen Startbahnen entzünden sich häufig schwere Konflikte. Es findet ein manchmal erbittertes Ringen um die Erweiterungsmaßnahmen mit Protestbewegungen und Gegnern eines (Aus-)Baus statt. Ikonisch dafür steht der Konflikt um die Startbahn West des Frankfurter Flughafens, der mit seinen Demonstrationen, der Räumung von Hüttendörfern, besetzten Baustellen bis hin zu Gewalteskalationen mit Todesfolgen für die Umweltbewegung der ausgehenden siebziger und achtziger Jahre zu einem Bezugspunkt geworden war.[28] Aber auch bereits zuvor hatten das Wachstum der Flugverkehrsbewegungen und größere Maschinen mit einem enormen Anstieg der Passagierzahlen dazu geführt, dass zunächst stadtnahe Flughäfen aus Sicherheits- und Effizienzgründen in das Umland «umgesiedelt» wurden. Dabei standen und stehen die jeweilige öffentliche Hand und der Flughafenbetreiber vor der Schwierigkeit, die Bevölkerung von möglichen Standorten zu überzeugen – welche meist empört auf die Aussicht reagiert, künftig in einer Einflugschneise zu leben. An dem Bau von Flughäfen im unmittelbaren Umland von Großstädten entfachen sich deswegen Konflikte, weil neben dem Flächenverbrauch, der Lärm- und Umweltbelastung oft gerade die Wohnbereiche betroffen sind, in die wohlhabende Pendlerfamilien aus den urbanen Zentren hinausgezogen sind, um in ländlicher Ruhe und Naturnähe der städtischen Hektik zu entfliehen.[29] Flughäfen stehen aber auch symbolhaft für eine vernetzte Welt, in der ein Staat Andockstellen schafft, um an steigender ökonomischer Geschwindigkeit und gesellschaftlicher Verwobenheit partizipieren zu können. Sie sind Voraussetzung für eine Teilnahme an der Globalisierung und demzufolge auch staatlicher Ausdruck von wirtschaftlichem Wachstumsanspruch. Zum Konflikt um den Bau des neuen Flughafens Berlin-Brandenburg etwa hat das Göttinger Institut für Demokratieforschung unlängst eine Studie angefertigt.[30]

In München wurde bereits ab Mitte der fünfziger Jahre eine Lösung gesucht, den alten Stadtflughafen ins Umland auszugliedern – der von uns ins Auge gefasste Protest gegen den nun zur Entscheidung anstehenden Bau einer dritten Startbahn des Flughafens im Erdinger Moos nördlich von München artikuliert sich folglich in einer Region, die auf eine gut fünf Jahrzehnte lange Geschichte der Flughafengegnerschaft zurückblickt. Dies wird in Gesprächen immer wieder verdeutlicht – gerade auch von Protestteilnehmern, die nicht gebürtig aus Freising und der Umgebung stammen, sondern in eine Protesttradition hineingezogen sind: «Du kommst hier in eine Tradition … da war hier eine große Sensibilität für das Thema, und ich habe irgendwann relativ schnell begriffen: Ich komm um das Thema Flughafen nicht rum. Ich muss mich damit beschäftigen, ich muss mich dem stellen.» Auch wenn es also nicht unmittelbar und organisatorisch jahrzehntelange Erfahrungen gibt, zumindest das Thema und seine lokale Reflexion besitzt eine vieljährige Geschichte, die als eine Art Lokalkolorit für viele anknüpfungsfähig wird.

Analog zum Hamburger Stadtgestaltungskonflikt geht es ebenso in Freising um einen Protest, der viele Erzählstränge aus der eigenen Vergangenheit wieder aufgreift und neu miteinander verknüpft. Und so wie im Frankfurter Beispiel um die Startbahn

West Fragen der Anwohnerumsiedlung, des Umweltschutzes, der zumutbaren Lärmbelästigungen und ganz generell das Verhältnis einer Obrigkeit zu ihren Bürgern im Fokus des Widerstands verschmolzen wurden, so werden auch in dem Freisinger Protest unterschiedliche Begründungen und Motivationen verschränkt, von denen viele aus der jüngeren bayrischen Geschichte auf eine besondere Sensibilität treffen. So äußern viele Teilnehmer in den Gesprächen etwa, gerade Tschernobyl[31] und der heimlichtuerische Umgang der Institutionen mit der tatsächlichen Strahlenbelastung sowie das nahe Erleben der Waldschäden im Bayrischen Wald,[32] wo sich die sauren Niederschläge besonders verheerend ausgewirkt hätten, seien für sie Initialzündungen für ein Interesse an umweltpolitischen Fragen gewesen: «Weil ich im Bayrischen Wald das erlebt habe, was Luftveränderungen bedeuten können. Für die Natur an dieser Stelle, für die Schöpfung, das war ja lang vor Tschernobyl schon.»

Die Aktivisten, die gegen eine dritte Startbahn des Flughafens arbeiten, ähneln im Sozialbild dem, auf das wir bereits bei den Stuttgarter Bahnhofsgegnern gestoßen sind: Diejenigen, die sich aktiv in die Organisation von Protesten gegen den Startbahnbau einbringen, sind meist mittleren bis älteren Jahrgangs, stehen arriviert im Berufsleben oder im Ruhestand und haben einen beachtlichen durchschnittlichen Bildungsgrad – die allermeisten haben Abitur, einen Universitätsabschluss oder gar eine Promotion vorzuweisen. Fast alle leben verheiratet oder in einer festen Partnerschaft und verfügen über ein gesichertes, in vielen Fällen überdurchschnittliches Haushaltseinkommen. Viele haben Kinder oder bereits Enkelkinder, etwa 40 Prozent unserer Freisinger Gesprächspartner sind Frauen. Überhaupt entspricht dieses Schlaglicht einer Region, die innerhalb Deutschlands zu den Boom- und Zuwachsregionen gehört, in der Arbeitslosigkeit und die kommunale Belastung durch Sozialausgaben keine Probleme darstellen. Freising und Umgebung gehört zu den wenigen Kreisen in Deutschland – wie erwähnt –, die einen Wanderungs- *und* einen Geburtenzuwachs erfahren und die auch wegen ihres ökonomischen Prosperitätsversprechens nahe der Landeshauptstadt einen markanten Anstieg der Mieten und Immobilienpreise in den letzten Jahren zu verzeichnen haben.

Die Menschen, auf die wir bei unseren Protestbetrachtungen gestoßen sind, tragen diese Region wie auch ihren wirtschaftlichen Aufschwung und leiten daraus ein großes Selbstbewusstsein ab, mit ihren Vorstellungen für die Entwicklung vor Ort zumindest Beachtung zu finden. Denn alle Interviewten äußern vehement Unverständnis über eine Politik, die ihren Anliegen oder ethischen Richtlinien anscheinend nicht mehr entspricht: «Ich weiß nicht, woher es kommt, aber ich stelle fest, dass es so ist, und ich selber finde mich in den Entscheidungen, wie sie dann stattfinden, nicht mehr wieder. Es laufen Dinge an mir vorbei, und ich kann es nicht fassen.» Dies bedeutet aber keineswegs, dass Gespräche zu Demokratie, zu Politikern und Parteien in ein leierndes Lamento über deren Unfähigkeiten ausarten. Es wird viel Verständnis gezeigt für die Entscheidungszwänge und die Probleme, die zunehmend steigende Komplexitäten und Geschwindigkeiten für Politiker aller Ebenen mit sich bringen. Was vielmehr durchscheint, ist ein Kopfschütteln über eine Politik, die grundlegende ethische Prinzipien ihrer Entscheidungen nicht mehr einzuhalten vermag und die sich in einem nicht mehr zu verbergenden, immerwährenden Wahlkampf befindet, was aus ihrer Sicht zu unvernünftigen Entscheidungen führt. Das ist zum Beispiel dann der Fall, wenn an sich übereinstimmende Positionen vertuscht werden müssen, um parteipolitische Distanz zu wahren: «Damit hat er bei mir sämtliche Chancen vertan, wenn ein CSU-Landtagsabgeordneter sagt, er mache sich bei dem Dankefest für München, das ja bei uns am 15. Juli war … nicht zum Claqueur für einen Herrn Ude (Oberbürgermeister von München, SPD, Anm. d. V.), deswegen nimmt er nicht teil. Also da geht es nicht um die Sache! Da geht es nur um die Postenschieberei!»

Nichts bringt die Protestierenden so sehr in Rage wie das Gefühl, man tische ihnen mit wenig Aufwand fadenscheinige Begründungen für einen Flughafenausbau auf. Denn mit ihrer Erfahrung und dem gesammelten Wissen einer langen, quasi professionellen Beschäftigung mit dem Gegenstand durchschauen sie dies sofort. Geschehen sei dies häufiger, etwa bei den vielen verständnisvollen und «positiven» Gesprächen mit Ministern, Ministerpräsidenten und Staatssekretären, denen jedoch nie etwas folgte. Oder bei Bürgerversammlungen und Anhörungen, bei denen ihnen schon durch die Sitzanordnung ihre Ohnmacht gegenüber Landesregierung und Flughafengesellschaft vor Augen geführt wurde. Und Empörung empfinden sie vor allem, wenn sie das Gefühl haben, Startbahnbefürworter möchten sie mit ihrer Argumentation ein wenig für dumm verkaufen oder als schwer von Begriff darstellen. Sie aber haben sich tief in die Materie eingearbeitet, haben sich detailliert mit dem Wachstum der Flugbewegungen, mit der Abhängigkeit dieser vom Ölpreis, mit der parallelen Entwicklung des Schienenverkehrs etc. beschäftigt. Wenn sie den Eindruck erhalten, man speise sie zum wiederholten Male mit Argumenten ab, die sie schon längst widerlegt sehen, verlieren sie den Glauben, ernst genommen zu werden. Aus dieser Konstellation entsteht viel Kraft für den Widerspruch.

Was darüber hinaus am Freisinger Protest auffällt, ist seine breite Organisationsbasis. Sie unterstreicht, wie sehr der Widerstand gegen den Flughafenausbau in der Region verwurzelt ist. Die Dachorganisation «AufgeMUCkt»[33] verbindet über achtzig Bürgerinitiativen und vertritt nach eigenen Angaben etwa 300 000 Menschen in Bayern in ihrer Gegnerschaft zu einem Flughafenausbau. Dies führt zu einem Aufbau als Protestbewegung, der das Management der Heterogenitäten prämiert sowie das Ausgleichen und Abwägen der Differenzen und Unterschiedlichkeiten innerhalb der verschiedenen Bürgerinitiativen und Mitgliederverbände. Dementsprechend ist auch das strategische Selbstverständnis nicht ausgelegt auf die Ausbildung einer kleinen, schlagkräftigen Vetogruppe, sondern auf die bekannten, eher traditionell-demokratischen Kanäle, über die politischer Druck hin auf ihre inhaltlichen Ziele ausgeübt werden soll. Der Stolz über die bisherigen Ergebnisse ihrer Protestarbeit – im Juni 2012 stimmte bei einem Bürgerbegehren der Stadt München eine Mehrheit gegen den Bau einer neuen Startbahn, womit die Stadt München als Anteilseignerin diesem im Verwaltungsrat die Stimme versagen muss – rührt eben auch von diesem breiten Bündnis, das so viele Menschen unter einer Überschrift vereinigt. In ihrem Selbstbild und in den Gesprächen wird immer wieder betont, wie sehr man sich freue, so viele Jugendverbände mit in den Dachverband integriert zu haben – nicht zuletzt, um den Eindruck zu zerstreuen, es handle sich um den Protest einer Rentnergeneration, die sich um die Ruhe ihrer Alterssitze sorgt: Neben der Jugendorganisation des Bundes für Naturschutz beteiligen sich auch die Katholische Landjugend sowie der Bund der Deutschen Katholischen Jugend und die Evangelische Jugend als Mitglieder bei AufgeMUCkt.

Das Austarieren von Interessen geschieht über einen gewählten fünfköpfigen Sprecherrat, der nach Regional- und einer Art Charakterproporz die Eingliederungsarbeit der unterschiedlichen Teilgruppen leistet. Auch vertritt er die Arbeit des Dachverbands gegenüber Politik und Medien. Die Entscheidungen im Dachverband werden zwar angesichts von Mitgliederversammlungen mit etwa 160 Teilnehmern (jedes Mitglied entsendet zwei Vertreter) mit Mehrheitsentscheid getroffen, es wird aber stets sehr genau darauf geachtet, für die einzelnen Mitglieder die Tür zu einer weiteren Mitarbeit nicht zu verschließen. Innerhalb des demokratischen Spektrums soll sich niemand ausgeschlossen fühlen, wenn er sich gegen den Flughafenausbau engagieren möchte, da Masse und Zahl der Vertretenen gegenüber Politik und Öffentlichkeit und bei den gewählten Protestwegen ein gewichtiges Argument sind, das zudem entscheidend zur Motivation und Selbstbestätigung der Protestierenden beiträgt: «Darauf haben alle Sprecher Wert gelegt, es war nie ein Thema: ‹Du bist der, du bist bei denen, du bist jenes›, sondern jeder hat mit dem anderen zusammengearbeitet, und für mich war das ein Riesenerlebnis!»

Die Autonomie der jeweiligen Initiativen und die Motivation der Einzelnen, so ist man überzeugt, sollten nicht in ein gemeinsames strategisches Korsett gepresst werden. Stattdessen sollte die individuelle Protestarbeit der verschiedenen Gruppen durch gemeinsame Großveranstaltungen und Pressearbeit, durch eine Art Corporate Design lediglich ergänzt werden, um darüber hinaus die heterogenen Motivationsquellen nicht anzutasten. Ähnlich dem Hamburger «Recht auf Stadt» lässt hier auch die zusammenschweißende Motivation, die neue Startbahn noch zu verhindern, dem Einzelnen dennoch Raum, eigene Prioritätensetzungen zu verfolgen, solange das einigende Ziel aller nicht in Frage gestellt wird. So äußern sich die fünf Sprecher nicht zu anderen Themen. Sie betonen in den Gesprächen ihre koordinierende Rolle und dass es selbstverständlich keine Aufgabe sei, bei der sie den Mitgliedern hierarchisch irgendetwas autoritär vorgeben könnten. Es ist aber ersichtlich, dass in Gruppendiskussionen gerade die Sprecher durchaus mit großem Respekt und mit klar artikulierter Dankbarkeit bedacht werden. Sie sind zu Respektpersonen geworden – über ihren Einsatz, über ihre Medienpräsenz und über ihre Erfolgsbilanz.

Angesichts erfolgreicher Protestarbeit wie dem «Gewinn» eines Bürgerbegehrens in München eignet sich eine solche Strategie auch dazu, sich selbst in ein generöses und tolerantes Licht zu stellen und ein Laisser-faire der Protestorganisation nachträglich zu legitimieren. Es ist aber auffällig, wie schlagkräftig der fünfköpfige Sprecherrat bestimmte Grundprinzipien innerhalb der Gruppen durchsetzt – wie etwa die von den Protesten um den Stuttgarter Bahnhof sich abhebende Ablehnung jeglicher Gewalt: «Die beiden Großdemos in München, wo ich dabei war: Es ist eine absolute Souveränität, (das) hat auch was damit zu tun, dass die einen relativ klug gewählten Sprecherrat haben, wo verschiedene Regionen und verschiedene BIs (Bürgerinitiativen, Anm. d. V.) miteinander verbandelt sind und miteinander auskatteln müssen, was sie machen. Das hat was damit zu tun, dass die dann wieder in ihren Regionen gut vernetzt sind, aber wie er das händelt, keine Ahnung.»

Die Rolle der evangelischen wie der katholischen Kirche für den Protest spielt hierbei eine entscheidende Rolle. Von Beginn an waren die Kirchengemeinden Orte der Diskussion über den Widerstand gegen den Flughafenbau, hier fanden die Aktivisten ein Forum, um ihre Protestaktionen zu begründen. Und bis heute spielen die Kirchen, die nicht nur baulich im Stadtbild einen deutlich sichtbaren Einfluss bewahren, für die inhaltliche Diskussion der Entwicklungen um den Flughafen eine große Rolle. Gerade der kirchlich geprägte Ton vieler Veranstaltungen in und um Freising, wie etwa regelmäßige Schweige- und Lichtermärsche, trägt zum Charakter eines prononciert gewaltlosen, offenen und gesellschaftlich weit ausgreifenden Protest bei. Dazu gehört, dass bei den zentralen wöchentlichen Lichterzeichen-Aktionen, die in Freising und den Umgebungsgemeinden stattfanden, abwechselnd ein evangelischer und ein katholischer Pfarrer eine Art Eingangspredigt hielt und die Protestierenden von der Kirche aus durch den Ort zogen. In ihrer Protestpredigt sehen auch die örtlichen Pfarrer und Kirchenangestellten eine Hauptaufgabe, denn diejenigen, die die einzelnen Initiativen trügen, seien mittlerweile, was das organisatorische Know-how anbelangt, erfahren genug und dort nicht mehr auf Hilfe angewiesen: «Wir bringen von der Kirche mehr so die thematischen Impulse, Begründungen, Fragestellungen, das ist so unsere Aufgabe, und das sehe ich auch als die wichtigste Aufgabe, die wir haben, dass wir Leuten einen Begründungszusammenhang darstellen können.» Freising sei dabei zwar keine gallische Enklave wider die Säkularisierung. Und auch die Gottesdienstbesucherzahlen zeigten mit dem Protest nicht steil nach oben.

In den Gesprächen mit unseren Interviewpartnern und während der Gruppendiskussionen wurde aber deutlich, dass das Wort der Kirche in Freising noch höheres Gewicht besitzt, als dies in vielen anderen Zusammenhängen der Fall ist. Auch die Kirchenmänner und -frauen selbst unterstreichen dies für Freising. Diese Position wird durch die Rolle, die die Kirchen im Rahmen von AufgeMUCkt und der Flughafendiskussion spielen, noch verstärkt. «Also an den Sonntagsgottesdienstzahlen merke ich es nicht. Was sich verändert hat, vielleicht, das sind so kurze Momentaufnahmen, dass halt Leute, die ansonsten mit Kirche nichts am Hut haben oder so eine gepflegte Distanziertheit leben, dass die sagen: ‹Hey, toll, ihr seid gut, dass ihr das ansprecht, gut, dass ihr da Position bezieht!› Das heißt, es entsteht so etwas wie eine Aufmerksamkeit für die Kirche. Positive Aufmerksamkeit. Und das ist auch schon viel, finde ich.»

Das Zusammentun beider Kirchen und das Miteinander-Positionen-Finden hat den ausgleichenden Charakter der Dachinitiative unterstrichen und verstärkt – und durch die Anbindung an die Kirche auf die zentralen Akteure abgefärbt. Auch die in unseren Interviews oft betonte Gewaltfreiheit der Proteste wurzelt in diesem Nährboden. Kirchliche oder religiöse Motivationen jedenfalls finden sich in vielen Erzählungen von Aktiven, wenn es um ihre ganz persönlichen Beweggründe für die Teilnahme am Protest oder das eigene Engagement geht, wobei es hier durchaus Unterschiede zwischen den beiden Kirchen gibt.

Evangelische Gesprächsteilnehmer sprechen eher von einer «Verantwortung», die sie selbst empfinden, davon, die Dinge nicht unwidersprochen zu lassen, von einer Art individueller Aufgabe, die Welt, die Politik und die Gesellschaft ein kleines Stück besser und nobler zu machen. Die katholischen Interviewpartner erwähnen demgegenüber eher eine Bewahrung der Schöpfung, die sie antreiben würde.

Die Gruppengespräche in Freising fanden wenige Wochen nach dem Bürgerbegehren im Juni 2012 in München statt. Für alle Teilnehmer war das Erlebnis einer in ihren Augen gewonnenen Abstimmung noch sehr präsent; viele gaben sich geradezu beseelt vom Erfolgserlebnis und der gemeinsamen Protestarbeit. Vom politischen Gegner erst kleingeredet, nicht ernst genommen zu werden und dann in einer Art Werbefeldzug gegen die finanziell ungleich besser ausgestattete Kampagne des Flughafenbetreibers die Mehrheit der Münchner für die eigene Sache überzeugt zu haben, bedeutet für sie einen ungeheuren Motivationsschub, der sie auch versöhnlich werden lässt gegenüber der Demokratie, in der sie leben, und der Politik sowie der Polizei, mit der sie bei ihren Protesten in Kontakt gekommen sind. «Also, ich persönlich bin dankbar dafür, in einer Demokratie leben zu dürfen, im Vergleich zu anderen Ländern … ich sehe das aus zwei Winkeln: Ich war zweiundvierzig Jahre lang Polizeibeamter auf der einen Seite, und heute bin ich Demonstrationsführer … und da bin ich dankbar, hier leben zu dürfen, wo ich auf die Straße gehe … wo wir auch einmal eine Straßenblockade durchführen – das haben wir auch schon zweimal gemacht. Wo aber die Polizei – und das weiß ich, und die Polizei heute denkt so – nur dazu da ist, nicht uns niederzuknüppeln, sondern zu schauen, dass wir auf der Straße nicht überfahren werden. Wenn man die Gesetze kennt, das ist mein Glück, und wenn man die Gesetze beachtet … diese Spontandemo schnell anschließend sofort anmeldet … dann läuft das alles.»

Diese Selbstwirksamkeitserfahrung, die durch Erfolge über klassische politische Kanäle wie Wahlen und Abstimmungen und das Sammeln von Mehrheiten erreicht wurde, lässt auch den Blick auf die eigene Organisationsweise in einem durchweg freundlich und fast verklärt erscheinenden Licht erstrahlen. «Dieses Gemeinsame ist eine ganz große Rolle. Ich kann das nur bestätigen, mit den vielen Freunden, die man da … Die Welt ist so schön, wenn ich hier durch Freising gehe, ununterbrochen (grüßt nach links und rechts, Anm. d. V.), es ist einfach schön, wenn man Menschen hat, die einen kennen.» Die soziale Integrationsfunktion, die ein langjähriges Engagement erfüllen kann, die auch durch die Regelmäßigkeit von Protest verstärkt werden kann, hat jedenfalls für die von uns befragten Freisinger eine ganz entscheidende Rolle dabei gespielt, sie über Durststrecken und vermeintlich aussichtslose Zeitpunkte der Startbahnentwicklung hinweg bei der Stange zu halten. «Das gemeinsame Ziel hat zu Freundschaft, zu Bekanntschaften geführt, wir haben neue Leute mit dem gleichen Ziel kennengelernt. Und die vermissen wir jetzt, weil wir nicht mehr sonntäglich gehen. Wir waren 294-mal am Sonntag um 18 Uhr unterwegs, und jetzt sitzen wir zu Hause, meine Frau und ich, und schweigen uns an, haben wir gesagt. Statt Schweigemarsch sitzen wir jetzt auf dem Sofa und schweigen uns an, und dann freuen wir uns, wenn am letzten Sonntag, wenn da wieder 450 Leute sich auf den Weg machen von der Kirche zum Marienplatz.»

Vor Ort die Welt verbessern – drei Vorstellungen von Demokratie und Gesellschaft

«Es ist so toll, die Leute zu sehen, die letztendlich aus einem Zorn zusammengetrieben werden; wenn Sie in die Gesichter der Leute reinschauen, sehen Sie unglaublich wache Augen, wache

Gesichter und bei allem Ärger die Bereitschaft, sich gegenseitig anzulächeln, das ist faszinierend. Unter dem Gesichtspunkt würden Sie von vielen hören, sie haben ein neues Verhältnis zu dieser Stadt gewonnen, das eben auch eine Aufbruchsstimmung ist und dieses Gefühl: ‹Wir lassen nicht mehr alles mit uns machen!›» Dieses Zitat eines Stuttgarter Protestierenden macht deutlich, wie stark die Bewegungen zur Heimat der Einzelnen geworden ist und wie sehr die Teilnahme an den Aktionen zusammenschweißt, zu neuen Bekanntschaften und Freundschaften führt. Diese Einbindung in eine Gemeinschaft, der man sich zugehörig fühlt und die einem ermöglicht, über längere Zeit Aufgaben zu übernehmen, an Infotischen zu stehen oder Flugblätter zu verteilen, findet sich in allen drei Protestschwerpunkten, auch weil alle drei als Legitimation immer wieder die eigene Größe der Bewegung bemühen. «Wir sind bedeutsam, weil wir eine große gesellschaftliche Bandbreite repräsentieren und weil viele ganz unterschiedliche Menschen unsere Anliegen unterstützen.» Dieses Gefühl, Teil einer großen, wachsenden und breit ausgreifenden Gruppe von Protestierenden zu sein, ist ein wichtiger Quell der Motivation. Aus ihr ziehen die Akteure viel Legitimation für sich. Je mehr Menschen dazustoßen und je stärker die Gesellschaft ihnen Unterstützung signalisiert, umso intensiver haben sie das Gefühl, nicht nur inhaltlich im Recht zu sein, sondern zudem nicht mehr überhört zu werden.

Zusätzlich stellt die Tatsache, dass man sich ja für die gemeinsame Stadt oder das Lebensumfeld einsetzt, einen Impuls dar, der dazu führt, dass viele Befragte vom Konfliktgegenstand aus auf höhere oder abstraktere Ziele schauen. Man engagiert sich zwar gegen einen Bahnhof oder einen Flughafenausbau, aber eben *für* das Umfeld aller und den Umgang damit. Innerlich wird man dadurch zu einem Kämpfer für eine bessere Welt, weit weg vom Kampf für das individuelle Partikularwohl. Diese Überhöhung des eigenen Einsatzes findet sich gerade in Stuttgart und München in den Äußerungen der Aktivisten wieder.

Für viele ist das konkrete Protestobjekt natürlicherweise nur eine Abstraktion dessen, was sie eigentlich stört an dieser Gesellschaft und ihrer Verfasstheit. Nur in Hamburg wird sich trotz des Anspruchs, das «System» auch als Ganzes in Frage zu stellen, auf den Nahbereich und das Lokale bezogen. Analog zu den Ansätzen der Kommunebewegung, die sich in kleinen Inseln ihre Vorstellungen einer idealen Welt ermöglichen wollte, wird hier die Realisierung der eigenen Werte im kleinen Umfeld angestrebt, um diesem dann Anschaulichkeit und Strahlkraft zu verleihen.[34] Der Wunsch, gleich die ganze Gesellschaft umzukrempeln, ist nach den harten Kämpfen der Vergangenheit, die ebenso auf anderen Gewaltebenen ausgetragen wurden, nun aufgegeben worden. Die Plakate von den «Lügen» der Politik etwa oder dem demonstrativen Einbinden der arabischen Demokratiebewegungen («Stuttgart grüßt Kairo»[35]) zeugen aber von dem Kontext, in dem man dort die eigenen Proteste sieht. Und auch die Bilanz der Freisinger Akteure nach dem gewonnenen Bürgerbegehren atmet diesen Geist: «Wir kämpfen wirklich für eine bessere Welt, und das hörst du bei den anderen nicht.» Oder: «Und ich glaube nach wie vor, dass die Welt anders geworden ist mit dieser Entscheidung.»

Dass man die eigene Stadt und Region innerhalb der Bundesrepublik als gewichtig und bedeutsam – sei es ökonomisch oder kulturell – wahrnimmt und sich selbst als tragenden Teil des Ganzen, mag dazu beitragen, dem eigenen Engagement eine über das konkrete Ziel hinausreichende Bedeutung zuzuweisen. Denn die hier untersuchten Aktivisten, die den Protest in den drei betrachteten Regionen anführen, sind Menschen, die mit ihren Berufen, ihrer Erfahrung und ihrer ganz persönlichen Geschichte ihr Stadtviertel, ihren Ort und ihre Region prägen. Und der Stolz und das Selbstbewusstsein, das hieraus resultiert, ist in allen Gesprächen zu spüren. Sei es über den Beruf oder vorangegangenes Engagement: Die Erfahrung, dass sie etwas verändern und bewegen können, haben alle bereits gemacht, und das verhilft ihnen zu einer Selbstgewissheit und einer breiten Brust als Beschwerdeträger.

Auffällig ist, dass sich die einzelnen Protestgruppen stark im Umgang mit dem Protestgegner, aber auch mit Demokratie und Gesellschaft allgemein unterscheiden. Dies hängt unserer Ansicht nach mit den Ergebnissen ihres Engagements zusammen.[36] Selbst wenn in München Staat, öffentliche Verwaltung und multinationale Konzerne (wie die Flughafenbetreibergesellschaft) angesichts ihrer vermeintlichen Inkompetenz mit Spott und mit großer Skepsis bedacht werden, herrscht hier ein wohlwollendes Verständnis vor. Die repräsentative Demokratie an sich sei etwas Gutes und die Polizei und ihr Verhalten könne man nach den eigenen Erlebnissen nur positiv beurteilen. Die Erfahrung, mit dem eigenen Engagement große und mächtige Gegner «in die Schranken» weisen zu können, lässt sie milde und offen urteilen.

In Stuttgart ist allerdings nach dem Verlauf des Protests, den Schlichtungsgesprächen und der Volksabstimmung Ernüchterung eingekehrt, auch Enttäuschung angesichts der eigenen Machtlosigkeit. Demokratie und Politik werden häufig harsch und verächtlich mit Kritik bedacht, und angesichts der Eskalationen wird an der Polizei als «Vollstrecker» des Staates kein gutes Haar gelassen. In Hamburg wiederum, nach etlichen Jahrzehnten harter physischer Auseinandersetzungen, hat man sich ein wenig zurückgezogen, arbeitet nüchtern und undogmatisch daran, die eigenen Werte im persönlichen Umfeld zu verwirklichen. Scharfen Konflikten versucht man bewusst aus dem Weg zu gehen, zumindest diese nicht herauszufordern, auch weil die physische Gewalt gegenüber der heutigen gut ausgerüsteten Polizei und den Gesetzen der medialen Landschaft ihren Zielen heutzutage eher schaden als nutzen würde. Insofern könnte man die Erfahrung der unterschiedlichen Protestgruppen als eine mögliche Entwicklungslinie deuten, die ihrer Geschichte nach unterschiedliche Ausprägungen annimmt: Von der ersten Euphorie über bittere Enttäuschungen bis zum beruhigten «Management» von Konflikten schlägt sich dies in der Beziehung der Akteure zur Demokratie nieder, in der sie leben.

Auch wenn dies keineswegs eine Prognose für ein einzelnes Protestfeld darstellen kann: Resümierend könnte man unterstreichen, dass die Erkenntnis, mit den eigenen Möglichkeiten und Anstrengungen etwas gegen den Willen der Politik beeinflussen zu können, wohl zu den am stärksten motivierenden Erlebnissen gehört, die zudem demokratiebejahend wirken können. Denn nach unmittelbaren und direktdemokratischen Wirkungsmöglichkeiten rufen die Befragten der drei Protestbewegungen nur verhalten und mit Einschränkungen.[37] Ein eigentlich fast beruhigendes Ergebnis, solange die Demokratie der Gesellschaft diese Erlebnisse auch weiterhin einräumt.

Verweise und Literatur

1 Zum Thema der Leuchtturmpolitik vgl. exemplarisch Peter Birke: Herrscht hier Banko? Die aktuellen Proteste gegen das Unternehmen Hamburg. In: Peter Birke und Max Henninger (Hg.): Krisen Proteste. Beiträge aus Sozial. Geschichte Online. Berlin 2012, S. 183–220, siehe auch den gesamten Band hierzu; vgl. auch Margit Mayer: Städtische soziale Bewegungen. In: Ansgar Klein u. a. (Hg.): Neue soziale Bewegungen. Impulse, Bilanzen und Perspektiven. Opladen 1999, S. 257–271, hier S. 259 f.

2 Vgl. die Studie GFK Kaufkraft 2012, online unter: www.gfk-geomarketing.de/kaufkraft_deutschland_2012.html (eingesehen am 26. September 2012)

3 Online unter: www.bbsr.bund.de/nn_1052174/BBSR/DE/Raumbeobachtung/AktuelleErgebnisse/2012/mieten/Wohnungsmieten.html (eingesehen am 1. Oktober 2012)

4 Andreas Weber und Reiner Klingholz: Demographischer Wandel. Ein Politikvorschlag unter besonderer Berücksichtigung der Neuen Länder. Berlin-Institut für Bevölkerung und Entwicklung, 2009, S. 18, online unter: www.berlin-institut.org/fileadmin/user_upload/Studien/Demographischer_Wandel.pdf (eingesehen am 1. Oktober 2012)

5 Zur bereits zu Stuttgart 21 erschienenen Literatur vgl. die Sammelrezension von Stine Marg: Himmelhoch jauchzend oder zu Tode betrübt?, 16. Mai 2012, online unter: www.demokratie-goettingen.de/blog/himmelhoch-jauchzend-oder-zu-tode-betrubt (eingesehen am 26. September 2012); vgl. aktuell auch Achim Schmitz: «Schwabenstreich». Die «bürgerliche» Protestbewegung gegen das Projekt «Stuttgart 21». Rosa Luxemburg Stiftung, September 2012, online unter: www.rosalux.de/fileadmin/rls_uploads/pdfs/Studien/Studie_Schwabenstreich_web.pdf (eingesehen am 11. Oktober 2012)

6 Zum Münchner Bürgerentscheid und den Ergebnissen vgl. das Dossier der *Süddeutschen Zeitung*, online unter: www.sueddeutsche.de/thema/Dritte_Startbahn (eingesehen am 11. Oktober 2012); zu den Ergebnissen im Detail, die auf einen Zusammenhang zwischen räumlicher Nähe zum Flughafen und Ablehnung des Baus hinweisen, vgl. die Statistik der Stadt München, online unter: www.muenchen.de/rathaus/rathaus/Stadtpolitik/Wahlergebnisse/buergerentscheid2012/ergebnisermittlung.html (eingesehen am 11. Oktober 2012)

7 Vgl. Margit Mayer: Städtische soziale Bewegungen. In: Roland Roth u. a. (Hg.): Die sozialen Bewegungen in Deutschland seit 1945. Ein Handbuch. Frankfurt am Main 2008, S. 294–318; vgl. auch Margit Mayer: Recht auf die Stadt-Bewegungen in historischer und räumlich vergleichender Perspektive. In: Andrej Holm u. a. (Hg.): Initiativen für ein Recht auf Stadt. Theorie und Praxis städtischer Aneignung. Hamburg 2011, S. 53–77

8 Vgl. Andrej Holm: Wir bleiben alle! Gentrifizierung – Städtische Konflikte um Aufwertung und Verdrängung. Münster 2010

9 Vgl. Laura Naegler u. a.: Urbanität und Protest. Neue Herausforderungen der Stadt- und Bewegungsforschung. In: Forschungsjournal Soziale Bewegungen. 25. Jg. (2012). Heft 3, S. 121–126

10 Vgl. Jonas Füllner u. a.: Stadtplanung von unten. Die «Recht auf Stadt»-Bewegung in Hamburg. In: Holm u. a.: Initiativen für ein Recht auf Stadt, S. 79–104

11 Vgl. (wenn auch aus einer stark ablehnenden Perspektive) Karsten Dustin Hoffmann: Rote Flora. Ziele, Mittel und Wirkungen eines linksautonomen Zentrums in Hamburg. Baden-Baden 2011

12 Vgl. Andrej Holm: Das Recht auf Stadt: In: Blätter für deutsche und internationale Politik. Heft 8/2011, S. 89–97. Das Schlagwort vom Recht auf Stadt geht zurück auf den französischen Soziologen Henri Lefebvre, vgl. dazu Christian Schmid: Henri Lefebvre und das Recht auf die Stadt. In: Andrej Holm u. a.: Initiativen für ein Recht auf Stadt, S. 25–51

13 Vgl. www.rechtaufstadt.net/

14 Vgl. Peter Birke: Zurück zur Sozialkritik. Von der «urbanen sozialen Bewegung» zum «Recht auf Stadt». In: Marcel Bois u. a. (Hg.): Beiträge zur Geschichte einer pluralen Linken. Heft 3. Bewegungen, Parteien, Ideen. Berlin 2011, S. 57–65; vgl. zu den Konzepten von Sozial- und Künstlerkritik Luc Boltanski u. a.: Der neue Geist des Kapitalismus. Konstanz 2006

15 Christoph Twickel: Gentrifidingsbums oder Eine Stadt für alle. Hamburg 2010, S. 82, zit. nach: Birke: Zurück zur Sozialkritik, S. 62

16 Füllner: Stadtplanung von unten, S. 94

17 Vgl. ebd.

18 Zum Begriff der politischen Szene vgl. Sebastian Haunss: Identität in Bewegung. Prozesse kollektiver Identität bei den Autonomen und in der Schwulenbewegung. Wiesbaden 2004, S. 79–89; vgl. auch Darcy K. Leach u. a.: Scenes and Social Movements. In: Hank Johnston (Hg.): Culture, Social Movements, and Protest. Farnham 2009, S. 255–276

19 Agentur Bilwet: Bewegungslehre. Botschaften aus einer autonomen Wirklichkeit. Berlin 1991, zit. nach: Haunss: Identität in Bewegung, S. 80

20 Auch wenn diese Bezeichnung nicht den Kern der Sache trifft, weil es sich bei den Aktivisten im Gängeviertel bereits um die Leute handelte, «die schon länger politisch aktiv waren».

21 Anders – und eindeutig gewalttätiger – werden die Auseinandersetzungen um eine wünschenswerte Stadt noch in den siebziger Jahren von Manuel Castells beschrieben: «Menschentrauben bilden sich, die marschierende Masse wächst; Tücher, Papiere und Holzstücke weisen

auf sie hin und auf ihre Stadt. Auf der Gegenseite, im Gleichschritt, die ewig behelmten Köpfe, mit der Ordnung in der Schlagstockspitze – und dann der Angriff, die Gewalt, das Ausweichen. Manchmal Tränengas, manchmal Blut, hin und wieder der dumpfe Knall einer Schusswaffe, und immer der Schock in seinen verschiedensten Gestalten.» Zit. nach Manuel Castells: Kampf in den Städten. Berlin 1975, S. 29; Castells zieht daher stellvertretend für viele in dieser Zeit das provokative Fazit: «Die Schlussfolgerung heißt Straßenkampf» (ebd., S. 123).

22 Damit ähneln die ideologischen Werte dem Selbstverständnis autonomer Zusammenschlüsse, vgl. Udo Baron: Die linksautonome Szene. In: Ulrich Dovermann (Hg.): Linksextremismus in der Bundesrepublik Deutschland. Bonn 2011, S. 231–245, hier S. 236–238

23 Vgl. Matthias Roser: Der Stuttgarter Hauptbahnhof. Ein vergessenes Meisterwerk der Architektur. Stuttgart 1987

24 Vgl. Timo John: Die königlichen Gärten des 19. Jahrhunderts in Stuttgart. Schlossgarten, Rosenstein, Wilhelma, Villa Berg. Worms 2000, S. 11 ff.

25 Eine Übersicht zu den Argumenten der Protestbewegung gegen Stuttgart 21 bietet Volker Lösch u. a. (Hg.): Stuttgart 21 – Oder: Wem gehört die Stadt. Köln 2010

26 Vgl. Dieter Rucht u. a.: Befragung von Demonstranten gegen Stuttgart 21 am 18. Oktober 2010, online unter: www.wzb.eu/sites/default/files/projekte/stgt_21_kurzbericht_2010.pdf (eingesehen am 11. Oktober 2012); damit übereinstimmend vgl. auch Göttinger Institut für Demokratieforschung: Neue Dimensionen des Protests? Eine explorative Studie zu den Protesten gegen Stuttgart 21. Göttingen 2010, online unter: www.demokratie-goettingen.de/content/uploads/2010/11/Neue-Dimensionen-des-Protests.pdf (letzter Zugriff: 10. Oktober 12), sowie Göttinger Institut für Demokratieforschung: Stuttgart 21 nach dem Schlichtungsverfahren. Ergebnisse einer zweiten Untersuchung zu den Protesten gegen Stuttgart 21. Juli 2011, online unter: www.demokratie-goettingen.de/content/uploads/2011/08/Stuttgart21_II.pdf (eingesehen am 11. Oktober 2012)

27 Vgl. Annette Ohme-Reinicke: Das große Unbehagen. Stuttgart 2010, S. 104

28 Vgl. hierzu exemplarisch Hartmut Johnsen: Der Startbahn-West Konflikt. Ein politisches Lehrstück? Zeitzeugen ziehen Zwischenbilanz.

Frankfurt am Main 1996; Redaktionsgruppe Schwarzspecht: Turbulenzen: Widerstand gegen den Ausbau des Rhein-Main-Flughafens. Geschichte, Fakten, Facetten. Grafenau 2002; Wolf Wetzel: Tödliche Schüsse. Eine dokumentarische Erzählung. Münster 2008

29 Vgl. Thomas Falkner: Proteste 2010. Zerfall der Demokratie oder Aufbruch der Demokraten? In: Cornelia Hildebrandt und Nelli Tügel (Hg.): Der Herbst der «Wutbürger». Soziale Kämpfe in Zeiten der Krise. Berlin 2010, S. 66–70, hier S. 69 f.

30 Vgl. Göttinger Institut für Demokratieforschung: Die Proteste gegen den Flughafen Berlin Brandenburg (Ber/BBI), online unter: www.demokratie-goettingen.de/content/uploads/2011/08/Studie_BBI_Zusammenfassung.pdf (eingesehen am 21. September 2012)

31 Vgl. hierzu exemplarisch Ulrich Böllmann: Auswirkungen des Reaktorunfalls in Tschernobyl auf Bayern. München 1988

32 Vgl. hierzu die Analyse der wohl spezifisch deutschen Affinität zum Thema von Joachim Radkau: Die Ära der Ökologie. Eine Weltgeschichte. München 2011, S. 229–241

33 Deren Internetpräsenz ist einsehbar unter: http://keine-startbahn3.de/ (eingesehen am 21. September 2012).

34 Vgl. Karl-Ludwig Schibel: Kommunebewegung. In: Roland Roth und Dieter Rucht (Hg.): Die sozialen Bewegungen in Deutschland seit 1945. Frankfurt am Main 2008, S. 527–540, hier S. 529

35 Vgl. Markus Heffner und Erik Raidt: Protest im Hamsterrad. In: *Stuttgarter Zeitung*, 12. März 2012

36 Dieter Rucht verweist überzeugend auf Ottheim Rammstedt bei der Frage nach der Verstetigung von Bewegungen – diese müssten sich stets verändern, immer wieder anpassen, um die Motivation und Kraft ihrer Mitglieder aufrechtzuerhalten. Auch dies mag hier zu beobachten sein, dass Gruppen und Protestbewegungen immer wieder vor der Herausforderung stehen, sich an den Ergebnissen ihrer Arbeit stets neu zu verorten. Vgl. Dieter Rucht: Gesellschaft als Projekt – Projekte in der Gesellschaft. Zur Rolle sozialer Bewegungen. In: Klein u. a.: Neue soziale Bewegungen, S. 15–27

37 So gibt es zwar im Umfeld von Stuttgart 21 eine ganze Reihe von Gruppierungen, die sich für eine Ausweitung an direktdemokratischen Mitbestimmungsmöglichkeiten einsetzen. Dies geschieht aber stets mit einer gewissen Vorsicht und unter Hinweis auf Einschränkungen

und Fallstricke. Auch die Bilanz der baden-württembergischen Volksabstimmung wird sehr gemischt gesehen, da man argwöhnt, via Organisation von Direktdemokratie auch schnell zum Opfer der eigenen Forderungen zu werden. So etwa, wenn die Fragestellung, die Hemmschwelle oder die Geltungsbereiche von Abstimmungen bewusst so gestaltet werden, dass sie zwar Legitimität verschaffen, aber doch weniger verlässlich das gewünschte Ergebnis erbringen. Eine ungeteilte Begeisterung für eine direktdemokratische Umgestaltung der repräsentativen Demokratie jedenfalls ist deutlich eingeschränkt.

«Wenn man was für die Natur machen will, stellt man da keine Masten hin»

Bürgerproteste gegen Bauprojekte im Zuge der Energiewende

Stine Marg / Christoph Hermann / Verena Hambauer / Ana Belle Becké

Widerstand gegen Projekte, die das Lebensumfeld der Menschen beeinflussen, hat es schon immer gegeben. Auch ist es ein bekanntes Phänomen, dass sich diese Gegenwehr in Bürgerinitiativen oder Vereinen organisiert, massiv gegen Vorhabensträger, kommunale Verwaltung sowie die lokale Politik opponiert. Neu jedoch ist das Tempo. Aufgrund des unerwarteten Ausstiegs aus der Atomenergie nach der Reaktorkatastrophe von Fukushima und der damit einhergehenden «Energiewende» gewinnen gerade Proteste gegen Solarparks, Pumpspeicherkraftwerke oder Windkraftanlagen eine steigende Relevanz. Drei Gründe sind dafür verantwortlich: Erstens wächst die Wahrscheinlichkeit, dass es Abwehrreaktionen gegen solche Formen der Energieerzeugung schon allein deshalb gibt, weil vermehrt Flächen dafür ausgewiesen werden und landesweit neue Anlagen in Planung sind. Überdies werden die Kraftwerke zur Erzeugung der regenerativen Energien immer größer. War es vor drei Jahren beinahe unmöglich, im Landesinneren eine Windkraftanlage genehmigen zu lassen, die eine Gesamthöhe von hundert Metern aufwies, werden derzeit vor allem im Süden Deutschlands doppelt so hohe Anlagen geplant und gebaut.

Zweitens wird angesichts des von Bundesregierung, Bundestag und Bundesrat im Jahr 2011 beschlossenen Programms «Der Weg zur Energie der Zukunft – sicher, bezahlbar und umweltfreundlich» zunehmend öffentlich über den Umbau der Energieversorgung diskutiert. Zwar ist mit knapp 95 Prozent eine überwältigende Mehrheit der Deutschen für den Ausbau der erneuerbaren Energien[1] und halten 73 Prozent der Bundesbürger den Ausstieg aus der Atomenergie für richtig. Indes verbinden sie mit der Energiewende ebenso Risiken und Unsicherheit.[2] Dass die Zustimmung zur Nutzung der erneuerbaren Energien zurückgeht, ist nur eine Folge davon. Lediglich 61 Prozent befürworten Biomassekraftwerke (während es 2009 noch 76 Prozent waren), auch die Befürwortung zur Nutzung der Solarenergie ist im selben Zeitraum ebenfalls um einige Prozentpunkte zurückgegangen. Neben der Errichtung der dezentralen Kraftwerke ist der (Aus-)Bau von Hochspannungsleitungen zum Transport der gewonnenen Energie vorgesehen und wird im Zusammenhang mit dem Netzentwicklungsplan generalstabsmäßig vorbereitet und umgesetzt. Jedoch nur 42 Prozent der Befragten befürworten laut einer Studie des Bundesumweltministeriums den Bau neuer Masten und Leitungen.[3]

Gerade weil die lokalen Einwände zunehmen und gleichzeitig eine große Aufmerksamkeit erfahren, diskutiert man, drittens, allerorts über die Ausweitung von Bürgerbeteiligung – ein Prozess, der langfristig die bisher in der Bundesrepublik eingeübten demokratischen Aushandlungsprozesse in Teilen verändern wird. Der von uns untersuchte Protest wendet sich nicht nur gegen die erneuerbaren Energien Sonne, Wind und Wasser, sondern auch gegen die Vorhaben, die indirekt zum Klimaschutz beitragen sollen wie zum Beispiel die Abspaltung und Speicherung von Kohlenstoffdioxid (CCS, Carbon Dioxide Capture and Storage). Diese Proteste richten sich im Kern gegen die Umsetzung eines politischen Projekts. Und genau dieser Umstand könnte wiederum eine Ursache für die mediale Präsenz und die thematische Brisanz sein[4], denn ein Massenphänomen ist jenes Aufbegehren nicht. Schaut man in die Protestgruppen gegen die

«Energiewendeprojekte» hinein, wie wir dies mit Kreativgruppen, Interviews und teilnehmender Beobachtung getan haben, stellt man fest, dass diese weder so zahlreich vorhanden sind noch so viele Anhänger vorweisen, wie man den Eindruck beim ersten Hinsehen gewinnen könnte.[5]

Die hier untersuchten Widerstände formieren sich auf dem Land, in kleinen Gemeinden, Kommunen und Dörfern. Sie treten beinahe überall dort auf, wo Anlagen geplant werden, entwickeln jedoch in den wenigsten Fällen eine Stetigkeit und Virulenz, werden also als Protest sicht- und wahrnehmbar. Unsere Ergebnisse zeigen: Je umfangreicher die geplante Anlage, je geringer der Abstand zu Wohngebieten und je höher die Siedlungsdichte ist, desto größer ist die Wahrscheinlichkeit, dass sich Menschen zusammenschließen, um die Eingriffe in ihr Lebensumfeld zu verhindern. Aber gerade weil das Land nur eine geringe Einwohnerdichte aufzuweisen hat, ist ebenfalls die absolute Anzahl der Demonstranten und Aktivisten klein.[6] Das gilt im Grunde für alle von uns untersuchten Protestformationen.

Blicken wir zunächst auf die Opposition gegen den Bau von Windkraftanlagen, für die diese Beobachtung besonders zutrifft: Während jener Protest noch in den achtziger Jahren von der Industrie und den Energieunternehmen unterstützt wurde[7], schließen sich seit 2007 verstärkt und dann noch einmal seit 2011 im Zuge der Ausweitung geeigneter Bebauungsflächen Anwohner zusammen, um Windräder zu verhindern. Die Bürgerinitiativen bestehen überwiegend aus einer kleinen Anzahl an Aktivisten, deren «harter Kern» oftmals nur zwei bis drei Personen umfasst. Eine Häufung von Protestaktionen gegen größere Anlagen gibt es in Schleswig-Holstein, Brandenburg und Baden-Württemberg. Dagegen ist die Akzeptanz für die Windkraftanlagen in der Gesamtbevölkerung anscheinend ungebrochen. Knapp 80 Prozent sprechen sich für den Ausbau der Windkrafträder auf dem

Festland aus[8], und gar 64 Prozent geben an, sie würden eine Anlage im eigenen Umfeld unterstützen.[9]

Ebenso wie die Proteste gegen Windparks sind Proteste gegen Stromtrassen nicht erst mit der Energiewende entstanden. Besonders die Einwände gegen die langen, mehrere Bundesländer querenden Trassen, wie sie zwischen Wahle in Niedersachsen und Mecklar in Hessen, zwischen Hamburg und Dollern in Niedersachsen sowie zwischen Thüringen und Bayern vorbereitet werden, verstetigen sich seit Beginn der Planungs- und Genehmigungsverfahren in den Jahren 2005 beziehungsweise 2007 zu Protesten. Auch entlang dieser Trassen sind die Gruppen meist klein und lokal verankert, jedoch arbeiten sie gelegentlich gemeinsam in sogenannten Arbeits- und Interessengemeinschaften oder sind in Sprecherkreisen entlang des möglichen Streckenverlaufs vernetzt. Dieser Widerstand lässt sich offenbar nicht mit den Konsultationsverfahren und Diskussionsforen des Netzentwicklungsplanes einhegen.[10]

Einen etwas größeren personellen Umfang haben die oppositionellen Gruppen gegen die derzeit geplanten Pumpspeicherkraftwerke in Bayern, Südthüringen und Baden-Württemberg. Hier umfasst der Kern der Aktiven jeweils rund fünfundzwanzig Personen, und für kurzzeitige Aktionen lassen sich mehrere hundert Anwohner mobilisieren. Auch das Aufbegehren gegen Solarparks ist ein Anrainerprotest. Photovoltaikanlagen werden nicht mehr nur auf Hausdächern gebaut, sondern häufiger angelegt als große Solarfelder neben Autobahnen und Bahntrassen. Nicht selten umfassen diese Solarfelder mehr als zehn Quadratkilometer, was einer Fläche von mehr als 1500 Fußballfeldern entspricht. Gegen Solarfelder formiert sich Protest, wenn sie unerwünscht Fläche verbrauchen, in Naturschutzgebieten geplant werden und dort Bäume gefällt werden sollen – derzeit singulär in Deutschland.

Zahlenmäßig stärker und organisatorisch weiterentwickelt

sind hingegen die circa fünfzehn Initiativen gegen Geothermie, eine Form der Energieerzeugung durch Erdwärme. Sie haben sich bereits 2010 in einem Bundesverband zusammengeschlossen.[11] Auch sie können keine 10 000 Menschen für einzelne Demonstrationen aktivieren, ein paar hundert Demonstranten jedoch schon, beispielsweise gegen den Bau eines Geothermie-Kraftwerks. Deutlich kleiner hingegen fällt der Protest gegen CCS aus, bei dem das in Kohle- und Gaskraftwerken entstandene Kohlenstoffdioxid abgespalten und in unterirdische Gesteinsschichten verpresst werden soll. Aufgrund der derzeit noch unsicheren Rechtslage gibt es bisher nur vereinzelte Erprobungs- beziehungsweise Forschungsanlagen, daher sind nur wenige Bürgerinitiativen seit 2009 in diesem Feld zu beobachten.

Dieser erste Überblick zeigt: Die aktiven und wahrnehmbaren Proteste sind nicht in Folge der Energiewende entstanden, sondern existierten größtenteils schon zuvor. Jedoch nehmen sie durch die politisch induzierten Vorhaben zu, werden verstärkt registriert und politisch relevanter, wenn es darum geht, die geplanten Projekte schnell umzusetzen.

Die Engagierten im Sichtfeld: Wer ist aktiv?

In diesem skizzierten Protestfeld gegen «Energiewendeprojekte» haben wir uns mit Initiativen in Baden-Württemberg, Niedersachsen, Hessen, Brandenburg und Thüringen beschäftigt, Interviews und Fokusgruppen mit insgesamt einundfünfzig Aktivisten durchgeführt, sie bei Behördenterminen und Beteiligungsverfahren begleitet, auf Messen und Kongressen beobachtet, ihre Vereinsversammlungen besucht. Überwiegend trafen wir hierbei auf Männer. Nur gut jede vierte Person, die sich gegen Windkraftanlagen, Stromtrassen und andere Projekte im Zusammenhang mit der Energiewende einsetzt, ist weiblich.

Unsere Befragten sind überdurchschnittlich gut gebildet. Knapp über die Hälfte der Interviewten verfügt über einen Universitätsabschluss, daneben haben 17 Prozent das Abitur als höchsten Bildungsabschluss, 2,4 Prozent sind promoviert, 14,6 Prozent schlossen eine Berufsausbildung ab, und 7,3 Prozent haben die mittlere Reife. Insgesamt verfügen weit über 70 Prozent der Befragten über Abitur, einen Universitätsabschluss oder einen Doktortitel, während niemand einen Hauptschulabschluss oder keinen Schulabschluss hat. Besonders auffällig wird dieser Befund, wenn man ihn mit den Bildungsabschlüssen der deutschen Gesamtbevölkerung vergleicht: Hier sind nur 1,1 Prozent promoviert, 7,2 Prozent haben einen Hochschulabschluss und 27 Prozent der Bevölkerung Abitur.[12] Frappant ist die eindeutige berufliche Orientierung unserer Befragten. Ein überwiegender Teil hat einen naturwissenschaftlichen beziehungsweise technischen Hintergrund. Sie sind Chemiker, Biologen, Geologen, Ingenieure, Techniker oder Informatiker, nicht selten selbständig, zwei von uns befragte Personen sind Lehrer. Über 80 Prozent der Gesprächspartner sind über fünfundvierzig Jahre alt. Ein Drittel ist zwischen sechsundvierzig und fünfundfünfzig Jahre, ein weiteres Drittel zwischen sechsundfünfzig und fünfundsechzig Jahre alt. In den Vereinssitzungen, auf Demonstrationen und sonstigen Veranstaltungen ist unseren Beobachtungen zufolge die Altersstruktur ähnlich. Junge bilden die Ausnahmen.

Dennoch sind zwei Drittel der von uns untersuchten Personen berufstätig. Diese gut und sehr gut gebildeten und ausgebildeten Personen[13] sind durch ihren Beruf gewohnt, ständig neue Lernprozesse zu durchlaufen. So lässt sich erklären, dass die Stromleitungsgegner und ihre Mitstreiter über immense Kenntnisse über ihre Projekte verfügen. Sie besitzen dieses Wissen nicht aufgrund ihrer beruflichen Ausbildung, sondern beherrschen durch diese die Fähigkeit, es sich anzueignen. Sie lesen sich in Fachlektüre ein, konsultieren Experten auf Kongressen, argumentieren auf einem hohen technischen Niveau. Sie vertiefen sich in Gutachten, finanzieren und beauftragen Gegengutachten, häufig in den Bereichen Umweltverträglichkeit, Machbarkeit und Notwendigkeit. Eben weil sie derart wissenschaftlich arbeiten, Argumente prüfen und gegeneinander abwägen, wähnen sie sich auf dem «richtigen» Weg: «Unsere Argumente haben sich ja nicht verändert, sondern wir haben diese Argumente durch Fachgutachten untermauern lassen.»

Einzelne Bürger, die öffentlich aufbegehren, sind vor allem in ländlichen Gebieten schnell dem Vorwurf des «Nörglers», «Spinners» oder des «Wutbürgers»[14] ausgesetzt. Doch das weisen die Befragten nachdrücklich von sich. Gerade weil sie Einfluss nehmen wollen[15], versuchen sie mit der deutlichen Negation dieser Anschuldigungen die Legitimation für ihr Tun zu verteidigen.[16] Dabei hilft ihnen ferner die sich selbst unter enormer Anstrengung angeeignete Expertise. In Gesprächen betonen sie immer wieder, dass sie keine «Verhinderer» seien, sondern sie machen Gegenvorschläge, rechnen auf Basis technischer Kennwerte vor, führen «wahre Argumente» an. Gerade weil sie sich selbst als Einzelkämpfer auf weiter Flur sehen, wollen sie durch Rationalität und Beweisführung überzeugen.

Diejenigen, die als Sprecher einer Bürgerinitiative, als Organisatoren von Demonstrationen, als Sammler von Klagen, Ermittler von Ungereimtheiten in Planungsprozessen auftreten, sind hier mehrheitlich (circa 60 Prozent) erstmals zivilgesellschaftlich aktiv geworden. Sie hatten keinerlei Erfahrung, wie Protest gemanagt, Menschen motiviert oder Versammlungen geleitet werden. Fragt man, weshalb sie erst im vorgerückten Alter aus der privaten in die öffentliche Sphäre getreten sind, rechtfertigen sie sich häufig mit ihrer Herkunft. Knapp die Hälfte der Interviewten sind Bürger aus den ostdeutschen Bundesländern und in der DDR aufgewachsen. Eine Antwort, warum Engagement oder Beteiligung in den letzten zwanzig Jahren keine Rolle in ihrem Leben spielte, haben sie – jenseits der oft vorgebrachten Begründung, dass sie beruflich stark eingespannt gewesen seien[17] – nicht. Interessant ist, dass einigen Befragten ihr vormaliges «Nicht-Engagement» unangenehm ist und sie ihre derzeitige Aktivität als eine Art Läuterung inszenieren, dabei betonen, dass es wichtig sei, für etwas einzustehen, aktiv für die Gesellschaft etwas zu tun. Doch dies gilt nicht für alle. Denjenigen, die dezidiert angeben, mit ihrem Engagement ihre Grundstücke und Häuser schützen zu wollen, ist das «Nicht-Engagement» weder peinlich, noch versuchen sie, ihre Tätigkeit als einen «Dienst an der Gemeinschaft» darzustellen: «Ich möchte mein Wohneigentum schützen, deshalb sind wir in dieser Runde hier.»

Unter den Aktiven finden sich nicht nur Neulinge und Unerfahrene. Etwa 15 Prozent der Befragten waren vorher in einem Verein aktiv, häufig im Sportverein. Hier hatten sie über Jahre Vorstandsposten inne und dienten so einem Großteil der Dorfgemeinschaft als zentrale Ansprechpartner. Diese Form des zivilgesellschaftlichen Engagements ruht jedoch häufig, während die Befragten Protestgruppen organisieren. Nochmals ungefähr 15 Prozent hatten vor ihrer Mitarbeit in der Protestformation Kontakt zum BUND oder anderen Organisationen der Umweltbewegung und nahmen an Anti-Atom-Demonstrationen teil. Sie sind somit als Teil der klassischen Umweltbewegung identifizierbar. Diese Personen sind überwiegend Mitglieder der Grünen oder stehen der Partei zumindest nahe. Aber nicht in jedem Fall war die historische Protesterfahrung für ihre Lebensgeschichte prägend. Man sei «damals mitgelaufen», weil es als «Student dazugehörte», dem Zeitgeist entsprochen habe. Aber erst jetzt, wo man sich einsetzt, habe man nachgedacht statt nachgeäfft, sich reflektiert eine fundierte Meinung gebildet.

Knapp zehn Prozent der Befragten sind vor und während ihres Engagements Ortsvorsteher, Bürgermeister beziehungsweise kommunale Mandatsträger (gewesen). Als Organisatoren, Planer und Kontaktpersonen sind sie die Schlüsselfiguren in der jeweiligen Gruppe.[18] Zum einen wird ihnen besondere Führungskompetenz zugetraut, zum anderen drängen sie auch selbstbewusst an die Spitze: «Indem alle auf einen gucken. Du machst das jetzt, fertig ... Na ja ich hab's ja gemacht. Weil – ich habe mich immer da vorne hingesetzt und habe gesagt. So ein bisschen. Ich war derjenige, der gebollt hat, und alle ruhig hier und immer der Reihe nach ... Ich hatte ein bisschen Erfahrung, wie man so eine Versammlung leitet, durch die Gemeindevertretung und so.»

Gruppenübergreifend sind ungefähr 40 Prozent im zivilgesellschaftlichen Sektor aktiv. Das entspricht einem durchaus üblichen Wert für eine ländliche Region mit einer intakten Vereinsstruktur.[19] Davon losgelöst, ob die Aktiven bereits vor ihrem Protest gegen Energiewendeprojekte engagiert waren oder nicht, betonen sie immer wieder, dass der Einsatz für die Gemeinschaft notwendig, wichtig und richtig sei. Und gerade weil sie Diffamierungen ertragen, Freizeit opfern – also besonders in ihrer Selbstwahrnehmung für ihr Engagement viel in Kauf nehmen –, erwarten sie Lob, Anerkennung, schließlich Dank.

Natur und Familie – Triebfedern des Engagements

Engagement kann auch Spaß machen, man trifft neue Menschen, erweitert den Kreis seiner sozialen Kontakte, bleibt – trotz Ruhestand – aktiv, findet Lebenssinn.[20] «Ja, wie sich mein Leben verändert hat? ... Bin ja schon im Ruhestand, und ich habe eine Aufgabe ... Und ich glaube, für die grauen Zellen ist es sehr gut. Man hat das Gefühl, man wird gebraucht; letztendlich, also persönlich, geht es mir gut damit.» Hier tritt ein Grund zum Vorschein, warum die Menschen sich im Protest organisieren.[21] Gewiss haben wir handfestere Antriebsmomente identifizieren können: Die Aktivisten wollen die Stromleitung über ihrem Dorf verhindern, sie sind gegen ein Kraftwerk in unmittelbarer Nachbarschaft, kämpfen für den Werterhalt ihrer Immobilien. Die persönliche Betroffenheit ist dennoch oftmals – nicht immer – der Einstieg in das Engagement gegen die geplanten Projekte. «Insofern war bei uns so die Betroffenheit der Bevölkerung direkter da. Das ist auch, muss ich sagen, das eigentliche Motiv.» Diese persönliche Triebfeder rückt indessen mit zunehmender Dauer des Engagements in den Hintergrund, und die Befragten distanzieren sich sogar davon: «Ich bin kein Nimby, weil ich kein Pumpspeicherkraftwerk vor meiner Tür haben möchte, aber ich bin der Meinung, dass wir Alternativen zu diesem Projekt brauchen.»

Vor allem die Protestierenden gegen Bau- und Energieprojekte werden häufig mit dem Begriff des «Nimby» stigmatisiert. Das englische Akronym für «Not in my backyard» meint, dass man nicht unbedingt etwas gegen Solarparks oder CCS hat, jedoch sehr wohl der Meinung ist, dass diese Anlagen nicht in das unmittelbare Lebensumfeld gehörten, es besser geeignete Orte gebe. Manchmal wird der heilige Florian für die Charakterisierung dieser Proteste bemüht: «Heiliger St. Florian, verschon mein Haus, zünd andre an!» Lokale Erhebungen werden häufig vorschnell als «Nimby-Phänomene» charakterisiert.[22] Solcherlei Begriffe sind allenfalls Schlagworte und keine analytischen Kategorien. Denn durch die Unterstellung einseitiger egoistischer Motivlagen verwehrt man den Demonstranten das Recht auf Widerstand, delegitimiert den Protest, spricht den Aktiven die Fähigkeit ab, kompromissbereit zu sein und in gesamtgesellschaftlichen Dimensionen zu denken.[23] Überdies wird so die Klassifizierung zwischen «guter» und «schlechter» Beteiligung aufgemacht[24] und kaum noch tiefer in die Bewegung hineingeschaut, um die tatsächlichen oder erweiterten Interessen und Handlungsmotivationen zu entdecken. Der Nimby oder heilige Florian gewinnen ebenso wenig an Schärfe durch die Behauptung, dass gerade erfolgreiche Nimby-Proteste mittels Legitimierungsversuchen durch universalistische Normen ihre knallharten Egoismen durchsetzen würden.[25] Die eindimensionale Fixierung auf Protestursachen und die Ignoranz gegenüber der Unterschiedlichkeit von Motiven (situationsübergreifende, relativ konstante Ziel- und Wertedispositionen) und Motivationen (momentane Ausrichtung auf ein Handlungsziel, situativer Prozess, indem man sein Handeln auf die Folgen ausrichtet)[26] kann weder die Härte noch die Art des Widerstands erklären.

Im Zuge des Umbaus des Energieerzeugungssektors und des Ausbaus der Energietransportstraßen ist man mit solcherlei Abqualifizierungen schnell bei der Hand. Das Dispositiv von der «ökologischen und notwendigen Energieversorgung», also der Gesprächrahmen, innerhalb dessen dieses Thema überhaupt verhandelt werden kann, ist äußerst wirkmächtig, teilt die Gesellschaft bereits in «Verhinderer», «Profiteure» und «Nutznießer» ein. Schließlich brauchen wir alle Energie und wollen auf das Licht im Dunkeln nicht verzichten, können schwer ohne die Heizung im Winter auskommen. Daher müssen die Windkraftanlagen und Solarfelder irgendwo stehen, die Leitungen durch die Länder verlegt, die Geothermiekraftwerke an möglichen Standorten errichtet und Energiespeicher beispielsweise in Form von Pumpspeicherkraftwerken angelegt werden. Eine Gesellschaft, die sich gegen Atomkraftwerke und für die Nutzung regenerativer und dezentraler Energieproduktionsanlagen entschieden hat, wird zwangsläufig mit Standortkonflikten zu rechnen haben und diese regulieren müssen. Dabei besteht dann die beunruhigende Möglichkeit, dass sich die ressourcenstarken Bürger, mit denen wir es unzweifelhaft zu tun haben, gegen die ressourcenschwachen durchsetzen. Ein hinreichend belegter Effekt, der zudem immer dann auftritt, wenn anspruchsvolle Beteiligungsverfahren offeriert werden.[27] Weil diese Problematik genauso in der Verwendung der Nimby-Begrifflichkeit steckt, sollte sie mit der Zurückweisung der Vokabel nicht ignoriert, sondern im Gegenteil aufmerksam beobachtet und interpretiert werden.

Überdies wäre es zu eindimensional, den von uns Befragten ausschließlich persönliche und egoistische Interessen zu unterstellen, denn im weitesten Sinn geht es ihnen eigentlich um den Schutz der Heimat. Man scheut sich beinahe, dieses angestaubte und altmodische Wort zu benutzen, es ist jedoch *der* Begriff der lokalen Aktivisten. Sie handeln und wehren sich, um ihre Heimat, ihre Gemeinde, ihr Zuhause, ihren Lebensort zu schützen. Sie setzen sich ein für ein aus ihrer Sicht lebenswerteres Umfeld und definieren so explizit ihre Rolle, Aufgabe und Funktion als Bürger: «Wir haben festgestellt: Es betrifft uns. Dann hat jeder für sich, ob das an dem Abend oder kurz danach oder kurz davor gewesen ist, hat jeder für sich … persönlich definiert: Betrifft es mich persönlich oder betrifft es mich als Bürger? Ich denke mal, es ist bei uns ein gesunder Mix aus der Fragestellung: Betrifft es mich persönlich, habe ich … persönlich was dafür, dagegen oder was auch immer, oder nehme ich jetzt, wie vorhin die Diskussion gewesen war, ganz einfach nur meine demokratischen Rechte wahr, weil ich zu diesen oder zu diesem Projekt eine Meinung als Bürger habe. Das haben wir hier gemacht und haben festgestellt: Wir sind dagegen.»

Untersuchungen aus den USA, wo die sogenannten Nimby-Effekte bereits in den achtziger Jahren identifiziert wurden, geben drei interessante Hinweise: Erstens ist dort, wo Nimbys ihr vermeintliches Unwesen treiben, das Leben in der Gemeinde aktiver und lebendiger.[28] Zweitens bringen sich *Homeowners* häufiger bei lokalen Projekten ein, bemühen sich um die Entwicklung ihres Ortes und gestalten das lokale Leben tatkräftig mit.[29] Es scheint, als gehörten interessen- plus ressourcenstarke Bürger, eine rege Zivilgesellschaft und eine spezifische Form von «Glauben» zusammen. Damit ist nicht ein «irrationaler» Glaube an eine Autorität gemeint, der man sich unterwirft, sondern eher ein «rationaler» Glaube, der auf Überzeugungen, Gewissheiten und Erfahrungen des eigenen Denk-, Beobachtungs- und Urteilsvermögens beruht.[30] Denn die Betroffenen engagieren sich nur, weil sie tatsächlich davon überzeugt sind, dass es sich lohnt, dass ihr Einsatz eine Wirkung zeitigen wird, es Sinn ergibt, weil eine Erfolgswahrscheinlichkeit besteht. Drittens, so haben Untersuchungen zu den Nimbys gezeigt, treten sie nur dann für etwas ein, wenn sie das von ihnen umkämpfte Gut für wichtig und wertvoll erachten. Denn um sich einzubringen, müsse man insgesamt über ein positives Bild von seiner Gemeinde und die umgebende Landschaft verfügen.[31] Was folglich mit dem Nimby-Etikett verdeckt wird: Die Betroffenen wollen nicht nur ihr Haus und Grund verteidigen, sondern die Lebensqualität in ihrer Heimat erhalten und ihr Umfeld bewusst gestalten.

Dies deckt sich mit unseren Ergebnissen: Nicht alle, die sich gegen Windkraftanlagen wehren, sind vom «Schlagschatten» betroffen, die wenigsten Stromtrassengegner würden bei der Projektion des Streckenverlaufs unter einem Kabel wohnen, Solarparks und Pumpspeicherkraftwerke liegen ohnehin meist an den Ortsgrenzen. Ein direkter Eingriff in das Leben der eigenen vier Wände liegt also meist nicht vor, doch wird er als Bedrohung des heimatlichen Umfelds insgesamt wahrgenommen.

Was verstehen die Befragten nun konkret unter diesem antiquierten, emotional besetzten und in Deutschland historisch-ideologisch belasteten Wort «Heimat»?[32] Für sie ist Heimat ein Lebensmittelpunkt. Sie müssen in dieser Region nicht zwangsläufig aufgewachsen sein, sondern haben sie bewusst gewählt. Heimat ist für sie etwas erstaunlich Unmittelbares. Heimat ist dort, wo man sich jetzt gerade wohl fühlt, ausschließlich ein gegenwärtiger und kein historischer Ort. Heimat ist, wo die Familie lebt, ist etwas, was für die Enkel erhalten werden soll. Heimat vermittelt Geborgenheit und Sicherheit. Hier hat man sich etwas aufgebaut, den Garten, das Eigenheim, die als ideal empfundene Mietwohnung. Heimat ist ländlich. Das Dorf fungiert in diesem Fall als Signum von Beständigkeit – aber nicht im Sinn von Stillstand, sondern mit Verweis auf etwas, das sich über die Zeit behäbig und individuell empfunden «gut» entwickelt hat und entwickeln soll – inmitten einer häufig unbedacht und unverträglich beschleunigten Welt.

Heimat ist nicht das, was man vorfindet, sondern etwas, das man aktiv geschaffen und gestaltet hat. Ein Bedeutungsgehalt, der sich so in der gegenwärtigen Heimatforschung mittlerweile als Konsens durchgesetzt[33] und die traditionelle Vorstellung von Heimat als Region, in der man aufgewachsen ist, abgelöst hat. «Beheimatung» ist also ein individueller Prozess, die Schaffung eines Raumes und strukturierten Handlungsfelds.[34] Eben weil Heimat nicht mehr statisch ist, sondern neu gewonnen werden kann, streiten sich auch Zugezogene für die Region und bezeichnen sie als Heimat. Ein größerer Teil der Befragten ist nicht in der Region aufgewachsen, deren Erhaltung und Bestand sie so vehement verteidigen, sondern haben sie sich seit zehn, zwanzig Jahren aktiv angeeignet. Gerade sie sind es, die nun verstärkt die von ihnen empfundene Einzigartigkeit der Region unterstreichen: Hier sei die Natur noch ursprünglich und besonders schön.

Doch ihre Heimat sei bedroht. Von der Politik vernachlässigt, übe «die Wirtschaft» – wie unsere Gesprächspartner formulieren – durch Technisierung und Modernisierung Druck aus.[35] Es gelte, die Heimat als Rückzugsort zu verteidigen. An sich ist die Heimat etwas selbstverständlich Gegebenes. Sie wird offenbar erst in der Erfahrung des Verlustes thematisiert und fungiert dann als Auslöser für Protest. Der Heimatbegriff der von uns interviewten Aktiven kreist im Grunde um zwei Konstanten: Natur und Familie. Die Gegend, in der man sich zu Hause fühlt, soll nicht nur für einen selbst bewahrt werden, sondern zudem für die nachfolgenden Generationen erhalten bleiben, für Kinder und Enkelkinder in derselben Einzigartigkeit erlebbar sein, auch noch für sie ein Refugium darstellen: «Ich hab Nichten, ich habe keine Kinder, und wenn ich das weitergeben könnte in meinem Leben, das wäre echt der Hammer.» Das ist neben dem traditionellen und aktiven Verständnis der soziale Aspekt von Heimat.[36] Besonders bei den Älteren von uns Befragten ist dieses Motiv erkennbar. Gerade sie wollen aufgrund ihrer Lebenserfahrung und der Einsicht in die Endlichkeit des menschlichen Lebens die Heimat für kommende Generationen bewahren, sie denken also eher langfristig:[37] «Ich bin natürlich daran interessiert, dass meine Heimat erhalten bleibt, dass auch meine Kinder so eine schöne Kindheit haben.» Sie möchten die Welt, die Landschaft, den Ort in einem bestmöglichen Zustand für die ihnen Nachfolgenden hinterlassen, Verantwortung übernehmen und den als «gut» empfundenen Ist-Zustand unverändert an ihre Kinder weitergeben. «Und ich finde, auch mit ein Argument für die Verantwortung, die wir haben – letztendlich unseren Kindern auch was zu hinterlassen, mit dem sie leben können, dass sie auch noch eine Lebensqualität haben, bestimmte Ressourcen nicht ausgeschöpft sind.»

Und Heimat ist Natur – wohlgemerkt nicht Umwelt. Denn obwohl die von uns Befragten ständig mit Vokabeln wie «Umwelthilfe», «Umweltministerium», «Umweltgutachten», (strategische) «Umweltprüfung» und Ähnlichem jonglieren, sprechen sie von Natur, wenn es um das geht, was sie abschirmen und schützen wollen. Dabei verfügen weder «Umwelt» noch «Natur» über exakte Bedeutungsgehalte, sind vielmehr schwer decodierbare Chiffren und mehrdeutige Symbole.

Tatsächlich ist diese semantische Trennung ein Hinweis darauf, dass die Protestler wenig mit der klassischen Ökologiebewegung anfangen können, wo sich seit den siebziger Jahren der Begriff «Umwelt» durchgesetzt hat.[38] Diejenigen, die sich gegen eine «Verspargelung» der Landschaft durch Windkraftanlagen wehren, sind eher konservativ und wollen nicht die Flora, Fauna und Landschaft als solche bewahren, sondern die von ihnen gemachten Erfahrungen mit der Natur konservieren. Die Natur, wie sie sie sich vorstellen, ist eine «geformte», ganz bestimmte Natur, die nicht «urwüchsig» und «natürlich» sein muss, sondern nur so sein sollte, wie sie sie kennen. Natur kann von Menschenhand gestaltet sein, ein geformter Garten etwa: «Wenn man was für die Natur machen will, stellt man da keine Masten hin … In der Erde siehst du nix, und die Natur ist auch nicht ganz so stark beeinträchtigt.»[39]

Ein häufiges Argument für Protest gegen Energieprojekte ist der Schutz des Waldes, der Bäume, die weder den Strommasten noch dem Solarpark oder gar dem Pumpspeicherkraftwerk zum Opfer fallen dürfen. Der Wald wird häufig als Symbol für Heimat erwählt[40] und firmiert als Metapher für Natur. Besonders der alte, gewachsene Baumbestand unterliegt offenbar einer Art Senioritätsprinzip. Die Bäume waren vor den Sonnenkollektoren da. Bäume brauchen lange, um ihre Größe zu erreichen, und sind wichtig für die Umwandlung von Kohlenstoffdioxid in Sauerstoff. Bäume für vermeintlich regenerative Energien zu fällen sei keinesfalls ökologisch. Im Wald haben die von uns Befragten ihre ersten Naturerfahrungen als Kinder gesammelt, bezeichnen sich als «Waldkind» oder «Waldfee» und möchten den Raum, von dem sie sagen, sich dort elementare Routinen angeeignet und Wertvorstellungen entwickelt zu haben, vor dem «Sterben» bewahren.

Die Natur stellt nicht nur die grundlegenden Ressourcen zur Verfügung wie Luft, Wasser und Boden (die Aktivisten wehren sich schließlich gegen einen «Landschaftsverbrauch»), sondern ist ferner Zeichen für den Verfall als Folge des Missbrauchs durch den Menschen. Interessant ist, dass Natur nicht ausschließlich um ihretwillen schützenswert sei, sondern weil sie Erholungsraum bedeute. Natur biete Entspannung, Regeneration, Wohlfühlen und sei somit ein maßgeblicher Bestandteil der Lebensqualität, hier könne man auftanken und sich von den Zwängen des Arbeitslebens erholen.[41] Die von uns Befragten sind also keinesfalls nur «Verhinderer», «Querulanten» oder «Störer». Sie wollen ihre Heimat erhalten – aber genauso gestalten. Man will politisch mitprägen und, in einem zweiten Schritt, die Demokratie beziehungsweise die Aushandlungsprozesse in der jeweiligen Gemeinde und dem Bundesland mitkonzipieren. Im Gegensatz zu den ortsfremden Planern kenne man sich in seiner Gegend aus, und zusammen mit dem «natürlichen Recht» auf soziale Zugehörigkeit entwickeln die Aktivisten so einen selbstsicheren Anspruch, an Planungs- und Entscheidungsprozessen beteiligt zu werden.[42] Es geht ihnen um das «Zusammenleben in einer hochentwickelten Gesellschaft», sie wollen Prämissen diskutieren, eine Debatte anschieben, nach welchen Voraussetzungen Kosten und Nutzen der Energiewende verteilt werden, über die akzeptierbaren Zumutungen sprechen, auf die Funktionsdefizite der lokalen Politik aufmerksam machen, korrigieren, verbessern, ergänzen.[43] «Die trostlose Lage der Politik und die Dinge, wie sie passieren, bewegen uns und haben uns zusammengeführt.» Wäre die Obstruktion ihr einziges Ziel, würden die Vereine und Bürgerinitiativen, die in dem Sinn erfolgreich gearbeitet haben, dass sie den Solarpark, die Windkraftanlage oder das Pumpspeicherkraftwerk (mit-) verhindern konnten, kaum als Organisation weiterbestehen und weiterarbeiten.

Vermitteln, vereinen, verkaufen – die Organisation der Wirkmächtigkeit

Das zielstrebige Verfolgen ihrer Interessen verlangt den Mitstreitern der Bürgerinitiativen viel Zeit für Koordination und Planung ab. Auf wöchentlichen oder alle vierzehn Tage stattfindenden Zusammenkünften in Gaststätten, Dorfgemeinschaftshäusern oder Sportlerheimen, vor allem aber über Mailinglisten findet ein stetiger Austausch über die neuesten Entwicklungen statt. In geselliger Runde, jedoch mit Struktur und zuweilen Protokollführung, stimmen die Mitglieder das künftige Vorgehen der Initiative ab und verteilen die zu erledigenden Aufgaben. Ein Großteil der Arbeit bleibt in der Regel an den wenigen führenden Köpfen der Bürgerinitiativen hängen, die sehr ehrgeizig und enorm ausdauernd die Organisation vorantreiben. Sie wünschen sich mitunter zwar zusätzliche Unterstützung der anderen, empfinden die Mehrarbeit jedoch nicht bloß als Last, sondern als notwendigen Bestandteil ihrer Führungsrolle, deren implizierte Verantwortung sie durchaus mit Stolz erfüllt. Man erhofft sich Anerkennung von den Mitstreitern. Neben dem organisatorischen Kern gibt es einen erweiterten Zirkel von aktiven Mitgliedern, der regelmäßig zu den Versammlungen erscheint, aber nur bereit oder fähig ist, weniger umfangreiche Aufgaben zu übernehmen. Darüber hinaus verfügen die Bürgerinitiativen teilweise über große Kontaktkreise, die ihr Anliegen befürworten, sich jedoch nur zu bestimmten Ereignissen wie Demonstrationen oder Mahnwachen mobilisieren lassen. Auch wenn diese Personen nicht für eine Mitarbeit gewonnen werden können, verhelfen die zahlreichen Unterstützer den Bürgerinitiativen zu größerer Wahrnehmung.

Einen positiven Effekt auf die Außenwirkung ihres Bündnisses versprechen sich die Engagierten zudem von der Vereinsgründung, einem Schritt, den viele Bürgerinitiativen gegen

Energieprojekte im Lauf der Zeit vollziehen. Die Erstellung einer Vereinssatzung und die Wahl eines Vorstands soll nach außen das Bild größerer Seriosität und Verlässlichkeit projizieren. Exemplarisch schilderte ein Befragter: «Das kommt nach draußen hin, meiner Meinung nach, auch besser an als eine BI. Ein Verein ist irgendwie eine Institution. Eine BI ist ein loser zusammengewürfelter Haufen ...» Konkret erhofft man sich durch die Vereinsgründung eine höhere Zustimmung und Anerkennung seitens der Bürger und ein respektvolleres Verhältnis zu Medien und Politikern. Das Kürzel «e. V.» im Namen der Initiative soll dem Anliegen mehr Nachdruck verleihen, da es für eine dauerhaftere Interessenvertretung steht. Mit der Eintragung in das Vereinsregister gehen aber auch sachlich-strukturelle Vorteile einher. Ein rechtsfähiger Verein kann eine Verbandsklage vor Gericht einreichen, beispielsweise gegen Planfeststellungsbeschlüsse. Gerade juristische Vorgehensweisen gelten bei den Mitgliedern der als Verein agierenden Bürgerinitiativen als probates und effektives Mittel, um direkten Einfluss auf den Projektverlauf nehmen zu können. Erkennt das zuständige Finanzamt zudem die Gemeinnützigkeit eines Vereins an, sind damit Steuervergünstigungen verbunden, und für Spender besteht die Möglichkeit, ihren Beitrag steuerlich abzusetzen. Unter finanziellen Gesichtspunkten ist die Erhebung monatlicher Mitgliedsbeiträge in den Vereinen ein weiterer relevanter Aspekt, da somit konstante Einkünfte zur Finanzierung der Arbeit bereitgestellt werden. Um jedoch nicht nur die Fahrtkosten abdecken oder das Drucken von Flugblättern und Transparenten bezahlen zu können, sondern auch Mittel für hochwertige Präsentationsausstattung sowie Anwalts- und Gutachterkosten verfügbar zu machen, sind meist weitere private Gelder von Einzelpersonen, Einnahmen aus Merchandising-Verkäufen (T-Shirts, gelbe Pfeile, Aufkleber) sowie Erlöse aus Kuchenbasaren und Würstchenständen nötig. Einigen Initiativen gelingt es gelegentlich, Spenden von lokalen Unternehmen, die ebenfalls ein Interesse an der Verhinderung oder Änderung des geplanten Projekts haben, zu akquirieren.

Die Vereinsgründung wird von den Mitgliedern als Professionalisierung begriffen. Dies bedeutet, dass sich die neuen Strukturen, zu denen eine festgelegte Posten- und Aufgabenverteilung (Vorstand, Kassenwart, Schriftführer etc.) zählt, häufig auch auf das Verständnis der eigenen Arbeit auswirken. Die Mitglieder nehmen die Erfüllung der Aufgaben mit großem Verantwortungsbewusstsein wahr und betreiben diese nunmehr mit dem Vorsatz, noch sorgfältiger und gewissenhafter als zuvor zu arbeiten. Hingegen unabhängig von der juristischen Form, in der sie sich zusammenfinden, bildet sich ein identitätsstiftendes Zusammengehörigkeitsgefühl. In fast allen untersuchten Bürgerinitiativen ging die gemeinsame Arbeit über ein reines Zweckbündnis hinaus. Das führte in einem der Fälle sogar dazu, dass die routinierte Zusammenkunft nach der endgültigen Entscheidung in der Sache ohne konkreten Anlass fortgesetzt wurde. Ein Blick über die Landschaft der Bürgerinitiativen zeigt zudem, dass es häufiger vorkommt, dass sich bestehende Gruppen von Aktivisten neue Engagementbereiche suchen.

Zusammengehörig fühlen sich die Mitglieder nicht nur intern, auch zwischen den jeweiligen Bürgerinitiativen. In den Bereichen Geothermie und CCS lässt sich eine starke Solidarisierungsrhetorik beobachten. Diese spiegelt sich organisatorisch in der Verknüpfung der einzelnen Initiativen zu landes- oder bundesweiten Dachverbänden wider. Im Bereich der Windkraft hat sich mit der «European Platform Against Windfarms» (EPAW) sogar ein zusätzliches Netzwerk auf europäischer Ebene gegründet. Intensiv ist der Kontakt untereinander jedoch vor allem auf regionaler Ebene, auch bundesländerübergreifend: Hier findet Informationsaustausch statt, gemeinsame Veranstaltungen werden organisiert und Demonstrationen gegenseitig besucht. Gerade die jüngeren Bürgerinitiativen profitieren von den Erfahrungen derjenigen, die verschiedenste Strategien bereits ausprobiert haben und berichten können, welche Wege Erfolg versprechen. «Davor wussten wir nichts, von dieser ganzen Sache, und haben uns dann dadurch schlau gemacht … und uns dann eben mit den Schleswig-Holsteinern zusammengeschlossen, die schon ein Stückchen weiter waren, die das schon vorher wussten und so weiter, die dann schon größere Proteste losgelegt haben und ihre Politiker richtig in die Mangel genommen haben.»

Bisweilen aber geht die enge Zusammenarbeit einiger Gruppen mit Konflikten einher, die vorübergehende Spannungen hervorrufen, ehemals vernetzte Initiativen wieder getrennt oder im Einzelfall gegeneinander agieren lassen. Zum einen resultieren derlei Auseinandersetzungen aus persönlichen Eitel- und Streitigkeiten, zum anderen sind detaillierte inhaltlich-technische Abgrenzungen die Ursache. Ein typischer Grundkonflikt besteht überdies zwischen «Idealisten» und «Realisten»: Erstere weigern sich, von ihrer Maximalforderung abzuweichen, während Letztere (der überwiegende Teil der Befragten) eher bereit sind, Gesprächsangebote anzunehmen und Kompromisse auszuhandeln. Auch innerhalb einzelner Bürgerinitiativen hat unseren Beobachtungen nach diese Differenz immer wieder für Konfliktpotenzial gesorgt.

Neben dem Aufbau der eigenen Organisation spielt die Aktivierung weiterer Mitstreiter eine wesentliche Rolle in der Arbeit der Gruppen und Initiativen. Ihre Mobilisierungsbemühungen folgen dabei stets dem Muster eines Wechselspiels zwischen einem «Sich-Informieren» und «Andere-Informieren». Die Aktiven verschaffen sich technisches Know-how und Informationen über mit den Energieprojekten verbundene Gefahren und Nachteile. Sie recherchieren eigenständig und trotz ihres durchschnittlich höheren Alters wie selbstverständlich auch im

Internet zu Gesundheitsrisiken durch Magnetfelder ausgehend von Stromtrassen oder zur Erdbebengefährdung durch Geothermiebohrungen. Vor allem aber reisen sie zu einschlägigen Veranstaltungen von Betreiberfirmen, Umweltverbänden oder anderen Bürgerinitiativen, um sich zu informieren. Dafür nehmen sie zum Teil Hunderte Kilometer Fahrt auf sich.

Die gesammelten und aufbereiteten Informationen versuchen die Initiativen den Bürgern zu vermitteln. Zum einen geschieht das über das permanente Bereitstellen des Materials auf der eigenen Homepage und in sozialen Netzwerken wie Facebook sowie über das Verteilen von Infoblättern bei Aktionstagen. Zum anderen organisieren viele Bürgerinitiativen sowohl im eigenen Ort als auch in umliegenden betroffenen Gemeinden Informationsabende. Dabei geht es nicht nur darum, die Bürger mittels moderner Präsentationstechniken zu informieren, sondern auch Teile der bislang «schweigenden Mehrheit» endlich «wachzurütteln» und «aufzuklären». Genuines Ziel der Veranstaltungen ist darüber hinaus, den einen oder anderen aus dem Publikum für eine Mitarbeit zu gewinnen, Unterschriftenlisten zu füllen sowie Bürger zur Gründung eigener Interessengemeinschaften in den jeweiligen Ortschaften zu bewegen.

Ebenso wichtige Adressaten der Informationskampagnen sind Politiker unterschiedlicher Ebenen und Couleur. Die Bürgerinitiativen setzen sie über die Risiken der geplanten Bauvorhaben durch verschickte E-Mails, Briefe oder Info-Mappen in Kenntnis. Denn vielerorts besteht die Auffassung, dass die Politiker diesbezüglich Nachholbedarf hätten: «Dann … sind wir an die Landtagsfraktionen herangetreten, haben darüber informiert. Die wussten nämlich gar nichts. Da wusste keiner was.» Andere Politiker würden ihre Entscheidungen wiederum nur auf einseitigen Informationen von Lobbyverbänden und Energieunternehmen gründen oder seien auf dem hochkomplexen Fachgebiet unzureichend bewandert. Deshalb empfinden es die

Engagierten als notwendig, die Politiker mit (Gegen-)Informationen auszustatten. Wie für externe Kommunikationsprozesse im Protesthandeln von Bewegungen typisch, erwarten die Bürgerinitiativen von den Angesprochenen eine Reaktion.[44] Diese bleibt bei den teilweise massenhaft verschickten Unterlagen – besonders von höheren politischen Ebenen – jedoch häufig aus. Die Befragten berichten von «null Resonanz», haben «nie Antworten darauf bekommen», und eine E-Mail, heißt es, «wird auch abgefangen». Diese Misserfolge führen jedoch – erstaunlicherweise – nicht in die Resignation. Selbst wenn die Erwartungen zurückgeschraubt würden, könne sich infolge der Informationsschreiben immerhin niemand mehr rausreden. «Oh, wir wussten von nichts» würde nicht mehr gelten. Zudem verfügen die Vereine mit rechtlichen Einwirkungsmöglichkeiten über andere, zuverlässigere Optionen der Interessenartikulation. Erfolg versprechen sich die Protestler außerdem von indirekteren Formen der Druckausübung auf Politiker wie Demonstrationen und die daran gekoppelte Medienaufmerksamkeit.

Demonstrationen stehen für die Bürgerinitiativen zwar nicht im Zentrum ihrer Arbeit, werden aber dennoch in unregelmäßigen Abständen veranstaltet. Ihre Vorbereitung kostet – über das tägliche Engagement hinausgehend – viel Zeit und ist kräfteraubend. Zudem bergen die Protestmärsche und Sternwanderungen die Gefahr, mit negativ konnotierten Titulierungen wie «Krawallmacher» oder «Blockierer» belegt zu werden, was die Befragten unbedingt vermeiden wollen. Sie möchten «nicht in irgendeiner Form anarchisch auftreten». Auch deshalb sind alternative, ja ruhigere Protestformen wie Mahnwachen oder Menschen-Lichterketten gern genutztes Mittel. Gleichwohl kann es durch Demonstrationen – zu denen sich ebenso die sonst passiv bleibenden Unterstützer mobilisieren lassen – gelingen, überaus wirkmächtige Bilder zu erzeugen. Eine positive Resonanz von größerem Publikum lässt sich als «Bewegungskapital» fassen, mit dem amtierende Politiker unter Druck gesetzt werden können.[45] Zur Herstellung und Verbreitung wirksamer Bilder braucht es aber zunächst die medialen Zwischeninstanzen wie Fernsehen und Presse.

Tatsächlich erhalten die Aktionen der Bürgerinitiativen relativ große mediale Aufmerksamkeit, sei es von der regionalen Presse oder nationalen Fernsehsendern. Doch das Verhältnis der Bürgerinitiativen zur Medienlandschaft ist ein ambivalentes. Einerseits setzen die Initiativen auf Multiplikatoren, um ein Problem publik zu machen und, wie ein Befragter meint, «das Thema überhaupt erst zum Kochen zu bringen». Denn: «Sonst hätten wir es viel schwerer gehabt.»[46] Andererseits haben die Interviewten mit viel negativer Berichterstattung ihre Erfahrungen gemacht und sehen die Arbeits- und Darstellungsweisen der Medien ausgesprochen kritisch. Besonders viel Unmut und Enttäuschung besteht darüber, dass Journalisten in ihren Berichten häufig ein falsches Bild transportierten, indem sie Gesagtes aus den Zusammenhängen rissen und somit verfälschten. Die Befragten zeigen sich oftmals so erstaunt wie verärgert: «Wie viel da rausgeschnitten wird! Und wenn denn die Sätze so schön zusammengeschnitten werden – das sind schon richtige Künstler. Die können einem das Wort im Munde rumdrehen.» Hinter der negativen und häufig als undifferenziert empfundenen Berichterstattung vermuten viele Interviewte zwei Umstände: erstens, dass den meisten Journalisten (ähnlich den Politikern) das Verständnis für die fachliche Materie fehle, und zweitens, dass Medien unter dem Einfluss von Unternehmen (beispielsweise via Werbeanzeigen) sowie der Politik stünden.

Auf die gesammelten negativen Erfahrungen reagieren die Aktiven zum Teil sehr unterschiedlich. Viele nehmen eine sehr skeptische Haltung ein und kooperieren nur noch mit ausgewählten Journalisten oder Sendern, während andere bewusst umgangen werden. Eine Zusammenarbeit entsteht nur dann, wenn die Bürgerinitiative glaubt, einen sicheren Nutzen daraus zu ziehen. Andere Engagierte haben ihre Erwartungen an die Medien herabgesetzt und reagieren im Lauf der Zeit weniger emotional auf die ihrer Meinung nach diskreditierende Berichterstattung. Doch insgesamt ist der Wunsch nach einer «objektiven» Darstellung in den Medienorganen weit verbreitet. Wobei unklar bleibt, was sie unter «objektiv» verstehen: Mal ist es die Wiedergabe zweier Seiten, dann wieder eine unabhängige Beurteilung. Nicht selten gilt schlichtweg der eigene, als richtig wahrgenommene Standpunkt als «objektiv».

«Wolfsgesellschaft» und «Raubtierkapitalismus» – mehr als bloße Projektkritik

Das Engagement der Aktiven gilt «der Gesellschaft»; Politik als ein Feld, das man modulieren kann, aus dem heraus gestaltet wird, kommt in ihren Vorstellungen indes nur am Rande vor. Sie teilen die Welt in Wirtschaft und Gesellschaft, wobei erstere die letztere durch ihren Einfluss und ihr Kapital dominiert. Diese beinahe schon manichäische Weltsicht überrascht in unseren Untersuchungsgruppen nicht so sehr. Bereits vergangene Studien haben Hinweise darauf geliefert, dass vor allem Naturwissenschaftler und Ingenieure zu einer dualistischen Gesellschaftsvorstellung neigten.[47] Während die Politik als «etabliertes System» gilt, verstehen unsere Protagonisten unter Gesellschaft all das, was sie unmittelbar umgibt. Die Gesellschaft, die sie sich wünschen und um die sie sich bemühen, sollte eine Einheit sein, die zusammenhält. Das heißt: Im Zuge der Energiewende seien deren Prämissen gemeinsam zu diskutieren, um zu erfassen, wie Kosten, Nutzen, Vor- und Nachteile überregional aufgeteilt werden müssten. Wichtig für eine gelungene Existenz innerhalb der Gesellschaft ist ihnen überdies ein gemeinsames (Dorf-)Leben, in dem man einander kennt, sich gegenseitig unterstützt und eine Gemeinschaft lebt. Es «kranke» am Zusammenleben der Menschen: «Wir isolieren uns täglich immer mehr.» Die «Wolfsgesellschaft» sei Realität, eine harmonische Gemeinschaft der Wunsch.

Auch wenn ihre eigene Rahmenkategorie die der «Gesellschaft» ist, verfügen die Befragten über eine Vorstellung von «Demokratie». In den Gesprächsrunden war dies ein Begriff, mit dem auf Nachfrage spontan alle etwas assoziieren können, sie nicht sprachlos Luft durch den Mund auspusteten, vielmehr tief einatmeten und angeregt drauflossprudelten. Die Zentralität des Begriffes «Demokratie» wird auch an der verwendeten Häufigkeit des Wortes in unseren Gesprächen deutlich. Und das, obwohl wir dieses Thema in den Einzelinterviews gar nicht explizit formulierten.

Die Befragten sind überzeugt, nicht Teil einer «echten Demokratie» zu sein, sondern in einer «falschen» beziehungsweise «reparaturbedürftigen» Staats- und Gesellschaftsform, gar einer «Scheindemokratie» oder «Bananenrepublik» ausharren zu müssen. «Demokratie wird in Deutschland nur dem Wort nach noch praktiziert.» Überall sehen sie «Demokratieverluste» und erkennen eine «Demokratie nach Gutsherrenart». «Demokratie sieht anders aus. Eine Demokratie sieht so aus, dass man nicht Ausnahmen für Leute macht, die das Allgemeinwohl beschädigen.» Als Ursache der Beschädigung an der Demokratie machen die Aktivisten häufig das Parteiensystem und dessen Implikationen (Koalitions- und Fraktionszwang) sowie die eingeschränkte Handlungsfähigkeit des politischen Personals aus. «Für mich ist auch Demokratie, wenn der regiert, der gewinnt. Ja, wenn ich sehe, unter welchen Einflüssen die Partei steht, die eigentlich gewonnen hat, unter Mitnahme irgendwelcher anderer Parteien, um dann Mehrheiten zu haben … Wenn ich also sehe, wie viel Müll dabei entsteht …»

Obwohl die Protestler zu wissen vorgeben, was in der Demokratie «falsch» läuft, haben sie selten eine konkrete Vorstellung, wie es «richtig» sein müsste. Sie können Bestandteile der Demokratie aufzählen: Menschenrechte, Sicherheit, Freiheit und Mehrheitsentscheidungen gehören in ihren Augen dazu. Im Idealfall würde die Demokratie eine Formulierung des Willens von unten nach oben zulassen, in der Realität werde dieser jedoch von oben nach unten «durchgedrückt» – abseits der Beteiligung des Bürgers und gesteuert durch das Kapital beziehungsweise durch «die Wirtschaft». «Es wird wirklich so viel falsch entschieden … aber wenn politische Fehlentscheidungen getroffen werden, trotz Warnungen aus vielen Ecken und von Fachleuten, gibt es die Wirtschaft, gibt es Leute … und dann werden trotzdem Entscheidungen von oben nach unten durchgewunken … aber es ist auch manchmal ohne Sinn und Verstand, und das wird noch nach unten durchgewunken.»

Auffällig ist, dass Demokratie häufig mit dem Sozialstaat beziehungsweise dem Ausgleich von sozialen Unterschieden zusammengedacht wird. Sie ist dann lediglich eine Verfahrensweise, um Gerechtigkeit herzustellen. Dabei wird als Gerechtigkeit empfunden, wenn unterschiedliche Auffassungen zu Wort gebracht werden können und vor allem auch gleichermaßen gehört werden. Es geht demnach keinesfalls um Ergebnisgleichheit. Gleichheit bedeutet für sie vielmehr, dass jeder die gleichen Voraussetzungen, ja Chancen hat, sich politisch beteiligen zu können – unter für alle gleich geltenden, fairen Regeln. Das «Ungleichgewicht, das da herrscht von den Möglichkeiten», steht oft im Zentrum ihrer Kritik. Neben Verfahrensregeln im Detail sind es unveräußerliche Rechte wie Presse- und Meinungsfreiheit, die den größeren Rahmen abstecken, der als demokratische Freiheit verstanden wird.

Es ist interessant, dass die Befragten sich offenbar durch die gegenwärtige Lage der Demokratie zur Passivität gedrängt sehen. Die Möglichkeiten der Demokratie, die sie lediglich in der Beteiligung an selten stattfindenden Wahlen sehen – und in keinen anderen Tätigkeiten sonst –, ist ihnen nicht genug. Sie wollen eine direkte und unmittelbare Mitsprache – in ihren Worten: eine «Beteiligung an der Machtausübung». In diesem Zusammenhang ist es aufschlussreich, wie sie die Nicht-Engagierten in ihrer Gemeinde, die «schweigende Mehrheit» in Deutschland insgesamt, beurteilen, diejenigen also, die sich nicht erheben und protestieren. Einerseits haben sie Verständnis für die stumme «Masse» der Bevölkerung. Sie hätte weder Zeit noch Ressourcen, sich – so intensiv wie sie selbst – in die komplizierte Materie einzuarbeiten, wäre nach einem Zwölf-Stunden-Arbeitstag völlig erschöpft und würde von den Medien und der Politik derart manipuliert, dass sie zwangsläufig passiv bleiben müsste. «Es werden bewusst die Menschen dumm gehalten … Es ist nun mal viel einfacher und viel schöner und viel bequemer, ‹Frauentausch› zu gucken, als sich politisch zu interessieren.» Und: «Wir sollen auch nicht selber denken, unsere Denke des Mainstreams wird durch Presse, Fernsehen und Ähnliches eigentlich vorprogrammiert, und die meisten Menschen, leider Gottes, informieren sich nicht und rennen dem nach. So ist es ganz eindeutig.»

Andererseits werfen sie dieser stillen Mehrheit vor, sich nicht hinreichend zu informieren, in «Gleichgültigkeit» und «Bequemlichkeit» zu verharren: «Die Mehrheit ist faul.» Sie nimmt ihre Aufgabe als Bürger nicht ernst. «Das hat natürlich mit der Mündigkeit des Bürgers und des Menschen an sich zu tun … dass ich mir meiner eigenen Verantwortung bewusst bin. Und das sind ja viele Menschen hier in unserer Gesellschaft überhaupt nicht, die interessiert das eigentlich überhaupt nicht, die sagen dann: ‹Ich kann ja sowieso nichts machen!›, und letztendlich haben sie sich mit der Sache gar nicht auseinandergesetzt. Das heißt, ich muss selbst eine Verantwortung haben, um letztendlich auch in diesen Prozess eingreifen zu können oder Entscheidungen zu treffen.» Weil weder die Eltern noch das Bildungssystem oder die Allgemeinheit sich darum kümmerten, dass die Mehrheit der Bürger selbständig denkt, sehen sie sich in der Pflicht, jene aufzuklären. «Ja, die Gesellschaft müsste dafür Sorge tragen, dass die Menschen mündig werden. Weil ich glaub halt, das hat auch mit der eigenen Verantwortung zu tun, das ist ganz klar.»

Und gerade weil diese «breite Masse» untätig ist oder nicht anders kann, als in Stille zu verharren, nehmen die von uns Befragten für sich in Anspruch, für die «schweigende Mehrheit» zu sprechen, ja, im Grunde deren Anliegen zu vertreten und deshalb eine Majorität darzustellen. «Ich kenne Leute … die immer ganz froh sind, dass wir das machen.» Sie sind der Ansicht, dass der Großteil der desinteressierten Bevölkerung auf ihrer Seite stünde, wenn er sich denn nur informierte. Aufgrund von singulären Mobilisierungserfahrungen, beispielsweise anlässlich von Demonstrationen, haben sie die Erkenntnis gewonnen, dass sie von mehr als den zehn bis zwanzig Personen unterstützt würden, die einmal im Monat zu den Treffen erscheinen.[48] Schließlich konnten sie Erfolge verbuchen, indem es ihnen gelang, Unentschlossene auf ihre Seite zu ziehen.

Angesichts dieser Selbstwirksamkeitserfahrungen sind sie überzeugt, Vertreter des «Allgemeinwohls» zu sein. In ihren Augen existiert kein Widerspruch zwischen Demokratie als Entscheidungsprozess durch die Mehrheit und der für sie zwingenden Notwendigkeit, dass sie sich als faktische Minderheit mit ihrem Anliegen durchsetzen. Diese Selbstwahrnehmung können sie nur deswegen aufrechterhalten, weil sie keine Differenz zwischen ihren eigenen Werten und denen der Allgemeinheit, der Gesellschaft sehen. Aus ihrer Perspektive verfügen sie über die «guten» und «richtigen» Argumente, die es ihnen erlauben, einen moralischen Standpunkt einzunehmen. Eben daraus entwickelt sich dann der Anspruch, Entscheidungen mitzubestimmen und in das Feld der Politik einzugreifen.

Denn dass Politik und Politiker Hilfe brauchen, sei evident. Die Befragten haben von der Politik ein denkbar negatives Bild. Nicht selten konstatieren sie russische Verhältnisse und sprechen ihr jegliche Steuerungsfähigkeit ab. «Putin, das ist die Diktatur, er fällt über die Bewohner Russlands hinweg, und über unsere Köpfe wird auch diktiert, wir haben fast keinen Einfluss, sosehr wir uns anstrengen und Petitionen einbringen und mit den Politikern reden.» Politik sei ohnehin nur ein einziger «Kuhhandel». Politik «haut nicht hin» und ist ein schmutziges Geschäft, bei dem eine Umkehrung der Werte stattfinde: Unehrlichkeit statt Ehrlichkeit, Egoismus statt Brüderlichkeit, Fahrlässigkeit statt Verantwortlichkeit.

Es überrascht schon: Die Protestler kennen Grenzwerte auswendig, können technisch präzise Wirksamkeiten von Anlagen erklären und sind äußerst versiert bezüglich der Abläufe der Genehmigungsverfahren und ihrer jeweils gegebenen juristischen Handlungsmöglichkeiten, während sie hinsichtlich konkreter politischer Vorgänge oftmals Unwissenheit erkennen lassen. Gerade weil die Aktiven bezüglich des gesellschaftspolitischen Engagements völlig unerfahren sind, kennen sie sich lediglich nur auf den Wegen aus, die sie bereits beschritten haben. Häufig bringen sie bestimmte legislative und exekutive Ebenen durcheinander, durchschauen selten die faktischen Unterschiede zwischen Volksbegehren, Volksbefragung oder Volksentscheid. Vielfach ist ihnen die spezifische Logik des Politischen völlig unklar. Sie fragen sich, warum der «gesunde Menschenverstand» in dieser Sphäre nicht greift und dort nicht dieselben Spielregeln wie im «normalen Leben» gelten.

Da ihnen die Aushandlungsprozesse vor allem in der Landes-, Bundes- und Parteipolitik größtenteils unbekannt sind, erscheinen sie ihnen äußerst intransparent. Nicht nur «die Politik», auch «die Politiker» kommen in der Bewertung der Aktivisten selten besser weg. Sie werfen ihnen vor, den «einfachen Mann» nicht ernst zu nehmen und gleichzeitig die «harten Fakten» zu ignorieren. Politiker würden lediglich von «Wahl zu Wahl denken» und hätten jegliche «Bodenhaftung» verloren. Aber der maßgebliche Anklagepunkt lautet: Politiker würden über Dinge entscheiden, von denen sie keinerlei Ahnung haben.[49] Die Demonstranten gegen Windkraftanlagen und Stromtrassen erhoffen sich nicht von dem Sozialpolitiker oder dem Vorsitzenden des Finanzausschusses, dass er sich mit Durchleitungswiderständen, Masthöhen oder Durchmessern von Rotorblättern im Einzelnen auskennt. Jedoch erwarten sie zumindest von den entsprechenden Fachpolitikern, den Mitgliedern des Umweltausschusses oder den Experten der Energiepolitik, dass sie fachlich kompetent sind, sich «umfassend» und nicht «einseitig» zu informieren. Denn nur wenn die Politiker über unabhängig erworbene Sachkenntnis verfügen, so die Argumentation der Befragten, geraten sie nicht in die Gefahr, von Wirtschafts- und Interessengruppen vereinnahmt zu werden.

Die Aktiven fühlen sich einerseits durch die gewählten Vertreter nicht ausreichend repräsentiert, trauen ihnen wenig bis gar nichts zu. Andererseits begreifen sie sie als Adressaten für ihr Anliegen – eben weil den Politikern der technische Sachverstand fehle, müssten sie diese informieren. Weil die Politiker ihren Entscheidungen nicht die Frage zugrunde legten, was «gut für das Land und für den Menschen ist», müsse man ihnen «Druck» machen. Man kann dies als Indiz deuten, dass die von uns Befragten nicht grundsätzlich gegen «das System» sind, sondern eine Veränderung innerhalb der bestehenden Regeln und Aushandlungsprozesse erreichen wollen. Es sei nicht das Ordnungsprinzip an sich, sondern das politische Personal, das versagt. Dies sei aber nicht immer so gewesen. Politiker, die als «Macher» erinnert werden, die gegen zahlreiche Widerstände etwas «durchgesetzt» und «bewegt» hätten – wie beispielsweise Willy Brandt –, werden als Heroen gefeiert und verehrt. Was ihnen bei der Bewertung jener Politiker völlig entgeht: Auch Brandt war an Koalitionszwänge und Parteibeschlüsse gebunden. Es gibt jedoch wenige Dinge, die die parteilosen Aktivisten als größeres Übel empfinden als die Transmissionsriemen der Politik. Sie sind abgestoßen vom «Parteiengezänk», denn es müsse doch einzig «um die Sache» gehen. Sie vermissen eine «klare Richtung» der Parteien und befürchten gleichzeitig, dass dort ideologisch gesteuerte Willensbildung oktroyiert wird. All das lässt sie zurückschrecken und besonders auf lokaler Ebene deutlich auf Distanz zu den Parteien gehen. Sie betonen ihre «parteiübergreifende Unabhängigkeit» und sind der Ansicht, dass gerade dies ihnen Sympathie bei der «schweigenden Mehrheit» einbringe. Einfluss von Parteien bedeutet in ihren Augen «Vereinnahmung»; vor den Karren spannen lassen wollen sie sich aber nicht. Sie missbilligen, dass die «Partei im Vordergrund steht anstatt das Objekt, um das es geht». Ohnehin könne man sich von «Mensch zu Mensch» verständigen, dafür brauche man die Parteien nicht: «Das will ich ja jetzt alles nicht als negativ beschreiben, aber für mich ist in dieser Gesellschaft keine Demokratie möglich, dieses Parteiensystem … müsste abgeschafft werden.»

Die Befragten wenden sich – trotz aller Dämonisierung und Diabolisierung – der Politik zu, sehen diese in der Pflicht, aber sind auch von jener enttäuscht. Es ist nicht so sehr der Lobbyist, das Unternehmen oder die Wirtschaft, die am stärksten im Feuer ihrer Kritik stehen. Den «Raubtierkapitalismus», der Gesellschaft und Politik durchwirkt habe, heißen sie zwar keineswegs gut, doch sei nicht der Markt, sondern der Staat schuld daran. Unzureichende Vorschriften vonseiten der Politik hegten die Profitgier der Firmen nicht ordnungsgemäß ein, unfähige und egoistische Politiker verhinderten einen gesamtgesellschaftlichen Diskurs jenseits der lokalen Problematiken, defizitäre Aushandlungsmöglichkeiten wehrten jegliche Beteiligungsansprüche der Betroffenen und Diskussionsfähigen ab. Dass die Unternehmen diese Handlungsspielräume lediglich ausnutzten, ist für sie letztlich nur folgerichtig. Schließlich wollten sie Umsatz machen: «Vattenfall ist kein Feind. Vattenfall ist ein Energieversorger, Vattenfall will Geld verdienen. Das haben die Energieversorger so an sich, dass sie Geld verdienen wollen … Das ist so gewachsen, das ist eben der Fehler, und man kann nicht verstehen, dass die Politik die Energiewende nicht ernst nimmt, das kann man nicht verstehen. Wenn man eine Wende möchte, dann muss man die auch ernsthaft betreiben … Das sind alles Fragen, die politisch nicht gelöst werden.» Und: «Ich sehe es so: Die Firma TenneT ist sicher die, die Geld verdienen will. Die haben einen Auftrag, den zieht (TenneT) durch und sagt: ‹O. k., nach fünf Jahren habe ich mein Geld in der Tasche und verdiene dann irgendwie damit meine Kohle.› Also, sicher haben (die) auch ihre Lobby(vertreter) in Berlin, die dann irgendwie gucken, dass man so etwas auch einigermaßen in ihrem Sinne hinkriegt. So, das sind die einen. Auf der anderen Seite sind es die Politiker, und die Politiker haben die Entscheidung, die können die Entscheidung treffen, wie wollen wir die Zukunft hier in Deutschland haben, wie soll das denn aussehen, wollen wir alles zupflastern oder wollen wir doch irgendwie auf die Natur und (die) Menschen Rücksicht nehmen. Ich mache das jetzt wirklich so ein bisschen polarisierend, und ich sehe einfach, der Ansprechpartner ist die Politik, die müssen die Gesetze so schaffen, dass wir das Ding in die Erde kriegen …»

Es fällt auf, dass in den Interviews und Fokusgruppen jenseits der Lobbyismus-Problematik kein anderes ökonomisches Thema Erwähnung findet. Auch die Finanz- und Wirtschaftskrise wird nicht erwähnt. Sicher haben wir diese Thematik nicht explizit abgefragt, jedoch ist bei deren enormer medialer Präsenz eine völlige Ausblendung durch die Befragten überraschend. Eine Ausnahme bildet die Feststellung, dass wir «die ganze Problematik mit der Schuldenkrise und dem Fiskalpakt und was da alles so rumläuft und kreucht (nicht brauchen), also alles für mich hohles Geschwätz ist. Der Bürger wird verdummt und letztendlich mit dieser ganzen Dekadenz und dieser ganzen Überheblichkeit gegenüber den urengsten Dingen, die wir als Menschen gebrauchen und benötigen, übergangen.»

Man kann über diese Ignoranz der wirtschaftspolitischen Belange nur spekulieren. Unsere Befragten sind, wie gezeigt, finanziell relativ gut ausgestattet, verfügen insofern womöglich über gesicherte Stellen, vielleicht gar als Beamte, und sind somit von den Schwankungen auf dem Finanzmarkt kaum betroffen. Es könnte ebenso eine Rolle spielen, dass knapp ein Drittel der Interviewten nicht auf dem Arbeitsmarkt integriert ist und somit von den unmittelbaren Auswirkungen der Wirtschafts- und Konjunkturkrise verschont geblieben ist. Auf der anderen Seite sind ihnen die jüngsten konjunkturellen Schwankungen womöglich auch deshalb unwichtig, weil sie – ohnehin in eher wirtschaftsschwachen Regionen wie den ostdeutschen Bundesländern beheimatet – seit beinahe zwanzig Jahren von einer strukturellen Krise betroffen sind und sich somit für sie die jüngsten Entwicklungen seit 2008 gar nicht besonders manifestieren. Allerdings ist nicht nur die Finanzkrise erstaunlich abwesend als Gesprächsinhalt, bundespolitische oder internationale Vorgänge sind für unsere Interviewpartner ebenso völlig irrelevant – finden zumindest in ihren Erzählungen keinen Platz.

Planen, rechnen, kalkulieren: Der objektive Experte als idealer Entscheider

«Der Demokratie muss man einen Rahmen geben, und dafür braucht man Utopien.» Nun fiel es den Aktivisten zwar schwer, auf unsere Fragen nach einer idealen Gesellschaft spontan zu antworten, dennoch verfügen sie über Bilder, Vorstellungen und Ideen davon, wie Aushandlungs- und Entscheidungsprozesse innerhalb einer «echten» demokratischen Gesellschaft ablaufen sollten. Das Ideal der umfassenden und sachgerechten Planung ist eine solche Vision, die häufig von unseren Gesprächspartnern formuliert wurde. Sie glauben an die Möglichkeiten der Planbarkeit, an unideologische Sachlichkeit und reine Objektivität. Eine gelungene Planung ist in ihren Augen erfüllt, wenn «alle Fakten auf dem Tisch liegen», der Einfluss der Lobbyisten negiert, die Transparenz gesichert ist und schließlich der «gesunde Menschenverstand» frei regieren kann. Für sie ist Planung, wie es bereits der Soziologe Helmut Schelsky auf dem bundesrepublikanischen Höhepunkt der politischen Planungseuphorie in den sechziger Jahren[50] formulierte, eine Methode der Zukunftsbewältigung.[51] Denn liegen alle Dinge offen, können diese in eine Lösungsfindung einbezogen und gegeneinander abgewogen werden. Der Planungsenthusiasmus gipfelt bei einigen Befragten schließlich in der Vorstellung, dass es einen souveränen Rat geben müsse, der nach objektiver Sachlage die Dinge für Entscheidungen vorbereitet und sie dann den Bürgern vorlegt. «Es muss auch weise Menschen geben … die unabhängig sind, Menschen, die über Erfahrungen verfügen, ich sag mal, wie das in der Situation im normalen Leben ist, dass man einen Entwurf von einer Idee macht und letztendlich darüber auch halbwegs abstimmt, ja?» Unkenntnis, Uneindeutigkeiten oder Unsicherheiten kommen in diesem pathetisch beschworenen Planungsbild nicht vor.

Der längst eingekellert geglaubte Planungsbegriff[52] feiert also eine Renaissance. Der Verdacht liegt nahe, dass dies im Zusammenhang mit dem technisch-naturwissenschaftlichen Hintergrund der Befragten steht. Mitte des 19. Jahrhunderts etablierten erstmals Ingenieure, Ärzte und technische Fachleute eine neuartige Expertenkultur. Sie waren leistungsorientiert, rational, unpolitisch und vor allem in der Lage, ein Problem zu erkennen, zu analysieren und zu lösen.[53] Glaubt man den Untersuchungen über das Gesellschaftsbild des Ingenieurs, hat sich diese Vorstellung bis heute erhalten und mit einem gewissen Gestaltungsanspruch verknüpft: Eben weil sie sachorientiert, objektiv und von jeglichen politischen Interessen enthoben sind, gleichzeitig über das Wissen und die Methode zur Problemlösung verfügen, sollte ihnen die Möglichkeit für Beteiligung bereitgestellt werden – auch und vor allem weil wir in einer Leistungsgesellschaft leben, in der gerade Können und Ergebnisorientierung zähle statt ideologische und parteipolitische Orientierung.[54] Aufgrund ihres beruflichen Selbstverständnisses und der damit verbundenen Logiken sehen sie sich selbst als die Experten, die durch Pläne, Kalkulationen und Vorausberechnungen die Komplexität reduzieren und somit die Zukunft beherrschbar machen.[55] Ein ähnliches Selbstverständnis lässt sich auch bei unseren Interviewpartnern identifizieren. Deren Argumente sollten nicht einfach ignoriert und weggewischt, sondern im Entscheidungsprozess durch den Politiker Geltung verschafft werden. Der zum Experten transformierte Bürger kann folglich nur enttäuscht werden, wenn seine Begründungen nicht oder kaum Berücksichtigung finden.

Die Aporien, die einer solchen umfassenden Planung inhärent sein können, sehen die Befragten nicht. Sie glauben an die Allmacht der Fakten und können sich nicht vorstellen, dass ihnen Tatsachen und Argumente entgangen sein könnten. Sie sind überzeugt, dass sämtliche Möglichkeiten, Neben- und Fernwirkungen einkalkulierbar und gegeneinander abwägbar sind. Sie erkennen nicht, dass Umweltbedingungen und Informationsüberflutungen zu komplex sein können, als dass sie in einem Planungsprozess reduzierbar wären. Eben weil die von uns Befragten im Grunde Technokraten sind, auf eine «Herrschaft der Sachgesetzlichkeiten und ihre technischen Imperative»[56] setzen, spielen Politik und Politiker in ihrer Gedankenwelt eine untergeordnete Rolle. Gerade wenn es darum geht, die bestmögliche Lösung zu finden, ist der Gedanke, dass man die Politik hierfür doch gar nicht braucht, nur allzu verführerisch – dieser Logik zufolge.[57]

Mit anderem Personal wäre diese «Nutzlosigkeit» der Politiker weniger virulent. Wären die Volksvertreter von einem anderen «Kaliber» und würden «mal wieder die Macht ergreifen und vorangehen», Dinge «kompromisslos durchziehen» und die Lobbyisten aus der Arena drängen, würden die Aktivisten ihnen auch eine prominentere Funktion zuschreiben. Die Politiker müssten dann allerdings, so die Erwartungshaltung, «alle gemeinsam an einem Strang ziehen», Regierung und Opposition zusammenarbeiten. Nur dann wären sie in der Lage, «klipp und klare» Gesetze zu schaffen, um die Lobbyisten einzuhegen. Denn in der Unzulänglichkeit und Missachtung der Gesetze sowie der Nichtahndung bei Übertretung sehen sie ein zentrales Problem. Wären hier die Dinge eindeutiger und undurchlässiger, gäbe es keine Stromtrasse in unmittelbarer Siedlungsnähe, würden keine Windkraftanlagen und Sonnenkollektoren in Naturschutzgebieten gebaut werden, darin sind sich die Befragten sicher.

Doch ganz so homogen fallen ihre Vorschläge für eine bessere Gestaltung des Lebens zwischen Markt und Staat dann doch nicht aus. Eben weil einigen Engagierten die Tatsache bewusst ist, dass es im Zuge des Umbaus des Energiesystems auch um Verteilungs- und Ressourcenkämpfe geht, sind sie von den Politikern enttäuscht, die sich vor den von Industrie und Technokratie oktroyierten Sachgesetzlichkeiten ducken. Man wünscht sich hingegen politisches Personal, das seine Entscheidungen auf Basis gesamtgesellschaftlicher Werte und sozialer Kriterien trifft, diese jedoch gleichfalls diskutiert, erklärt und begründet.

Denken die Engagierten demzufolge an ein besseres Morgen, hoffen sie auf zielgerichtete Planung, starke Gesetze und kompetente Politiker. Aber es geht ihnen nicht darum, eine neue und bessere Welt zu bauen, sondern die grundsätzlichen demokratischen Institutionen und die liebgewonnene Heimat zu verteidigen und zu erhalten. Wenn man so will, geht es eher um «Nachhaltigkeitssorgen» statt um «Fortschrittsideen».[58] Sie artikulieren keine Erwartungsüberschüsse an die Zukunft, sondern sagen selbst von sich, dass sie keine «Spinner» oder «Idealisten» sind und Visionen ohnehin nur etwas für Fanatiker wie Osama bin Laden seien. Vielleicht ist diese Utopielosigkeit ein Grund für ihr relativ gemäßigtes Auftreten. Denn sie sind besonnen statt radikal, in der Mehrzahl eher rational statt idealistisch und suchen Anknüpfungs- und Durchsetzungspunkte innerhalb statt außerhalb der bestehenden Strukturen. Die fehlenden utopischen Vorstellungen der von uns Befragten enthüllen gleichzeitig, dass man eigentlich verhältnismäßig zufrieden ist mit seiner Gegenwart und nicht destruktiv nörgelnd den Diskurs bestimmen möchte: «Wir leben in einer idealen Gesellschaft», in der jeder die Möglichkeit habe, sich einzubringen. Die gesellschaftlichen Verhältnisse seien in der jetzigen Form völlig in Ordnung, da einem der Raum gegeben werde, sich zu engagieren. Und weil sie eben mit dem Eingriff in ihre Natur durch das Pumpspeicherkraftwerk oder CCS nicht einverstanden sind, nehmen sie diese Möglichkeiten des Engagements wahr und stellen fest: «Ich finde unsere Gesellschaft toll.»

Verweise und Literatur

1 Vgl. Petra Schweizer: Ergebnisse aus dem Forschungsprojekt «Akzeptanz Erneuerbarer Energien und sozialwissenschaftliche Fragen», online unter: www-e.uni-magdeburg.de/upsy/akzeptanz/docs/ fachtagung/Fachtagung_Folien_1_web_1_upsy.pdf (eingesehen am 5. März 2012)

2 Renate Köcher: Schwierige Wende. In: *Frankfurter Allgemeine Zeitung*, 20. Juni 2012

3 Claudia Ehrenstein: Deutsche wollen Windparks, aber keine Strommasten. In: *Die Welt*, 28. August 2012. Da diese Zahlen auch dicht an die Ergebnisse des Instituts für Demoskopie Allensbach heranreichen (vgl. Köcher: Schwierige Wende), ist der Befund des Meinungsforschungsinstituts GMS Dr. Jung im Auftrag der Vereinigung der Bayerischen Wirtschaft (vbw) eher fragwürdig. GMS stellte fest, dass 51 Prozent der Befragten einen schnelleren Ausbau von Stromnetzen befürworten, auch wenn Oberleitungen dabei durch Wohngebiete und Landschaften führen würden. Vgl. Großer Rückhalt für Energiewende – Ausstieg aus der Atomkraft positiv bewertet, online unter: www.techfieber.de/green/2012/07/21/studie-groser-ruckhalt-fur-energiewende-ausstieg-aus-der-atomkraft-positiv-bewertet/ (eingesehen am 12. August 2012)

4 Vgl. auch Frank Brettschneider: Kommunikation und Meinungsbildung bei Großprojekten. In: Aus Politik und Zeitgeschichte. Heft 44–45/2011 S. 40–47, hier S. 40. In Ergänzung dazu van Aelst: Proteste bekämen immer in dem Moment Aufmerksamkeit, wenn sie mit dem Stigma der Unkonventionalität belegt werden. Vgl. Peter von Aelst: Who is that (wo)man in the street? From the normalisation of protest to the normalisation of the protester. In: European Journal of Political Research. Jg. 39 (2001), S. 461–486, hier S. 462

5 Vgl. zu diesem Effekt auch Joachim Raschke: Soziale Bewegungen. Ein historisch-systematischer Grundriß. Frankfurt am Main 1985, S. 344

6 Und obwohl in Umfragen oftmals ein nicht unerheblicher Teil der Befragten angibt, sich an der Planung von Bauvorhaben in ihrer Region zu beteiligen beziehungsweise gegen Projekte zu demonstrieren, ist die tatsächliche Zahl von Menschen, die sich engagieren, einbringen und protestieren, doch deutlich geringer. So fand eine Studie der Bertelsmann Stiftung 2011 heraus, dass immerhin 52 Prozent bei Projekten gern mitentscheiden würden und immerhin 47 Prozent schon einmal protestiert haben beziehungsweise sie sich vorstellen könnten zu demonstrieren. Diese Zahlen spiegeln jedoch keinesfalls die Organisationsrealität in den von uns untersuchten Protestgruppen wider. Vgl. Bertelsmann Stiftung: Bundesbürger möchten sich politisch beteiligen, vor allem aber mitentscheiden, online unter: www.bertelsmann-

stiftung.de/cps/rde/xbcr/SID-34FBEE67-F487B8FE/bst/xcms_bst_dms_34119_34120_2.pdf (eingesehen am 2. März 2012)

7 Vgl. Franz Alt u. a.: Windiger Protest. Konflikte um das Zukunftspotenzial der Windkraft. Bochum 1998, S. 23

8 Vgl. Ehrenstein: Deutsche wollen Windparks

9 Vgl. Köcher: Schwierige Wende

10 Zu einem ähnlichen Ergebnis kommen auch Inga Beinke u. a.: Policy Brief (Stiftung Neue Verantwortung). Deutschland Energiewende – Demokratie kollaborativ gestalten. Heft 4/2012), S. 6

11 Vgl. http://alternative-energiequellen.info/alternative_db/wordpress/blog/news/grundung-des-vereins-%E2%80%9Ebundesverband-burgerinitiativen-tiefe-geothermie% E2%80%9C-vollzogen/5699 (eingesehen am 26. September 2012)

12 Statistisches Bundesamt, online unter: www.destatis.de/DE/ZahlenFakten/GesellschaftStaat/BildungForschungKultur/Bildungsstand/Tabellen/Bildungsabschluss.html (eingesehen am 21. September 2012)

13 Gegner von «Energiewendeprojekten» sind nicht mehrheitlich unwissender und ungebildeter, wie es einige Studien nahezulegen scheinen. Vgl. Clemens Cremer u. a.: Sozioökonomische Begleitforschung zur gesellschaftlichen Akzeptanz von Carbon Capture and Storage (CCS) auf nationaler und internationaler Ebene. Wuppertal 2008, S. 65: «Hinsichtlich des Einflusses des Bildungsniveaus stellen die Autoren fest, dass die Windkraft bei Befragten mit höheren Bildungsabschlüssen auf deutlich mehr Akzeptanz stoße als bei Befragten mit niedrigen Bildungsabschlüssen.»

14 Dirk Kurbjuweit: Der Wutbürger. In: *Der Spiegel*, 41/2010

15 Vgl. Dieter Rucht: Massen mobilisieren. In: Aus Politik und Zeitgeschichte. Heft 25–26/2012 S. 3–9, hier S. 4

16 Schon die Teilnehmer der Leipziger Montagsdemonstrationen hatten Wert darauf gelegt, dass sie nicht die «Rowdys» seien. Vgl. Bernd Jürgen Warneken: «Die Straße ist die Tribüne des Volkes». Ein Vorwort. Aus: Ders. (Hg.): Massenmedium Straße. Zur Kulturgeschichte der Demonstration. Frankfurt am Main 1991, S. 7–16, hier S. 8

17 Vgl. Bundesministerium für Familie, Senioren, Frauen und Jugend (Hg.): Hauptbericht des Freiwilligensurveys 2009. Zivilgesellschaft, soziales Kapital und freiwilliges Engagement in Deutschland 1999 – 2004 – 2009. München 2010, S. 127–147

18 Vgl. Donatella della Porta u. a.: Voices of the Valley, Voices of the Straits. How Protest Creates Communities. New York 2008, S. 110

19 Vgl. Cremer: Sozioökonomische Begleitforschung, S. 8

20 Zu ähnlichen Erkenntnissen bezüglich Spaß als Motor für freiwillige Tätigkeiten kommt auch regelmäßig der Freiwilligensurvey, S. 133 f.

21 Vgl. zur Bedeutung der subjektbezogenen Sinnorientierung freiwilligen Engagements älterer Menschen: Thomas Olk: Modernisierung des Engagements im Alter. Vom Ehrenamt zum bürgerschaftlichen Engagement. In: Institut für soziale Infrastruktur (Hg.): Grundsatzthemen der Freiwilligenarbeit. Theorie und Praxis des sozialen Engagements und seine Bedeutung für ältere Menschen. Praxisbeiträge zum bürgerschaftlichen Engagement im Dritten Lebensalter. Bd. 13. Marburg 2002, S. 25–48, hier S. 42 f.

22 Porta: Voices of the Valley, S. 2

23 Vgl. Kate Burningham: Using the Language of NIMBY. A topic for research, not an activity for researches. In: Lokal Environment. Jg. 5 (2011). Heft 1, S. 55–67. Auch: Laura Naegler u. a.: Urbanität und Protest. Neue Herausforderungen der Stadt- und Bewegungsforschung. In: Forschungsjournal Soziale Bewegungen. Jg. 25 (2012). Heft 3, S. 121–126, hier S. 126

24 Katie McClymont u. a.: «We're not NIMBYs!» Contrasting local protest groups with idealized conceptions of sustainable communities. In: Local Environment. Jg. 13 (2008). Heft 4, S. 321–335, hier S. 322

25 Behauptet von Ulf Matthiesen: NIMBY und LULU am Stadtrand. Bürgergesellschaftliche Streitformen um lokale Raumnutzungen und Raumkodierungen im engeren Verflechtungsraum. In: Ders. (Hg.): An den Rändern der deutschen Hauptstadt. Suburbanisierungsprozesse. Milieubildungen und biographische Muster in der Metropolregion Berlin-Brandenburg. Opladen 2002, S. 173–185, hier S. 177

26 Peter Schüll: Motive Ehrenamtlicher. Eine soziologische Studie zum freiwilligen Engagement in ausgewählten Ehrenamtsbereichen. Berlin 2004, S. 101

27 Vgl. exempl. auch Wolfgang Merkel u. a.: Partizipation und Inklusion. Ein Report der Friedrich-Ebert-Stiftung, online unter: www.wzb.eu/sites/default/ files/zkd/dsl/ partizipation_und_inklusion.pdf (eingesehen am 19. September 2012). Auch: Johanna Klatt u. a.: Entbehrliche der Bürgergesellschaft? Sozial Benachteiligte und Engagement. Bielefeld 2011

28 Vgl. McClymont: «We're not NIMBYs!», S. 322

29 Vgl. William A. Fischel: Why are there Nimbys? In: Land Economics. Jg. 77 (2001). Heft 1, S. 177–192, hier S. 180

30 Vgl. die Differenzierung nach Erich Fromm: Die Kunst des Liebens. München 2010, S. 138

31 Patrick Devine-Wright: From Backyards to Places. Public Engagement and the Emplacement of Renewable Energy Technologies. In: Ders. (Hg.): Renewable Energy and the Public. From NIMBY to Participation. London 2011, S. 56–70, hier S. 64

32 Vgl. Catherine Andras: Heimat der Heimatlosen. In: Konkursbuch. Heimat. Heft 49/2010, S. 72–78

33 Vgl. exempl. Joachim Klose u. a.: Heimat heute. Reflexionen und Perspektiven. Dresden 2012

34 Beate Mitzscherlich: Heimat ist etwas, was ich mache. Eine psychologische Untersuchung zum individuellen Prozess von Beheimatung. München 2007, S. 74 u. S. 75–78

35 Vgl. auch Rosa Lori Teubner-Guerra: Heimatkonzepte und ihre Beziehung zum Individualismus/Kollektivismus. Ein Beitrag zur soziokulturellen Erweiterung der Bindungstheorie. Jena 2008 (Diss.), S. 63, online unter: www.db-thueringen.de/servlets/DerivateServlet/Derivate-14403/Teubner-Guerra/ Dissertation.pdf (eingesehen am 23. August 2012)

36 Vgl. Teubner-Guerra: Heimatkonzepte, S. 86

37 Vgl. Christiane Dienel: Chancen des demographischen Wandels. In: Forschungsjournal Neue soziale Bewegung. Jg. 23 (2010). Heft 3, S. 88–93, hier S. 90 f.

38 Vgl. Joachim Radkau: Die Ära der Ökologie. Eine Weltgeschichte. München 2011, S. 16–18

39 Zu ähnlichen Befunden kommt auch Cremer: Sozioökonomische Begleitforschung, S. 14. Erdverkabelung werde – obwohl Belastungen durch Bodenerwärmung und teilweise unterirdische Betonierung u. Ä. auftreten – als deutlich weniger invasiv wahrgenommen als überirdische Kabel und Masten. Wir können an dieser Stelle den Untersuchungen von Götz Walter eher weniger folgen, der Anwohner von EE-Kraftwerksprojekten in diejenigen mit einem «zweckorientierten Naturverständnis» und mit einem «romantischen Naturverständnis» einteilt. Auch mit dieser Zweiteilung erliegt man der Illusion der Nim-

by-Effekte und ignoriert den Willen zur politischen Gestaltung und die sich möglicherweise daraus ergebenden Effekte für eine Zivilgesellschaft bei den Betroffenen. Vgl. Götz Walter: Erneuerbare-Energie-Kraftwerksprojekte. Dimensionen von Akzeptanz und Opposition, online unter: www.advisoryhouse.com/UserData/Publication_00651_00.pdf (eingesehen am 24. Juli 2012)

40 Vgl. Andrea Bastian: Der Heimat-Begriff. Eine begriffsgeschichtliche Untersuchung in verschiedenen Funktionsbereichen der deutschen Sprache. Tübingen 1995, S. 36

41 Vgl. Horst W. Opaschowski: Einführung in die Freizeitwissenschaft. Wiesbaden 2006, S. 279

42 Vgl. ähnliche Hinweise auch im Heimatkonzept von Teubner-Guerra: Heimatkonzepte, S. 72

43 Ein ähnlicher Hinweis findet sich bei den Studien von Robert W. Lake: Volunteers, Nimbys and environmental justice: Dilemmas of democratic practice. In: Antipode. Jg. 28 (1997). Heft 2, S. 160–174

44 Vgl. Klaus Schönberger u. a.: Kommt herunter, reiht euch ein … Zur Form des Protesthandelns sozialer Bewegungen. In: Dies. (Hg.): Kommt herunter, reiht euch ein … Eine kleine Geschichte der Protestformen sozialer Bewegungen. Berlin 2009, S. 7–29, hier S. 20

45 Vgl. Dieter Rucht: Öffentlichkeit als Mobilisierungsfaktor für soziale Bewegungen. In: Friedhelm Neidhardt (Hg.): Öffentlichkeit, öffentliche Meinung, soziale Bewegungen. Kölner Zeitschrift für Soziologie und Sozialpsychologie. Sonderheft 42/2002. Opladen 1994, S. 337–358, hier S. 348

46 Joachim Raschke formulierte dazu passend: «Eine Bewegung, über die nicht berichtet wird, findet nicht statt.» Joachim Raschke: Soziale Bewegungen. Ein historisch-systematischer Grundriß. Frankfurt am Main 1985, S. 343

47 Vgl. Hartwig Heine u. a.: Naturwissenschaftler und Ingenieure in der Großchemie und öffentliche Industriekritik. Eine schwierige Kommunikation. In: Joseph Huber u. a. (Hg.): Wissenschaftskontroversen und soziokulturelle Konflikte. Berlin 1993, S. 144–156, hier S. 146

48 Zur intern bestätigenden und stabilisierenden Wirkung von Demonstrationen vgl. Schönberger u. a.: Kommt herunter, reiht euch ein, S. 20

49 Zu ähnlichen Ergebnissen bezüglich der Wissenslücken im Umweltwissen von lokalen Politikern kommt auch: Conrad Kunze: Soziologie

der Energiewende. Erneuerbare Energien und die Transition des ländlichen Raumes. Stuttgart 2012, S. 141

50 Vgl. allgemein zur Planungseuphorie Gabriele Metzler: Demokratisierung durch Experten? Aspekte politischer Planung in der Bundesrepublik. In: Heinz-Gerhard Haupt u.a. (Hg.): Aufbruch in die Zukunft. Die 1960er Jahre zwischen Planungseuphorie und kulturellem Wandel. DDR, ČSSR und Bundesrepublik Deutschland im Vergleich. Weilerswist 2004, S. 267–287

51 Helmut Schelsky: Planung der Zukunft. Die rationale Utopie und die Ideologie der Rationalität. In: Soziale Welt. Jg. 17 (1966). Heft 2, S. 155–172, hier S. 160

52 Zum Ende der Planungseuphorie nach den sechziger Jahren vgl. Michael Rück: Ein kurzer Sommer der konkreten Utopie. Zur westdeutschen Planungsgeschichte der langen 1960er Jahre. In: Axel Schildt (Hg.): Dynamische Zeiten. Die 60er Jahre in beiden deutschen Gesellschaften. Hamburg 2000, S. 362–401; Gabriele Metzler: «Geborgenheit im gesicherten Fortschritt. Das Jahrzehnt von Planbarkeit und Machbarkeit. In: Matthias Frese u.a. (Hg.): Demokratisierung und gesellschaftlicher Aufbruch. Die sechziger Jahre als Wendezeit der Bundesrepublik. Paderborn 2003, S. 777–797

53 Thomas Etzemüller: Die Romantik des Reißbretts. Social engineering und demokratische Volksgemeinschaften in Schweden. Das Beispiel Alva und Gunnar Myrdal (1930–1960). In: Geschichte und Gesellschaft. Jg. 32 (2006), S. 445–466, hier S. 448

54 Vgl. Gerd Hortleder: Das Gesellschaftsbild des Ingenieurs. Zum politischen Verhalten der Technischen Intelligenz in Deutschland. Frankfurt am Main 1970, S. 103 u. S. 153

55 Vgl. auch Hartwig Heinze u.a.: Öffnung der Wagenburg? Antworten von Chemiemanagern auf ökologische Kritik. Berlin 1995, S. 210

56 Hermann Lübbe: Technokratie. Politische und wirtschaftliche Schicksale einer philosophischen Idee. In: WeltTrends (1998). Heft 18, S. 39–61, hier S. 40

57 Vgl. Daniel Speich: Technokratie und Geschichtlichkeit. Zum postkolonialen Entwicklungsdenken von Walt W. Rostow und Simon Kuznets. In: Preprints zur Kulturgeschichte der Technik. Heft 23/2008, online unter: www.tg.ethz.ch/dokumente/pdf_Preprints/Preprint23.pdf (eingesehen am 24. Mai 2012)

58 Vgl. Claus Offe: Nach dem «Ende der Utopie». Die Zivilgesellschaft als Fortschrittsidee? Metamorphosen des utopischen Denkens. In: Jörn Rüsen u. a. (Hg.): Die Unruhe der Kultur. Potenziale des Utopischen. Weilerswist 2004, S. 27–37, hier S. 34 f.

«Und jetzt versuchen sie durchzusetzen, was sie sich schon achtundsechzig vorgenommen haben»

Proteste im Bereich der Bildungspolitik

Jöran Klatt / Frauke Schulz

Das hatte es so tatsächlich noch nicht gegeben: Per Volksentscheid kippten Bürger eine geplante Schulreform der Bürgerschaft, wie das Landesparlament in Hamburg heißt. Der schwarz-grüne Senat hatte, unterstützt von SPD und LINKE, unter anderem vorgehabt, die Grundschulzeit in der Hansestadt von vier auf sechs Jahre zu verlängern; Grundschulen sollten fortan Primarschulen heißen. Doch Bürger erhoben Einspruch, organisierten erst sich und dann den Widerstand, führten die Abstimmung vom Juli 2010 herbei und gewannen letztlich den Volksentscheid gegen die ebenfalls organisierten Befürworter eines längeren gemeinsamen Lernens. Der Entscheid fand deutschlandweit große Beachtung, auch seine Konsequenzen: Eine halbe Stunde vor Schließung der Wahllokale gab Hamburgs CDU-Regierungschef Ole von Beust seinen Rücktritt bekannt. Vier Monate später zerbrach das schwarz-grüne Bündnis. Neuwahlen mit Regierungswechsel folgten. Der Volksentscheid über eine bildungspolitische Maßnahme hat die Bevölkerung polarisiert und das Gesicht des politischen Hamburgs erheblich verändert. Heute ist die Auseinandersetzung vorbei. Nichtsdestotrotz zeigen sich die Nachwirkungen des Reformvorhabens auch noch zwei Jahre danach. Bildungspolitik ist – nicht nur in Hamburg – nach wie vor ein emotional diskutiertes Thema.

Dabei sind hart geführte Debatten um das Schulsystem keineswegs neu. Bereits Ende der sechziger Jahre, nachdem der Pädagoge Georg Picht auf die «deutsche Bildungskatastrophe»[1] aufmerksam gemacht hatte, versuchte man, nicht nur die «schichttypischen Chancenungleichheiten» im Bildungssystem auszugleichen, die sich in der «statistischen Kunstfigur der ‹katholischen Arbeitertochter vom Lande›» manifestierten. Auch wollte man einem vermeintlich bevorstehenden Mangel an Facharbeitskräften und den damit einhergehenden Schäden für die Wirtschaft zuvorkommen.[2] Erprobt wurden Alternativen zum bestehenden Schulsystem, wie beispielsweise die Gesamtschule, und erstmals wurde das dreigliedrige Schulsystem in Frage gestellt. Zuletzt wurde das «richtige» Schulsystem seit dem sogenannten PISA-Schock wieder kontrovers diskutiert. In der Vergleichsstudie von 2000 befand sich Deutschland nicht unter den Spitzenplätzen, erbrachte Messwerte, die im Vergleich signifikant unter dem OECD-Mittelwert (Organisation für wirtschaftliche Zusammenarbeit und Entwicklung) lagen. Ähnlich wie in den sechziger Jahren versuchte die Politik nach PISA mit unterschiedlichsten Konzepten und Ideen auf das relativ schlechte Abschneiden Deutschlands zu reagieren. Diverse Modelle standen seitdem zur Debatte und wurden mitunter bereits erprobt: eine Verkürzung der Gymnasialzeit und das Abitur nach Klasse 12 (G8), eine stufenweise Abschaffung der Hauptschule, ein konsequenter Ausbau der Ganztagsbeschulung sowie verschiedene Ansätze zur – teilweise verpflichtenden – Gesamtschule. Als Folge der Reformen verfestigte sich eine leidenschaftlich geführte wissenschaftliche und auch politische Kontroverse.

Bildungspolitik wird – wenig überraschend – vor allem vonseiten der Eltern eine besondere Bedeutung zugeschrieben: Bei Landtagswahlen ist sie in der Regel mit wahlentscheidend, gilt Bildung doch vielen als Schutz vor sozialem Abstieg.[3] In einer Studie der Konrad-Adenauer-Stiftung (KAS) gaben 75 Prozent der Befragten an, dass sie den Schulabschluss ihrer Kinder für «sehr wichtig» erachten, dagegen hielten ihn nur zwei Prozent für «weniger wichtig» und gerade einmal ein Prozent für «nicht wichtig».[4] Zudem ist eine Verschiebung der Schüleranteile auf den jeweiligen Schulformen zu beobachten: Gingen 1952 noch lediglich 13 Prozent der Kinder auf das Gymnasium, so besuchten 2002 bereits 33 Prozent der Schüler diese Schulform. Hinzugekommen sind seitdem integrierende Schulmodelle wie die integrierte Gesamtschule (einschließlich integrierte Haupt- und Realschulen), die kooperative Gesamtschule und freie Schulmodelle wie die Waldorfschule – diese Schulen wurden 2002 zusammengenommen von 19 Prozent aller Schüler besucht. Eine ähnliche Entwicklung ist bei den Realschulen zu verzeichnen: 1952 gingen nur sechs Prozent aller Schüler auf eine Realschule, 2002 waren es 25 Prozent. Am deutlichsten zeigt sich die Bildungsexpansion jedoch in der enormen Abwertung des gesellschaftlichen Stellenwerts eines Hauptschulabschlusses. 1952 war die Hauptschule die quantitativ am weitesten verbreitete Schulform, mit 79 Prozent der Schüler nahm die überwiegende Mehrheit der Bevölkerung diese Schulform wahr.

Im Mittelpunkt stehen hier zwei Protestinitiativen, die beiden gegenüberstehenden Lager des eingangs erwähnten Konflikts um die Einführung der Primarschule in Hamburg von 2008 bis 2010. In Gegnerschaft zu der geplanten Schulreform formierte sich das Bündnis «Wir wollen lernen» (WWL). Aufseiten der Befürworter entstand die Initiative «Die Schulverbesserer». Mit Vertretern beider Seiten wurden für diese Studie intensive Gespräche geführt. Das Vorhaben Primarschule steht in Hamburg seit 2010 nicht mehr zur Debatte. Beide Aktivistengruppen haben ihr primäres Wirkungsfeld verloren, sind insofern abgeschlossene Protestinitiativen. Während des Konflikts jedoch hatte man seinerzeit von einem «Schulkrieg»[5] gesprochen: Beiden Seiten ging es kaum allein um das eigentlich Neue der Reform, nämlich um ihre Kernfrage, ob die Klassenstufen fünf und sechs entweder getrennt in den weiterführenden Schulen besucht oder ob sie als verlängerte Grundschulzeit noch von allen Schülern gemeinsam absolviert werden. Tatsächlich griff die Auseinandersetzung viel weiter und reichte in die schwelende Debatte hinein, die derzeit die gesellschaftspolitische Agenda in puncto Bildung mitbestimmt: Gesamtschulen – ja oder nein? Unter den Reformbefürwortern waren zahlreiche Aktive, die sich seit langem in der Initiative «Eine Schule für alle» eingesetzt hatten. Die Gegner der Primarschule wiederum verstanden das neue Modell als Angriff auf das dreigliedrige Schulsystem insgesamt, wähnten das Gymnasium bedroht und gingen auch deshalb auf die Barrikaden.

Die zusätzliche Betrachtung bestehender beziehungsweise sich in Gründung befindender Initiativen verleiht den Protesten im Bildungsbereich eine aktuelle Dimension, die hier ergänzend als Kontrastfolie zu den Hamburger Ergebnissen Eingang findet. So ist etwa die «Volksinitiative für bessere Bedingungen in Kindertagesstätten» (kurz: Kita-Initiative) ein Zusammenschluss, der sich noch im Anfangsstadium seiner Existenz befindet. Die Kita-Initiative setzt sich für eine Neujustierung der Erzieher-Kind-Relation ein, also für eine bessere personelle Ausstattung der Kindertagesstätten. In einem ähnlich frühen Gründungsstadium befindet sich die Initiative «Keine Gemeinschaftsschule für Baden-Württemberg». Dieses Bündnis richtet sich gegen ein schulpolitisches Reformvorhaben der grün-roten Landesregierung. Zudem haben wir «Pro Realschule» beobachtet, ein bayrisches Bündnis, das sich für den (derzeit nicht bedrohten) Erhalt des dreigliedrigen Schulsystems in Bayern einsetzt und dabei die seiner Ansicht nach höhere Qualität bayrischer Realschulen betont.[6] Derartigen Initiativen ist gemein, dass ihre Forderungen beinhalten, am althergebrachten Konzept festzuhalten und gerade *keine* Veränderung anzustoßen. Diese konservativen

Aktionsbündnisse stellen in der bildungspolitischen Protestkultur aber eher eine Ausnahme dar. Typischerweise verbindet man beim Thema Bildung Schüler-, Studenten- und Gewerkschaftsproteste, die sich gegen Etatkürzungen oder gegen Studiengebühren richten.[7] Dieses Muster hat sich anscheinend jedoch verändert. Es stellt sich also die Frage, wer diese «neuen» Engagierten sind und was sie dazu bewogen hat, aktiv zu werden. Was treibt sie an, wofür oder wogegen setzen sie sich ein und welche Weltbilder stehen dahinter? In Abgrenzung dazu interessiert die Gegenseite des Konflikts: Wer engagiert sich für gemeinsames Lernen und in welchem Verhältnis stehen sich diese Antagonisten einander gegenüber?

Ein Lager, aber zwei Lebenswelten

Ins Auge fällt, dass der Konflikt um das «richtige» Schulsystem fast ausschließlich im bürgerlichen Lager ausgetragen wird. Sowohl die befragten Befürworter von Primar- und Gesamtschulen als auch ihre Gegner verfügen über eine überdurchschnittlich hohe Bildung, fast ausnahmslos sind es Hochschulabsolventen, die zudem über ein hohes Einkommen verfügen. Knapp die Hälfte der Befragten verfügt über ein monatliches Haushaltsnettoeinkommen von mehr als 3000 Euro. Auf beiden Seiten fanden sich unter den Befragten weder Angestellte, Arbeiter noch prekär Beschäftigte. Diejenigen, die sich in Bildungsfragen politisch engagieren, repräsentieren also überwiegend eine homogene soziale Schicht. Durch ihre gute Ausbildung und ihre gefestigte ökonomische Situation haben sie eine ähnlich komfortable Ausgangslage in der Gesellschaft.

Da hören die Ähnlichkeiten fürs Erste aber auch schon auf. Beide Konfliktparteien unterscheiden sich stark in ihren Lebenswelten. Betrachtet seien zunächst die Befürworter von

Primar- und Gesamtschulen. Aus den Berichten der Lebens- und Protestgeschichten der Befürworter von Primar- und Gesamtschulen wird deutlich, dass sie sich größtenteils schon in den achtziger Jahren dem alternativen Milieu zuordnen ließen.[8] Hierunter werden diejenigen gefasst, die sich zwar in den oberen sozialen Schichten befinden, sich jedoch jenseits einer materiellen Werteausrichtung und traditioneller Normen definieren. Sie orientieren sich stattdessen an sogenannten postmateriellen Werten wie Mitbestimmung, Selbstverwirklichung und Umweltschutz.[9]

Die Gesamtschulbefürworter zeichnen sich auch durch liberale Einstellungen, Multikulturalität und ein Gefühl der globalen Verantwortlichkeit aus.[10] Für sie ist Bildung «Ausgangsbasis für den späteren Berufserfolg»,[11] aber auch Grundlage einer emanzipatorischen Vervollständigung. Parteipolitisch werden diese Prämissen vor allem von den Grünen vertreten.

Auf der gegnerischen Seite offenbart sich dagegen ein anderes Bild der sozialen Milieuzugehörigkeit. Die Aktivisten, die sich gegen ein längeres gemeinsames Lernen einsetzten, standen dem alternativen beziehungsweise postmateriellen Milieu skeptisch gegenüber. Die allermeisten von ihnen hatten bereits als junge Erwachsene einen anderen Weg eingeschlagen als die Gesamtschulbefürworter: Sie hielten an den traditionellen Werten wie Besitz und Status fest. Sie gehörten daher nicht zur Kohorte ihrer Generation, die sich für eine Veränderung der gesellschaftlichen Verhältnisse einsetzte. Sie befassten sich im Privaten vor allem mit dem eigenen Bildungsweg, dem Beruf und der Familiengründung. Dementsprechend ordneten sie sich im Parteienspektrum zumeist dem christdemokratischen Lager zu.

Klar wird: Im bürgerlichen Lager treffen zwei vollkommen unterschiedliche Lebensstile und Denkweisen aufeinander, wenn es um bildungspolitische Grundhaltungen geht. Besonders bemerkenswert ist daran, dass im Rahmen des Primarschulkonflikts zwar immer betont wurde, dass es sich um eine reine Abwägung von Sachfragen handele. Doch schienen es Wertehaltung, Gesellschaftsbild und Demokratieverständnis – also zutiefst ideologische Glaubenssätze – zu sein, die beide Seiten in eine so unversöhnliche Kontroverse brachten.

Insbesondere die Gesamtschulgegner beziehen sich in ihrer Argumentationslinie häufig auf die Umstände, die ihre politische Situation als junge Erwachsene widerspiegeln. Die Themen «Achtundsechzig» und «DDR» werden auffallend häufig angeführt, um das eigene Demokratieverständnis und die Motivation für das Engagement zu begründen: «Und jetzt versuchen sie das durchzusetzen, was sie sich schon achtundsechzig vorgenommen haben. Ja, und das ist für mich ein Grund gewesen, bei WWL aktiv zu werden.»

Die DDR wird zur Herleitung eines dominanten demokratischen Grundwerts der Gesamtschulgegner genutzt: der Freiheit. Während seitens der Gesamtschulbefürworter der Begriff «Freiheit» nicht zentral behandelt wurde, stellte ihn die Mehrheit ihrer Gegner in den Mittelpunkt des Demokratieverständnisses: «Freiheit und besondere Meinungsfreiheit, denke ich, ist das Wesen der Demokratie und beschützenswert.» – «Wobei ich wirklich für mich sage: In der Demokratie ist das oberste Gebot die Freiheit.» Auch die Wahlfreiheit wird wiederholt als gewichtiger demokratischer Wert genannt. So skeptisch die Primar- und Gesamtschulgegner den Reformkonzepten inhaltlich gegenüberstanden – was sie maßgeblich daran störte, war die *Verpflichtung* dazu. Das Recht, selbst eine Entscheidung zu treffen, gilt für sie als Grundpfeiler der Demokratie: «Also, meine Stichworte sind Vielfalt und Wahlfreiheit. Also, ich möchte nicht von Ideologen beherrscht werden, und ich möchte nicht von einem Staat fremdbestimmt werden, sondern ich möchte mein Schicksal bestimmen, dass meine Familie die Möglichkeit hat, selbst zwischen Möglichkeiten und Optionen zu entscheiden. Also zum … Beispiel, wenn ich … ich bin ja Hausfrau … nicht als Heimchen am Herd diffamiert werden möchte, sondern ich hab meine Entscheidung getroffen als emanzipierte Frau, für ein bestimmtes Mehrfamilienmodell, und ich möchte diese Option haben, zwischen verschiedenen Wahlmodellen, Lebensmodellen, Schulmodellen, was auch immer, vielfältigen Modellen wählen zu können – mich selbst frei und kraft meiner eigenen Entscheidung wirklich entscheiden zu können.» Die DDR gilt in dieser Argumentation oft als Metapher für die Verwehrung und die Beschneidung von persönlicher Freiheit im Allgemeinen und Meinungs- und Wahlfreiheit im Speziellen: «Heute ist die Bedrohung natürlich nicht so wie in der Diktatur, wie in der DDR oder in der Nazizeit. Aber sie hat doch ähnliche Strukturen manchmal.»

Es zeigt sich, dass die Milieuzugehörigkeit sich bereits in der Wortwahl der Befragten niederschlägt. Denn die Gesamtschulbefürworter argumentieren, nach ihrem Demokratieverständnis befragt, statt mit Schlagworten wie «Freiheit» und «Selbstbestimmung» eher mit «Solidarität», «Teilhabe» oder «Miteinander»: «Für mich ist auch Demokratie: keine Ausgrenzung, Teilhabe am gesellschaftlichen Fortschritt, soziales Mitarbeiten oder ein Miteinander.» Während hier eine kollektive Gesellschaft und die Möglichkeit der Teilhabe für breite Bevölkerungsteile gefordert werden, wünschen sich die Gesamtschulgegner im demokratischen System zuallererst ein Anrecht auf persönliche Teilhabe. Ihre Vorstellung von konkreter Mitsprache wird so interpretiert, dass sie als Einzelne ein Recht auf unmittelbare Mitbestimmung haben: «Es reicht nicht mehr nur, seine Meinung zu sagen, zu vertreten, sondern man muss auch auf einem bestimmten demokratischen Weg versuchen, tatsächlich eine Entscheidung zu erzwingen.»

Ein weiteres zentrales Argument der Befürworter eines dreigliedrigen Schulsystems ist die Wertigkeit des Abschlusses selbst. So fürchten die Engagierten der bayrischen Initiative «Pro Realschule» um den Status des auf diesem Schulzweig zu erwerbenden Abschlusses. Dieser sei in Bayern im Vergleich zu anderen Bundesländern (noch) hochwertig, werde aber bedroht von einer Abwertung der Bildungsabschlüsse, wenn diese allzu leicht zu erwerben seien. Hier verschmilzt Lokalpatriotismus mit einem Gefühl der Abschlussinflation. Die Rechtfertigungslinie folgt einem Protektionismus des lokalen Systems gegenüber Reformvorhaben, die auf stärkere Durchlässigkeit im Bildungsweg abzielen. Schlagworte sind hier, dass der Realschulabschluss in Bayern noch «etwas wert» sei, dass das baden-württembergische Abitur höherwertiger sei als das vermeintlich leichter zu erlangende in anderen Bundesländern. Dieser Lokalpatriotismus ist für viele der Befragten ein Schlüsselargument für das Bewahren eines Schulabschlusses, nicht zuletzt aufgrund der elterlichen Ängste, die eigenen Kinder könnten im Rahmen einer sich verändernden und komplexer werdenden Welt den erlangten sozialen Status nicht mehr halten. Dies deckt sich auch weitgehend mit den Ergebnissen einer von der Konrad-Adenauer-Stiftung durchgeführten Studie über die Befindlichkeiten von Eltern: «So beobachten wir in den letzten Jahren ein deutliches Auseinanderdriften der Milieus sowohl in räumlicher als auch in kultureller Hinsicht. Deutschland scheint auf dem Weg in eine neue Art von Klassengesellschaft zu sein, wobei die Trennungslinie eben nicht nur über Einkommen und Vermögen, sondern auch über kulturelle Dimensionen wie etwa Bildungskapital und Bildungsaspirationen, aber auch Werte und Alltagsästhetik verläuft.»[12]

Älter als vierzig, viele Pädagogen und überdurchschnittlich weiblich

Ein erkennbarer Unterschied der sich im Hamburger Primarschulkonflikt gegenüberstehenden Parteien ist in der zurückliegenden Protesterfahrung der Aktivisten zu finden. Unter den Gesamtschulbefürwortern ist vorheriges politisches Engagement vielfach vorhanden. Die Aktivisten haben häufig an sozialen Bewegungen teilgenommen, beispielsweise in der Umwelt- oder Friedensbewegung. Bei den Gesamtschulgegnern hingegen überwiegen diejenigen, die sich zuvor noch nie aktiv zivilgesellschaftlich beteiligt haben. Zwar legen sie schon immer großen Wert auf Wahlen; Bürgerinitiativen und dergleichen galten aber bislang als unbekanntes Terrain. So gab auch einer der führenden Köpfe der Reformgegner im Interview an, die WWL-Demonstration gegen die Primarschule vom 19. September 2009 in Hamburg sei die erste Demonstration gewesen, an der er teilgenommen hätte. Die meisten WWL-Aktivisten gaben an, bis zur Initiierung der Primarschulreform regelrecht unpolitisch gewesen zu sein: «Ja, ich bin an sich ein völlig unpolitischer Mensch gewesen, bis diese unselige Primarschule kommen sollte, obwohl ich mir schon oft Gedanken machte, aber nie irgendwie aktiv (war) und auch wenig Diskussionsmöglichkeiten gehabt habe oder gesucht habe …» Umso erstaunlicher ist, dass sich im Hamburger Schulstreit die Unerfahrenen, die Reformgegner, gegen die protesterfahrenen Reformbefürworter durchgesetzt haben. Unseren Ergebnissen zufolge verfügten die Gegner über mehr Ressourcen, über eine Vielzahl von (persönlichen) Verbindungen innerhalb der Hansestadt und ein über Jahre gewachsenes dichtes Netzwerk von Geschäftspartnern und einflussreichen Bekannten, die sie binnen kürzester Zeit zu aktivieren vermochten. Ohne damit den Erfolg der Reformgegner letztgültig zu deuten, sind dies gewiss Hinweise auf eine erfolgreiche Mobilisierung.

Die bipolare Lagerbildung des Hamburger Bürgertums lässt sich schließlich auch an der Parteipräferenz der Befragten ablesen: Die Reformbefürworter bevorzugten mehrheitlich Parteien wie die GAL oder die LINKE. Die Reformgegner jedoch entstammten eher dem Umfeld der Union, teilweise auch der FDP. Einige von ihnen stehen diesen Parteien lediglich nahe, andere sind beziehungsweise waren Mitglieder. Dies gilt im Übrigen auch für die Befürworter des dreigliedrigen Schulsystems in Bayern und Baden-Württemberg. In Hamburg führte die primarschulfreundliche Haltung der CDU oftmals zu einem ambivalenten Verhältnis der CDU-Wähler zu ihrer Partei, das die Bindung mitunter erheblich beschädigte. Ein Befragter berichtete, nach über zwanzigjähriger Mitgliedschaft von der CDU zur FDP gewechselt zu sein, da er mit der christdemokratischen Bildungspolitik nicht einverstanden gewesen sei.

Trotz der beschriebenen lebensweltlichen Unterschiede der verschiedenen Lager im Primarschulkonflikt: Es lassen sich – neben der sozialen Schichtung – doch noch weitere Gemeinsamkeiten finden. So sind beispielsweise aufseiten beider Konfliktparteien überdurchschnittlich viele Frauen zu finden. Möglicherweise gehört Bildung als «weicheres» Politikfeld zum mehrheitlich weiblich konnotierten Themenkomplex von Familie und Erziehung. Letztlich betrifft es Frauen zumindest in zweierlei Hinsicht besonders: Erstens lässt sich anhand ihrer zunehmenden Berufstätigkeit die Relevanz von ganztägiger Betreuung betrachten. Zweitens geht mit der real schwierigen Vereinbarkeit von Beruf und Familie eine immer stärkere «Retraditionalisierung der Aufgabenteilung zwischen Männern und Frauen»[13] einher. Karriere, Selbstverwirklichung und eigene Interessen werden oftmals zugunsten der Kinder zurückgestellt. Ein zusätzliches gesellschaftliches Engagement wird da praktisch (zeitlich) unmöglich. Zumal Frauen durch die gestiegenen Bildungsanforderungen häufig zu Organisatoren des Bildungsalltags ihrer Kinder werden, müssen sie doch deren Schullaufbahn managen: Hausaufgaben kontrollieren, Vokabeln abfragen, Elternsprechtage besuchen. Die Sorge um das Fortkommen der eigenen Kinder begründet so weibliches Engagement im Bereich der Bildung.

Eine weitere Parallele beider Konfliktparteien ist in der Altersverteilung zu finden: Die Befragten sind zumeist über vierzig Jahre alt und haben Kinder oder Enkelkinder. Zudem fällt auf, dass viele der Aktiven selbst aus dem pädagogischen Bereich stammen, unter ihnen zahlreiche (pensionierte) Lehrer. Hierbei kommt ein Aspekt zum Tragen, der für die jeweilige Argumentationslinie zentral ist: das eigene Expertentum. Die Lehrer sehen sich in der Rolle der Experten für Bildungsfragen und schreiben sich damit die Kompetenz zu, besser als die pädagogisch unbeleckt eingeschätzten Politiker zu wissen, was in diesem Bereich «wirklich richtig» sei. Einige Aktive mit eigenen Kindern schreiben sich zudem den Expertenstatus gleichsam von Natur aus zu: «(Ich bin) keine Lehrerin, wir sind Mutter und Oma.»

Der Expertenlogik folgend, wird betont, dass man sachbezogen und nicht ideologisch argumentiere. Dies galt insbesondere für die Seite der Gesamtschulgegner: «Jetzt für dieses konkrete Engagement gab es konkrete Anlässe. Also, das war wirklich sehr konkret, und das hat in meinem Fall völlig fachliche Anlässe. Ich bin eine sehr erfahrene Lehrerin.» Eine ideologisch gefärbte Begründung wird hingegen Berufspolitikern jeglicher Parteicouleur zugeschrieben, ja, regelrecht vorgeworfen: Sie handelten aus rein partei- und machtstrategischen Gründen, das Wohl von Kindern und Lehrern sei ihnen genauso gleichgültig wie pädagogischer Sinn und Unsinn der Reformen: «Das Kindeswohl und auch das Wohl der Gesundheit, der seelischen Befindlichkeiten, der ganzen Familien, das spielte keine Rolle mehr.»

Allgemein herrschte bei den Hamburger Reformgegnern ein äußerst negatives Parteien- und Politikerbild vor. Dem Parteienapparat und «dieser repräsentativen Demokratie» gegenüber sei man sehr skeptisch geworden. Eine Beobachtung, die sich im Übrigen analog zu einer konstatierten generellen Skepsis gegenüber öffentlichen Bildungsinstitutionen verhält, denen man «wenig Vertrauen» entgegenbringt.[14] Über Parteien heißt es: «Also, ich glaube, dass, wenn man richtig sagt, man will die Demokratie fördern, dann muss man diese unglaublich bittere Pille schlucken, in diese unglaublich fiesen Parteien zu gehen. Und ich muss sagen, ich bewundere alle, [die das tun].» Eine weitere Aktive beschrieb ihre Sicht auf Parteipolitiker folgendermaßen: «Ich misstraue jedem Parteifunktionär, egal in welcher Partei, weil ich glaube, man muss bestimmte, in meinen Augen schlechte Eigenschaften haben, um da überhaupt hinzukommen.»

Teilweise wurde von einer «trügerischen Demokratie» gesprochen und davon, «dass wir Bürger in dem Glauben gehalten werden, wir dürften was sagen und wir hätten was zu sagen, aber dass dann trotzdem andere Entscheidungen gefällt werden». Auch von «scheindemokratische(n) Prozesse(n)» war die Rede. Ähnlich klang es auch aufseiten der Primarschulbefürworter: «Das hat für mich überhaupt nichts mit Demokratie zu tun, und ja, solche Prozesse wie bei unserer Schulreform, da passiert vieles im kleinen Kämmerlein, und hinterher wundert man sich, dass … sich die Aggressionen dann hochschaukeln.» Dennoch geht die Kritik in beiden Lagern nicht so weit, dass man das System an sich in Frage stellt; die Parteiendemokratie wird grundsätzlich befürwortet. So befand ein Reformgegner: «Ich glaube nicht, dass es ideal ist, wenn jetzt überall die Parteien in den Hintergrund treten und alle Leute nur noch sagen, ich mache jetzt eine Bürgerbewegung oder Bürgerinitiative für irgendwas Lokales, Kurzfristiges.» Eine Reformbefürworterin sagte: «Für mich ersetzt die Volksgesetzgebung nicht die parlamentarische Demokratie.»

Auch die soziale Komponente von Aktivismus[15] ließ sich am Hamburger Beispiel zeigen. Obwohl der Konflikt viele Monate zurücklag, waren die Aktiven im Gespräch schnell wieder unmittelbar involviert – einer Interviewten kamen während des Gesprächs die Tränen, fast alle waren aufgebracht, freudig erregt; jedenfalls durchlebten viele die Emotionen von damals erneut. «Und ich empfinde das als, ja, eine der wertvollsten Erfahrungen neben der Adoption meines Sohnes. Eine der wertvollsten Erfahrungen, muss ich sagen, in meinem Leben. Und die trägt auch bis heute.»

Erstaunlich ist, dass nicht nur die «Gewinner», also die Gesamtschulgegner, sondern auch die «Verlierer», die Gesamtschulbefürworter, durchweg positiv auf die aktive Zeit zurückblickten. Beide betonten die persönlichen und zwischenmenschlichen Erlebnisse und Kontakte, die das Engagement mit sich brachte. Die inspirierenden und bestätigenden Begegnungen und Diskussionen auf der Straße wurden besonders hervorgehoben. Betont wurden dabei – vor allem von den Reformgegnern, die sich in der Vergangenheit häufig dem Vorwurf des elitären Dünkels ausgesetzt gesehen hatten[16] – die Begegnungen, die in den sozial eher schwachen Stadtteilen stattgefunden haben: «Wir haben so tolle Gespräche gehabt. Und da sind uns von sich aus ganz viele Menschen entgegengekommen. Die kamen schon auf uns zu … Gerade die Migranten, die wollen nämlich für ihre Kinder was Vernünftiges. Wenn sie was wollen für ihre Kinder, dann sind die ganz interessiert daran, dass da auch differenziert wird. Die haben auch gesagt: Was soll mein Kind an einer Einheitsschule oder am Gymnasium?»

Positiv bewerteten viele Engagierte auch die Erfahrung, mit ihrer Ansicht nicht allein zu sein, Mitstreiter gefunden zu haben: «Und dann habe ich sehr schnell gemerkt, dass das genau die richtigen Leute sind, dass das alles total ernsthaft an der Sache Interessierte sind, und das war für mich seelisch ganz hilfreich, weil ich habe mich nicht mehr so bedroht und einsam gefühlt.» Die niedrigen Barrieren für die Mitarbeit wurden dabei einerseits herausgestellt, andererseits abgegrenzt von zurückliegenden Erfahrungen mit Parteien. Statt sich überhaupt zu freuen, dass es Leute gibt, die sich für sie interessierten, sei man in ihnen eher weggedrängt worden, weil man «in diesem Kungelsystem keinen Platz hat». Kurz: «Wer da quer einsteigt, der wird als Störfaktor wahrgenommen.»

Im Kontrast dazu berichten die Befragten beinahe schwärmerisch vom «außerordentlich angenehme(n) Teamgeist»: «Ein tolles Miteinander, es waren irgendwie interessante Leute, wir haben da teilweise unheimlich viel gelacht und Spaß gehabt und die Stimmen ausgezählt. Am Ende, nach drei Jahren, war man fast wie so eine große Familie.» Der Protest wurde in den Gesprächen stets als eine Art Wohlfühl-Ort herausgestellt. Die beschriebene Atmosphäre – erzeugt aus einer Mischung aus Motivation, persönlicher Bindung, regelmäßigen Zusammentreffen, einem Gefühl des Gebrauchtwerdens, aber auch geprägt von Antagonismen und Feindbildern – besaß für die Befragten eine starke affirmative Kraft. Ihr Engagement wurde gewürdigt, sie sahen sich als unentbehrlich und sinnstiftend an. Die Aktivistinnen, die selbst Mütter sind, fanden im Protest ein Betätigungsfeld, das zwar enorme Energien kostete, aber auch einen erkennbaren kognitiven Nutzen nach sich zog.

Die befragten Vertreter jener Initiativen, die sich für den konsequenten Erhalt des dreigliedrigen Schulsystems einsetzen (WWL, Keine Gemeinschaftsschule in Baden-Württemberg und Pro Realschule), argumentierten: «(D)as wussten schon die alten Griechen, dass wir nicht alle gleich geboren sind und dass wir deswegen auch keineswegs die gleichen Chancen haben. Wir können gerechte Chancen herstellen. Es hat nicht jeder die Chance auf das Ergebnis, nicht wahr? Das wollen wir einfach, das ist nicht pc, das weiß ich. (A)ber ich möchte es trotzdem äußern, weil einfach gesagt werden muss, was wahr ist … Und so gibt es ein paar Wahrheiten. 70 Prozent dessen, was wir ausnutzen können in unserem Leben durch Ausbildung, ist angeboren. Das weiß jeder Genetiker, das weiß jeder Neurobiologe, und das sind einfach Grenzen. Und die müssen wir auch sehen, und es weiß auch jeder, dass er sich nicht wohl fühlt, wenn er mit völlig inkompatiblen anderen Leuten zusammen ist. Wenn wir in einen Tenniskurs gehen, dann fühlen wir uns unwohl, wenn wir mit Boris Beckers zusammen trainieren müssen, wenn wir selber kein Boris Becker sind. Und Boris Becker fühlt sich auch unwohl, und sie kommen beide nicht weit. Niemand hat etwas davon, und der arme Trainer auch nicht … Also ist es nicht sinnvoll, alles in einen Topf zu schmeißen und … zu meinen, dass sich der Rest schon von alleine ergibt. Das tut er nicht. Wir fahren … massenhaft Schicksale an die Wand, und die werden alle viel weniger (leisten), als sie könnten, weil sie nämlich nicht richtig gefördert werden – und dazu muss man sortieren.»

In der Argumentation aller Gesamtschulgegner fand sich immer wieder die Forderung nach angemessener Förderung für unterschiedlich Begabte, die an einer «Einheitsschule» auf der Strecke blieben. Häufig wurde eine negative Entwicklung des eigentlich als positiv erachteten dreigliedrigen Systems diagnostiziert: Hauptschulen würden zu Sammelbecken für Schüler mit Lernbehinderungen und Verhaltensauffälligkeiten verkommen. Die eigentlichen Hauptschüler wanderten zur Realschule ab, was wiederum die Realschüler auf die Gymnasien triebe. Dort finde man dementsprechend viele Schüler, die nicht begabt genug für Abitur und Studium seien, was die Lernsituation erschwere und dazu führe, dass die Besseren unterfordert blieben, während die Schwächeren kaum mitkämen. Die Einführung der Gesamtschule wurde jedoch als gänzlich falsche Lösung für dieses Problem erachtet. Der Effekt der Heterogenisierung der Klassen nehme dadurch nur weiter zu, weil die Lehrer sich letztlich an den Schwächeren orientieren müssten. Intelligente Kinder würden nicht mehr angemessen gefördert, das Abitur verliere seinen Wert.

Die Befragten befürchteten, eine Flut von Minderbegabten könne das Gymnasium und das Abitur entwerten. «Schule ist wichtig, und deshalb wähle ich jetzt die CDU, weil die das Gymnasium garantiert. Und das Ergebnis der Primarschule wäre eigentlich ein Verlust des Gymnasiums gewesen.» In Baden-Württemberg beispielsweise wurde davon gesprochen, als Reaktion auf verpflichtende Gesamtschulen sein Kind auf eine Privatschule zu schicken, um für ein angemessenes Bildungsumfeld zu sorgen. «Die werden zunehmen, und dann kommt es als Nächstes wie in den USA, dann gibt es halt die Privatuni, und dann haben wir das, was wir nie wollten, dann haben wir wirklich zwei Klassen … Unser Schwiegersohn hat klipp und klar gesagt, unsere Enkel kommen dann auf die Privatschule.»

Die Vorzüge der Dreigliedrigkeit lagen für die Gesamtschulgegner dabei nicht nur in der beschriebenen Leistungshomogenität der Schüler. Sie betonten auch die Durchlässigkeit des Systems: Schüler könnten schließlich ihren Leistungen entsprechend jederzeit von einer Schulform in die andere wechseln.

Auch weiterhin aktiv – wie sich Protest «fortpflanzt»

Interessant ist eine weiterführende Beobachtung: Die «Neu-Aktivisten» des konservativen Milieus beließen es nicht bei ihrem erstmaligen Engagement. Es zeigte sich, dass viele von denen, die heute in Baden-Württemberg gegen die Gesamtschule eintreten, sich aus der Gruppe derer rekrutieren, die sich zuvor für Stuttgart 21 eingesetzt hatten. Nachdem sie jedoch das Thema Stuttgart 21 ausgefochten hatten – dazu noch erfolgreich –, kehrten sie keineswegs in ihre unpolitische Haltung zurück. Stattdessen suchten sie sich ein neues Politikfeld, um aktiv zu werden: den Protest gegen das grün-rote Projekt Gemeinschaftsschule.

Eine ähnliche «Fortpflanzung» des Protests ist auch in Hamburg zu beobachten. Zahlreiche WWL-Aktivisten waren 2012 noch zivilgesellschaftlich oder politisch aktiv. Ein Gesprächspartner initiierte beispielsweise ein Projekt für unterprivilegierte Schüler, eine Aktivistin startete ein Blog zur Bildungspolitik. Walter Scheuerl, der Sprecher von WWL, wurde als parteiloses Mitglied der CDU-Fraktion in die Hamburger Bürgerschaft gewählt, Ralf Sielmann, ebenfalls ein führender Kopf von WWL, organisierte Anfang 2012 den Protest gegen die Unterbringung von ehemaligen Sicherheitsverwahrten in Hamburg-Jenfeld.[17]

Erklären kann man dieses Phänomen mit der pädagogischen Theorie der Selbstwirksamkeitserwartung. Sie wurde in den siebziger Jahren von dem kanadischen Psychologen Albert Bandura entwickelt. Er beschäftigte sich mit der Frage, aus welchen Gründen Menschen Aufgaben gut oder schlecht bewältigen – und zwar unabhängig von den tatsächlichen Fähigkeiten und kognitiven Voraussetzungen wie Intelligenz, Mut und Ausbildung. Er geht davon aus, dass eine gewisse Art von Selbstbewusstsein dafür sorgt, dass manche Menschen schwierige Situationen besser meistern als andere. Dieses Bewusstsein nennt Bandura Selbstwirksamkeitserwartung. So kann es seiner Ansicht nach von der individuellen Selbstwirksamkeitserwartung abhängen, ob beispielsweise ein Schüler in einer Klassenarbeit gut oder schlecht abschneidet. Zwei Schüler mit gleichen Kenntnissen und Fähigkeiten könnten demnach unterschiedliche Noten bekommen, je nachdem, wie hoch sie ihr eigenes Leistungsvermögen einschätzen. Eine niedrige Selbstwirksamkeitserwartung führe dementsprechend zu schlechteren Leistungen und umgekehrt eine hohe Selbstwirksamkeitserwartung zu besseren Leistungen. Laut Bandura gilt dieses Prinzip für alle Lebensbereiche.

Menschen mit hoher Selbstwirksamkeitserwartung betrachteten demnach schwierige Hürden eher als eine Herausforderung, die gemeistert werden will, denn als Bedrohung, die umgangen werden sollte.[18]

Woraus aber resultiert eine hohe Selbstwirksamkeitserwartung? Laut der Berliner Psychologin Gerdamarie S. Schmitz spielen hierfür verschiedene Faktoren eine Rolle: eigene positive Erfahrungen, also das erfolgreiche Bestehen schwieriger Aufgaben, die verbale Bestätigung von anderen sowie eine stellvertretende Erfahrung, das heißt die Beobachtung anderer Menschen beim erfolgreichen Handeln und den daraus folgenden Rückschluss auf die eigenen Fähigkeiten.[19]

Hat jemand demnach in der Vergangenheit in schwierigen Situationen positive Erfahrungen gesammelt, stärkt ihn das mental für kommende Herausforderungen: Laut Bandura glauben selbstwirksame Menschen daran, Ziele aus eigener Kraft erreichen und Situationen persönlich verändern zu können.[20] Sie setzen sich höhere Ziele und sind überzeugt, dass es sich lohnt, dafür Zeit und Mühe zu investieren. Es fällt ihnen zudem leichter, die Initiative zu ergreifen, sie zeigen mehr Ausdauer und verkraften Rückschläge besser.[21] Dabei ist für diese Studie besonders relevant, wovon auch der polnische Psychologe Janusz Reykowski ausgeht: Das Gefühl der Hilflosigkeit – also eine niedrige Selbstwirksamkeitserwartung – hängt ebenfalls mit politischer Entfremdung und einer negativen Sicht auf Demokratie zusammen.

Stuttgarter Pro-Stuttgart-21-Aktivistinnen und Gesamtschulgegnerinnen beschrieben ihre Motivation folgendermaßen: «(A)lso, das waren ja genug (Anlässe), wo ich merkte, das kann nicht sein, dass das über den Köpfen von unseren Kindern passiert.» Und: «Gerade weil die Transparenz fehlt, weil das einfach über die Köpfe hinweg entschieden worden ist.» Sie gaben dabei eine mangelnde kollektive Selbstwirksamkeitserwartung der Eltern im System Schule zu erkennen und zeigten mangelndes Vertrauen ins System. Ihre persönliche Selbstwirksamkeitserwartung muss demzufolge umso höher gewesen sein, als sie selbst aktiv wurden. Für die konservativen Aktionsbündnisse WWL und Keine Gemeinschaftsschule in Baden-Württemberg, deren Mitglieder keine wie für das alternative Milieu typische Protestkarriere aufweisen, lassen sich regelrechte politische Initialzündungen feststellen. Zahlreiche Hamburger Primarschulgegner engagierten sich bei WWL zum ersten Mal zivilgesellschaftlich. 2012 – mehr als zwei Jahre später – sind viele von ihnen nach wie vor bildungspolitisch aktiv oder betätigen sich in anderen Gesellschaftsfeldern.

Die Gespräche zeigen, wie die Selbstwirksamkeitserwartung der Aktiven durch ihr Engagement gestiegen ist und zu erneuter Beteiligung führte. «Wir haben gesehen, dass wir etwas bewegen können, wenn wir den Mund aufmachen, und der Erfolg hat uns recht gegeben.» Eine Hamburger Aktivistin berichtet: «(D)ann gibt es das Thema Inklusion, gestern Abend war ich gerade zum Beispiel bei einer Veranstaltung mit der SPD, die das zum Thema hatten, und ich versuche quasi mein Engagement über die vielen Jahre, jetzt, wo ich ja auch (eine) Menge Wissen aufgebaut habe, quasi in diesen Blog umzusetzen.»

Es wird deutlich, wie diese Fortpflanzung von Engagement und Prostest funktioniert: Ist die Schwelle der Aktivierung erst einmal überschritten, wirken die Erfolgserlebnisse als Verstärkung der Selbstwirksamkeitserwartung. Diese beflügelt neues Engagement, stärkt den Glauben an die eigenen Kräfte und härtet gegen Niederlagen ab. Der Erfolg von konservativen Initiativen wie WWL kann außerdem Banduras Theorie folgend auch anderen als indirekte Selbstwirksamkeitserfahrung dienen und durch den ermutigenden Rückschluss auf die eigene Wirkungsmacht bisher passiv Gebliebene aktivieren. Es ist davon auszugehen, dass der Protest von konservativer Seite sich ebenfalls weiter fortpflanzen wird. Mit anderen Worten: Es ist also denkbar, dass sich im Anschluss an die erfolgreichen Prototypen auch zukünftig konservative Initiativen in verschiedenen gesellschaftspolitischen Bereichen gründen.

Verweise und Literatur

1 Georg Picht: Die deutsche Bildungskatastrophe. Analyse und Dokumentation. Freiburg 1964

2 Vgl. Rainer Geißler: Die Metamorphose der Arbeitertochter zum Migrantensohn. Zum Wandel der Chancenstruktur im Bildungssystem nach Schicht, Geschlecht, Ethnie und deren Verknüpfungen. In: Peter A. Berger und Heike Kahlert (Hg.): Institutionalisierte Ungleichheiten. Wie das Bildungswesen Chancen blockiert, S. 71–102, S. 71 ff.

3 Vgl. Isabell van Ackerem und Klaus Klemm: Entstehung, Struktur und Steuerung des deutschen Schulsystems. Wiesbaden 2011, S. 82

4 Tanja Merkle u. a.: Eltern unter Druck. Selbstverständnisse, Befindlichkeiten und Bedürfnisse von Eltern in verschiedenen Lebenswelten. Eine sozialwissenschaftliche Untersuchung von Sinus Sociovision GmbH im Auftrag der Konrad-Adenauer-Stiftung e. V. Stuttgart 2008, S. 13

5 Reinhard Kahl: Angst vor der Individualität in Hamburg. In: *Zeit Online*, 16. Februar 2010, unter: www.zeit.de/gesellschaft/schule/2010-02/hamburg-schulreform (eingesehen am 25. September 2012)

6 Siehe hierzu die Homepage der Initiative Pro Realschule, unter: www.pro-realschule.de/index.php?option=com_content&view=featured&Itemid=103 (eingesehen am 25. September 2012)

7 Vgl. beispielsweise o. V.: Occupy? Von wegen. In: *Spiegel Online*, unter: www.spiegel.de/unispiegel/studium/bundesweite-bildungswut-occupy-von-wegen-a-798370.html (eingesehen am 25. September 2012)

8 Vgl. Tamina Christ: Von Außenseitern zu Meinungsführern. Was ist aus den Postmateriellen geworden? In: INDES. Zeitschrift für Politik und Gesellschaft. Heft 1/2012, S. 12–127, hier S. 121

9 Vgl. Angelika Scheuer: Wertorientierungen, Ansprüche und Erwar-

tungen. In: Statistisches Bundesamt. Datenreport 2011. Bonn 2011, S. 385 ff.

10 Vgl. Christ: Außenseiter, S. 122 ff.

11 Merkle u. a.: Eltern unter Druck, S. 118

12 Ebd., S. 8

13 Vgl. ebd., S. 5

14 Ebd., S. 12

15 Vgl. zu Protest und Emotionen ausführlich Ulrike Endert: Verstand und Gefühl. Arabischer Frühling, Occupy und Stuttgart 21. In: INDES. Zeitschrift für Politik und Gesellschaft. Heft 3/2012, S. 72–79

16 Vgl. beispielsweise Connie Uschtrin: Klassen-Kampf an der Alster. In: *Der Freitag Online*, 15. Mai 2010, unter: www.freitag.de/autoren/connie-uschtrin/klassen-kampf-an-der-alster (eingesehen am 25. September 2012)

17 Vgl. o. V.: Jenfelder protestieren täglich gegen Ex-Sicherheitsverwahrte. In: *Hamburger Abendblatt Online*, unter: www.abendblatt.de/hamburg/kommunales/article2150329/Jenfelder-protestieren-taeglich-gegen-Ex-Sicherungsverwahrte.html (eingesehen am 25. September 2012)

18 Albert Bandura: Self Efficiacy. The Exercise of Control. New York 1997, S. 36 ff.

19 Vgl. Gerdamarie S. Schmitz: Bedeutung der Selbstwirksamkeit für emotional kompetentes Verhalten. In: Maria von Salisch (Hg.): Emotionale Kompetenzen entwickeln. Grundlagen in Kindheit und Jugend. Stuttgart 2002, S. 207–225, hier S. 210

20 Vgl. Ursula Nuber: Leben mit einer dicken Haut. In: *Psychologie Heute*. Heft 7/2011, S. 20–27, hier S. 25

21 Vgl. Schmitz: Selbstwirksamkeit, S. 208 ff.

«Ohne Organisation geht's nicht»

Die Anti-Atomkraft-Bewegung

Lars Geiges / Tobias Neef / Pepijn van Dijk / Franz Hartmann

Ist hier ein Protest am Ziel? Im Juni 2011 beschloss der Deutsche Bundestag das «Dreizehnte Gesetz zur Änderung des Atomgesetzes» und nahm damit acht Reaktoren noch im August desselben Jahres vom Netz. Bis Ende 2022 sollen die übrigen neun abgeschaltet werden. Die Bundesregierung hatte praktisch über Nacht ihre Meinung geändert: kurz nach der Nuklearkatastrophe in Japan, unmittelbar vor bedeutenden Landtagswahlen und angesichts bundesweit 250 000 Menschen auf den Straßen, die den sofortigen Verzicht auf Atomenergie forderten. «Fukushima hat meine Haltung zur Kernenergie verändert», sagte Bundeskanzlerin Angela Merkel.[1] Das erneute Ende der Atomkraft in Deutschland kam plötzlich und wurde binnen Wochen verhandelt und beschlossen – und somit wurde eine Forderung erfüllt, die Atomkraftgegner seit mehr als dreißig Jahren erhoben hatten.

Die Anti-Atom-Bewegung ist die langlebigste, zäheste, ausdauerndste Protestformation der Bundesrepublik.[2] Ihre Anfänge sind auf lokalen Ebenen zu finden. Einzelne Gruppen richteten sich in den fünfziger und sechziger Jahren – oft mit Erfolg – gegen örtliche Standortvorhaben.[3] Erst Anfang der Siebziger kam es zu Einsprüchen gegen Bauprojekte, die nun – die Ölkrise hatte bereits begonnen – deutschlandweit vermehrt vorangetrieben wurden. Initiativen fingen an, sich auch auf Länder- und Bundesebene zu organisieren und den nunmehr gemeinsamen Protest zu strukturieren.[4] Die mehrmonatige Bauplatzbesetzung von Whyl 1975, an der knapp 30 000 Demonstranten beteiligt waren, werteten die Beteiligten als Erfolg und als ein Beweis dafür, dass durch Protest bereits geplante AKWs doch noch verhindert werden könnten.[5] Die Debatte hatte sich polarisiert, auch weil die Politik bisweilen die Proteste missachtete und es bei Demonstrationen zu gewalttätigen Ausschreitungen kam, etwa in Brokdorf 1981.[6] In den Augen vieler Aktivisten war die Bundesrepublik da längst ein «Atomstaat».[7]

Der organisierte Protest konzentrierte sich zunehmend auf die Standorte von (geplanten) Wiederaufbereitungslagern und Endlagerstätten. Und die nuklearen Katastrophen von Three Mile Island (1979), Tschernobyl (1986) und zuletzt Fukushima (2011) sorgten darüber hinaus immer wieder für eine massive überregionale Reaktivierung der Bewegung, die in diesen Momenten stets breite Schichten der Gesellschaft anzusprechen vermochte.[8] Wie bei keiner anderen ist ihre Unterstützung über die Jahrzehnte relativ konstant geblieben, was auch mit den besonders guten Verbindungen zu anderen gesellschaftlichen Gruppen wie Parteien, Kirchen, der Ökologie-, Frauen- und Friedensbewegung zusammenhängt, die über die Jahre wie selbstverständlich an Anti-Atom-Demonstrationen teilnahmen.

Das Symbol mit der lachenden Sonne war schlichtweg überall – und ist es letztlich bis heute. Ganze Generationen von Aktivisten verbinden kollektive Erinnerungen. Grohnde, Wackersdorf, Kalkar – oft genügen Schlagworte, um im Rückblick gemeinsame Erlebnisse wach werden zu lassen. Genau um diese erfahrenen Aktivisten geht es uns hier vornehmlich. Wie blicken sie – ausgestattet mit über dreißig Jahren Protesterfahrung und immer noch aktiv – heute auf Politik und Gesellschaft? Dafür wurden zum einen die Atomkraftgegner im Wendland in den

Blick genommen. Ihr Protest richtet sich gegen das bestehende Atommüllzwischenlager Gorleben und gegen das seit den siebziger Jahren diskutierte Vorhaben, den Salzstock Gorleben als Endlager für hochradioaktive Abfälle zu erkunden und anschließend zu nutzen. Zum anderen wurden Aktivisten aus dem Raum Braunschweig-Salzgitter-Wolfenbüttel interviewt. Ihr Protest zielt auf die Vorgänge im «Schacht Konrad», Teil des ehemaligen Eisenerzbergwerks «Konrad», der derzeit in eine Lagerstätte für radioaktive Abfälle umgebaut wird, sowie auf die nur zwanzig Kilometer entfernte «Asse». Das ehemalige Kali- und Steinsalzbergwerk «Schachtanlage Asse II» wurde zwischen 1967 und 1978 als Endlagerstätte für radioaktiven Abfall erprobt und genutzt. Etwa 120 000 Fässer gefüllt mit radioaktiv verseuchtem Material sind dort unsystematisch gelagert. Messungen haben ergeben, dass Wasser in die Schachtgrube eindringt und in Verbindung mit dem Nuklearabfall das Erdreich kontaminiert. Es soll versucht werden, die Fässer in einem aufwendigen wie kostspieligen Verfahren zu bergen, so der Plan von Landes- und Bundesregierung.

Gorleben, Asse, Schacht Konrad – jeder Standort ist für sich bereits ein Politikum mit einer bewegten Geschichte, die Region und Aktivisten gleichermaßen geprägt hat und dies noch immer tut. Wie ist der Protest organisiert und vor allem: Welche Spuren hinterlässt «Leben im Protest» bei den Engagierten? Ansprechpartner waren bei diesen Fragen mehrheitlich die lokalen Multiplikatoren und die Vertreter von Bürgerinitiativen vor Ort. Ein Ergebnis vorweg: Es mag nicht verwundern – niemand sprach davon, mit dem gesetzlichen Atomausstieg ein Ziel erreicht zu haben.

Ausreichend Zeit, viel Erfahrung, Ü45: die Befragten

Der Widerstand in den beiden von uns beobachteten Regionen wird getragen von einem äußerst heterogenen breiten Zusammenschluss von Personen und Gruppen. Das gilt für das Wendland wie auch für die Region Braunschweig. Wie diese verschiedenen Gruppen zusammengehalten, aktiviert und mobilisiert werden, ist dabei Sache der Organisatoren, der Sprecher von Initiativen und Arbeitsgemeinschaften. Und diese Personengruppe von Aktivisten wiederum hat einige Merkmale gemeinsam. Die Gesprächspartner sind überwiegend älter als fünfundvierzig Jahre und fast ausschließlich männlich. Frauen sind in diesem organisatorischen Kreis eher die Ausnahme,[9] sind sie dennoch dort anzutreffen, haben sie mit ihren männlichen Verbündeten die langjährige Protesterfahrung gemeinsam. Man war politisch aktiv als Schüler und Student, war an den Anfängen der Anti-AKW-Bewegung maßgeblich beteiligt, schwärmt heute noch von den großen Demonstrationen mit über 50 000 Menschen sowie den Platzbesetzungen und unterstützte die Friedensbewegung. Jedoch pausierten dann mit sich einstellendem Nachwuchs ab etwa Mitte der achtziger Jahre weibliche Aktive für eine Zeit lang, ehe sie sich nun, da die Kinder erwachsen sind, wieder erneut einbringen. Hinzu kommt die überdurchschnittlich gute Bildung, die die Gruppe der Befragten eint. Sie sind ganz überwiegend in Besitz eines Universitätsabschlusses, wobei das Verhältnis von geistes- zu naturwissenschaftlichen Fächern in etwa ausgeglichen ist. Darüber hinaus machten die von uns Befragten deutlich, dass ihr Engagement sehr viel Zeit in Anspruch nehme. Der Protest sei tatsächlich nur machbar, wenn man sich auch genügend Zeit für den Widerstand verschaffe. Ein von uns Befragter ist wegen seines Engagements auf eine Halbtagsstelle gewechselt. Andere Gesprächspartner waren Hausmann, Pastor, Pensionär und Vorruheständler. Hinzu kommt – vor allem im

Wendland – eine kleine Gruppe von professionellen Aktivisten, die gering vergütet wird und ganzjährig die Bewegung vor Ort mitorganisiert.[10] Dies ist die Gruppe – zusammengefasst –, die es in ihren Regionen regelmäßig schafft, vergleichsweise große Proteste umfassend und erfolgreich zu mobilisieren. Schauen wir zunächst darauf, wie ihnen dies gelingt, anschließend darauf, was die Sicht der Befragten auf Demokratie und Politik prägt.

Man kennt sich, man trifft sich – Organisation und Netzwerke

Die Anti-Atom-Bewegung hat über die Jahre eine vielfach verästelte Protestinfrastruktur entwickelt.[11] Sie ist nicht fest institutionalisiert, sondern heterogen, geprägt von offenen Kooperationsstrukturen und losen Absprachen zwischen einzelnen Gruppen. Heute bezeichnen die Atomkraftgegner die eigenen Strukturen als ein vielfältiges Nebeneinander: «Jeder baut an diesem Puzzle oder dreht an irgendwelchen kleinen Rädern.» Die Atomkraftgegner selbst beschreiben ein lose verkoppeltes, bündnisoffenes Gefüge aus Gruppen und Initiativen und benennen deren Stärken: feste Strukturen, vielfach erprobte Handlungsabläufe bei ausreichender Flexibilität. Das verleihe den Aktivisten (Selbst-)Sicherheit. Ihre bundesweiten Zusammenschlüsse bezeichnen sie als «Protestmaschinerie». Darin spielen regionale Treffen der verschiedenen Initiativen – im Wendland beispielsweise der «Ratschlag» – eine wichtige Rolle. Hier gehe es darum, «einfach mal die Köpfe zusammenzustecken». Hinzu kommen weiter gefasste Vernetzungstreffen («Schulterschluss»), an denen Vertreter von Parteien, Kirchen und Gewerkschaften aus der Region teilnehmen. Auch technisch-wissenschaftliche («Fachgruppe Radioaktivität») und juristische Aktivistengruppen («Gartower Runde») haben sich formiert. «Ohne Organisation geht's nicht», wird während der Gespräche vielfach betont. Es hat sich eine beinahe professionelle Bewegungsorganisation herausgebildet, die die einzelnen heterogenen Protestgruppen miteinander in Verbindung setzt, ihnen im Protest und dessen Planung Freiräume zugesteht und vor allem: den übergreifenden Kontakt nie abreißen lässt. Entscheidend ist, dass dieser organisatorische Überbau aus «führenden Köpfen» stets Einigung herzustellen vermag, vor allem gelingt ihnen das über die Erinnerung und die Hervorhebung des kleinsten gemeinsamen Nenners: die Ablehnung der Atomkraft.

Doch mindestens ebenso wichtig ist den Aktivisten die Tatsache – das wurde in den durchgeführten Gesprächsrunden ebenfalls deutlich –, dass diese Strukturen durchbrochen sind von informellen Netzwerken, die auch andere Quellen der Gemeinsamkeit kennen. So sehe man sich eben regelmäßig «zu irgendwelchen Geburtstagen oder anderen Feierlichkeiten». Man kennt und trifft sich im Dorf, spricht miteinander, sammelt gleichsam nebenbei Ideen und entwickelt sie weiter, berichten Aktivisten. Viele Freundschaften seien dabei entstanden, und Streitigkeiten könne man wegen dieser Nähe schneller beilegen.[12] Stärker im Wendland als in der Region Braunschweig-Salzgitter-Wolfenbüttel hat sich dieses Netzwerk über fast sämtliche soziale Gruppen und Milieus gelegt und verbindet Menschen unterschiedlicher Herkunft und Vergangenheit im Protest. «Bauernschläue mit der städtischen Pseudo-Intelligenz» habe sich gepaart, bemerkt ein Aktivist augenzwinkernd. Dabei betonen die Befragten in ihren Äußerungen stets die Schaffung von Gemeinsamkeiten im Protest, wodurch gleichermaßen Stabilität in den einengenden und Flexibilität in den divergierenden Vorstellungen erreicht werde.

Der hohe Grad an Professionalisierung war in den Gesprächen bei den Beschreibungen von Strategien und Aufbau der Bewegung zu erkennen. Aktivisten erläuterten ein «Drei-

Säulen-Konzept» ihrer Protestarbeit, in dessen Rahmen Öffentlichkeitsarbeit, juristische Arbeit und der «Widerstand auf der Straße» so gestaffelt koordiniert würden, dass sie sich auf verschiedenen Ebenen wirksam ergänzten. Es werden «Mini-Mobilisierungen» und «Ad-hoc-Demonstrationen» beschrieben. Auffällig ist an dieser Stelle – wenn sie über die Organisation der Bewegung redeten – die Sprache der Aktivisten. Ging es um Mobilisierung und Durchführung des Protests, benutzten sie häufig ein Vokabular, das einem wirtschaftswissenschaftlichen Marketing-Jargon entstammt. Wie selbstverständlich war die Rede von «Netzwerken», «Fundraising» und «kundenorientierten» Demonstrationsveranstaltungen. Es ging um «Steuerung», «Positionierung» und «Effizienz». Man sprach von «Einfluss» und «Interessenssphären», von «Nutzen» und «Tauglichkeit» sowie von «Kalkül» und «Handlungsschnelligkeit». Diese Sprache liegt ihren rational-analytischen Reflexionen zugrunde, mit denen sie versuchen, den Kampf «David gegen Goliath» gleichzeitig auf allen Ebenen möglichst wirksam zu führen.

Den Medien kommt in diesem Zusammenhang eine besonders wichtige Funktion zu, denn über sie soll das eigene Auftreten in der Öffentlichkeit gesteuert werden. Für viele Aktivisten stellen sie einen strategischen Dreh- und Angelpunkt des Widerstands dar. Sie sind ihr wichtigster Transmitter, um die eigenen Positionen in die Öffentlichkeit zu bringen. Hierfür, das sei den Atomkraftgegnern bewusst, müsse man «Bilder produzieren» und die Logik der Medien für sich zu nutzen versuchen. Zwar könne man selten direkt Aussagen platzieren, doch habe man sich in den vergangenen Jahren eine gewisse Position erarbeitet, heißt es selbstbewusst. Das Wort der Atomkraftgegner werde gehört. Manch Journalist komme auf die Bürgerinitiativen zu, frage nach Expertisen, die die Gruppen zu liefern in der Lage seien. Die Gruppen fungieren hier nach eigener Darstellung als «eine Art TÜV». Auch wenn von der Gegenseite in einem

Artikel «fünf Sätze genommen (werden) und von unserer BI dann nur einer», seien die Fortschritte hier immens, nicht zuletzt wegen der Komplexität der Themen: «Wir haben hier schon unheimlich viele technische Details so ins Rollen gebracht, die vorher keiner wusste.»

Diese Details geschickt in der Öffentlichkeit anzubringen erfordert neben den Sachkenntnissen gutes Wissen über mediale Abläufe und deren Wirkweisen, die Fähigkeit, Meldungen via Pressemitteilungen zum richtigen Zeitpunkt zu platzieren, und die Begabung, die politische Großwetterlage richtig einzuschätzen, um temporär geöffnete Möglichkeitsfenster zu erkennen und zu nutzen. Kurzum: In den Augen der Aktivisten braucht es vor allem eines: eine Medienstrategie. Ein Atomkraftgegner beschreibt ein exemplarisches Vorgehen: «Wir (haben) im Vorfeld (durch) ein paar Pressemeldungen sozusagen das ein bisschen angeteasert und haben das dann mit einer größeren Pressekonferenz im Grunde genommen präsentiert, und das hat unmittelbar, ja, ich würde sagen: Wellen geschlagen.» Doch den Medien wird auch mit Argwohn begegnet. Man fürchtet sich vor Instrumentalisierung jedweder Art. Zu oft habe man verkürzte Darstellungen und unausgewogene Presseberichte lesen müssen. Hinzu komme, dass sich auch Medienhäuser in unternehmerischen Abhängigkeiten befänden, sie daher nur scheinbar unabhängig sein könnten. Insofern nähert man sich mit Vorsicht und Skepsis, bei gleichzeitigem Wissen um deren Bedeutung für die Durchsetzung eigener Ziele.

«Schmerzfrei» – der Umgang mit Politik und Parteien

Die befragten Atomkraftgegner sind erfahren, professionell beweglich, in vielerlei Hinsicht kompromissbereit, doch sie kennen ihren Widerpart. Wie kaum eine andere Protestformation hat die Anti-Atom-Bewegung ein klares Bild von ihrem politischen Gegenüber: die Atomindustrie. Immer wieder wird in unseren Gesprächsrunden und Interviews «unser Feind» benannt und darauf aufmerksam gemacht, mit wem man «sich im Kampf» befinde. Ihr Politikverständnis ist geprägt von dieser Konfrontationsstellung, in der es keinen neutralen Raum gebe. Gelegentlich auch bloß «die Betreiber» genannt, gehe es den Großkonzernen der Energiewirtschaft einzig um Profite. Sie würden lügen, betrügen, vertuschen, um ihre Interessen durchzusetzen. Ausgestattet mit Geld, Informationen und (gekauften) Kontakten, würden sie mit ihrem immensen, global agierenden Lobbyapparat Druck auf Forschung, Wirtschaft und Politik(er) ausüben, kurz: «Der Gegner» sitze in den «Schaltzentralen der Macht» und gebe dort die Richtung vor. Die Nähe der Energieindustrie zur bundesdeutschen Regierung würde sich darüber hinaus bei einem Spaziergang durch das Berliner Regierungsviertel schon allein räumlich offenbaren, beklagt ein wendländischer Aktivist: «Die werden noch nicht einmal nass, wenn sie zu Frau Merkel wollen.»

In selbstbewusster Manier tragen die Befragten ihre skeptische Sicht auf Parteien und Politiker vor. Es sind vor allem die Verschränkungen von Wirtschaft und Politik, die sie kritisieren. So wie man ohnehin insgesamt ein recht homogenes Politik- und Demokratieverständnis hat, steht auch für die befragten Anti-Atom-Aktivisten unisono fest, dass die Fischers, Trittins, Schröders «Multiplikatoren der Atomenergie» geworden seien. Besonders von der Sozialdemokratie und den Grünen sei man enttäuscht, ja, betrogen worden. Schließlich hätten beide Parteien zurzeit gemeinsamer Regierungsverantwortung das Versprechen gebrochen, den Ausstieg aus der Atomenergie zu beschließen – ein Beweis dafür, dass die Industrie die Politik erpressen könne. In unseren Gesprächsrunden sind dies nüchtern-analytisch vorgetragene Passagen. Es überwiegt die Überzeugung von seit langem ausgemachten Zwangsläufigkeiten: Die Parteien – unter Druck gesetzt von der Wirtschaft – würden sich «winden und drehen wie die Regenwürmer» und gleichzeitig – womöglich aus diesem Grund – auf «falsches» Personal anziehend wirken. Eine Aktivistin aus dem Wendland spitzt zu: «Parteien sind ein Auffangbecken für Leute mit persönlichen Problemen.» An diese Deutungsmuster schließt sich allerdings keinesfalls eine Abkehr von den etablierten Parteien insgesamt an.

Die Aktivisten sehen die Notwendigkeit, ihre Leute in den Parteien zu platzieren und somit in den Rathäusern, Kreis- und Landtagen. Teilweise selbst mit Erfahrungen in der Kommunalpolitik ausgestattet, verbindet sie ein in der Praxis gewonnenes differenziertes Verständnis von politischen Entscheidungsprozessen, das sie in die Lage versetzt, ihre Anliegen im Verlauf politischer Aushandlungen zur strategisch bestmöglichen Zeit an den optimalen Empfänger zu adressieren. Denn man weiß um die Vielzahl der Vetospieler und hat Erfahrungen mit den als irrational, aber systemimmanent wahrgenommenen Kompromissen politischer Entscheidungsabläufe. Innerhalb dieser von Interessen durchzogenen Prozesse übernehmen auch Parteien ihre Rollen mit jeweils eigenen Stärken und Schwächen. Die Aktivisten registrieren Parteien somit – weder ablehnend noch anbiedernd – als durchaus bedeutende Akteure und betrachten sie eher aus einem funktionalen Blickwinkel. Ein Aktivist beschreibt den Umgang mit Parteien als «schmerzfrei» und fügt an: «Wenn man sie gebrauchen kann, muss man sie nutzen.»

Sich selbst verorten die Atomkraftgegner in diesem Gefüge politischer Akteure als ebenso bedeutsames wie erfolgreiches Korrektiv, wie sie mit Verweis auf die Vergangenheit ausführen. Dabei betonen sie ihre aktive Grundhaltung, aus der heraus sie fortwährend ihren Protest gegenüber politisch-wirtschaftlichen Konglomeraten zum Ausdruck bringen. Demokratie wird von hier aus als eine Regierungsform des Interessensausgleichs betrachtet, sie steuert und moderiert Konflikte. Dieses Prinzip funktioniere, allerdings habe aufgrund übermächtig gewordener Wirtschaftsinteressen eine Verschiebung zulasten der Bürger stattgefunden, denn «das Volk» würde nicht mehr adäquat vertreten, Bürger und Repräsentanten hätten sich voneinander entfernt. Hier knüpfen die Atomkraftgegner mit ihrem Engagement an. Wo übermächtige Interessen für Ungleichgewichte sorgen, die nicht mehr geglättet werden könnten – ein Dauerzustand in der deutschen Atompolitik –, müsse man resolut einspringen, als eine Art bürgerschaftlicher Motor für den organisierten Ausgleich. Damit dieses «im Grunde gute System» bestehen und den Bürgern die ihnen zustehenden Rechte erhalten blieben, müsse sich jeder einbringen. Die Atomkraftgegner erkennen hier «eine Verpflichtung in der Demokratie» und fordern vom Bürger, durchaus moralisierend im Ton, «sich (zu) informieren», «zu allen Themen schlau (zu) machen» oder direkt ins Rathaus zu gehen, um etwas anzustoßen.

Kraft des Widerstands und Rückzug ins Lokale

Man lebe im Widerstand, sagen die Aktivisten wie selbstverständlich. Mit dem Begriff «Widerstand» beschreiben vor allem die wendländischen Atomkraftgegner zusammenfassend ihre Vorgehensweisen. Der «Widerstand» scheint mit der Anti-Atom-Bewegung fest verbunden. Zunächst hat der Begriff für die Bewegung eine lange Vorgeschichte: Er begleitet sie seit den Protesten in Wyhl 1975 und erfuhr eine Radikalisierung mit denen in Brokdorf und Grohnde. Ihr Widerstand war politisch, richtete er sich auch gegen Regierungsaktivitäten, die – folgt man den Aktivisten – den demokratischen Bürger zu entmachten drohten.[13] Vielfach haben auch die von uns Befragten auf umfassendere Zusammenhänge ihres Engagements gegen das Endlager Gorleben verwiesen: «Wie einfach demokratische Grundsätze außer Kraft gesetzt werden. Nur um Interessen irgendwelcher Energiekonzerne durchzusetzen. Und das macht die Bevölkerung frustriert, ärgerlich und manchmal auch aggressiv.»

Ein anderer Aktivist zählt auf: Freie Meinungsäußerung und das Recht auf informationelle Selbstbestimmung würden verletzt, Verbotszonen geschaffen, Telefone abgehört und Spitzel eingesetzt. In dieser Situation gehe es ihnen um mehr als um einen ausschließlichen Konflikt um den Standort des Endlagers. Man fühlt sich in seinen Bürgerrechten, in seiner Funktion als Teilnehmer einer kritischen Zivilgesellschaft in seinen Rechten bedroht. Ohne dies explizit «Widerstand» zu nennen, setzen hier auch die Befragten aus dem Braunschweiger Raum an. Sie beklagen ein Nicht-gehört-Werden, obwohl sie fachliche Lösungen anböten. Im Wendland allerdings wird der Widerstand auf eine andere Ebene gehoben, er wird zu einer politisch-ethischen Frage, die über die Region hinausreicht. Ein Aktivist sagt, es sei geradezu ein «Mythos Gorleben» entstanden. Im Verlauf des Konflikts um das Endlager hätten sich Bilder entwickelt, die «für andere Gruppen eine gewisse Kraft produzieren», denn was sie sehen, sei «phantasievoller Widerstand», der andere Gruppen ermutige, eigenständig ebenfalls etwas aufzubauen.

Der Begriff des «Widerstands» habe sich allerdings mit der Zeit in der öffentlichen Wahrnehmung seines militanten Ballasts entledigt, so geht aus den Äußerungen der Aktivisten hervor. Früher sei der Protest viel anstrengender gewesen; Diskussionen darüber, welche Formen von Gewalt und Widerstand erlaubt seien, hätten den Atomkraftgegnern zugesetzt: «Gott, o Gott, o Gott, das war richtig anstrengend», so ein bäuerlicher Aktivist. Doch diese Debatten habe man hinter sich. Auch die Polizei sei längst kein Gegner mehr, sei dies noch nie gewesen, sondern die Beamten vor allem «arme Schweine, die ihren Job machen müssen». Es wird auch betont, im Widerstand stets gesellschaftsübergreifend zu integrieren. Am Beispiel der Castor-Transporte werde dies deutlich sichtbar: Vom Schottern, also dem Entfernen des Gleisbetts – ein Sabotageakt –, bis zum gemeinsamen Gebet und von der Straßenblockade bis zur Suppenküche gebe es Möglichkeiten, sich einzubringen. Es gehe schließlich darum, Menschen «… richtig einzuschätzen, also nicht zu verlangen, ja, wenn du dagegen bist, dann musst du jetzt das und das machen, sondern zu gucken, wie sind die Lebensumstände und was passt zu dem Menschen».

Die Veränderungen im und durch den Widerstand haben schließlich die Region geprägt, in politischer wie auch kultureller Hinsicht. Die Bevölkerung sei nicht nur sehr viel offensiver geworden, «was Umweltskandale und politische Abwicklung angeht», auch habe man einen größeren Zusammenhalt entwickelt und pflege einen bewussteren Umgang miteinander, was sich zum Beispiel in den Ausrichtungen der etablierten Parteien in der Region zeige. Diese würden sich maßgeblich vom Rest des Landes unterscheiden, vor Ort sei selbst die FDP «eine ganz klare Anti-Atom-Partei».

Zusammengenommen hat der lange Protest hier offenbar kathartische[14] Effekte: Aus dem Widerstand hat sich eine kritische wie aktive Zivilgesellschaft gebildet, es haben milieuübergreifende Solidarisierungsprozesse stattgefunden, und es wird immer wieder betont, dass ein regional spezifischer Gemeinschaftsgeist daraus erwachsen sei. In die großen staatlichen Überbauten wird nicht mehr vertraut, in die selbst erschaffenen Strukturen jedoch umso mehr. Ihnen wird das Potenzial zur gesellschaftlichen Veränderung zugeschrieben. Das Graswurzelprinzip sei eben doch der Ausgangspunkt «wirklichen gesellschaftlichen Umdenkens», so eine Aktivistin. Ein Resultat dieser Wahrnehmung ist der Rückzug ins Lokale, der vor allem im Wendland festzustellen war.

Das Potenzial zur Veränderung wird in der Region gesehen, die man selbstbewusst als Beispiel für ein «gutes Leben» benennt. Man glaubt, in einer intakteren, sozialeren und gerechteren Gesellschaft zu leben, die sich vom Rest deutlich unterscheide. Demzufolge stellt man sich eine «gute Gesellschaft» auch «möglichst klein» vor. Schließlich würde es hier vor Ort ja schon jetzt funktionieren, gaben sich die wendländischen Befragten überzeugt. Diskutiert man mit ihnen die großen Probleme dieser Welt – die Finanzkrise, Klima, Hunger und Armut –, sind sie informiert und differenziert, letztlich aber auch ratlos. Spricht man über aktuelle Fragen und Probleme der Bundesrepublik abseits der Atompolitik, überrascht eine achselzuckende Passivität bei gleichzeitiger Verklärung des regional Begrenzten. «In Andorra gibt es solche Probleme nicht.» Im Gegensatz zu einer beschleunigten Globalisierung mit ihren Problemen könne sich überhaupt erst im Regionalen eine Rückbesinnung «auf den Menschen selbst» vollziehen. Dabei scheint mancher Aktivist bei diesem in sich gekehrten Blick seinen politischen Anspruch verloren zu haben. Es ergibt sich ein anscheinend paradoxes Bild: Geht es um die Organisation ihrer Bewegung, geben sich die befragten Atomkraftgegner hochprofessionell, bündnisoffen, strategisch denkend und betont fortschrittlich. Berührt es ihren unmittelbaren Lebensbereich, das «gute Leben», präferieren sie den Rückzug, ihren vormodernen Mikrokosmos, den sie teilweise verklären.

Castor-Transport als Pulsschlag der Bewegung

Das eindeutige Ziel, die Ablehnung von Atomkraft, verbindet die von uns untersuchten Aktivisten. Auch teilen sie im Wesentlichen ein gemeinsames Politik- und Demokratieverständnis. Und dennoch unterscheiden sich die Langzeit-Aktivisten im

Wendland von denen in der Region Braunschweig-Salzgitter-Wolfenbüttel.

Zunächst einmal ist die Beschreibung der eigenen Ausgangslage ähnlich. Das dauerhafte Engagement über Jahre, das bisher ohne Abschluss erfolgt und mit der Perspektive eines noch jahrelangen Konflikts verbunden ist, wird als eine Art ständiges Schieben und Drängen aufgefasst. Die von uns befragten Atomkraftgegner sehen sich in der Pflicht, aktiv zu sein, fühlen sich beinahe dazu gezwungen, ein Nachlassen komme nicht in Frage, schließlich lasse die andere Seite – «der Gegner» – auch nicht nach. Da die Konflikte auf verschiedenen Ebenen ausgetragen werden – technisch-wissenschaftlich, juristisch, demonstrativ –, kann ein Erfolg nie als wirklich abschließend angesehen werden, drohen doch ständig auf den anderen Ebenen neue Probleme. Im Gegenteil, es gelte, die Anstrengungen zu bündeln, immer noch konzentrierter und effizienter dem entgegenzuarbeiten. Daran erinnert wird man beinahe jeden Tag. Denn der Protestgegenstand hat Stellvertreter, die in den Orten visuell omnipräsent sind. Ob Bergwerk oder Zwischenlager – die Aktivisten haben die Anlagen ihrer Empörung seit Jahren bildlich vor Augen. Auch teilen beide Aktivistengruppen ein hohes Maß an Professionalisierung. Sie sind erfahren im Management und der strategischen Planung, beherrschen Öffentlichkeitsarbeit und sind fähig, Kooperationen einzugehen. Unterschiedlich sind jedoch Habitus und die persönliche Tonart des Protests. Hier treten Aktivisten aus dem Wendland und aus der Asse-Region durchaus sehr verschieden auf, wie eine kurze separate Betrachtung beider Aktivistengruppen veranschaulicht.

Einige Aktivisten aus der Region um Braunschweig haben sich dem Zweck des vorliegenden Forschungsvorhabens, aber auch anderen an der Gesprächsrunde teilnehmenden Aktivisten gegenüber zunächst skeptisch und misstrauisch gezeigt. Sie fürchteten Instrumentalisierung, wähnten versteckte Interessen, hielten sich mit Wortmeldungen zurück, verhielten sich abwartend. Vom Selbstverständnis verstehen sich die Aktivisten in erster Linie als Experten in der Sache. Ausgestattet mit (Sach-) Kenntnissen, schauten sie in den Gesprächen dann problemorientiert auf die Vorgänge um die Asse und Schacht Konrad. Dabei wurde ein kollektiver Wissensbestand sichtbar, den sich die Aktivisten nach eigenen Angaben «aufgebaut» und «erarbeitet» hätten. In ihren Erzählungen trat zudem ein starker Gegenwartsbezug zutage. Das Nachdenken über Zukunftsentwürfe oder gar eine «gute Gesellschaft» erschien diesem Teil der Befragten eher fremd. Utopische Entwürfe, also Gesellschaftsideale, Ziele einer gesamtgesellschaftlichen Entwicklung, wollte man abseits von der atompolitischen Debatte nicht äußern. Dafür waren die Erfahrungen mit den vielen auch als erfolglos empfundenen Anstrengungen offenbar zu desillusionierend. Das Gefühl, seit Jahren recht gehabt, es besser gewusst zu haben, aber nicht gehört worden zu sein, nagt an allen Aktiven gleichermaßen. Nur wirkt es sich in den beiden von uns beobachteten Protestregionen unterschiedlich aus. Zwar äußerten auch die wendländischen Aktivisten uns gegenüber Ermüdungserscheinungen im und durch den Protest. Doch ihr Engagement ist regional tiefer verwurzelt, umfasst breitere Bevölkerungsschichten und wirkt auch weit über das Wendland hinaus anziehend. Mit Blick auf die Zukunft nimmt das den Aktivisten offenbar ein wenig die Anspannung. Sie wirken jedenfalls gelassener. Sie sehen in der Lösung der Endlagerung, wenn es diese denn überhaupt geben sollte, nicht das Ende ihres Engagements.

Sicherlich sind mehrere Gründe dafür anzuführen, denn zu vielschichtig für eine singuläre Erklärung ist die historische Betrachtung eines ganzen Protestraumes wie dem des Wendlands. Im Rahmen unserer Untersuchung schälten sich gleichwohl zwei Gründe deutlich heraus. Zum einen haben die wendländischen Aktivisten nicht zuletzt fast jährlich konkrete

Protestanlässe in der Region, nämlich die Castor-Transporte. Diese Ereignisse stellen eine Art Pulsschlag der Bewegung dar. Immer wieder öffnet sich ihnen ein Zeitfenster, in dem sie ihre Anliegen nach außen präsentieren können und in dem die Vielzahl der beteiligten heterogenen Kleingruppen Raum gewinnen, sich zu entfalten und den Protest in ihrer jeweils spezifischen Art und Weise zu äußern. Kurzum: Es gibt, im Unterschied zu den meisten anderen Protestfeldern bundesweit, regelmäßig die Möglichkeit, konkret zu intervenieren. Diese Greifbarkeit macht den Anti-Castor-Protest auch überregional attraktiv, wobei der «Event-Charakter» der Transporte zumindest von den lokalen Aktivisten zumindest ambivalent gesehen wird. Denn der große außenorientierte Protest stellt für die wendländischen Aktivisten einen regelmäßig wiederkehrenden immensen Kraftakt dar. Dennoch: Gorleben wirkt und begeistert als Ort des Protests Massen. Man gibt sich sicher, der Widerstand bleibe, die nächste Generation – mittlerweile die dritte – stehe schon bereit. In dieser Hinsicht waren die Wendländer deutlich zuversichtlicher als die Atomkraftgegner aus dem Braunschweiger Raum.

So lassen sich – bei allen Gemeinsamkeiten – die Unterschiede der beiden untersuchten Aktivistengruppen vielleicht am besten an diesem Beispiel veranschaulichen: In einem fiktiven Spiel wurden die Interviewpartner gefragt, wie sie mit ihnen zugespielten, geheimen Informationen umgehen würden. Die Aktivisten aus der Region Braunschweig fragten zuerst: Wer oder was steckt dahinter? Hätte man im Wendland gefragt, würde eine typische Reaktion lauten: Was fangen wir damit an?

Verweise und Literatur

1 Vgl. Günter Bannas: Beifall von der falschen Seite: In: *Frankfurter Allgemeine Zeitung*, 9. Juni 2011, unter http://m.faz.net/aktuell/wirtschaft/wirtschaftspolitik/energiepolitik/regierungserklaerung-zum-atomausstieg-beifall-von-der-falschen-seite-1654872.html (eingesehen am 22. Oktober 2012)

2 Zur Geschichte der Anti-Atom-Bewegung grundlegend Dieter Rucht: Von Whyl nach Gorleben. Bürger gegen Atomprogramm und nukleare Entsorgung. München 1980; Dieter Rucht: Anti-Atomkraftbewegung. In: Roland Roth und Dieter Rucht (Hg.): Die sozialen Bewegungen in Deutschland seit 1945. Ein Handbuch. Frankfurt am Main 2008, S. 245–266; Reimar Paul: Und auch nicht anderswo! Die Geschichte der Anti-AKW-Bewegung. Göttingen 1997

3 Über die frühe Geschichte der Bewegung Johann Vollmer: Vom «Denkmal des mündigen Bürgers» zur Besetzungsromantik. Die Grenzen symbolischer Politik in der frühen Anti-AKW-Bewegung. In: Habbo Koch (Hg.): Bürgersinn mit Weltgefühl. Politische Moral und solidarischer Protest in den sechziger und siebziger Jahren. Göttingen 2007, S. 271–293

4 Vgl. Joachim Radkau: Aufstieg und Krise der deutschen Atomwirtschaft 1945–1975. Reinbek 1983

5 Die Literatur wertet die Ereignisse von Whyl übereinstimmend als Signal. Beispielhaft dafür Karl-Werner Brand u. a.: Aufbruch in eine andere Gesellschaft. Neue Soziale Bewegungen in der Bundesrepublik. Frankfurt am Main/New York 1984, S. 80; aus der Perspektive der Aktivisten vgl. Nina Gladitz (Hg.): Lieber heute aktiv als morgen radioaktiv. Berlin 1976; Bernd Nössler und Margret de Witt (Hg.): Kein Kernkraftwerk in Whyl und auch sonst nirgends. Betroffene Bürger berichten. Freiburg 1976; Wolfgang Sternstein: Überall ist Whyl. Bürgerinitiativen gegen Atomanlagen. Aus der Arbeit eines Aktionsforschers. Frankfurt am Main 1978

6 Vgl. Stefan Aust: Brokdorf. Symbol einer politischen Wende. Hamburg 1981; Aktivisten berichten in Ulfrid Kleinert (Hg.): Gewaltfrei widerstehen. Brokdorf-Protokolle gegen Schlagstöcke und Steine. Reinbek 1981; Formierung, Mobilisierung, Eskalation und Deeskalation am Beispiel der Wackersdorfer Protestorganisation bei Dieter Rucht: Bei-

spiel Wackersdorf: Die Protestbewegung gegen die Wiederaufarbeitungsanlage. Gruppen, Organisation, Netzwerke. In: Roland Roth und Dieter Rucht (Hg.): Neue soziale Bewegungen in der Bundesrepublik Deutschland. Bonn 1987, S. 134–163

7 Robert Jungk: Der Atomstaat. München 1977

8 Über Bedingungsfaktoren und Voraussetzungen für Massenproteste vgl. Dieter Rucht: Massen mobilisieren. In: Aus Politik und Zeitgeschichte. Heft 25–26/2012, S. 3–9

9 Dass dies früher durchaus anders war, Frauen im Jahr 1980 die Politik der BI Lüchow-Dannenberg bestimmten, schildert Wolfgang Ehmke: 15 Jahre Widerstand gegen Gorleben. Zwischen Alltäglichkeit und Auszehrung. In: Forschungsjournal Neue Soziale Bewegungen. Jg. 4 (1991). Heft 4, S. 32–39, hier S. 35

10 So beschäftigt die Bewegungsstiftung beispielsweise «BewegungsarbeiterInnen»: www.bewegungsstiftung.de (eingesehen am 22. Oktober 2012)

11 Vgl. Dieter Rucht: Anti-Atomkraftbewegung, S. 259

12 Am Beispiel eines Konflikts um den Schießbetrieb auf einem US-Truppenübungsplatz sowie eines Konflikts um den Flugbetrieb eines Hubschrauberflugplatzes wird die «Dichte der örtlichen Kommunikationsnetze» auf dem Land hervorgehoben. Vgl. Cornelia Nowack: Lokale Öffentlichkeit und Mobilisierungserfolge. Bürgerproteste in einer Großstadt und einer Kleinstadt im Vergleich. In: Forschungsjournal Neue Soziale Bewegungen. Jg. 4 (1991). Heft 4, S. 40–49, hier S. 48

13 Beispielhaft für das Staatsbild, das Widerstand gegenübergestellt wurde, war das Bild des Atomstaats, das Jungk im gleichnamigen Buch zeichnete. Vgl. Robert Jungk: Atomstaat, 1977

14 Der Begriff wird hier in Anlehnung an die Gramscianische Definition genutzt. Antonio Gramsci versteht darunter «den Übergang von einem ökonomischen (oder leidenschaftlich-egoistischen) Moment zum ethisch-politischen Moment … Von einer äußerlichen Kraft, die den Menschen erdrückt, ihn sich assimiliert, ihn passiv macht, wird die Struktur transformiert in ein Mittel der Freiheit, in ein Instrument zur Schaffung einer neuen ethisch-politischen Form, in den Ursprung neuer Initiativen.» Antonio Gramsci: Gefängnishefte. Bd. 6. Philosophie der Praxis. Berlin 1994, S. 1259

«Wir hatten es irgendwann nicht mehr im Griff»

Occupy und andere systemkritische Proteste

Lars Geiges / Tobias Neef / Pepijn van Dijk

Plötzlich waren sie mit ihren Zelten da: in tausend Städten und achtzig Ländern. Allein in Deutschland fanden in gut fünfzig Städten Demonstrationen statt, an denen sich etwa 40 000 Menschen beteiligten. In Berlin kamen 10 000 Teilnehmer zu der größten Veranstaltung zusammen. Demonstriert wurde auch in kleineren Städten wie Herne, Lübeck und Waiblingen. In Frankfurt marschierten etwa 6000 Demonstranten vor die Europäische Zentralbank, mehrere hundert blieben nach der Abschlusskundgebung, standen in Gruppen beieinander, diskutierten, einige bauten vor dem EZB-Gebäude Zelte auf. Zehn Stück waren es in der ersten Nacht. In den nächsten Tagen kamen weitere hinzu, etwa achtzig waren es Ende Oktober 2011. Ähnlich wie in Frankfurt entstanden überdauernde Camps von unterschiedlicher Größe in Berlin, Düsseldorf, Hamburg, Kassel, Kiel, Köln, und Münster. Gezeltet wurde in kleineren Städten, so in Zeulenroda in Thüringen, wenn auch nur für ein paar Tage. Die Welle schwappe über, schrieb der *Tagesspiegel*.[1] «Wie einst montags»,[2] titelte die *Mitteldeutsche Zeitung* in Erinnerung an die friedliche Revolution in der DDR. Occupy hatte Deutschland erreicht – scheinbar aus dem Nichts.

Tatsächlich war eine Gruppe junger Leute bereits im September – inspiriert von den spanischen Indignados (die «Empörten») und den amerikanischen Occupy-Wall-Street-Demonstrationen – auf den Platz vor der Frankfurter Börse gezogen, errichtete Zelte, hielt ihn besetzt. Doch ihr Protestcamp war nicht von Dauer. Der Versuch, Aufmerksamkeit zu erregen, misslang, blieb von den Medien unbeschrieben, stieß bei den Bürgern der Mainmetropole auf wenig Interesse. Nach drei Tagen verließen die Camper den Platz wieder – unzufrieden und auch ein wenig ernüchtert.

Es brauchte erst einen globalen Aufruf aus den Vereinigten Staaten. Für den 15. Oktober 2011 wurde über das Internet zu einem weltweiten Aktionstag aufgerufen. Das Motto lautete: *«United for global change.»* Für eine wahre Demokratie sei es an der Zeit, sich einem globalen, gewaltfreien Protest anzuschließen, hieß es. Und: «Wir sind keine Waren in den Händen von Politikern und Bankern.»[3]

Die Occupy-Bewegung war in Deutschland angekommen. Gestartet hatte sie in Nordamerika, genauer gesagt in Kanada. Denn die Idee für Occupy stammt von der Stiftung Adbusters («Werbungs-Knacker»), eine gemeinnützige, konsumkritische Organisation aus Vancouver. Sie initiierte im Juli 2011 die Aktion «#occupywallstreet» und trieb sie über ihre Zeitschrift, vor allem aber über das Internet, voran. Adbusters rief zum 17. September auf, Manhattan zu fluten, Zelte, Küchen sowie friedliche Barrikaden aufzubauen, und fragte: *«Are you ready for a Tahrir moment?»*[4] Das Vorhaben der Kanadier zeigte Wirkung, wurde von verschiedenen New Yorker Initiativen aufgenommen und besonders über die sozialen Netzwerke des Internets verstärkt und verbreitet. Etwa tausend Demonstranten versammelten sich am annoncierten Protesttag im Finanzdistrikt der Stadt und besetzten den Zuccotti Park nahe der Wall Street. Der Aktion vorangegangen waren in den Wochen zuvor mehrere *general assemblies*, freie und selbstbestimmt organisierte «Bürger-Vollversammlungen» im Zentrum von New York City, bei denen Aktivisten unterschiedlicher Provenienz ein gemeinsames Vorgehen debattierten.[5] Gewaltfrei, hierarchielos, horizontal und konsensorientiert wolle man agieren. Überdies formulierte die Gruppe die Formel: «*We are the 99 %.*» Anlehnend an einen vielzitierten Aufsatz des amerikanischen Wirtschaftsnobelpreisträgers Joseph Stiglitz, spielte der Slogan auf die in den Augen der Occupy-Aktivisten ungerechte Vermögensverteilung in den USA an, wonach die wohlhabendsten Amerikaner (ein Prozent) ungerechterweise weit überdurchschnittlich viel Reichtum, Macht und Einfluss besäßen, was der Mehrheitsgesellschaft (99 Prozent) zum Nachteil gereiche.[6] Als Vorbilder für die eigenen Proteste wurden darüber hinaus ausdrücklich die Demonstrationen in Nahost und den nordafrikanischen Staaten sowie Platzbesetzungen in Griechenland und Spanien benannt.[7] Allesamt Bezugnahmen, die auch innerhalb der deutschen Occupy-Bewegung eine Rolle spielen.

Nur knapp zwei Monate hatte das New Yorker Camp Bestand. Die Polizei löste es im November 2011 auf. Doch der Impuls, der von ihm ausging, war enorm. Allein in den USA entstanden seit dem Aufkommen von Occupy-Wall-Street in kurzer Zeit mehr als eintausend Occupy-Initiativen, praktisch in fast jeder größeren Stadt des Landes. Wie in Frankfurt und Berlin gründeten sich beispielsweise auch in Sydney, Seoul, Hongkong, Helsinki, Kapstadt und Porto Alegre im Anschluss an den weltweiten Demonstrationsaufruf eigene Occupy-Zusammenschlüsse.[8] Und das, obgleich es Medien und Demonstranten offenbar schwerfällt, Ziele und Forderungen der Bewegung überhaupt nur zu benennen, was wiederum Occupy insgesamt rasch vorgeworfen wurde. Womöglich macht aber gerade diese Unbestimmtheit der Stoßrichtung die Bewegung überhaupt erst für das Gros der Aktiven interessant?

In Deutschland jedenfalls wurden der Occupy-Bewegung eine Vielzahl von Adjektiven zugeschrieben: kapitalismuskritisch, systemkritisch, gesellschaftskritisch, um nur einige von ihnen zu nennen. Man nahm an, ihr Protest richte sich gegen den

Finanzkapitalismus, gegen Bankenmacht, gegen global agierende Großkonzerne. Occupy beklage übermächtige Wirtschaftssysteme, mangelnde Mitsprachemöglichkeit, das Herrschaftssystem insgesamt und habe von der spanischen M15-Bewegung die eingängige wie inhaltlich vage formulierte Forderung kopiert: «Echte Demokratie Jetzt!»[9] Sich selbst betrachten die Aktiven als Individuen. Die Krise würde sie einen, darüber hinaus besitze jede lokale Formation ihre eigenen Schwerpunkte. Was jedoch die Occupy-Aktivisten in Deutschland tatsächlich antreibt und bewegt, ist eine zentrale Frage dieser Untersuchung.

Möglicherweise stieß Occupy (auch in Deutschland) in ein günstiges Zeitfenster, sind doch ab 2010 – also etwa zwei Jahre nach dem Beinahe-Zusammenbruch des Weltwirtschaftssystems und fortwährender «Euro-Diskussionen» – bemerkenswerte Ansichten und Wortmeldungen in den öffentlichen Debatten festzustellen gewesen: Die «Systemfrage» wurde formuliert. Im Sommer 2010 wünschten sich einer Emnid-Umfrage zufolge neun von zehn Deutschen eine neue Wirtschaftsordnung. Der Kapitalismus sorge weder für einen «sozialen Ausgleich in der Gesellschaft» noch für den «Schutz der Umwelt».[10] Im Oktober 2011 waren laut einer Studie von Infratest dimap 80 Prozent der Deutschen der Meinung, der schlimmste Teil der Euro- und Schuldenkrise stehe noch bevor.[11] Im Folgemonat sprachen sich zum wiederholten Mal zwei Drittel der Befragten für die Einführung einer Finanzmarkttransaktionssteuer aus als ein sinnvolles Instrument zur Verhinderung von Wirtschaftskrisen.[12] Und im Februar 2012 stimmten 77 Prozent der Befragten der Aussage zu, die soziale Marktwirtschaft mache die Reichen reicher und die Armen ärmer.[13] Auch in der Publizistik finden sich gesellschaftskritische Töne im weitesten Sinn und Sympathiebekundungen für Proteste gegen das System.

Generell ist der Protest der deutschen Occupy-Gruppen stark geprägt von der medialen Aufmerksamkeit, die ihm zuteilwurde. Anfänglich war die Aufmerksamkeit für die neuen Proteste enorm (siehe Tabelle unten). Im Sommer 2011 beispielsweise schreibt *FAZ*-Chefredakteur Frank Schirrmacher über Zweifel im eigenen bürgerlichen Lager. Die Überschrift: «Ich beginne zu glauben, dass die Linke recht hat.»[14] Der *Spiegel* räumt fünf Seiten seines Magazins, um Auszüge des in Deutschland noch unveröffentlichten Buchs von David Graeber, *Schulden. Die ersten 5000 Jahre*, abzudrucken.[15] Graeber ist amerikanischer Anarchist und Anthropologe. Er hat die Occupy-Wall-Street mitbegründet und gilt in den Medien als Vordenker der Bewegung. *Die Zeit* bringt kurz darauf unter dem Titel «Mischt euch ein!»[16] ein langes Interview mit Stéphane Hessel, der mit seinem Buch *Empört Euch!* einen Bestseller verfasst hat, in dem er zu mehr Engagement auffordert. Mit den Titelgeschichten «Aufstand der Jungen»[17] und «Bändigt die Banken»[18] legte das Hamburger Wochenblatt nach. Die Berichterstattung verlief jedoch entlang der Mobilisierungsfähigkeit der neuen Bewegung – zwar war sie mit Blick auf die schnell sinkenden Zahlen bei den Großveranstaltungen und Demonstrationen immer noch überproportional, jedoch wandelten sich auch die Bilder, die von den Medien gezeichnet wurden, und kratzen so insbesondere in den Epizentren des Protests, Frankfurt am Main und Berlin, am Ego der Aktivisten.

Berichterstattung über Occupy

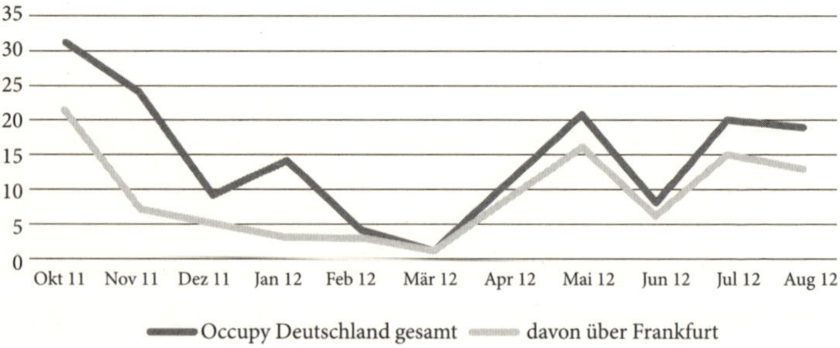

Quelle: Daten aus einer Erhebung der Berichterstattung von *taz*, *Die Welt*, *Die Zeit*, *Spiegel Online*, *Financial Times Deutschland*, *Frankfurter Rundschau* im Zeitraum 1. Oktober 2011 bis 31. August 2012 (eigene Darstellung)

Occupy wurde also von Teilen der Öffentlichkeit zunächst begrüßt. Doch galt dies keinesfalls in toto für die Organisationen und Kleingruppen innerhalb des linken Spektrums. Die deutsche Bewegungslinke ist stark fragmentiert und uneinig, mitunter auch zerstritten, teilt sich auf in einige größere bundesweit agierende Gruppen wie Attac, Campact oder die Interventionistische Linke (IL) und geht bis hin zu einer schier unüberschaubar wirkenden Vielzahl von in sich kleinteiligen Bündnissen, zu denen orthodoxe kommunistische, radikale, autonome, antifaschistische, antirassistische, antikapitalistische, internationalistische, pazifistische, globalisierungskritische, anarchistische, anarchosyndikalistische, sozialistische, feministische und ökologistische Gruppen sowie Kleinstparteien zählen. Sie alle eint, dass sich ihre Aktiven uns gegenüber selbst als «systemkritisch» bezeichnen.[19] Die Übergänge in den Weltanschauungen dieser systemkritischen Gruppen sind teilweise fließend, teilweise miteinander unvereinbar. Entsprechend schwierig gestaltete sich in den vergangenen Jahren die Zusammenarbeit untereinander sowie gemeinsame Mobilisierungen. Und dennoch: Auch wenn der außerparlamentarische Protest von links zerfasert ist, für die neugegründeten Occupy-Initiativen gilt, dass sie keineswegs einen luftleeren Raum füllten. Vielmehr traten sie in Erscheinung als ein weiterer Akteur innerhalb eines breiten wie uneinheitlichen Protest- und Politikfelds.

«Ich war nicht erschöpft. Ich war wie aufgeputscht» – Die Errichtung der Camps

Es ist eine überschaubare Zeit mit eindeutigem Anfang und Ende, zu der ein aktives und organisiertes Leben in den deutschen Occupy-Camps stattgefunden hat: von Oktober 2011 bis September 2012. Auch das letzte verbliebene Occupy-Camp Deutschlands, jenes in Hamburg, solle in Kürze geräumt werden, hieß es zuletzt. Wie in Frankfurt, wo sich das Occupy-Camp vor dem EZB-Hochhaus mitten im Bankenviertel und nahe den Zentralen von Deutsche Bank und Commerzbank niedergelassen hat, wählten Aktivisten anderer Städte ebenfalls in ihren Augen symbolträchtige Plätze als Standort für ihren Dauerprotest. Occupy Düsseldorf beispielsweise errichtete ihre Zeltstadt auf dem Martin-Luther-Platz in der Innenstadt der nordrhein-westfälischen Landeshauptstadt. Ihr Camp war nur wenige Meter von der Einkaufsstraße Königsallee, kurz Kö, entfernt, unweit der Düsseldorfer Börse und nahe verschiedenen Repräsentanzen von Großbanken und Versicherungen. Das Hamburger Occupy-Camp stand, trotz kurzer Unterbrechungen, die längste Zeit auf dem Gerhart-Hauptmann-Platz. Die Binnenalster, der Jungfernstieg, das Thalia-Theater und die Flaniermeile Mönckebergstraße – allesamt vielbesuchte Sehenswürdigkeiten der Stadt – waren nur wenige Schritte entfernt; vis-à-vis dem Camp: die Hauptvertretung der HSH Nordbank. Und das Berliner Occupy-Camp – es wurde bereits im Januar 2012 als erstes deutsches Camp von der Polizei geräumt – befand sich am Bundespressestrand in Mitte; die Aktivisten hielten Versammlungen vor dem Reichstagsgebäude ab. Es waren also stets zentrale öffentliche Räume, in denen die Platzbesetzungen stattfanden. Hier wollte man Präsenz zeigen, den Protest verankern, dem Bürger ein offenes Forum zum Gedankenaustausch ermöglichen.[20] Ihnen, aber vor allem dem Bankenwesen, der Finanzwirtschaft, der Politik, ja, dem Kapitalismus in Gänze wollte man eine Mahnwache vorhalten – und zwar dem Wortsinn nach: den Bürger mahnen, zugleich über das System wachen, wie ein Aktivist erläutert.

Tatsächlich produzierte Occupy Gegensätze und schlug Breschen ins Stadtbild: bunte Flecken auf zubetonierten Flächen – so ihre eigene Wahrnehmung. Die Campingzelte befestigten die Aktivisten häufig wegen Nässe und Kälte auf Holzpaletten. Sie errichteten offene Küchen mit Spülen und Holzöfen, bauten kleine Bühnen, legten Gärten an mit Tischen, Bierbänken und weißen Plastikmöbeln, stellten Topfpflanzen an Gehwege und pflegten Kräutergärten. Sie bauten große Versammlungszelte auf, die meist aus Spenden stammten, und sammelten Bücher für den Aufbau eigener Bibliotheken. Im Frankfurter Camp entstand in Kürze ein «IT-Zelt», ausgestattet mit mehreren internetfähigen Computern als Kommunikations- und Recherchezentrale. Von hier aus wurde der Kontakt zu anderen Gruppen gepflegt, die eigene Homepage aktualisiert, wurden Radiobeiträge und Mobilisierungs-Videos produziert und ins Internet gestellt sowie Demonstrationsmaterial formuliert und gestaltet.

Besondere Bedeutung sprachen die Aktivisten den Informationsständen zu. Sie sollten den Bürgern zentrale Anlaufstellen sein, an der eigene Flugblätter, Unterschriftenlisten, Demonstrationsaufrufe und Broschüren ausgelegt und verteilt wurden. Tag und Nacht sollten sie mit wenigstens einer Person besetzt sein, die bereit sein sollte, mit interessierten Passanten Gespräche zu führen. Am augenfälligsten jedoch waren die zahlreichen Fahnen, Plakate und Transparente am und im Camp: politische Botschaften als Graffiti auf Zelte und Planen gesprüht, Wünsche an die Gesellschaft auf Zettel geschrieben und an Wäscheleinen gesammelt, Zitate von Mahatma Gandhi, Henry Ford, Bertolt Brecht und Albert Einstein auf Bettlaken gepinselt und auf Steine gemalt, Grundgesetzartikel mit Kreide auf Tafeln geschrieben. Teilweise wortgleich waren in den Zeltstädten Parolen zu lesen wie «Geld geht über Leichen», «Bürger statt Banken!», «Wir bleiben! Für eine neue Welt», «Liebe statt Gier» oder auch «Sei Du selbst die Veränderung, die Du Dir wünschst!» sowie «Was glaubt Ihr, was hier los wär, wenn alle wüssten, was hier los ist?».

Dass sich die Camps derart rasch entwickelten, lag auch an der Euphorie der ersten Tage. «Ich war nicht erschöpft. Ich war wie aufgeputscht», sagt einer, der vom ersten Tag an mit dabei war, und erzählt von der «positiven Energie» und dem großen Zuspruch von außen. Wie ein «Talkshow-Marathon im Fernsehen» sei in den ersten Tagen stunden-, ja tagelang im Camp über Politik diskutiert worden. «Ein wahnsinniges Gefühl» sei es gewesen, bei diesen ersten Demonstrationen Tausende Menschen zu sehen, die gemeinsam ihrer Empörung Luft machten, um etwas zu verändern. Eine junge norddeutsche Aktivistin schwärmt von der Stimmung im Camp und besonders von dem Hochgefühl, das die ersten gemeinsam geplanten und durchgeführten Aktionen in ihr ausgelöst hätten: «Es war alles ganz aufregend.» Man war bewegt von sich selbst, begeistert vom Reiz des Neuen und angeregt durch den Hauch eines gefühlten Abenteuers, der die Camps umgab – anfänglich befeuert und bestätigt von einem immensen medialen Interesse. Das wirkte – besonders auf diejenigen Aktivisten, die sich bei Occupy erstmals politisch engagierten.

Die Aktivisten im Camp sowie die Unterstützer aus dem campnahen Umfeld – also diejenigen, die sich regelmäßig tagebeziehungsweise nächteweise dort aufhielten – lassen sich vereinfacht in drei Gruppen einteilen. Zum einen bestand die Gemeinschaft aus «Jung-Aktivisten». Es handelte sich dabei meist um studentisch-alternativ geprägte Aktive unter dreißig Jahren, die zuvor entweder gar nicht politisch tätig waren oder aber aus ihren bisherigen Gruppen unzufrieden hinausgingen. Zum anderen ließ sich ein beachtlicher Anteil von «Alt-Aktivisten» ausmachen: Aktive, die sich zeitgleich zu ihrem Engagement bei Occupy noch in anderen Parteien und/oder Initiativen einbrachten. Sie besaßen deutlich mehr Erfahrungen mit Organisation und Protest, waren beispielsweise schon in der Friedensbewegung engagiert und wollten bei Occupy «dabei sein, wenn etwas Neues» entsteht. Einen dritten Teil bildeten diejenigen, die sich nicht zu den beiden obengenannten Gruppen zuordnen lassen. Dazu zählten unter anderem freie Künstler, Weltreisende, Esoteriker,

Handwerker auf Durchreise sowie Obdachlose, Drogenabhängige und andere Heimatlose. Welche Teilgruppe das Geschehen im Camp personell dominierte und damit den Alltag bestimmte, unterlag starken Dynamiken und variierte von Camp zu Camp.

Wie auch die Teilnehmerzahlen bei den dortigen Veranstaltungen immens schwankten: von anfänglich bis zu einhundert Teilnehmern an campintern ausgerichteten Diskussionsrunden bis zum Ausfall von (öffentlichen) Versammlungen mangels Beteiligung. In Frankfurt beispielsweise standen zu Beginn etwa achtzig Zelte, zum Jahreswechsel rund vierzig, kurz vor der Räumung im August nur noch etwa dreißig Zelte. Im Düsseldorfer Camp – das ebenfalls im August geräumt wurde – verharrten den Winter hindurch nicht mehr als zehn Aktivisten. In Kiel waren es in etwa gleich viel. In Hamburg blieb die Anzahl der im Camp Überwinternden ebenfalls unter zwanzig. Anfang Januar war das Berliner Camp nur noch von etwa fünfzehn Aktivisten bewohnt.

Gleichwie herrschte bei denjenigen, die sich ausdauernd in den Zelten aufhielten und sich dort aktiv einbrachten, eine besonders hohe Identifikation mit Camp und Bewegung. Sie zeigten sich begeistert über die Form des Umgangs miteinander. Völlig fremde Menschen seien dort zusammengekommen, jeder sei nett, freundlich und offen gewesen. Man umarmte sich zur Begrüßung und zum Abschied. Aktivisten betonen den Gehalt der Gespräche untereinander. Sie seien tagtäglich geführt worden, wobei interessante, neue Standpunkte aufeinandergeprallt seien. Es habe eine einmalige «Austauschkultur» bestanden, innerhalb derer jeder extrem viel lernte und für sich persönlich habe mitnehmen können: «... das passiert ja an anderen Orten nicht.» Die Protestform, das Wohnen und Zelten unter freiem Himmel, habe die ohnehin schon vorhandenen Interessen und Hobbys vieler Aktivisten getroffen, berichtet ein Beteiligter und fügt auf sich bezogen an: «... diese aCAMPada-Form, das war schon immer ein Teil von mir.»

Zusammensetzungen, schwankende Gruppengrößen und die Protestform selbst hatten nicht unerhebliche Folgen für Organisation und Leben in den jeweiligen Occupy-Camps. Dennoch hielt ein gewisser Alltag dort Einzug. Politisch-kulturelle Veranstaltungen besaßen darin ihren festen Platz. In Münster beispielsweise gab es Diskussionsrunden über «Erziehungssysteme – Ursache und Wirkung», zu den Themen «Krankes Fleisch im Supermarkt», «PR für Profis» sowie «Verschwörungstheorien und Praktiken». Die Camps organisierten Themenabende, zu denen sie externe Gäste einluden, wobei einige Referenten aber auch selbst offensiv den Kontakt zu Occupy-Gruppen suchten. In Kiel beispielsweise diskutierte der Präsident des Instituts für Weltwirtschaft, der US-Amerikaner Dennis J. Snower, mit den Aktivisten über die Finanzkrise.[21] Es gab Vorträge über Gemeinwohlökonomie und das Geldsystem. Das Frankfurter Camp beteiligte sich unter anderem an einer Podiumsdiskussion mit der Vize-Vorsitzenden der LINKEN, Sahra Wagenknecht. Thema des Abends: «Unordnung und Kritik in Europas Marktwirtschaft.» Dabei waren gemeinsame Auftritte mit Vertretern von Parteien intern nicht unumstritten. Ihnen trat man skeptisch gegenüber, man wollte sich nicht vereinnahmen lassen; Gesprächsangebote nahm man dennoch überwiegend an. So wurde mit SPD-Stadtpolitikern über den Zustand der Demokratie diskutiert und mit Bundestagsabgeordneten der LINKEN über ein mögliches Verbot deutscher Rüstungsexporte. Die Kontaktaufnahmen vonseiten etablierter Parteien beschränkten sich auf Sozialdemokraten, die Grünen und LINKE. Mit der Piratenpartei gab es jedoch die wohl intensivsten Auseinandersetzungen und deutliche Solidarisierungsbekundungen, wie sich auch in unseren Fokusgruppen zeigte. Häufig fand die Piratenpartei in den Argumentationen der Befragten Erwähnung, einige Aktivisten waren selbst Mitglieder der Partei.

«Asam-bla-blas» und «Trunkenbolde im Ordnerzelt» – Alltag in den Camps

Mehrere Camps organisierten eigene Lesezirkel, in denen unter anderem Texte von Karl Marx, David Graeber, der amerikanischen Philosophin Judith Butler sowie aktuelle Medienbeiträge gelesen und debattiert wurden. Camps gründeten eigene «Occupy-Zeitungen»[22], auch Internetforen und Netz-TV-Magazine wurden eingerichtet. Aus dem Kreis der Aktiven entwickelten sich darüber hinaus Arbeitsgemeinschaften (AGs), die regelmäßig in Kleingruppen zusammenkamen, Zuständigkeiten ausarbeiteten, Aktionen vorbereiteten, das Campleben organisierten. Es gab unter anderem AGs, die verantwortlich waren für die Bereiche «Medien», «Demo», «Infrastruktur», «Kunst und Kultur» sowie «Camp-Inklusion». Bei der «Orga AG» – Treffen alle zwei Wochen – sollten die Fäden zusammenlaufen.

Die Asamblea (spanisch: «Versammlung») galt für die Aktiven als zentrales Entscheidungsorgan. Sie fußt auf den Grundlagen von Basisdemokratie und Konsens, ein für das Selbstverständnis der Occupy-Aktivisten überaus bedeutsamer Begriff.[23] Die Asamblea ist bekannt geworden durch die Proteste der Indignados in Spanien im Jahr 2011, wurde von der Occupy-Wall-Street-Bewegung aufgenommen und von dort weltweit verbreitet. Asambleas finden öffentlich statt. Jeder kann daran teilnehmen, ist wort- und abstimmberechtigt. Ihr Ablauf ist denkbar einfach: Die Aktivisten sitzen möglichst in einem Kreis oder Halbkreis. Ein jeweils wechselnder Moderator führt durch eine bis Diskussionsbeginn offene Tagesordnung, notiert die Redner der Reihe ihrer Wortmeldungen nach auf einer Liste und achtet auf etwa gleiche Redeanteile. Ziel ist es, Beschlüsse im Konsens zu fassen. Teilnehmer können während einer Asamblea über vereinbarte Handsignale den Rednern Zeichen geben. Das vermutlich bekannteste unter ihnen, das Drehen der Hände auf Kopfhöhe, signalisiert Zustimmung. Eine Geste, die unter anderem bei globalisierungskritischen Protesten ab Ende der neunziger Jahre bereits zum Einsatz kam.[24] Im Idealfall entsteht so eine Art aktives Zuhören, und die Diskussionsleitung erhält schon während der laufenden Aussprache Eindrücke, wie Mehrheitsverhältnisse in der Gruppe gelagert sein könnten. Zeitlich begrenzt ist eine Asamblea nicht, für einen vorzeitigen Abbruch braucht es wiederum einen Konsens.

Sechsstündige Versammlungen waren in deutschen Occupy-Camps keine Seltenheiten. Sie wurden hier meist regelmäßig einmal in der Woche einberufen. Anders als in anderen Ländern wurde in Deutschland das «Human Mic» nur als symbolisches Mittel bei in der Öffentlichkeit abgehaltenen Asambleas verwendet. Beim Human Mic (zu Deutsch etwa: «menschliches Mikrophon») wiederholt die Gruppe passagenweise das vom Redner Gesagte im Chor und verstärkt es somit. Dadurch wird es auch Zuhörermassen, die sich in sehr weiter Entfernung zum Redner befinden, möglich, das Gesagte nach und nach zu verstehen. Die Aktivisten, die den New Yorker Zuccotti Park besetzten, machten von dieser Methode des kollektiven Nachsprechens Gebrauch, um sich Gehör zu verschaffen, weil ihnen der Einsatz von Megaphonen und Lautsprechern polizeilich verboten war. In Deutschland verwendeten die Occupy-Aktivisten das Human Mic gelegentlich spontan während Demonstrationen, jedoch mehr als eine Art Protestdekoration. Denn aus technisch-akustischen Gründen brauchte man es eigentlich nicht. Die Menschenansammlungen bei ihren Demonstrationen waren meist zu klein, zudem waren Lautsprecheranlagen überwiegend erlaubt, die Teilnehmerzahlen an Asambleas machten ebenfalls Tonverstärkungen überflüssig.

Gegenüber dem Verfahren der Asamblea äußerten viele der von uns Befragten Skepsis, die mit der Zeit zunahm. «Asambleas als Entscheidungsgrundlage konnten wir nie etablieren», fasst ein junger Aktivist eines größeren Camps seine zehnmonatigen Erfahrungen mit diesem Instrument zusammen. Hinter vorgehaltener Hand wurde die Asamblea von Aktivisten gelegentlich «Asam-bla-bla» genannt und als zu anstrengend, meist langweilig und häufig ergebnislos empfunden. Es sei nervenaufreibend, dass Einzelne nicht zielführend diskutieren könnten und man gleichzeitig das Asamblea-Zelt nicht vorzeitig verlassen könne. Denn wer ging, nahm sich die Chance, auf die jederzeit möglichen Wendungen innerhalb der Debatten mit eigenen Wortmeldungen zu reagieren. Und Stimmungen im Plenum konnten schnell kippen. Außerdem bestand die Gefahr, bedeutsame Abstimmungen zu verpassen. Doch schon sehr früh nach Gründung der Camps seien politische Inhalte während der Asambleas, etwaige Aktionsvorschläge und Konzeptdebatten zunehmend in den Hintergrund gerückt. Organisatorische, campinterne Fragen hätten vorrangig besprochen werden müssen. So ging es häufig um die Entsorgung von Müll, den Umgang mit Störern, um den Abwasch und das Essen – bald auch um leere Spendendosen.

Aber das waren nicht die einzigen Probleme. Vor allem der einsetzende Winter machte den Gruppen zu schaffen, Camps schrumpften, Aktivisten stiegen aus oder arbeiteten vermehrt von zu Hause aus. Freunde und Unterstützer blieben in der dunklen Jahreszeit den Zeltstädten zunehmend fern. Das Leben im Camp fror ein. Bei bis zu minus 20 Grad Celsius traten Spannungen innerhalb der Gruppen zutage. Deutlich lässt sich dies am Beispiel von Occupy Düsseldorf nachzeichnen. Im Februar 2012 war die Gruppe zerstritten, zwei Fraktionen hatten sich gebildet, die miteinander kaum mehr sprachfähig waren. Auf der einen Seite gab es «die Camper», nicht mehr als zehn Aktivisten, die sich als die «wahren Protestler» verstanden, die dem Widerstand auf der Straße Ausdruck verleihen, Tag wie Nacht im Camp verbringen und – ihrer Meinung nach – dadurch die Bewegung am Laufen hielten. Auf der anderen Seite «die Heimarbeiter», eine Gruppe von etwa zwanzig Aktivisten, die sich selbst als die Kreativen ansahen, als Strippenzieher, die entscheidende Vernetzungsarbeit leisteten, als Macher und Denker den wichtigen ideologischen Unterbau liefern und letztlich damit die Gruppe insgesamt tragen würden.

Die Gräben wurden an mehreren Stellen deutlich, beispielsweise im Zuge einer Asamblea-Diskussion über die «Camp-Kasse». Die Gruppe der «Heimarbeiter» hatte schon Wochen zuvor mit der Planung begonnen, einen Verein zu gründen. Ihr Ziel war, durch ihn eine Struktur für die Düsseldorfer Gruppe aufzubauen, die es potenziellen Spendern einfacher macht, Occupy Düsseldorf mit finanziellen Zuwendungen zu unterstützen. Übrigens ein Modell, das auch andere Camps umsetzten. Während der Asamblea sollte nun «ein Stimmungsbild» eingeholt werden, inwiefern diese «Vereins-Kasse» von der «Camp-Kasse» – also der Spendendose, die sich dauerhaft am Infostand des Camps befand – zu trennen sei. Immer wieder hieß es vonseiten der «Camper», dass die «Heimarbeiter» nicht wüssten, wie das Leben im Lager wirklich aussehe. «Vollkommen utopisch» seien ihre Rechnungen über den täglichen Geldbedarf. Es gebe im Camp eben keine Planungssicherheit, weil jede Woche anders verlaufe, unterschiedlich viele Spenden eingingen und man schließlich auch nicht wisse, ob im nächsten Monat zehn oder hundert Protestler im Camp wohnen würden. Hinzu kämen «gewisse Leute», die es im Asamblea-Zelt gern warm hätten, wofür wiederum der Camp-Kasse Geld für zusätzliche Propangasflaschen entnommen werden müsste. Die «Heimarbeiter» wünschten sich ihrerseits eine genaue Buchführung über die Ausgaben (Belege wurden im Schuhkarton gesammelt), was wiederum die Camp-Bewohner brüsk ablehnten. «Hast du schon mal gesehen, dass dir eine Waschmaschine im Waschsalon eine Rechnung ausstellt?» Überdies sei Geld aus der Camp-Kasse an Privatleute verliehen worden, ein Unding in Augen der «Heimarbeiter». Und auch für das Verschwinden des gemeinsamen Camp-Handys, unerlässlich für Organisation und kurzfristige Beantwortung von Presseanfragen, seien ja wohl diejenigen verantwortlich, die auch im Camp leben, also die «Camper». Ein Aktivist aus einer anderen Stadt berichtet von ähnlichen Erlebnissen: «Abends fangen die Reibereien an, dann merkt man die Unterschiede.»[25]

Viele Probleme kamen allerdings auch von außen. Die Zeltdörfer inmitten von Fußgängerzonen und Bahnhofsvierteln waren häufig Ziel von randalierenden Leuten. Des Öfteren flogen Steine und Flaschen. Auch von verwirrten Menschen mit Messern in den Händen wurde uns berichtet. Auf das Kieler Camp wurde im Januar 2012 sogar ein Brandanschlag verübt. Niemand verletzte sich, aber sämtliche Zelte brannten ab und mussten mühsam wieder aufgebaut werden.[26] Großstadt-Camps entwickelten sich zu sozialen Brennpunkten. Sie wurden Zufluchtsorte für Gestrandete, Gescheiterte und Heimatlose. Schwerstsüchtige und Verhaltensauffällige kamen. Zwar schwärmen Aktivisten davon, wie es ihnen gelungen sei, beispielsweise Abhängige durch zahlreiche Gespräche in ein, nämlich ihr soziales Netz einzubinden, ihnen neuen Halt zu geben, ihnen so etwas wie einen Alltag zu bieten und sie so von ihren Süchten ein wenig zu befreien. Jedoch hatte die Tatsache, dass sich das Camp «zu einer Sozialstation» entwickelte, Folgen für die äußere Wahrnehmung. Ein anderer Occupy-Aktivist, der das Frankfurter Camp im Frühjahr besucht hatte, berichtete beispielsweise: «... dort war alles kaputt, ich habe Heroin angeboten gekriegt, im Camp selber.» Einem Befragten aus Süddeutschland fielen bei seinem Besuch vor allem «Trunkenbolde im Ordnerzelt» auf. «Wir hatten es irgendwann nicht mehr im Griff», sagte eine Frankfurter Camperin.

Der Umgang mit diesen sozialen Gruppen war stets Konfliktthema, das in den Occupy-Camps durchaus unterschiedlich angegangen wurde. Die Bewohner des Frankfurter Zeltlagers sprachen sich für grundsätzliche Offenheit aus, niemand sollte hinausgeschmissen werden. Andere Camps duldeten keine Trinker, ließen sie nicht übernachten, errichteten sogar Barrikaden, um sich von Obdachlosen räumlich abzugrenzen. Aktive Partizipation am Camp-Leben gehöre dazu, sagte eine nordrhein-westfälische Aktivistin und fügte an: «Herumlungern und saufen is einfach nicht.»

Die weitgehende strukturelle Offenheit der Bewegung wirkte anziehend, auch auf Menschen mit extremem Gedankengut wie Verschwörungstheoretiker oder Rechtsradikale. Es wurde berichtet, wie sehr man aufpassen müsse, dass diese Leute nicht die Gruppen dominierten, Meinungen beeinflussten, Stimmung machten – das Camp unterwandern würden. Hier setzten die von uns besuchten Occupy-Gruppen auf eine Art soziale Verdrängung, auf «Selbstreinigungskräfte im Camp». Besucher, die stark abweichende Auffassungen, diskriminierende Ansichten oder eine nachgewiesene Vergangenheit im rechtsextremen Umfeld besaßen und versuchten, die Gruppe zu beeinflussen, wurden nicht etwa ausgeschlossen. Stattdessen habe man sich darauf geeinigt, diejenigen Personen in den Versammlungen zur Rede zu stellen, ihnen im Gespräch mit sachlichen Argumenten die Lust am Äußern ihrer Ansichten zu nehmen – der eigenen Auskunft nach mit Erfolg.

Dennoch schlug mit der Zeit die Stimmung bei einigen Bewohnern um, zwar nicht bei der Mehrheit, jedoch bei vielen wichtigen Aktiven vor Ort. Sie empfanden die Zeltstädte zunehmend als Belastung, weil die sozialen Spannungen überhandgenommen hätten. Überlegungen einer freiwilligen Räumung machten unter ihnen ab Frühjahr 2012 die Runde. Von Kiel bis Frankfurt entstand bei dieser sehr engagierten Gruppe von Aktivisten die Einsicht, dass sich die Camp-Strukturen abgenutzt hätten. Und weder die Kommunen noch die Länder hätten geholfen, diese Probleme aufzufangen, sondern eher noch versucht, Druck auszuüben, um die Aktivisten zum Abbau der Camps zu bewegen. «Man wollte uns auch weghaben», sagte eine norddeutsche Aktivistin. Einen weiteren Winter hätte man ohnehin nicht überstanden. Die Symbolik des Camps war den meisten Occupy-Aktivisten wichtig, ihr Engagement knüpften sie daran jedoch nicht.

Während der Dauer der Zeltlager bekamen die Aktivisten reichlich Unterstützung. Bäckereien überließen ihnen Brot, das sie am Tag nicht verkauften. Supermärkte spendeten Gemüse und Obst. Cafés gestatteten es Occupyern, ihre Toiletten zu benutzen. Einzelhändler halfen schon mal mit Strom aus. Vieles überließen ihnen sympathisierende Bürger. Sie brachten Decken, Möbel, Lebensmittel, Zelte, Essen, Schlafsäcke, Schränke, Kochtöpfe und Feuerholz und spendeten Geld. Die Sammelbüchsen waren in der Anfangszeit zwar besser gefüllt, der Eifer vieler Unterstützer riss dennoch nicht ab, wie uns berichtet wurde. Auffällig war, dass etliche Kirchengemeinden ein gutes Verhältnis zu Occupy-Camps entwickelten. Sie stellten den Aktivisten Räume für Vernetzungstreffen zur Verfügung und ließen sie nahe ihrer Gotteshäuser Zelte aufschlagen, zum Teil auf eigenem Grund und Boden. Einige Kirchenvertreter positionierten sich offensiv gegen Räumungsaufforderungen und sprachen sich auch während Occupy-Demonstrationen für den Fortbestand des Camps in ihrer Stadt aus. Zu Theater- und Opernhäusern pflegten die Aktivisten ebenfalls überwiegend gute Kontakte. Man durfte in ihren Kantinen essen und organisierte gemeinsam Veranstaltungen: Podien, Lesungen, Diskussionsreihen. Die Berlin Biennale 2012 rückte «Occupy» und das Thema Protest insgesamt in ihren Mittelpunkt, und lokale Veranstalter fragten Occupy-Gruppen, an ihren Ausstellungen und Festivals teilzunehmen.

«Eine typische Attitüde von Linksradikalen, den anderen zu erklären, wie es wirklich geht» – Occupy und das linke Lager

Schwieriger gestaltete sich die Zusammenarbeit mit anderen Gruppen und Initiativen innerhalb des linken Spektrums. Da Occupy in Deutschland anfänglich als gruppenübergreifende Bewegung aufgetreten war, hatte man die Einordnung in ein linkes Lager abgelehnt, für sich beansprucht, «jenseits von rechts und links» zu stehen und innergesellschaftliche Grabenkämpfe überwinden zu können. Doch unseren Beobachtungen zufolge haben die lokalen Occupy-Gruppen schon sehr bald nach ihrer Gründung Kontakt zu organisierten und erfahrenen Zusammenschlüssen aufgenommen. Die Occupy-Lager traten dabei zwar passiv in Erscheinung, wurden meist von anderen Initiativen angesprochen, teilweise vorangetrieben von «Mehrfach-Engagierten», die sich neben Occupy zeitgleich noch in weiteren Initiativen einbrachten.

Dabei schlug der Occupy-Bewegung von Anfang an auch Skepsis entgegen. Ein langjähriger Aktivist einer sozialistischen Kleingruppe sagte uns in Bezug auf die ersten gemeinsamen Demonstrationen im Herbst 2011: «Wir waren uns alle relativ einig, dass man zumindest nicht mit antikapitalistischen Positionen gegenüber der Occupy-Bewegung hinter dem Berg halten muss, sondern dass man sie durchaus noch aussprechen sollte.» Er berichtet von einem «Hochjubeln von Occupy» und davon, dass man statt «irgendeinen Aufruf, der eigentlich verwaschener Mist ist … man mal lieber eine inhaltliche Veranstaltung organisiert» hätte. Ein langjähriges Mitglied einer globalisierungskritischen Gruppe, das seine lokale Occupy-Bewegung ebenfalls unterstützte, meinte, «gerade aus der linken Ecke» sei man mit Occupy «ein wenig arrogant umgegangen». Man habe gesagt, sie seien alles Spinner mit verkürzter Kapitalismuskritik, die erst mal Marx lesen müssten. «Das ist so eine typische Attitüde von linksradikalen Kapitalismuskritikern, den anderen zu erklären, wie es wirklich geht», erläuterte eine ostdeutsche Aktivistin, die seit vielen Jahren in verschiedenen Gruppen engagiert ist und übergreifend lokale Vernetzungsarbeit leistet. Sie erzählte von ihrer Heimatstadt, in der am ersten Tag der Occupy-Demonstration eine antikapitalistische Gruppe zunächst intervenieren und eigene kritische, gegen die Occupy-Bewegung gerichtete Flugblätter verteilen wollte. Für sie sei Occupy ähnlich wie die Piratenpartei postpolitisch: Ihnen gehe es vordergründig um Prozesse – nicht um Inhalte. Occupy bekämpfe Symptome und nicht die Ursache.

Tatsächlich ist dies auch die Haltung einer starken Strömung innerhalb des linken Spektrums. Während einer Aktionskonferenz im Februar 2012, die der Vorbereitung der «Blockupy»-Aktionstage diente, wurden etliche Occupy-kritische Papiere verteilt. In einem Flugblatt, verfasst von einer sozialistischen Gruppe, heißt es: «Occupy war in der BRD weitgehend ein vom Banken-bashing der mainstream-Medien entfachtes Strohfeuer am 15. 10. Nach tagelanger Bewerbung des occupy-Aktionstages durch die Massenmedien kamen tatsächlich recht viele TeilnehmerInnen zu den Demonstrationen, jedenfalls in Berlin und Frankfurt. Aber bereits in der zweiten Okt.-Hälfte brach die Mobilisierung stark ein und die Demos am 12. Nov. in Berlin und Frankfurt waren bereits keine Demos der occupy-Szene mehr, sondern Attac- und Campact-Demos.» Man könne leider nicht vermeiden, die weinselige Stimmung vieler AktivistInnen in der BRD mit etwas Realitätsessig zu verderben – insbesondere hinsichtlich der Lage hierzulande: Sprache und Kultur der Occupy-Bewegung spreche «in der BRD 90 % der Bevölkerung nicht im geringsten an».[27]

Auch während gemeinsamer Aktionskonferenzen wurde Distanz sichtbar. Uns gegenüber äußerten Occupy-Aktivisten Unverständnis über das Zustandekommen mancher Entscheidungen. Occupyer – bereits numerisch bei solchen Veranstaltungen klar in der Minderheit – taten sich schwer mit den organisatorischen Abläufen und den informellen Prozessen. Sie besaßen keine über Jahre gewachsenen Kontakte zu anderen Gruppen, verfügten kaum über persönliche Verbindungen und hatten meist nur wenig Organisationserfahrung vorzuweisen. Ein langjähriger Aktivist sagte dazu: «Klar, wenn die Occupy-Leute Attacies oder IL'er (Interventionistische Linke, Anm. d. V.) treffen, merken die auf einmal so: Oh, o. k., Organisationslogik, völliger Widerspruch zu unserer Open-Space-Logik.»

Trotz mancher Unterschiede: Die lokalen Occupy-Zusammenschlüsse eint, eine Vielzahl von Aktionen und Demonstrationen gemeinsam mit anderen Gruppen oder innerhalb von Bündnissen (mit)initiiert, (mit)organisiert und (mit)durchgeführt zu haben. Nicht immer war deutlich, von welcher Seite das Engagement für gemeinsame Veranstaltungen ausging. Ab Herbst 2011 engagierten sich die Occupy-Gruppen bei Demonstrationen, zu denen weltweit, aber auch national durch andere Organisationen aufgerufen worden war. «Empört Euch!», «Für eine echte Demokratie», «Banken in die Schranken» und «Wir sind die 99 %» waren die Schlagworte der teilweise mit anderen Gruppierungen wie beispielsweise Attac formulierten Aufrufe. Auf Proteste gegen «Bankenmacht» folgten Engagements gegen das geplante Handelsabkommen ACTA, in der «Free Bradley Manning»-Kampagne, gegen den Europäischen Stabilitätsmechanismus (ESM), den Fiskalpakt oder gegen deutsche Panzerlieferungen ins Ausland und Rüstungsexporte im Allgemeinen. Occupy-Aktivisten organisierten Kundgebungen vor Banken sowie Solidaritätsveranstaltungen vor den spanischen und griechischen Botschaften in Deutschland. Drei dem Frankfurter Camp nahestehende Aktivisten sammelten Unterschriften gegen Spekulationen auf Nahrungsmittel und machten sich zu

Fuß auf den mehrtägigen Weg nach Berlin, um sie im Bundestag einzureichen.

Auffällig auch, dass sich alle Occupy-Gruppen im Lokalen engagierten. In Kiel beispielsweise organisierten sie ein eigenes Fest- und Kulturprogramm während der Kieler Woche und protestierten gegen die geplante Ansiedlung eines Möbelhauses auf dem Grundstück einer Kleingartenanlage. In Frankfurt solidarisierte sich Occupy mit Mitarbeitern einer Steakhaus-Kette, die gegen ihre Arbeitsbedingungen protestierten. In Hamburg haben Aktivisten mehrere Aktionen gegen die im Bau befindliche und als zu teuer empfundene Elbphilharmonie in Gang gesetzt. Dabei besitzen «Aktion», «Kreativität» und «Spaß» einen exponierten Stellenwert in der Planung und Durchführung von Protestveranstaltungen. Sie würden nach innen den Gruppenzusammenhalt stärken und nach außen medial bedeutsame Bilder produzieren. Die Unterbrechung einer Rede von Josef Ackermann während eines Mitgliedertreffens des Vereins «Versammlung Eines Ehrbaren Kaufmanns zu Hamburg» durch Occupy-Aktivisten gilt als solche. Während der Rede des damaligen Chefs der Deutschen Bank begannen Aktivisten im Publikum ein Human Mic und traten anschließend zum Teil mit Guy-Fawkes-Masken auf die Bühne, um dort ihren Protest vorzubringen.[28]

Doch stehen Aktionen dieser Art nicht allein. Vielmehr sehen die Aktivisten sie als bedeutende Ergänzungen zu einem eher «klassischen» Protestrepertoire an.[29] Denn die Großdemonstrationen, die Kundgebungen auf öffentlichen Plätzen, die Versammlungen «am Ort des Geschehens» sind überdies unverrückbare Bestandteile ihres Protestarrangements. Das galt auch für die prinzipielle Gewaltlosigkeit, die die von uns befragten Aktivisten betonten. Eine Grundhaltung, die Occupy-Gruppen wiederholt erneuern mussten, und zwar dann, wenn sie sich mit anderen Bündnissen und Demonstrationen solidarisch erklärten, diese aber wegen mutmaßlicher Gewaltausbrüche in die Schlagzeilen gerieten.[30] In den darauf einsetzenden, beinahe reflexhaften Verbotsdiskussionen wurde von Landes- und Stadtpolitikern die Räumung der Camps gefordert, und Occupyer wurden mit vermeintlichen Gewalttätern gleichgesetzt.[31]

Bis Anfang September 2012 gab es noch aktive Occupy-Camps in Deutschland. Die Städte ordneten – in bemerkenswert zeitlicher Dichte – die Räumungen der Zeltstädte in Düsseldorf, Frankfurt und Kiel an. Hygienische Bedenken wurden als Gründe dafür angegeben. Dem Camp in Münster soll eine «Speakers' Corner» folgen, auf dessen Errichtung sich Stadt und Aktivisten verständigen wollen. Das Hamburger Camp musste zuletzt umziehen und existiert noch unter Auflagen. «Eine Idee kann man nicht räumen», heißt es vonseiten ehemaliger Camper mit Verweis auf dezentrale Ausdifferenzierungen ihrer Gruppen. Mit «Occupy Public Space» (Werbung und Konsum) und der schon sehr frühen Gründung von «Occupy:Money» (Geld und alternative Währungssysteme) haben sich aus dem Kreis von Occupy Initiativen mit eindeutigen Arbeitsschwerpunkten zusammengefunden.[32]

Gut ausgebildet, der Heimat verbunden und «kritisch» – Wer sind die Camper?

Die Occupy-Gruppen waren in Bewegung. Immer wieder änderten sich dabei Teile der Aktivistenkreise. In diesem Prozess eine vollständige Sammelbiographie der Aktivisten zu zeichnen ist nur schwerlich möglich. Einige Auffälligkeiten und Gemeinsamkeiten der von uns Befragten können indes sehr wohl schlaglichtartig zusammengefasst werden.

In der insgesamt heterogenen Gruppe findet sich ein leicht erhöhter Anteil von Aktiven unter fünfunddreißig Jahren.

Keineswegs unterrepräsentiert sind die Älteren. Lediglich die Sechsundvierzig- bis Fünfundfünfzigjährigen waren in unserem Sample mit nur einem Teilnehmer marginal vertreten. Etwa ein Drittel der Befragten befindet sich in einer Berufsausbildung oder hat diese schon abgeschlossen. Etwa zwei Drittel verfügen über ein hohes Bildungszertifikat (Abiturzeugnis, Universitätsdiplom und/oder Promotionsurkunde). Sie sind überwiegend konfessionslos, wobei die südwestdeutsche Untersuchungsgruppe eine Ausnahme darstellt. Die Teilnehmer leben allein, in Wohngemeinschaften, in Partnerschaften oder sind verheiratet – an dieser Stelle fällt vor allem auf, was fast niemand von ihnen angegeben hat, nämlich geschieden oder getrennt lebend zu sein. Teilnehmer mit Kindern – sie bilden eine deutliche Minderheit in den Untersuchungsgruppen – verweisen darauf, ihr Engagement zumindest zeitweise einschränken zu müssen, führen aber gleichzeitig ihren Nachwuchs auch als eine Ursache für ihr Handeln an. Das Verfügen über (freie) Zeit wird gruppenübergreifend als Notwendigkeit für das eigene Engagement wahrgenommen und problematisiert. Die Aktivisten selbst haben sich beispielsweise über eine Reduzierung der eigenen Arbeitszeit sowie einen flexibleren Umgang damit zusätzliche Freiräume geschaffen. Dies jedoch, so wurde vielfach kritisiert, sei den meisten «Nicht-Engagierten» schlichtweg unmöglich.

Etwa die Hälfte der Teilnehmer an den Fokusgruppen betonte uns gegenüber, mit dem Aufkommen von Occupy seien sie erstmals politisch aktiv geworden. Dies betrifft vor allem diejenigen unter fünfunddreißig. Die andere Hälfte hat Erfahrungen in sozialistischen Bündnissen, in Gruppen der Friedensbewegung, bei den Grünen, in autonomen Initiativen, in Nichtregierungsorganisationen oder ist neben dem Engagement bei Occupy aktives Mitglied bei Attac, in der Piratenpartei und der Partei Die LINKE. Einer dieser «Doppel-Aktivisten» sagte über die Gründe seines Einstiegs bei Occupy: «… weil ich einfach wusste, hey, das ist unvorbelastet, man kann es nicht direkt in eine Schublade stecken.»

Des Weiteren ließ sich unter den Aktivisten ein hohes Maß lokaler Identifikation mit ihrer Heimat(stadt) feststellen. Das äußerte sich über die Anzahl ihrer regionalen Engagements sowie über die Tatsache, dass sie lokalpolitische Vorgänge während der Diskussionen von sich aus in ihre Argumentationsstrukturen einflochten – nicht selten vorgetragen mit regionalspezifischer Sprachfärbung. Auch nahmen sie Bezug auf lokale Bräuche wie Karneval sowie auf Stadtteilfeste, die sie überdies als ein mögliches Forum ihres Protestanliegens betrachten.

Während den von uns moderierten Diskussionsrunden herrschte eine besondere Redekultur, geprägt von anscheinend feststehenden, offenbar geübten, als selbstverständlich empfundenen Kommunikationsformen. Man lässt sich beispielsweise ausreden, auch im Streit. Man greift das Argument des Vorredners auf, man ordnet seinen eigenen Redebeitrag, man fragt nach, wie man dies wohl meine, wie man jenes definiere, was man darunter denn verstehe und wie man auf diesen Gedanken komme. Zustimmung signalisieren Occupy-Aktivisten während der Fokusgruppen vereinzelnd durch Drehen ihrer Hände. Hinzu kommen einige Wendungen, die – im Lauf der Diskussionen eingeworfen – zunächst meist Zustimmung innerhalb der Gruppe auslösten. Formulierungen, die das Selbstverständnis der Aktivisten berühren. Der Begriff «kritisch» ist einer davon. Die Aktivisten konnotieren ihn stark positiv. Sie besuchen «kritische Seiten» im Internet, lesen «kritische» Zeitungen und Bücher, um sich ein «kritisches» Urteil bilden zu können. Man betrachtet sich selbst (als) kritisch und erwartet auch von anderen, möglichst kritisch zu sein. Eine Haltung, die bei manchen Aktivisten gelegentlich zu einer Übersteigerung führen kann – Kritik um ihrer selbst willen, was allerdings von der Gruppe erkannt und missbilligt wird.

Auffällig ist ebenso, wie Aktivisten die Motive ihres eigenen Engagements verbalisieren. Hierbei geben sie an, in Gruppen «hineingerutscht» und «so reingefallen» zu sein, «einfach mal mitgemacht» zu haben. Alles Weitere habe sich dann entwickelt. Ihr Engagement erscheint dieser Rekonstruktion nach als etwas, das einmal aktiv begonnen, sich quasi automatisch vollzieht, als etwas ganz Normales. An dieser Stelle bekommt ihr Aktivismus etwas Selbstverständliches, aber auch zugleich etwas Zielloses.

«Die Welt fängt an zu brennen – jetzt musst du was tun»

Wer verstehen will, weshalb sich Occupy-Aktivisten engagieren, muss ihre Sichtweisen auf Politik und Demokratie ansehen, ihren Blick auf die Gesellschaft nachzeichnen und ihre Hoffnungen auf eine «gute» Zukunft betrachten. Diese kollektiven (politischen) Erzählungsstränge sind zum Teil miteinander verflochten, überlagern sich, führen an anderen Stellen ins Diffuse. Die von uns befragten Aktivisten blicken auf eine Politik, die sich in hohem Maß vom Volk distanziert habe. Eine politische Klasse mit eigenen Regeln sei entstanden, abgekoppelt vom Rest der Gesellschaft. Hier gehe es einzig um Macht, persönliche Intrigen und die permanente Beschäftigung mit sich selbst – in sich abgeschlossen, von Hierarchien durchzogen, verkrustet. Im Parlament werde nach außen hin ein Schauspiel aufgeführt, meist eine «Soap Opera», während in den Hinterzimmern Politik gemacht werde. Daher wird auch der Deutsche Bundestag von ihnen vor allem als ein Ort der Entfremdung betrachtet.

In diesem auf Machterhalt ausgelegten System ziehen erfolgreiche Parteien beinahe folgerichtig «einen gewissen Schlag von Leuten an» – so die Perspektive der Aktivisten. Sie würden sich mit Ellenbogeneinsatz durchsetzen, das Spiel aus Intrige und Anpassung am besten beherrschen, sich unter ihresgleichen am wendigsten verhalten und Karriere machen: konturlos, beliebig, austauschbar. Als flexible Experten dieses Systems würden sie ihre Posten halten können. Nicht die besten Politiker, also diejenigen mit Idealen und festen Standpunkten, würden in verantwortliche Ämter gelangen, sondern die Angepassten – Schlipsträger statt Basisdemokraten, wie es eine Aktivistin zusammenfasst.

In dem ausgemachten politischen Einerlei dieser Tage wirft ein Teil der Befragten auf der Suche nach Ausnahmen gern einen Blick zurück in die Vergangenheit. An einem Politiker wie Franz Josef Strauß habe man sich wenigstens noch abarbeiten können. Er habe für etwas eingestanden, selbst wenn man ihn nicht mochte. Und auch die Grünen hätten mit ihrem unverrückbaren Kurs der Ökologie seit den achtziger Jahren immerhin einen konsequenten Weg beschritten. Da wisse man, woran man sei. Wobei es mit der Positionstreue nicht übertrieben werden dürfe: Denn «verbohrte Ideologien» wolle man nicht. Den Politikern werfen sie überdies vor, «das Volk» nicht mehr zu vertreten. Sie hätten sich von ihrer Basis entfernt, bewegten sich in einem eigenen System und würden ihrer Aufgabe als Repräsentanten nicht mehr gerecht.

Jedoch äußern die «systemkritischen Aktivisten» – zum Teil aus eigenen Erfahrungen in Parteien heraus – mehr Verständnis. Die Problemfelder, um die sich Politiker zu kümmern hätten, würden stetig komplexer werden, und das bei abnehmenden Handlungsspielräumen. Man kenne die Aktenstapel, die selbst Stadtverordnete Abend für Abend mit nach Hause schleppen müssten. Hinzu kommen die unzähligen Lobbygruppen und weltweit agierenden Interessenvertretungen sowie der Druck aus der Partei und der eigenen Fraktion. Deutlicher als die Occupy-Aktivisten erkennen und beschreiben sie ein Gefüge aus Zwängen allerorten. Occupyer sowie Systemkritiker argumentieren an dieser Stelle systemisch, nicht persönlich: Nicht die Politiker sind schuld, sondern das parlamentarische System innerhalb einer sich unkontrolliert entwickelnden kapitalistischen Ordnung. Ganz ähnlich blicken sie auf die Rolle der Banker. Denn nicht sie stehen zuvorderst im Mittelpunkt der Kritik, sondern das Finanzsystem insgesamt, innerhalb dessen sie tätig sind. Unter diesen Vorzeichen wurde unter den Occupy-Aktivisten diskutiert, ob es überhaupt Sinn ergebe, mit Parteien zu kooperieren. Die Handlungsspielräume seien schlichtweg zu klein. Ökonomische und politische Eliten würden sich stützen, bisweilen gar eine die Bevölkerung kontrollierende Allianz bilden.

Dies ist eine vielfach geäußerte Kritik: Staat und Wirtschaft würden sich im Verbund gegen das Volk wenden, wobei nicht immer ausgemacht ist, wer tatsächlich das Sagen habe. Das Handelsabkommen ACTA sei so ein Beispiel, bei dem versucht werde, Netzwerke im Internet zu kontrollieren und möglicherweise auch zu zensieren: «... Gift für die Demokratie.» Grundlegende Richtungen seien jedenfalls bereits festgelegt, Grenzen gezogen. Und die öffentliche Debatte – Grundidee des Parlamentarismus – verkomme zu einer inszenierten Differenz zwischen konstruierten Parteipositionen. Mehr und mehr reife in ihnen das Gefühl, die Politik fälle Entscheidungen über die Köpfe der Bevölkerung hinweg.

So klar der Befund, so diffus die Lösungsansätze. Die von uns Befragten forderten mehr Transparenz und mehr Mitsprache. Denkbar seien Methoden der direkten Demokratie nach schweizerischem Vorbild. Sie sprachen sich zudem für den Einsatz von Beteiligungsverfahren via Internet aus. Als Modell diente diesen Vorschlägen häufig die Piratenpartei mit ihrem Konzept der «Liquid Democracy». Auch die Einführung eines Rätesystems wurde genannt – ein vielstimmiger Chor. Zusammengenommen aber gilt für die befragten Aktivisten: Ihr Politikverständnis führt sie keinesfalls in eine zornige Verdrossenheit, stattdessen entspringt ihr eine Art Doppelauftrag, wonach die Politiker wieder politisiert und die Gesellschaft wieder demokratisiert werden müsste.

Dabei erfährt der Begriff «Konsens» eine ganz wesentliche Bedeutung in den Debatten der von uns untersuchten Gruppen. Der Konsens ist ein Instrument der Entscheidungsfindung, ein nach innen bindender Bezugspunkt und ein nach außen sichtbares Symbol eines festen Wertekorsetts. Für die Aktivisten ist er ein gelebtes Versprechen. Von den Teilnehmern bisweilen überhöht und verklärt, grenzt er ab, ohne jedoch auszuschließen – so die Auffassung der Gesprächspartner. Während es in der parlamentarischen Demokratie immer nur einer Gruppe von Leuten (mit Interessen) darum ginge, Mehrheitsbeschlüsse durchzuziehen, stünden beim Konsensprinzip Überzeugungen und Wertvorstellungen im Vordergrund: Gemeinschaft, Gleichheit, Achtung und Respekt. Das Konsensprinzip verabschiedet sich von einem Denken in Majoritäten, dem stets ein Freund-Feind-Schema zugrunde liege. Denn Abstimmungen hinterließen immer Verlierer, das Konsensprinzip nicht. Hier zähle jede Stimme gleich viel, und Minderheiten würden geschützt. Der Mensch stehe im Vordergrund. Man lebe nicht nur nebeneinander, sondern wirklich auch füreinander. Ein Aktivist schwärmt: «Dann ist für mich eine Demokratie solidarisch.» Dabei ist den Befragten durchaus bewusst, dass das Prozedere in der Praxis schwierig ist, Konflikte moderiert und gelöst, die Gruppe diszipliniert werden müsse. Doch das Vertrauen in den Konsens ist immens. Man gibt sich überzeugt: «… wenn jeder offen ist und jeder wirklich komplett gleichberechtigt ist, dann ist die Konsensbildung wahnsinnig leicht.»

Der Konsens besitzt einen sentimentalen Unterbau. Die von uns befragten Occupy-Aktivisten knüpfen daran ein ganzes Erfahrungsset: Bilder, Stimmungen und Emotionen. Eine Art kollektiver Gefühlsmix lädt diese in ihren Augen «im Grunde gute» Entscheidungsform auf. Die Assoziationen reichen von gemeinsamen Abenden im Camp über spontane Flashmob-Aktionen, also kurze, scheinbar spontane Kleindemonstrationen in öffentlichen oder halböffentlichen Räumen, bis hin zu den Protesten in Tunesien und Ägypten, in deren Linie man sich wähnt. Natürlich nicht ausschließlich, aber doch zu einem guten Teil: Der Konsens mache dies möglich. Die Teilnehmer schrieben ihm ausschließlich «warme Werte» zu – Offenheit, Toleranz, Akzeptanz, Gemeinschaft und Solidarität. Wer den Konsens kritisiert, wendet sich also gegen ein ganzes Ensemble aus positiven Assoziationen.

Eine ähnlich hohe Symbolhaftigkeit fand sich auch in den Begründungen der Occupy-Aktivisten für das eigene Engagement, in unseren Gesprächen insgesamt stets die metaphernreichsten und bedeutungsschwersten Passagen. «Ich habe immer empfunden, ich möchte etwas ändern, wusste aber nicht, wann dieser Zeitpunkt da ist, wann kann ich los», sagte ein erstmalig politisch Aktiver. Die Rede war von Erweckungserlebnissen. Man sei aufgewacht, habe gesehen, dass es so nicht weitergehen könne, war begeistert von den Bildern vom Kairoer Tahrirplatz, von den Massenprotesten der Indignados in Spanien und von der undogmatisch erscheinenden Occupy-Wall-Street-Bewegung in den USA. Vor allem auf die jüngeren, erstmalig politisch Aktiven wirkten diese Eindrücke, versteht man sich doch als global denkend, auch zum Teil als digitaler Kosmopolit – und der fühlt sich New York mindestens ebenso nahe wie Nordhessen. «Jetzt ist der Funke da, die Welt fängt an zu brennen … Jetzt musst du was tun», fasst einer seine Reaktion auf die Protestereignisse von 2011 zusammen.

Darüber hinaus tue es gut, dieses Gefühl, Teil von etwas Größerem, gar einer weltumfassenden Bewegung zu sein, darin einen festen Platz, nämlich seinen Platz in seinem Ort gefunden zu haben. Auch wenn man noch nicht so recht weiß, wohin das Engagement führen mag: Man gehört dazu. An dieser Stelle gehen Leben und (junger) Aktivismus eine außerordentlich dichte Verbindung ein, ja, sie verschmelzen miteinander. Die Mehrheit der jungen Aktivisten in unserer Untersuchung gibt an, dass es sich bei ihnen um ein unumkehrbares Politisierungserlebnis gehandelt habe. Nie wieder würde man zusehen, Missstände aus Bequemlichkeit in Kauf nehmen und in Passivität verharren. Einmal empört, gebe es kein Zurück mehr, weil man sich grundsätzlich für einen, nämlich den richtigen (politischen) Weg des Protests entschieden habe. Eine freie Wahl habe man da eigentlich nicht mehr, denn: «Ich kann ja nicht mehr zurück ins alte Leben.» Ein anderer Aktivist sagt: «Ich widme mein Leben jetzt quasi der aCAMPada.» Aus diesem Selbstverständnis heraus argumentierten auch Camper, indem sie sich betont gelassen zeigten angesichts der Räumung ihrer Zeltstädte: «Unsere Idee ist stärker.»

Auch «der Raum» ist ein wiederkehrender Strang in den Protesterzählungen der Aktivisten. Während es systemkritischen Aktivisten eher darum geht, «Räume zu erkämpfen», wollen Occupyer vor allem «Räume schaffen», neue kreieren, bestehende umdeuten. Am deutlichsten wurde diese Inanspruchnahme des Raumes durch die Errichtung der Zeltstädte. Sie stellten nicht nur Symbole des Protests dar, sondern zugleich den Versuch, mit der gesellschaftlichen Ordnung zu brechen und selbstbestimmte, nach eigenen sozialen Regeln funktionierende, dennoch öffentliche Räume zu erzeugen.[33] Der Protest sollte – ihrem Verständnis nach – zugleich gelebte und erfahrbare Alternative sein. Die Schaffung solcher Orte sei dringender notwendig denn je, folgt man den Aktivisten. Denn in dieser Gesellschaft würden solidarische, gemeinschaftliche Bindungen nicht mehr funktionieren. Eine Gesellschaft von Individuen sei entstanden, in der starke Machtgefälle dafür sorgten, dass die Mehrheit sich fremdbestimmt in ein Leben einordne, das ihr die Möglichkeit zur Selbstentfaltung nehme. Häufig leiten die Teilnehmer hier

Bezüge aus dem alltäglich Erfahrenen ab. Der Gesellschaft fehle es an Liebe, Familie, Nächstenliebe und Respekt. Dem müsse eine Alternative entgegengesetzt werden. Und dafür brauche man Räume.

Gefüllt werden sollen diese dann mit den uns gegenüber geäußerten «weichen» Zukunftsvorstellungen – fröhliche Gesichter, entspannte Leute, uneingeschränkte Freundlichkeit. Doch mehr noch als das: Die Teilnehmer sprachen eine ganze Reihe von konkreten Maßnahmen an: Unabhängigkeit von Lohnarbeit, gerechtere Verteilung des Reichtums, eine bedingungslose Grundversorgung, ein bewusster Umgang mit natürlichen Ressourcen und Gewaltfreiheit, um nur einige zu nennen. Dem Bürger wünschen sie Ermächtigung statt Entmündigung. Auffällig, dass viele Aktivisten uns gegenüber zum Ausdruck gebracht haben, eine ihrer Meinung nach «gute Gesellschaft» befreie von Ängsten, löse jedwede Abhängigkeiten und hebe Zwänge aller Art auf. Es ist auch ein Ruf nach Überschaubarkeit, der in ihren utopischen Vorstellungen mitschwingt.

Werte statt Bündnislogik

Es ist möglich: eine bessere Welt, ein menschlicheres Zusammensein, ein gutes Leben. Man müsse nur daran glauben und handeln. Im Verlauf der Diskussionsrunden waren dies unverrückbare Grundannahmen der befragten Aktivisten. Überzeugungen, die verbinden, die antreiben, die motivieren, auf die man sich immer verständigen konnte. Darauf baute Occupy. Ihre Camps erwiesen sich als anspruchsvolle, äußerst öffentlichkeitswirksame Protestformen. Die Idee zum Campen ist nicht neu. Sie knüpft an Protestkulturen der Anti-Atom-Bewegung an, auch im Rahmen von Bildungsprotesten und ausgehend von der feministischen Bewegung, gab es schon in den achtziger Jahren

Protest-Camps.[34] Der Unterschied besteht vielmehr darin, dass die Camps nicht temporär begrenzt errichtet wurden, sondern auf unbestimmte Zeit. Außerdem zielten die Besetzungen auf öffentlichen Raum und richteten sich damit nicht gegen konkrete Ziele, sondern symbolisch gegen eine Verdrängung «der Bevölkerung» aus dem politischen Raum, gegen symbolische Repräsentanten einer Entdemokratisierung. Auch hat das Zelten an öffentlichen, symbolischen Plätzen eine Protestmode in Gang gesetzt.[35]

Nach innen stellte sich das Leben im Camp äußerst anspruchsvoll dar, erforderte von den Aktiven viel Zeit, Flexibilität, Toleranz, auch Widerstandsfähigkeit gegenüber Wind und Wetter. Alltag und Kommunikationsformen im Lager hatten daher auf weite Bevölkerungskreise ausschließenden Charakter. Hinzu kam, dass die aus politischen Motiven vereinnahmten Orte nach kurzer Zeit einen Personenkreis anzogen, dem es nicht oder nur nachrangig um politisches Engagement ging. Soziale Spannungen waren programmiert, traten in allen Camps in unterschiedlicher Ausprägung auf, wobei der Umgang mit ihnen wiederum häufig neue interne Diskussionen auslöste. Schon sehr früh nach der Errichtung der Zeltstädte setzte diese Ausdifferenzierung ein bei gleichzeitiger Homogenisierung von Aktivistengruppen. Es bildete sich jeweils ein «harter Kern», in dem Entscheidungen vorangetrieben wurden. Vor allem dieser kleine Teil von Aktivisten verblieb erstaunlich lange in den Camps und ihrem näheren Umfeld. Die gesammelten Erfahrungen hatten auf sie eine immense sinnstiftende Wirkung, prägend für das Leben, wie sie sagten. Doch Camp und Bewegung wurden dabei auch überhöht. Und Kritik von außen verstand man oft als Bestätigung der eigenen Relevanz.

Es hieß häufig, Occupy sei mehr als nur ein Camp, die Idee dahinter bedeutender. Doch Überlegungen, wie dieses offenbar so reizvolle wie diffuse Label konkret unterfüttert, ausgestaltet, einem breiten Bevölkerungskreis strategisch zugänglich gemacht werden könnte, blieben intern ungelöst. Vor allem, weil man mit sich selbst beschäftigt war, mit Verfahren und Störern, mit Räumungsankündigungen und Sachbeschädigung. Allesamt Probleme, die auch aus dem übergeordneten und als unverrückbar empfundenen Selbstverständnis der Bewegung resultierten. Der Grundsatz, wonach jeder nur für sich selbst spreche, läuft der Ausprägung einer umfassenden kollektiven Identität in wichtigen Teilen zuwider.[36] Denn es gab keine Sammlung oder Bündelung der geäußerten Meinungen, stattdessen existierten sie in gewünschter Weise nebeneinanderher. Anders ausgedrückt: Nicht etwa politische Inhalte, formulierte Ziele, gemeinsame Mindestforderungen verbinden die heterogenen Occupyer miteinander – wie bei den meisten Protestbewegungen –, sondern die mit hoher Symbolhaftigkeit aufgeladenen Funktionen, die Durchführung gemeinsamer Verfahrensweisen und die nach außen sichtbar gemachten, als neu kommunizierten Prozesse. Man einigte sich nicht auf einen kleinsten gemeinsamen Nenner, wollte aber dennoch multiplizieren. Nicht das Was war im Zentrum der Bewegung, sondern das Wie. Diese Herangehensweise führte Occupy in eine meist bündnislose Selbstbezogenheit, ins Richtungslose und in eine Blockade ihrer selbst. Man wollte mit prinzipieller Offenheit einen neuen sozialen Raum der Gleichberechtigung schaffen und darin ein selbstbestimmtes Miteinander vorleben. Doch stand dies einem strategischen Aufbau einer festen Struktur im Wege, denn nichts war hier von Dauer.

Die Aktivisten indes hätten sich niemals isoliert gefühlt. Besonders diejenigen unter fünfunddreißig äußerten sich uns gegenüber euphorisiert, welch hohen Stellenwert die Bewegung in ihrem Leben einnehme. Wichtiger als jede Bündnislogik seien ihnen das Erfahren, Leben und Weitergeben dieser Werte, in einer Welt, die aus Irrationalitäten, Inkonstanten, stetigem Wandel und Anpassungen bestehe. Unklar ist ihnen, wer Freund

und wer Feind ist. Diese Kategorien halten sie ohnehin für überkommen. Auf die Probleme heutzutage gäbe es keine einfachen Lösungen mehr. Alles sei mit allem verbunden, ein großer Befreiungsschlag müsse her. Dabei geht es ihnen ausdrücklich nicht um die Austragung eines Konflikts, um den offenen Widerstand oder gar um den Kampf. Alte Vorannahmen müssten erst abgelegt und Alternativen gesucht, formuliert und erprobt werden. Und dafür erscheint ihnen die konfrontative Auseinandersetzung nicht als der richtige Weg, denn Gegnerschaften seien flüchtig. Vielmehr müssten Gemeinsamkeiten betont und gebündelt werden, denn Freundschaften blieben. So fühlt man sich auch mit seinen Freunden als Teil einer globalen Bewegung, in der die Bilder vom Tahrirplatz und dem Zuccotti Park das eigene Engagement zusätzlich bestätigen. Bei manchen entstand so auch ein überhöhtes Selbstbild.

Zukünftig wollen die Aktivisten in dezentralen Gruppen weiterarbeiten, organisiert und in ständiger Verbindung über das Internet. Sie sagen, Occupy bleibe, auch weil die Bewegung bereits viel erreicht habe, was nicht zuletzt die «Blockupy»-Großdemonstration im Mai 2012 bewiesen hätte, an der etwa 30 000 Menschen teilnahmen. Doch wird die Zukunft von Occupy von der kommenden Politik im Zuge der Krise Europas abhängig sein. Sollte der Eindruck entstehen, man könne sich nicht mehr auf die etablierte Politik verlassen, oder wenn Kürzungsprogramme auch in Deutschland umgesetzt werden sollten, könnte sich das Occupy-Potenzial neu entwickeln, womöglich in andere Bahnen gelenkt und unter einem anderen Namen firmierend. Eine dauerhafte, umfassende Allianz von jungen gebildeten und prekären Aktivisten mit den Zurückgebliebenen dieser Gesellschaft – so wie sie im Ansatz vereinzelt in Occupy-Camps zustande kam – wäre dann tatsächlich ein gänzlich neues Phänomen in der bundesrepublikanischen Protestgeschichte.

Verweise und Literatur

1 Vgl. Ulrike Thiele: Mit Sicherheitsabstand. In: *Der Tagesspiegel*, 18. Oktober 2011

2 Hendrik Buchheister: Wie einst montags. In: *Mitteldeutsche Zeitung*, 15. Oktober 2011

3 U. a. wurde über die Internetpräsenz www.15october.net aufgerufen.

4 Siehe: www.adbusters.org/blogs/adbusters-blog/occupywallstreet.html

5 Über die amerikanische Occupy-Wall-Street-Bewegung siehe David Graeber: Inside Occupy. Frankfurt am Main 2012; Todd Gitlin: Occupy Nation. New York 2012; Astra Taylor u. a. (Hg.): Occupy! Scenes from Occupied America. New York 2011; Janet Byrne (Hg.): The Occupy Handbook. New York 2012; Sarah van Gelder: This Changes Everything. San Francisco 2011. Deutschsprachig über die Anfänge in New York siehe Keith Gessen u. a. (Hg.): Occupy! Die ersten Wochen in New York. Eine Dokumentation. Berlin 2011

6 Vgl. Joseph E. Stiglitz: Of the 1 %, by the 1 %, for the 1 %. In: *Vanity Fair*, Mai 2011, online unter: www.vanityfair.com/society/features/2011/05/top-one-percent-201105?mbid=social_retweet»gotopage1 (eingesehen 3. September 2012)

7 Vgl. Wolfgang Kraushaar: Aufruhr der Ausgebildeten. Vom Arabischen Frühling zur Occupy-Bewegung. Hamburg 2012, S. 28 ff.

8 Eine aktuelle Übersicht über alle aktive Occupy-Gruppen weltweit, insgesamt 1490, ist unter: http://directory.occupy.net/ abrufbar (eingesehen am 22. Oktober 2012)

9 Zur spanischen M15-Bewegung vgl. Andy Durgan und Joel Sans: «No one represents us». The 15 May Movement in the Spanish State. In: Sozial. Geschichte Online 7 (2012), S. 93–113; über die spanischen Protestteilnehmer vgl. Eva Anduiza u. a.: Mobilization through Online Social Networks. The political protest of the indignados in Spain. Unveröffentlichtes Manuskript. Barcelona 2012, S. 23, online unter: www.protestsurvey.eu/publications/1344588239.pdf; Tom Waibel: Das Unmögliche ist unaufhaltbar. In: Jens Kastner u. a. (Hg.): Occupy! Die aktuellen Kämpfe um die Besetzung des Politischen. Berlin 2012, S. 87–112

10 Abrufbar unter: www.bertelsmann-stiftung.de/cps/rde/xchg/bst/hs.xsl/nachrichten_102799.htm

11 www.infratest-dimap.de/umfragen-analysen/bundesweit/ard-deutschlandtrend/2011/oktober/

12 www.infratest-dimap.de/umfragen-analysen/bundesweit/ard-deutschlandtrend/2011/november/

13 www.infratest-dimap.de/umfragen-analysen/bundesweit/ard-deutschlandtrend/2012/februar/

14 Frank Schirrmacher: «Ich beginne zu glauben, dass die Linke recht hat». In: *Frankfurter Allgemeine Zeitung*, 15. August 2011

15 David Graeber: Schuld und Liebe. In: *Spiegel*, 47/2011, S. 139–143

16 *Die Zeit*, 23/2011

17 *Die Zeit*, 34/2011

18 *Die Zeit*, 43/2011

19 Die von uns Befragten nennen sich «Aktivisten». Daher wurde auch diese Selbstbezeichnung für die vorliegende Untersuchung aufgegriffen und verwendet.

20 Über die Bedeutung der Besetzung des öffentlichen Raumes mit deutlichem Fokus auf den USA Peter Möckenberg u. a.: Occupy. Räume des Protests. Bielefeld 2012

21 Die Diskussionsrunde im Kieler Occupy Camp ist online einsehbar unter: www.youtube.com/watch?v=K_hxCx1BEeI (eingesehen am 21. November 2012).

22 So zum Beispiel der *Westfälische Okkupierer* von Occupy Münster, das *Human Mic* von Occupy Hamburg und *Occupy Zeitung Deutschland*, eine nicht campgebundene Occupy-Zeitung.

23 Vgl. David Graeber: Inside Occupy, S. 136

24 Über Kontinuitäten, Verbindungen und Einfluss der globalisierungskritischen Bewegung Priska Daphi: Zur Identität transnationaler Bewegungen. In: Aus Politik und Zeitgeschichte. Heft 25–26/2012, S. 43–48

25 Über Probleme und campinterne Streitigkeiten am Beispiel des New Yorker Occupy-Camps die interessante Reportage von Alex Klein: The Organizers vs. The Organized in Zuccotti Park. In: *New York Magazine*, 20. Oktober 2011, online unter: http://nymag.com/daily/intel/2011/10/occupy_animal_farm_the_organiz.html (eingesehen am 22. Oktober 2012)

26 Tanja Köhler: Occupy-Camp durch Feuer zerstört. In: *Kieler Nachrichten*, 26. Mai 2012, online unter: www.kn-online.de/Lokales/Kiel/Occupy-Camp-durch-Feuer-zerstoert (eingesehen am 21. Oktober 2012)

27 Unbekannter Verfasser. Das Flugblatt wurde während einer Aktionskonferenz in Frankfurt vom 24. bis 26. Februar 2012 verteilt.

28 Stefan Kaiser: Herr Ackermann trifft auf Protest. In: *Spiegel Online*, 22. November 2011, unter: www.spiegel.de/wirtschaft/unternehmen/occupy-aktion-in-hamburg-herr-ackermann-trifft-auf-den-protest-a-799373.html (eingesehen am 21. November 2012)

29 Hierzu vgl. Dieter Rucht: Wandel der Protestformen. In: INDES. Zeitschrift für Politik und Gesellschaft, 1/2012, S. 6–13

30 So wie beispielsweise im Zuge der Demonstration «Capitalism is the crisis», zu der das M31-Bündnis, ein europäisches antikapitalistisches Netzwerk, aufgerufen hatte.

31 So forderte beispielsweise der Fraktionsvorsitzende der Freien Wähler Frankfurt, Wolfgang Hübner, dass das Occupy-Camp «endlich geräumt werden» müsse. Es sei «eine der Brutstätten der Zerstörungs-Demo». In: Georg Leppert u. a.: Occupy-Anhänger verurteilen Gewalt. In: *Frankfurter Rundschau*, 2. April 2012, unter: www.fr-online.de/frankfurt/krawalle-bei-anti-kapitalismus-demo-occupy-anhaenger-verurteilen-gewalt,1472798,14637800.html (eingesehen am 21. Oktober 2012)

32 Eine Entwicklung, wie sie in den USA bereits weiter vorangeschritten ist. Vor allem die Internetpräsenz www.occupytogether.org fasst diese einzelnen Initiativen zusammen und ist somit Ausdruck einer thematischen Ausdifferenzierung der Bewegung. Über die Plattform werden Aktivisten aufgerufen, sich zu Themen wie u. a. Studiengebühren, Gesundheitspolitik und lokalen Haushaltskürzungen zu engagieren.

33 Mit Blick auf die Vereinigten Staaten vgl. Thomas Kern u. a.: Werte, kollektive Identität und Protest. Die Mobilisierung der Occupy-Bewegung in den USA. In: Aus Politik und Zeitgeschichte. Heft 25–26/2012, S. 29–36, hier: S. 36

34 Die wohl längste Phase regelmäßiger Protest-Camps in der Geschichte der Bundesrepublik fand im Hunsrück zwischen 1983 und 1992 statt. Dort hatte sich die antimilitaristische und antisexistische Feministinnenbewegung regelmäßig getroffen. Vgl. auch Christiane Leidinger: Feministischer Widerstand par excellence. Protestformen der Frauenwiderstandscamps im Hunsrück und Prinzipien einer Konzeption von Grenzüberschreitungen. Vortrag, gehalten beim Jahreskolloquium 2012 der Arbeitsgemeinschaft für Friedens- und Konfliktforschung

«Widerstand – Gewalt – Umbruch. Bedingungen gesellschaftlichen Wandels», 22.–24. März 2012 in der Evangelischen Akademie Villigst

35 Temporäre Protestcamps entstanden 2012 u.a. am Cottbusser Tor in Berlin (gegen Wohnungsbaupolitik und Mietpreise), nahe dem Gefechtsübungszentrum Letzlingen und vor der Husumer Kaserne (gegen Militarismus und Rüstungspolitik), Flüchtlings-Camps in Düsseldorf und Berlin (gegen Asylpolitik).

36 Über Bedeutung und Herausbildung von kollektiver Identität in sozialen Bewegungen vgl. Dieter Rucht: Kollektive Identität. In: Forschungsjournal Neue Soziale Bewegungen. 8 (1995). Heft 1, S. 9–23

«Jeder hat Angst, seinen Besitzstatus zu verlieren»

Die Anti-Euro-Proteste

David Bebnowski / Nils Kumkar

Fraglos gehören der Euro und die mit ihm verbundene europäische Staatsschuldenkrise zu den bestimmenden politischen Themen des Jahres 2012. Im Juli wurde die Euro-Krise sogar von 54 Prozent der Befragten in einer Umfrage des «ZDF-Politbarometer» als das wichtigste politische Thema in Deutschland eingeordnet.[1] In der Tat reißen auch rund zwei Jahre nach der ersten Beantragung von Hilfsgeldern für die Staatshaushalte Griechenlands, Irlands und Portugals die Krisenmeldungen und hektisch wirkenden politischen Rettungsmaßnahmen im Zusammenhang mit der Gemeinschaftswährung nicht ab. Zuletzt konzentrierten sich die Sorgen ökonomischer Analysten vor allem auf Spanien, eine der größten Volkswirtschaften in der Europäischen Union.[2] Angesichts dieses nun zwei Jahre währenden Bedrohungsszenarios innerhalb der Europäischen Union regt sich in verschiedenen Staaten Protest. Der für Deutschland vorläufige Höhepunkt der Auseinandersetzungen war der 12. September 2012. An diesem Tag erfolgte nach mehrwöchiger Beratung der Richterspruch des Bundesverfassungsgerichts über den Erlass einer einstweiligen Anordnung gegen die Ratifizierung des Europäischen Stabilitätsmechanismus (ESM). Zwar wurde der von mehreren Initiativen, Einzelpersonen und der von der LINKEN getragene Antrag abgelehnt, dennoch stellte das oberste Gericht heraus, dass die Zahlungsverpflichtungen des Bundes die Summe von 190 Milliarden Euro nicht übersteigen dürften und dass Bundestag und Bundesrat über die Beschlüsse des geplanten Konsortiums informiert werden müssen.[3] Der Weg für weitere Krisenmaßnahmen scheint somit fürs Erste frei zu sein, am 8. Oktober 2012 trat der ESM in Kraft.

Allerdings zeigen nicht erst die Klagen, dass sich in Deutschland ein Unwohlsein gegen die europäischen Pläne zur Überwindung der Staatsschuldenkrise ausbreitet. Die deutlichste Kritik trifft die europäische Gemeinschaftswährung, den Euro. Im September 2012 wurde erhoben, dass 65 Prozent der Befragten annehmen, ihre Lebenssituation wäre ohne den Euro viel oder etwas besser.[4] Dabei ist bislang allerdings bemerkenswert wenig über das Protestspektrum bekannt, das sich gegen den Euro und dessen mögliche Bedrohungen engagiert.[5] Große Demonstrationen, solche etwa, die mit den Protesten gegen das ACTA-Abkommen im diffusen Bereich der Netzpolitik vergleichbar wären, findet man nicht.[6] Das ist überraschend, schließlich werden einer Euro-kritischen Protestbewegung seit längerem große Chancen, auch bei Wahlen, eingeräumt. So wurde beispielsweise im Herbst 2011 in zwei Umfragen ein Potenzial von rund 40 Prozent der Stimmen für eine derartige Partei erhoben.[7] Augenscheinlich nicht ohne Folgen für die etablierte Politik: So wurde angeblich Ende 2011 im Umfeld der CDU bereits an einem solchen Zusammenschluss gebastelt.[8] Besonders deutlich vernimmt man im Zusammenhang mit derartigen Umfrageergebnissen, dass es einer solchen Sammlung lediglich am geeigneten Spitzenpersonal fehle, um schließlich politischen Einfluss gewinnen zu können.[9] Dieser Einschätzung pflichtet auch der ehemalige Präsident des Bundesverbandes der Deutschen Industrie, Hans-Olaf Henkel, bei, der selbst als ein potenzieller Anführer ins Spiel gebracht wird.[10] «Die Zeit ist reif dafür, eine solche Partei hängt wie eine reife Pflaume am Baum, man müsste nur gegen den Stamm treten.»[11]

Es sollten aufgrund derartiger Umfrageergebnisse keine vorschnellen Annahmen über mögliche Euro-kritische Parteien oder den Erfolg breiter Protestbewegungen getroffen werden. Doch geben die Daten zumindest Hinweise darauf, dass eine tiefe Identifikation mit dem Euro jedenfalls nicht besteht.[12]

Tatsächlich erstreckt sich bis in die Parteien hinein ein tiefes Unbehagen gegenüber der verfolgten Krisenpolitik und ihrer kaum einzuschätzenden Konsequenzen für die Bevölkerung.[13] Trotzdem gelten die Maßnahmen zur Euro-Rettung weiterhin als «alternativlos», wie Kanzlerin Merkel besonders zu Beginn der Krise betonte. So scheint der politische Boden für einen breiten Protest bereitet. Kurzum: Es gibt genug Grund zu fragen, wie das Euro-kritische Protestspektrum beschaffen ist. Wer also wird wie gegen den Euro aktiv und unter welchen Vorzeichen regt sich die Kritik? Worin liegen die politischen Potenziale der sich in diesem Bereich abzeichnenden Entwicklungen?

Vitale Fragmente – das Protestspektrum

Ein Unterschied zu anderen in dieser Studie beobachteten Gruppierungen besteht darin, dass der Protest stark institutionalisiert ist. Die kollektiven Akteure in der Arena der Euro-Kritik formierten sich allesamt unabhängig von ihr, und der Euro ist auch nicht der ausschließliche Gegenstand ihres Protests. Vielmehr rückte die Gemeinschaftswährung erst im Verlauf der Krise in den Fokus verschiedener bestehender politischer Initiativen und Parteien. Mit anderen Worten: Eine Bewegung, deren Anliegen in erster Linie darin besteht, Kritik am Euro zu üben, findet sich nicht. Entsprechend wird hier, um die Entwicklungen auf dem Feld der Euro-Kritik insgesamt betrachten zu können, vom Euro-kritischen Protestspektrum gesprochen.

Zur Illustration bietet sich das erst im Verlauf unserer Erhebungen entstandene «Bündnis Bürgerwille» an, das zur Unterzeichnung einer Online-Petition aufrief, um die Einsetzung des ESM zu verhindern. Einer unserer Gesprächspartner, ein Wirtschaftswissenschaftler, wertet es als eindeutigen «Versuch, einen Kern für eine neue Partei zu bilden». Anhand der öffentlich nachvollziehbaren Mitgliedschaften seiner Erstunterzeichner[14] kann das beobachtete Euro-kritische Spektrum wie folgt dargestellt werden:

Neben einigen (ehemaligen) Politikern aus den Parteien CDU/CSU, SPD und FDP finden sich innerhalb des Spektrums besonders viele Wirtschaftswissenschaftler. Durch die Mitgliedschaften der Erstunterzeichner fällt eine hohe Ballung von Thinktanks mit einer wirtschaftspolitischen Agenda auf, darunter etwa die Mont Pelerin Society[15], auch von Vereinen wie dem «Bund der Steuerzahler» oder «Mehr Demokratie». Die Akteure der zuletzt genannten Organisationen versuchen eher, beratend oder juristisch Einfluss auf die Politik zu nehmen, und mobilisieren kaum eine aktivistische Basis, weswegen sie nicht im Fokus der Untersuchung standen. Vielmehr konzentrierten sich Erhebung und Analyse auf die politischen Gruppierungen, die sich wiederholt Euro-kritisch äußerten. Deren Beweggründe und politische Ziele wurden untersucht.

Zu den Gruppierungen zählten Vertreter der Bundesvereinigung Freie Wähler.[16] Unter ihrem Bundesvorsitzenden Hubert Aiwanger konnten die Freien Wähler vor allem in Bayern Achtungserfolge erringen, medial werden ihnen mitunter große Chancen zugesprochen, auch überregional politisch erfolgreich zu sein.[17] Sie versuchen, sich mit einem deutlich Euro-kritischen Kurs kommunal- und bundespolitisch zu etablieren. Hans-Olaf Henkel gehört mittlerweile zu ihren Unterstützern, nachdem ein Euro-kritischer Mitgliederentscheid in der FDP scheiterte.

Durch diesen Mitgliederentscheid rückte weiterhin eine innerparteiliche Strömung der Freien Demokraten, der «Liberale Aufbruch», ins Blickfeld der Untersuchung. Deren prominentester Vertreter ist der Bundestagsabgeordnete Frank Schäffler. Gegenüber diesen in Parteien[18] organisierten Akteuren entspricht das Aktionsbündnis Direkte Demokratie, das vor allem im südwestdeutschen Raum mehrere Euro-kritische Demonstrationen organisiert,[19] am ehesten dem Bild eines traditionellen zivilgesellschaftlichen Aktivismus. Getragen wird das Bündnis wesentlich von der libertären «Partei der Vernunft».

An Online-Petitionen und den erwähnten Klagen vor dem Bundesverfassungsgericht beteiligen sich verschiedene Vereine und Initiativen, die jedoch kaum als Plattformen verstanden werden können, die aber mittels Aktionen Druck auf die Politik ausüben wollen. Interessante Akteure in diesem Feld, die eher im Hintergrund arbeiten, sind die Mitglieder der Friedrich-August-von-Hayek-Gesellschaft. In ihrem Mittelpunkt steht die Idee einer «Verfassung der Freiheit, sie unterstützt unterschiedliche liberale und publizistische Projekte. «(Da) ist jetzt allmählich schon durch die jahrelange Arbeit und Anwerbung interessanter Leute eine interessante Situation entstanden, dass wir doch überall unsere Fingerchen (drin haben).» Somit erscheint das Spektrum der Euro-Kritiker einerseits institutionell gebunden und fragmentiert, andererseits könnte aber gerade die Summe der Einzelteile als Ausweis der Vitalität des Spektrums gewertet werden.

Dienstleistende Männer mit Abitur – die Protestierenden

Die Euro-Kritiker sind fast ausschließlich männlich. Während der Untersuchung stießen wir lediglich auf eine einzige Gesprächspartnerin aus den Reihen der Freien Wähler. Auch bei teilnehmenden Beobachtungen oder bei den Unterzeichne-

Die Erstunterzeichner des «Bündnis Bürgerwille» und ihre Zugehörigkeiten in Organisationen, Vereinen und Netzwerken

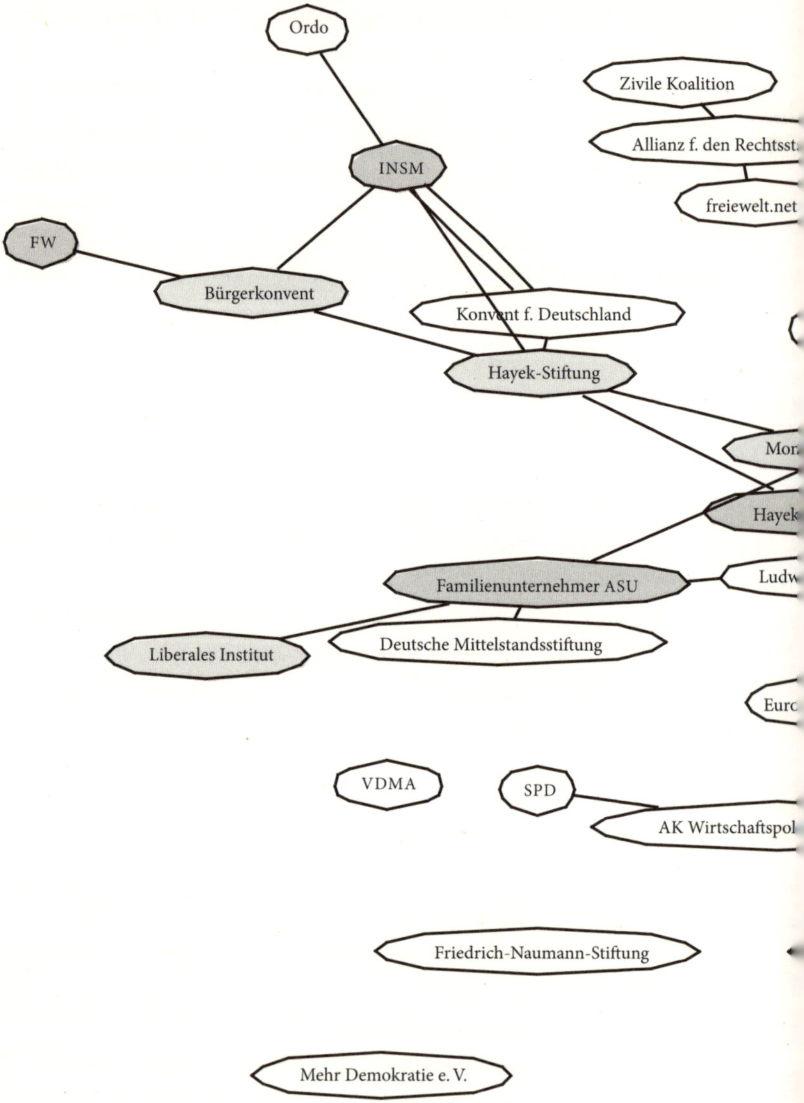

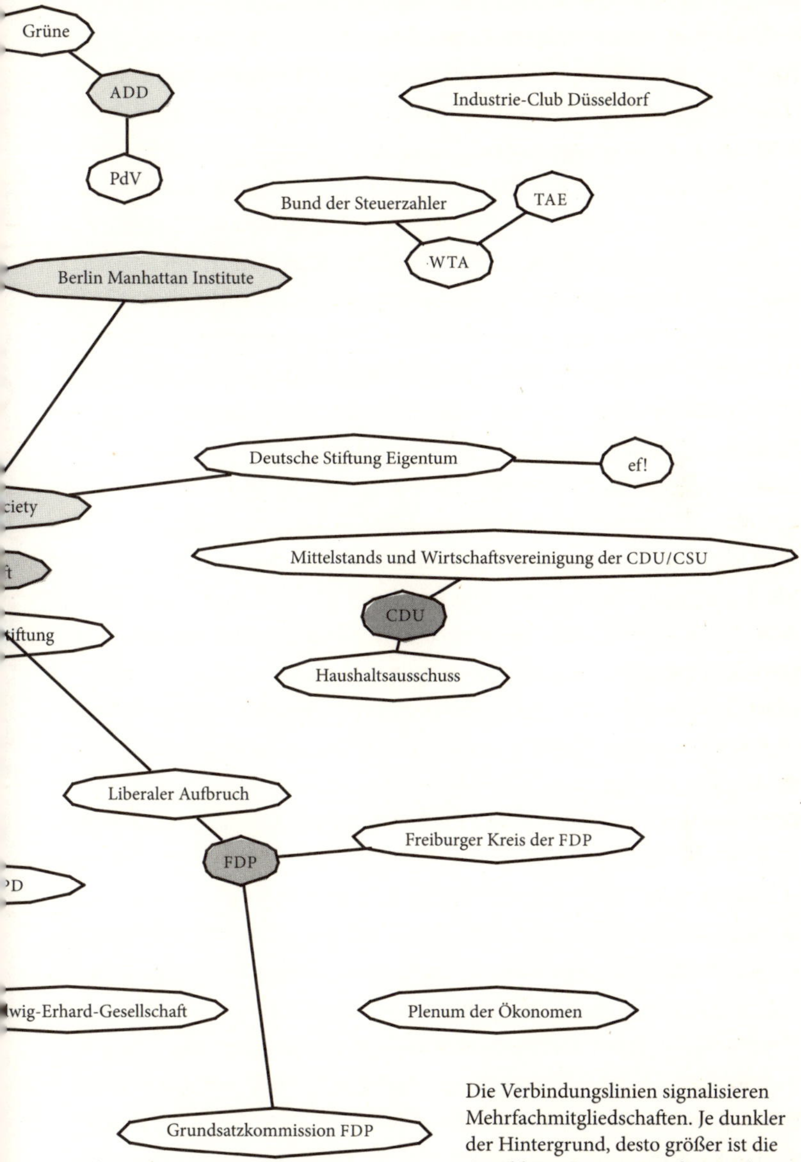

Die Verbindungslinien signalisieren Mehrfachmitgliedschaften. Je dunkler der Hintergrund, desto größer ist die Anzahl von Erstunterzeichnern, die der jeweiligen Organisation angehören.

rinnen des Bündnis Bürgerwille wird deutlich, dass der Frauenanteil kaum die 15 Prozent überschreitet. Diese Befunde decken sich mit Erhebungen zu Mandatsträgern kommunaler Wählergemeinschaften und der FDP, deren Frauenanteile zwischen acht und 13 Prozent liegen.[20] Die Parteimitgliederstudie von 2009 weist zwar für die FDP insgesamt einen deutlich höheren Frauenanteil von 23 Prozent aus,[21] doch die liberale Botschaft besitze insgesamt für Männer eine höhere Attraktivität als für Frauen – wie ein Gesprächspartner die Ursache selbst deutete.

Eine weitere Gemeinsamkeit der Organisationen im Eurokritischen Spektrum: Kaum ein Gesprächspartner konnte auf eine geistes- oder sozialwissenschaftliche Ausbildung zurückblicken. Vielmehr dominieren technische oder wirtschaftswissenschaftliche Bildungswege, häufig trafen wir auf mittlere Angestellte aus dem Dienstleistungssektor. Allerdings bricht sich dieser homogene Eindruck am Abschlusszeugnis der Befragten. Zwar können alle Gesprächsteilnehmer hinsichtlich ihres Einkommens und ihres ökonomischen, sozialen und kulturellen Kapitals mittleren gesellschaftlichen Klassen[22] zugeordnet werden, das Gros der Befragten gab ein Nettohaushaltseinkommen von deutlich über 2000 Euro an, dennoch tun sich entlang der Gruppengrenzen deutliche Unterschiede vor allem im Qualifikationsniveau der Befragten auf. Während der überwiegende Teil unserer Gesprächspartner über das Abitur verfügte, noch studierte oder bereits ein Studium, teilweise mit der Promotion, abgeschlossen hatte, traf dies nicht auf die von uns befragten Freien Wähler zu. Vielmehr dominierten hier Ausbildungswege, die in einer handwerklichen Facharbeitertätigkeit oder häufig in Vertriebsposten im Dienstleistungsgewerbe mündeten.

Ebenfalls relativ homogen erscheint die Altersverteilung der Befragten. Allerdings sind auch hier Unterschiede zu verzeichnen. Die Jüngsten sind vor allem im Aktionsbündnis Direkte Demokratie, genauer gesagt sind es die, die gleichzeitig auch der

Partei der Vernunft angehören. Sie sind alle zwischen sechzehn und fünfunddreißig Jahre alt.[23]

Besonders heterogen und ebenfalls mit der Gruppenzugehörigkeit korrespondierend, fallen die Erfahrungen mit früherem zivilgesellschaftlichem oder politischem Engagement aus. Die Mitglieder des Liberalen Aufbruchs verfügen als Teil einer innerparteilichen Strömung in der FDP selbstverständlich über längere innerparteiliche Arbeitserfahrung. Allerdings wird hier, wie auch in den anderen Gruppen, kaum auf politisches Engagement außerhalb der Partei verwiesen. Mit Ausnahme eines den Grünen angehörigen Mitglieds von Direkte Demokratie, das sich in der Friedens- und Anti-Atomkraft-Bewegung engagierte, sind es vor allem die auch kommunalen Wählergemeinschaften angehörigen Aktivisten innerhalb der Freien Wähler, die bereits Erfahrung in zivilgesellschaftlichen Zusammenschlüssen und Bürgerinitiativen sammelten.[24] Vereinzelt stießen wir auf frühere Mitgliedschaften in Parteien, mitunter ordneten sich die Aktiven auch als frühere Sympathisanten einer Partei ein. Mehrheitlich ist dies die CDU. Bei einem Gesprächspartner konnte innerhalb des Aktionsbündnis Direkte Demokratie eine frühere Mitgliedschaft in der rechtspopulistischen Partei Die Freiheit festgestellt werden.

Währungsalbträume in der EU-DSSR – Systemkritik

Eine Protestbewegung wird nie ohne eine Diagnose der Mängel innerhalb des politischen Systems auskommen, die zu beheben sie sich selbst anschickt. Eine solche Beurteilung, die Mängel plausibel mit der eigenen Rolle als Aktivist verknüpft, ist geradezu zwingend für die Konstruktion kollektiver Identitäten, die «der Kitt sind, der soziale Bewegungen zusammenhält».[25] Entsprechend ist zu beleuchten, welche Rolle der Euro innerhalb der Erklärungen des Euro-kritischen Protestspektrums einnimmt. Dabei fällt zu Beginn ein hochgradig paradoxer Befund auf: Der Euro spielte als Gesprächsgegenstand in unseren Diskussionen und Interviews mit wenigen Ausnahmen erst dann eine Rolle, wenn er von den Moderatoren als Gesprächsthema explizit eingeführt wurde. Wie geht dies zusammen? Vermutlich ist der Euro erst mit der Zeit ins Fadenkreuz der Kritik der Protestierenden gelangt. Die beteiligten Akteure besetzten andere Betätigungsfelder, bevor sie sich schlussendlich dem Euro widmeten. Denkbar ist dabei, dass erst im Verlauf der vergangenen Jahre die mit dem Euro verknüpften Probleme in ihrer Tragweite realisiert wurden. Eine ähnliche Entdeckung lässt sich auch in den Publikationen der prominenten Euro-Kritiker Hans-Olaf Henkel und Thilo Sarrazin erkennen. Sie waren bei der Einführung sogar Befürworter der Einheitswährung.[26] Der Euro wird also eher als ein weiterer Gegenstand politischer Auseinandersetzungen innerhalb eines Feldes aufgefasst, das hauptsächlich von anderen Konfliktlinien durchzogen wird.[27]

Auch wenn dies selten explizit geschieht: Der Euro kann als ein Symbol für bedrohliche gesellschaftliche Entwicklungen betrachtet werden, die mit ihm und den politischen Strukturen der Europäischen Union verbunden sind. Gegenwärtig wird diese Bedrohung im Zusammenhang mit den Risiken der von der EU verabschiedeten Maßnahmen zur Euro-Rettung empfunden. Diese ließen sich kaum einschätzen und stünden zudem in eklatantem Widerspruch zu den Inhalten der bestehenden EU-Verträge. Häufigster politischer Bezugspunkt ist dabei das Verletzen der sogenannten No-Bail-Out-Klausel im Maastrichter Vertrag,[28] nach der jeder Mitgliedsstaat der Euro-Zone für seine eigenen Schulden haftet. Hierdurch hätte sich die EU von einer Währungsunion in eine «Haftungsunion» gewandelt. «Ja, gut, ich sag mal, die Grundlage der europäischen Verträge ist die No-Bail-Out-Klausel – also keiner, jeder ist für seine Schulden selber verantwortlich, und wir machen zwar eine Währungsunion, aber keine Haftungsunion.» Die Probleme, die innerhalb der EU – und dabei insbesondere Deutschland – durch die eingeleiteten Maßnahmen entstehen, könnten im Haftungsfall nicht kontrolliert werden. Daneben wird häufig auf die aus der Berichterstattung bekannten demokratischen Legitimationsdefizite hingewiesen, die einen wesentlichen Aspekt in der Außenwahrnehmung der einzelnen Gruppen spielen und die durch direktdemokratische Entscheidungsverfahren ausgeglichen werden sollen. Das Bündnis Bürgerwille etwa stellt seine Kampagne unter die Überschrift: «Das Volk muss entscheiden.»[29]

Neben den Befürchtungen, die Demokratie verliere durch diese Maßnahmen ihre legitimatorische Basis, bündeln sich im Euro aber auch materielle Verlustängste. Durch das Bedrohungsszenario der «Haftungsunion» werden wirtschaftliche Probleme wie eine steigende Inflation oder eine Umverteilung des gesellschaftlichen Reichtums zulasten Deutschlands befürchtet. «Also Rentenversicherungen, Lebensversicherungen, private und dass dann jetzt aufgrund der Riesen-Geldschwemme, die die EZB produziert, in den nächsten Jahren langsam, aber sicher eine Hyperinflation auf uns zukommen wird, wenn das Geld denn erst mal in den Umlauf kommt.»

Besonders zentral ist das Motiv der Verschränkung und Eskalation gesellschaftlicher Prozesse. Durch politische und wirtschaftliche Entwicklungen spitzten sich gesellschaftliche Trends und Strömungen derart zu, dass sie in einer Katastrophe münden würden. Sollte sich also nichts am Zustand des politischen Systems der Bundesrepublik und der Europäischen Union ändern, sei ein Zusammenbruch unausweichlich. «(O)b das Ende jetzt dieses Jahr kommt oder in fünf Jahren oder in zehn Jahren – jeder hat Angst, erstmals sein(en) Besitzstatus jetzt zu verlieren, und Besitzstatus verliere ich nur, wenn es wirklich nicht mehr weitergeht und am Ende in einer Art Krieg endet.» Der Grund hierfür liegt in den Augen der Befragten abermals vor allem in der Zentralisierung von Entscheidungen auf europäischer Ebene. Mitunter begegnet uns in den Gesprächen die Vokabel «EU-DSSR», oft wird auch von den «Blockparteien» im Deutschen Bundestag gesprochen. Die politischen Entscheider würden sich nicht nur immer weiter vom Bürger entfernen, sondern hätten ebenso Tür und Tor für mächtige Interessengruppen und Lobbyisten geöffnet. Ein Zusammenbruch scheint nicht ausgeschlossen, ja, in manchen Fällen sogar erwartet zu werden. Der Vorsitzende des Aktionsbündnisses Direkte Demokratie, Bernhard Seitz, deckt sich aus Schutz vor der drohenden Katastrophe vorsorglich mit Lebensmittelvorräten ein.[30]

Daneben betonen die von uns Befragten das Ideal einer politischen Ordnung, das im Gegensatz zur derzeitigen steht. Die formulierten optimalen Zustände liegen alle längere Zeit zurück, markieren löbliche Ausnahmen von der Regel und bestanden nur für kurze Zeit. Nach ihnen setzte ein steter Abwärtstrend ein. Als Gelegenheitsfenster für eine wünschenswerte Umgestaltung der Politik werden in diesem Zusammenhang vor allem die Gründungsphase der Bundesrepublik, die Maßnahmen Margaret Thatchers im Großbritannien der achtziger Jahre oder die Wiedervereinigung Deutschlands 1989 genannt. Auffällig ist in diesem Zusammenhang, dass von der Politik wiederholt eingefordert wird, sie solle entschlossener führen. Die Befragten erdenken in diesem Bereich Lösungsszenarien, die mitunter eine stärkere Regulierung der Finanzmärkte und Banken beinhalten. Jedoch zweifeln sie nicht an der Funktionsweise der Wirtschaft an sich und folgen gewissen Grundannahmen, wie beispielsweise dem vor allem von Deutschland verfolgten Diktum fiskalpolitischer Strenge.

Im Liberalen Aufbruch und in der Hayek-Gesellschaft teilt man die gegenwärtige Krisendiagnostik. Dies verwundert kaum, scheinen die Verbindungen zwischen beiden Gruppen auch personell sehr eng zu sein. Immer wieder beobachten wir gegenseitige Bezugnahmen; ein Mitglied der Hayek-Gesellschaft erkennt in Frank Schäffler gar die «parlamentarische Speerspitze» zur Verbreitung von Ideen der eigenen Denkfabrik. Für die Probleme in der Euro-Zone wird eine vermeintlich schleichende «Sozialdemokratisierung» von EU, BRD, ja, selbst der FDP verantwortlich gemacht; mitunter wähnt man sich auf dem Weg zu einer Art «DDR-light». Genau das zu verhindern, ist ein Hauptantrieb dieses Parts des Euro-kritischen Spektrums. Leitvorstellungen werden dabei häufig mit einem Bezug auf klassisch liberal-philosophische Überzeugungen begründet. Eine weitere Zentralisierung politischer Entscheidungen in Brüssel und die Gefahr der «Haftungsunion» widerspreche dem Leitbild einer möglichst freien Entfaltung der Individuen. Die Idealvorstellung mündet in einer weitgehenden Liberalisierung wirtschaftlicher und gesellschaftlicher Beziehungen bis hin zu einer Aufhebung des staatlichen Notenbankmonopols.

Diese Vorstellung findet sich in den Schriften des österreichischen Nationalökonomen Friedrich August von Hayek, der auch für viele Ideen der Organisation Direkte Demokratie Pate steht. Entsprechend existieren in der philosophisch begründeten Kritik an Politik, Gesellschaft und Währungssystem erhebliche Überschneidungen zwischen dem Bündnis und dem Liberalen Aufbruch. Dabei rückt immer wieder das staatliche Notenbankmonopol als zentraler Bezugspunkt in den Mittelpunkt der Debatten. Präziser: Es ist das «Geldsystem an sich», das im Fokus der Kritik steht. Der Euro ist wie alle anderen Währungen nur eine Ausprägung eines grundsätzlich falschen Systems. Als politisches Schlüsselproblem der Gegenwart wird das durch die Notenbanken getragene «Papiergeldmonopol» erachtet. Hierauf werden letzten Endes auch andere Konflikte, etwa Arbeitskämpfe, reduziert: «(W)eil die alle gegen das Falsche streiken. Anstatt für die höheren Löhne sollen sie dafür streiken, dass sie ihr gerechtes Geld kriegen, wo sie nicht enteignet werden.» In der Argumentation folgt das Aktionsbündnis Direkte Demokratie dem Vorsitzenden der Partei der Vernunft, Oliver Janich, der die aus der Währungspolitik entstehenden Ungleichgewichte verschwörungstheoretisch mit den Interessen führender Akteure in der Politik und im Finanzwesen verknüpft.[31] Durch den abstrakten Fokus auf das Notenbankmonopol des Staats wirken die Partei der Vernunft und das Aktionsbündnis innerhalb des Spektrums der Euro-Kritiker selbst zwischen anderen verschwörungstheoretischen Gruppen isoliert.[32]

Auch wenn die Freien Wähler im Zusammenhang mit dem Euro die gleichen Befürchtungen teilen, heben sie sich deutlich von den hier geschilderten Motiven und Einstellungen ab. So begründen sie ihre Positionen im Gegensatz zu den Ausführungen der anderen weniger abstrakt, weniger grundsätzlich. Ihre Standpunkte unterscheiden sich oft nicht wesentlich von denen liberaler Wirtschaftswissenschaftler: Es wird auf fiskalpolitische Strenge gedrungen, das angesprochene No-Bail-Out-Prinzip betont. Staaten müssten im Notfall pleitegehen dürfen, in jedem Fall dürfe man keine deutschen Steuergelder einsetzen, um angeschlagene Staaten zu retten. Die Freien Wähler orientieren sich in ihrem Lösungsszenario besonders an den wirtschaftspolitischen Ausführungen Hans-Olaf Henkels. Dieser bezeichnet die EU als eine «Transferunion», die ähnlich funktionieren würde wie der deutsche Länderfinanzausgleich. Die Freien Wähler wollen diesen Auswüchsen als lokalpolitische Kraft dadurch entgegentreten, dass sie die kommunalen Finanzen kontrollieren. Als wichtigster Schritt auf europäischer Ebene wird dabei die von Henkel verfochtene Trennung der Euro-Zone entlang postulierter Unterschiede in Kultur und Wirtschaftskraft in einen Nord- und einen Süd-Euro gefordert:[33] «(Bündnispartner sind) die Gleichgesinnten, so wie Österreich, Niederländer … und Schweden, das wären unsere Partner, weil wir doch mehr gleichdenkend sind als wie, sage ich mal ... Portugiesen, Italiener, einfach die Südländer.»[34]

Parteien, Staat, Berufspolitiker – die Gegenspieler

Um eine kollektive Identität auszuprägen, braucht eine Gruppe einen Gegner.[35] Ohne ein Mindestmaß an Polarisierung kann die politische Mobilisierung kaum gelingen. Natürlich rückt die Europäische Union durch die systemische Kritik an der Zentralisierung politischer Entscheidungen und dem damit einhergehenden demokratischen Defizit als gemeinsamer, aber eben auch reichlich abstrakter Widersacher des Euro-kritischen Spektrums in den Fokus. Tatsächlich tun sich in der Identifikation konkreterer Gegner vor allem erhebliche Differenzen zwischen den einzelnen Gruppen innerhalb des Spektrums der Euro-Kritiker auf.

Mit der radikalsten, gleichzeitig aber am wenigsten anschlussfähigen Deutung des Gegners wartet abermals das Aktionsbündnis Direkte Demokratie auf. Im Fokus steht bei ihnen die Verschwörung rund um das Papiergeldsystem. Die Aktivisten wähnen sich in einem Ausbeutungsverhältnis, in dem sich einige wenige Akteure durch das staatliche Papiergeldmonopol auf Kosten der Allgemeinheit bereicherten. Dadurch, dass Notenbanken nur durch Vertrauen gedecktes Papiergeld drucken würden, wäre eine Inflation unausweichlich. Diese wird als «Zwangsenteignung» übersetzt.[36] Als eigentlicher Gegner gilt der, der die Kontrolle über die Notenbanken besitzt, deswegen auch der abstrakte Rekurs auf den Staat: «(Macht) bedeutet ja ... eigentlich wirklich, dass man die Macht hat oder die Möglichkeit, Gewalt gegenüber jemand anderem auszuüben, und es können sowohl Konzerne als auch Banken eben nicht ... das kann eben nur der Staat.» Die Lösung der Probleme liege dementsprechend in einer nahezu vollständigen wirtschaftlichen Liberalisierung, die nicht nur Märkte, sondern auch die Währung umfasst, damit diese nicht länger von Einzelinteressen manipuliert werden kann. Gestützt werden soll diese abstrakte Vision von einer ebenfalls hochgradig diffusen Utopie, in der die Kommunen die eigentlichen souveränen Verwaltungseinheiten bilden. Gesellschaftlichkeit und politische Richtungsentscheide würden sich den Mitgliedern des Bündnisses Direkte Demokratie zufolge vor allem über den Konsum einstellen.[37] «Und wir müssen auch gar nicht so viel entscheiden, wie man immer glaubt. Also bin ich der Meinung, also, die meisten Entscheidungen fällen wir selber, wenn wir einkaufen gehen.» Auch die jüngeren Mitglieder der Partei der Vernunft sind Anhänger dieser libertären Utopie.

Gerade die abstrakte Markierung des politischen Gegners aufgrund einer radikalen Perspektive sind bevorzugte Argumentationsmuster der Anhänger der Partei der Vernunft. Deren Vorstellung von Gesellschaft ist offenbar nachhaltig und ausschließlich eine philosophisch-liberale. An keiner Stelle jedenfalls wird das eigene Sozialleben jenseits von Vertrags- oder Steuerfragen und Kaufentscheidungen thematisiert, auch zwischenmenschliche Interaktionen jenseits von Marktbeziehungen werden nur im Zusammenhang mit dem politischen Engagement erwähnt. Mit der gebotenen Vorsicht in der Interpretation kann ein Grund hierfür im jungen Alter vermutet werden – und der damit einhergehenden Lebensphase beziehungsweise der eingeschlagenen Karriere. Die Mitglieder der Partei der Vernunft befinden sich als jüngste Teilnehmer in unserer Untersuchung nämlich häufig noch in der akademischen Ausbildung. Auffällig ist zudem, dass die anderen überwiegend selbständige Berufe ausüben. So ergibt sich zumindest in der Gruppendiskussion ein hochgradig individualistisches Mikroklima zwischen hochgebildeten, aber ultimativ eigenverantwortlichen Personen. Gerade das wird auch von den Parteimitgliedern registriert, dabei aber als Legitimation des politischen Handelns eingeordnet. «Wir haben sehr viele Leute, die studiert sind, die sehr schlau sind, aber wir haben eben auch viele in der Bevölkerung, die das nicht sind … das ist eben das Problem.»

Im Liberalen Aufbruch bezieht man sich ebenfalls immer wieder auf Grundsätze liberaler Philosophie und Wirtschaftstheorie. Prinzipiell beziehen sich deren Mitglieder allerdings positiv auf das politische System der Bundesrepublik, bemängeln aber, dass die politische Landschaft weitgehend «gleichgeschaltet» sei. Das Problem bestünde darin, dass «wir zunehmend gleichartige Parteien haben, die sich kaum noch abgrenzen voneinander, das heißt also, man hat eigentlich gar nicht die Wahl.» Dabei wird das Problem abermals in der angesprochenen «Sozialdemokratisierung» gesehen. «(D)er Sozialismus kommt auf leisen Sohlen wieder daher und untergräbt die Marktwirtschaft und macht sie sozialistischer. Das ist eigentlich viel, viel gefährlicher, meine ich.» Als politische Gegner des Liberalen Aufbruchs können somit nahezu alle Akteure in der Politik betrachtet werden, die mit stärkeren politischen Ordnungsvorstellungen an Märkte und Gesellschaften herantreten. Diese unterlaufen die Prinzipien einer liberalen «Rechtsstaatspartei», die «nach allgemein-abstrakten, für alle gleichen Regeln» handelt. Ziel dabei bleibt allerdings, die FDP als liberale Kraft neu zu positionieren und durch sie politischen Einfluss geltend zu machen. Anderen Zusammenschlüssen wird eine Absage erteilt, weil es «keine positiven Beispiele im bürgerlichen Lager (gibt), wo das jetzt funktioniert hat».

Die Betonung liberaler Prinzipien könnte aus einer Mischung aus generationeller Prägung und gegenwärtiger Lebenssituation der Aktivisten herrühren. Denn das Interesse, den Charakter der FDP von innen heraus zu verändern, scheint unter den Befragten zum Teil bereits seit der Mitgliedschaft bei den Jungen Liberalen zu bestehen. Mit Mitte vierzig gehörten unsere Gesprächspartner zu der ersten Generation des Jugendverbands der FDP, dem sie Anfang der Achtziger beitraten. Tatsächlich dürften die Mitglieder des Liberalen Aufbruchs mehrheitlich der «Post-68er-Kohorte» entstammen, die durch eine deutlich stärker leistungsorientierte «veränderte Generations- und Einstellungskultur»[38] gekennzeichnet ist und die in dieser Zeit in der FDP en vogue wurde. Häufig fällt als positive Bezugsgröße der Name Otto Graf Lambsdorff, gleichsam «der Matador einer strengen Marktwirtschaft»,[39] der zur Zeit der Gründung der Jungen Liberalen die Partei nachhaltig liberalisierte und von der Sozialdemokratie entfernte.[40] Unsere Gesprächspartner, allesamt Mandatsträger auf unterschiedlichen Ebenen, befinden sich in einer Lebensspanne, in der politische Karrieren Fahrt aufnehmen. Somit dürfte an der Neupositionierung der FDP auch ein persönliches Interesse geknüpft sein. Interessant ist, dass die schlechten Umfragewerte der FDP als Bestätigung des eigenen konfrontativeren politischen Kurses gewertet werden. «Die FDP wächst, wenn sie Haltung hat, im Widerstand. Wir wachsen gegen den Wind.»

Die Freien Wähler wiederum engagieren sich unter ganz anderen Vorzeichen gegen den Euro. Für eine stärkere Liberalisierung und Deregulierung der Entscheidungsstrukturen wird hier ebenso wenig plädiert wie für andere umfassende Reformen des politischen Systems der Bundesrepublik – mit Ausnahme der vorgeschlagenen Direktwahl des Bundespräsidenten und der überall zu beobachtenden Forderung nach mehr direkten Einflussmöglichkeiten. Im Gegenteil: Wirtschaftliche Deregulierung und die Umgehung der funktionierenden politischen Mechanismen gelten als Ursachen der Probleme, starke politische Führung wird ausdrücklich erwünscht. So wird die demokratische Ordnung Deutschlands als positives Beispiel hervorgehoben. «Wir haben wirklich große Freiheiten, insofern möchte ich eigentlich unsere Gesellschaft nicht unbedingt anders haben, aber ich würde mir wünschen, dass wir genau diese Freiheit wieder mehr nutzen.» Wurzel des Übels sei vielmehr, dass sich die Interessen der politischen Entscheidungsträger zu weit vom normalen Bürger entfernt hätten. Kurzum: Problem und Gegner der Freien Wähler ist die sogenannte politische Klasse, insbesondere der «Berufspolitiker». Dieser würde das grundsätzlich funktionierende System stören und behindern. Das große Manko «in den etablierten Parteien ist, dass wir zunehmend, ja, Politiker haben, die im Prinzip nie was anderes gesehen haben als Politik». Zur Euro-Krise heißt es entsprechend: «Das ist aber das Problem, weil (es) eben von den Politikern der siebzehn Staaten gemacht wurde und nicht von den Bürgern unterstützt wird, das ist das Problem.»

Um diese Strukturen zu brechen, treten die Freien Wähler an. Die Argumentation kann dabei insgesamt als Ausdruck des den Freien Wählern eigenen, vermeintlich antiideologischen Politikverständnisses betrachtet werden. Grundlage der Kritik ist, dass die Parteien ideologisch und nicht sachfragenorientiert, somit eben häufig gegen den Willen der normalen Bürger handeln würden.[41] Ihre zentralen Referenzpunkte sind dabei das «Gemeinwohl» und der sprichwörtliche gesunde «Menschenverstand», die als Begründung der eigenen politischen Präferenzen und des Engagements herangezogen werden.[42] Den Parteien unterstellt man, in ideologischen und interessengeleiteten Grabenkämpfen zu verharren, und bietet hierzu das Gegenmodell.[43] So setzt man auf eine Diskussion über Sachfragen: «(D)ass wir als Einzige uns denn trauen werden, dieses Thema auch vernünftig mit den Bürgern anzusprechen und zu diskutieren. Ohne Vorbehalte.»[44]

Die bei den Freien Wählern anzutreffenden Einstellungsmuster lassen sich zum Teil auf ihr persönliches Erleben zurückführen. Es fällt auf, dass sich einige der Aktivisten durchaus eine Karriere in einer anderen Partei hätten vorstellen können, ihre politischen Ambitionen jedoch enttäuscht sahen: «Ich war ja bei der CDU die ersten zwei, drei Jahre, und da habe ich dann auch gemerkt, man ist nur Stimmvieh als Delegierter.» Ihre ablehnende Haltung gegenüber Parteipolitik könnte zusätzlich durch ihre sozioökonomische Position bestimmt sein. Denn innerhalb des untersuchten Spektrums wiesen die Freien Wähler den niedrigsten Bildungsgrad auf. Nicht nur erklärt dies wohl die weniger theoretisierende Sichtweise auf Politik und Gesellschaft, sondern liefert auch einen erheblichen Beitrag für ein Engagement bei den Freien Wählern. Gerade die relativ geringe Bildung erscheint ob «neosozialer»[45] Appelle zu fortwährender Qualifikation zum Stigma zu geraten und als solches gewertet zu werden: «(Ein) Bäcker ist immer noch ein Bäcker heute, aber der wird ja dann so ein bisschen als dumm hingestellt.»

Es entsteht der Eindruck, dass sich die Freien Wähler weit realer mit drohenden Statusverlusten auseinandersetzen, als dies in den anderen Zusammenschlüssen der Fall ist. Auffällig war ihre Zurschaustellung von Statussymbolen. So wurden bei den Interviews durchweg Anzüge getragen, teure Smartphones oder Tablets befanden sich stets für jedermann erkennbar in Griffweite. Zwar lag ihr Haushaltseinkommen im Durchschnitt im mittleren bis gehobenen Bereich, aber angesichts ihrer verhältnismäßig geringen Bildung, mehrköpfiger Haushalte sowie eines relativ fortgeschrittenen Alters – die meisten Befragten befinden sich zwischen Mitte vierzig und dem Rentenalter – ergibt sich das Bild eines eher prekären Wohlstands.[46] Gerade diese sozioökonomischen Faktoren scheinen schlussendlich zu einem trotzigen Engagement zu führen: «Wir sind nicht die Schlauesten, nicht die Besten, es gibt auch gute Leute, auch da, wo sie jetzt da sitzen, was uns fehlt, und einfach menschliche Impulse geben.»

Die Lust am Tabubruch – ein Identifikationsmerkmal

Die Suche nach einem einenden Führer für eine Euro-kritische Partei kündet – genau wie wiederholte Bemühungen von Aktivisten der NPD, an Demonstrationen gegen den ESM teilzunehmen – von der Gefahr einer demagogischen Instrumentalisierung des Spektrums.[47] Aber nicht erst dadurch ausgelöst wird den jeweiligen Initiativen in der medialen Berichterstattung überwiegend mit abfälligen Kommentaren begegnet. Stets wird dann naserümpfend die Bedrohung eines Euro-kritischen Rechtspopulismus beschworen. Diese darf sicher nicht beschönigt werden, allerdings sollte man dabei auch beachten, dass der Populismus keineswegs nur ein irrationales Produkt politischer Verwirrungen ist: «Populismus ist das Ergebnis einer gestörten Kommunikationsbeziehung zwischen Eliten und Volk und kann daher als Frühwarnsystem fungieren.»[48] Denn «Populisten finden nur dann Gehör und Zulauf, wenn in einer Gesellschaft etwas nicht stimmt, präziser: Wenn die staatlichen Repräsentativorgane an Bindungen zu den Bürgern verloren haben.»[49] In der Euro-Krise ist dies anscheinend der Fall. Schon die undurchsichtigen Benennungen vermeintlicher Rettungsanker (zum Beispiel «Europäische Finanzstabilisierungsfazilität») tragen sicher nicht zu einer Annäherung von politischen Entscheidungsträgern und Wählern bei.[50] Zudem legen Diktionen wie die Aussage von Kanzlerin Angela Merkel: «Scheitert der Euro, dann scheitert auch Europa» von vornherein den Eindruck einer Unverhandelbarkeit politischer Entscheidungen und Maßnahmen nahe, ganz so, als ob das Parlament nur ein lästiges Anhängsel der Politik wäre. Die Situation wirkt wie die Bestätigung der zeitkritischen Diagnose der Postdemokratie mitsamt ihrer Feststellung, dass der Staatsbürger eigentlich kaum mehr etwas zu entscheiden hätte.[51] Während bei der Beschreibung von politischen Gegnern und Alternativen besonders deutliche Brüche zwischen den Gruppen hervortraten, wird das Spektrum der Euro-Kritiker in einem Punkt geeint, den man durchaus zum politischen Arsenal des Populismus zählen dürfte. Denn der politische Tabubruch nach dem vor allem aus den Debatten um Thilo Sarrazin bekannten Muster des «Man wird doch wohl noch sagen dürfen …» spielt hier eine entscheidende Rolle.[52] Deutlich wurde dies bei Veranstaltungen, hier schien man geradezu auf selbsttitulierte Tabubrüche zu warten, bei denen sich Redner gegen vermeintlich politisch korrekte Denk- und Sprachverbote wenden. Ein Zitat von Hans-Olaf Henkel auf dem Neujahrsempfang der Freien Wähler verdeutlicht dies: «Wenn man sich in Deutschland für die D-Mark einsetzt, gilt man als Nazi.» Henkel spielt mit dem gegen sich gerichteten Vorwurf der politischen Unkorrektheit, positioniert sich, vermeintlich unterdrückt und als Nazi bezichtigt, als Kämpfer für die Meinungsvielfalt. Wirtschaftswissenschaftler sprechen in Interviews, vermutlich in Anlehnung an wirtschaftswissenschaftliche Kartelltheorien, auffällig häufig vom «Parteienkartell». Damit wird suggeriert, über die von einem diffusen Mainstream angeblich unterdrückte Wahrheit zu verfügen, deren Enthüllung das korrupte System enttarnen könnte.

Gerade weil diese Äußerungen aber von Sympathisanten und Mitgliedern der Euro-kritischen Initiativen auch im geschlossenen Kreis artikuliert werden, sollten sie nicht zu schnell und ausschließlich als Instrumentalisierungsversuche abgetan werden. Wir schlagen eine alternative und von der instrumentellen Zielsetzung der Spitzenakteure ohnehin unabhängige Deutung dieses Phänomens vor. Die Diagnosen des Euro-kritischen Spektrums zielen immer auf systemische Fehlentwicklungen und skizzieren allesamt einen fast übermächtigen Gegner. So begeben sich die Aktiven von vornherein in die Position einer mutigen gesellschaftlichen Minderheit, die unerschrocken antritt, gleichsam als «weiße Ritter», um diese Mängel zu beseitigen. Gerade weil sie eine meinungsbestimmende Mehrheit gegen sich vermuten, bedeutet die Benutzung angeblicher politischer Unkorrektheiten genauso wie das Brechen von Tabus in diesen Szenarien eine besondere Form der Verständigung: Benutzt man sie, wendet man sich gegen diesen «Mainstream», bekundet dabei gleichzeitig seine Identifikation mit den Idealen der jeweiligen Gruppe und weist sich auf diesem Weg als Teil von ihr aus.

An dieses Muster schließen jeweils auch die Vorbilder der einzelnen Zusammenschlüsse an. Sie sehen sich allesamt als Männer, die sich auf ihrem politischen Weg nicht haben beirren lassen und mutig auftreten. Daher bewundern sie beispielsweise Politiker wie den unbeirrbaren US-Republikaner Ron Paul und – überraschend – Willy Brandt mit seinem Kniefall in Warschau: «(I)ch glaube, es fehlt uns an menschlichem Arsch in der Hose … mit Brandt, alle die, die auch immer gesagt haben, da müssen wir hin, da müssen wir langgehen.» Tabubruch und das Kokettieren mit der politischen Unkorrektheit weisen fraglos populistische Motive auf. Nur scheinen diese nicht einfach als Mittel zur Volksverführung eingesetzt zu werden, sondern spielen eine zentrale Rolle in der Binnenverständigung der Gruppen.

Breites Spektrum, wenig Schlagkraft

Ganz gleich, wie schrill eine populistische Ansprache gerät, um an politischem Einfluss zu gewinnen, bedarf es eines Kreises von überzeugten Unterstützern. Gerade diesen gibt es im Eurokritischen Spektrum nur bedingt. Der Vermutung, es fehle nur noch an einer geeigneten Führungsperson, um eine schlagkräftige Bewegung zu formieren,[53] muss an dieser Stelle widersprochen werden, denn die Basis erscheint für einen Gesamtzusammenschluss zu zerklüftet. Entgegen der intuitiven, aber auch simplifizierenden Unterstellung willfähriger, verleitbarer Massen dürfte die Nichtexistenz einer breiteren Euro-kritischen Bewegung bislang genau hierauf zurückgeführt werden. Es fehlt nicht an potenziellen Unterstützern. Nur unterscheiden sich diese sowohl in ihren lebensweltlichen Erfahrungen wie auch ideologischen Orientierungen so deutlich voneinander, dass jeder Führer immer nur zu einem Teil des gesamten Spektrums spricht. Deswegen – und weit weniger aufgrund mangelnden Charismas – hat man es im Euro-kritischen Spektrum mit einem Überangebot an selbsternannten Führungspersönlichkeiten zu tun. Hans-Olaf Henkel, Hubert Aiwanger, Frank Schäffler, Oliver Janich, in letzter Zeit auch dominante Politiker der CSU, sie alle versuchen, Einfluss für ihre Positionen zu erlangen.

Die Erfolgschancen einer Euro-kritischen Initiative, die nur auf den Stimmenfang setzt, dürften auch aus anderen Gründen als tendenziell bescheiden eingestuft werden. Denn zu marginal erscheint die Rolle des Euro, und zu unterschiedlich sind die vordringlichen Probleme, die die Aktivisten durch ihre politische Arbeit lösen wollen. Der Euro wird wohl auch weiterhin «von den Leuten eher als eine technische Frage angesehen».[54] Wer will es ihnen ob der hochkomplexen Thematik verdenken? Selbst Experten sind sich weder in der Analyse der Ursachen der gegenwärtigen Krise noch in den Maßnahmen zu ihrer Bekämpfung einig. Letztlich erscheinen so wissenschaftliche Expertise und politischer Tagesbetrieb ähnlich fraktioniert wie das Spektrum der Euro-Kritiker. Befremdlich ist daran lediglich eines: der vor allem politische Appell, diese Unterschiede mit Hinblick auf die Märkte nicht hervortreten zu lassen. Gerade das enthüllt doch eine wirkliche Fehlentwicklung im Feld des Politischen. Und gerade deshalb sollte die hier vorgestellte Analyse keinesfalls als eine Prognose über die Wahrscheinlichkeit eines Entstehens einer populistischen Initiative missverstanden werden. Denn sollten dergleichen Machtungleichgewichte bestehen bleiben, könnte sich all dies doch noch in einer populistischen Zuspitzung gegen die Politik insgesamt entladen. Bei dieser wäre dann nachrangig, an welchem politischen Konflikt sie sich entzündet.

Verweise und Literatur

1 O. V.: ZDF-Politbarometer vom 13. Juni 2012. In: www.zdf.de, unter: www.zdf.de/ZDF/zdfportal/web/ZDF.de/Politbarometer/2942200/23440882/33c54a/Euro-Krise-gewinnt-stark-an-Bedeutung.html?mediaType=Infographik (eingesehen am 11. Oktober 2012)

2 Wolfgang Münchau: Die spanische Bombe. In: *Spiegel Online*, 10. Oktober 2012, unter: www.spiegel.de/wirtschaft/schulden-in-spanien-wolfgang-muenchau-ueber-den-ausweg-aus-der-krise-a-860462.html (eingesehen am 11. November 2012)

3 Bundesverfassungsgericht: Pressemitteilung Nr. 67/2012 vom 12. September 2012. Anträge auf Erlass einer einstweiligen Anordnung zur Verhinderung der Ratifikation von ESM-Vertrag und Fiskalpakt blieben überwiegend erfolglos.

4 O. V.: Mehrheit der Deutschen sieht Euro kritisch. In: *Frankfurter Allgemeine Zeitung Online*, 17. September 2012, unter: www.faz.net/aktuell/wirtschaft/emnid-umfrage-mehrheit-der-deutschen-sieht-euro-kritisch-11893197.html (eingesehen am 11. Oktober 2012)

5 Während es an Analysen zu den Ursachen der Euro-Krise und möglichen Auswegen aus ihr aus sozial- und wirtschaftswissenschaftlicher Sicht sicher nicht mangelt, ist den Verfassern keine sozialwissenschaftliche Auseinandersetzung bekannt, die sich mit dem gegenwärtigen Spektrum des Anti-Euro-Protests auseinandersetzt.

6 Während die ACTA-Proteste in unterschiedlichen Städten mehrere zehntausend Demonstranten mobilisieren konnten (vgl. den Beitrag

von Alexander Hensel, Stephan Klecha und Christopher Schmitz in diesem Band), werden die Proteste der Euro-Kritiker von rund 200 bis 700 Menschen begleitet. Eigene Beobachtung der Kundgebung «Ja zum Grundgesetz heißt nein zum ESM» in Berlin am 8. Juni 2012 und zuletzt o. V.: Rund 700 Teilnehmer bei Kundgebung gegen Euro-Rettungsschirm. In: *Die Welt Online*, unter: www.welt.de/newsticker/news3/article109108688/Rund-700-Teilnehmer-bei-Kundgebung-gegen-Euro-Rettungsschirm.html (eingesehen am 11. Oktober 2012)

7 O. V.: Großes Potenzial für eurokritische Partei. In: *Focus Online*, 10. Oktober 2011, unter: www.focus.de/politik/deutschland/focussiert-grosses-potenzial-fuer-eurokritische-partei_aid_672954.html; o. V.: 40 Prozent würden Euro-kritische Partei wählen. In: *Die Welt Online*, 18. September 2011, unter: www.welt.de/politik/deutschland/article13611406/40-Prozent-wuerden-Euro-kritische-Partei-waehlen.html (beide eingesehen am 11. Oktober 2012)

8 Tina Hildebrandt: CDU – und raus bist du! Wie Euro-Skeptiker an einer neuen Partei basteln. In: *Die Zeit Online*, 11. November 2011, unter: www.zeit.de/2011/46/Neue-Partei (eingesehen am 11. Oktober 2012)

9 Wolfgang Büscher: Anti-Euro-Proteste. Die Geisterpartei. In: *Die Zeit Online*, 6. November 2011, unter: www.zeit.de/2011/45/Neue-Partei (eingesehen am 11. Oktober 2012)

10 Ralf Dargent: «Euro-Sarrazin». Henkel packt Weltkriegs-Vergleich aus. In: *Die Welt Online*, 19. Oktober 2012, unter: www.welt.de/fernsehen/article13668523/Euro-Sarrazin-Henkel-packt-Weltkriegsvergleich-aus.html (eingesehen am 11. Oktober 2012)

11 Hans-Olaf Henkel (Interview mit Jürgen Elsässer): Partei der Euro-Gegner hängt «reif am Baum». In: Jürgen Elsässers COMPACT-Blog, 2. Februar 2012, unter: http://juergenelsaesser.wordpress.com/2012/02/02/partei-der-euro-gegner-hangt-reif-am-baum/ (eingesehen am 11. Oktober 2012)

12 Vgl. die von Infratest dimap zu den jeweiligen Zeitpunkten erhobenen Ziffern des ARD-Deutschlandtrends. Die Projektionen beziehen sich auf die Beantwortung der Frage: «Glauben Sie, dass der Euro für Sie eher Vorteile oder eher Nachteile bringt?» Die fehlenden Werte zu 100 Prozent entfallen auf die Antwortkategorie «weder noch».

13 Florian Gathmann u. a.: Denn sie ahnen nur, was sie tun. In: *Spiegel*

Online, 26. Oktober 2011, unter: www.spiegel.de/politik/deutschland/0,1518,794159,00.html (eingesehen am 11. Oktober 2012)

14 Die Graphik basiert auf den Angaben von www.lobbypedia.de und www.wikipedia.de zu den als Erstunterzeichnern auf der Homepage des «Bündnis Bürgerwille» geführten Personen.

15 Die Mont Pelerin Society wird in der Literatur als eine treibende Kraft der neoliberalen Umgestaltung der Wirtschaftspolitik ab den siebziger Jahren eingeordnet. Vgl. David Harvey: A Brief History of Neoliberalism. Oxford 2005, S. 20 ff.

16 Untersucht wurden damit in erster Linie die der Bundesvereinigung Freie Wähler zugehörigen, parteiförmig organisierten Freien Wähler, die auch auf überregionaler Ebene antreten. Vgl. Martin Morlok u. a.: Freie Wähler und Kommunale Wählergemeinschaften aus parteiwissenschaftlicher Perspektive. In: Dies. (Hg.): Politik an den Parteien vorbei. Freie Wähler und kommunale Wählergemeinschaften als Alternative, S. 9–24, hier S. 10. Ebenfalls zur Struktur der Freien Wähler: Ingo Naumann: Wählergemeinschaften in einer Parteiendemokratie. Ihre Stellung im politischen System der Bundesrepublik Deutschland. Wiesbaden 2011, insbesondere S. 48 f.

17 Christoph Seils: Deutschland ist reif für den Rechtspopulismus. In: *Der Tagesspiegel Online*, 2. Juli 2012, unter: www.tagesspiegel.de/meinung/euro-krise-die-freien-waehler-koennten-als-eurokritische-partei-in-den-bundestag-einziehen/6824808-2.html (eingesehen am 11. Oktober 2012)

18 Die Freien Wähler positionieren sich zwar nachdrücklich nicht als Partei, entsprechen, da «es für die Parteieigenschaft aber nicht auf das ‹Partei-sein-Wollen› an(kommt)», de-facto satzungsgemäß einer Partei. Zit. nach: Sebastian Roßner: Parteien wider Willen. Von Wählervereinigungen und einer subjektiven Komponente des Parteibegriffs. In: Morlok u. a.: Politik an den Parteien vorbei, S. 125–145, hier S. 140

19 Vgl. Endnote 6. Neben dem Aktionsbündnis Direkte Demokratie tritt auch der Verein «Zivile Koalition» als Initiator von Demonstrationen auf – deren Vorsitzende Beatrix von Storch hält hierbei auch regelmäßige Redebeiträge. Auf unsere Anfrage zu einem Gespräch erhielten wir jedoch keinerlei Rückmeldung.

20 Vgl. Marion Reiser u. a.: Parteien ohne Parteilichkeit? Analyse zum

Profil parteifreier Gruppierungen. In: Dies. (Hg.): Parteifrei im Parteienstaat. Kommunale Wählergemeinschaften. Elektorale Verankerung und Soziales Profil im Ost-West-Vergleich. Halle 2008, S. 74–97, hier S. 86 f. Für das Aktionsbündnis Direkte Demokratie bzw. die Partei der Vernunft liegen keine Vergleichswerte vor.

21 Auch der Anteil an aktiven und ämterorientierten Frauen ist über alle Parteien hinweg mit 26 beziehungsweise 19 Prozent deutlich höher. Vgl. Tim Spier: Wie aktiv sind die Mitglieder der Parteien. In: Ders. u. a.: Parteimitglieder in Deutschland. Wiesbaden 2011, S. 97–120, hier S. 101, S. 113

22 Die Autoren orientieren sich am Klassenkonzept des französischen Soziologen Pierre Bourdieu. Vgl. Pierre Bourdieu: Die feinen Unterschiede. Kritik der gesellschaftlichen Urteilskraft. Frankfurt am Main 1994, vor allem S. 175–182

23 Einschränkend sei erwähnt, dass für eine generalisierbare Aussage über die gesamte Partei der Vernunft eine zu geringe Fallzahl vorliegt. Bei Beobachtungen verfestigte sich dieser Eindruck jedoch.

24 Dem niedersächsischen Dachverband der Freien Wähler können sich verschiedene kommunale Wählergemeinschaften anschließen, ohne dadurch Mitglieder der Partei «Bundesvereinigung Freie Wähler» werden zu müssen.

25 Sebastian Haunss: Was ist der beste methodische Zugang? Bewegungsdiskurse und Prozesse kollektiver Identität. In: Forschungsjournal Soziale Bewegungen. Jg. 24 (2011). Heft 4, S. 36–38, hier S. 36

26 Vgl. Thilo Sarrazin: Europa braucht den Euro nicht. Wie uns politisches Wunschdenken in die Krise geführt hat. München 2012, S. 23; Hans-Olaf Henkel: Rettet unser Geld! Wie der Euro-Betrug unseren Wohlstand gefährdet. München 2012, S. 15

27 Genuin Euro-kritische Initiativen wie die Partei «Pro D-Mark» wurden mittlerweile eingestellt.

28 Festgeschrieben ist diese Klausel in Art. 125 des Vertrags über die Arbeitsweise der Europäischen Union. Darin heißt es: «Ein Mitgliedstaat haftet nicht für die Verbindlichkeiten der Zentralregierungen, der regionalen oder lokalen Gebietskörperschaften oder anderen öffentlichrechtlichen Körperschaften, sonstiger Einrichtungen des öffentlichen Rechts oder öffentlicher Unternehmen eines anderen Mitgliedstaats und tritt nicht für derartige Verbindlichkeiten ein; dies gilt unbe-

schadet der gegenseitigen finanziellen Garantien für die gemeinsame Durchführung eines bestimmten Vorhabens.» Vgl. www.aeuv.de/aeuv/dritter-teil/titel-viii/kapitel-1/art-125.html (eingesehen am 11. Oktober 2012).

29 Vgl. Homepage des Bündnis Bürgerwille, unter: http://buendnis-buergerwille.de/index.php?id=190 (eingesehen am 11. Oktober 2012)

30 Vgl. Fernsehauftritt in der Talkshow *Günther Jauch* in der ARD am 11. Dezember 2011 oder Nadine Oberhuber: Der Aussteiger. In: *Frankfurter Allgemeine Zeitung Online*, 27. Dezember 2011, unter: www.faz.net/aktuell/finanzen/euro-der-aussteiger-11580003.html (eingesehen am 11. Oktober 2012)

31 «War Angela Merkel im Mai 2010 bei der ersten Griechenlandhilfe, als das Desaster begann, aus Zufall in Moskau oder hat sie sich die Befehle ihres Führungsoffiziers abgeholt? Stimmen die Abgeordneten der Ausplünderung Deutschlands zu, weil sie irgendjemand in der Hand hat, oder sind sie so doof? Wer weiß das schon?» Oliver Janich: Occupy Wall Street. Die künstliche Opposition der Neuen Weltordnung. In: info.kopp-verlag.de, 17. Oktober 2011, online unter: http://info.kopp-verlag.de/hintergruende/geostrategie/oliver-janich/occupy-wall-street-die-kuenstliche-opposition-der-neuen-weltordnung.html (eingesehen am 11. Oktober 2012)

32 Die Ideen des Bündnisses sind nur sehr bedingt in die Interpretationsmuster der anderen Zusammenschlüsse integrierbar, auch auf dem «Euro-Kongress» in Berlin erschien der Vorsitzende der Partei der Vernunft, Oliver Janich, bei einer Podiumsdiskussion beinahe vollständig isoliert.

33 Henkel: Rettet unser Geld, S. 181 ff. Viele der Ausführungen Henkels werden auch von Thilo Sarrazin geteilt, nicht jedoch die Trennung der Euro-Zone. Vgl. Sarrazin: Europa braucht den Euro nicht, S. 388

34 Auffälligerweise nimmt keiner unserer Gesprächspartner Irland in die Aufzählung der Krisenstaaten auf.

35 Vgl. Dieter Rucht: Kollektive Identität. Konzeptionelle Überlegungen zu einem Desiderat der Bewegungsforschung. In: Forschungsjournal Neue Soziale Bewegungen. Jg. 8 (1995). Heft 1, S. 9–23; auch: Oliver Schmidtke: Kollektive Identität in der politischen Mobilisierung territorialer Bewegungen. In: Ebd., S. 24–31

36 In den Argumentationen wird immer wieder angeführt Oliver Janich:

Das Kapitalismus-Komplott. Die geheimen Zirkel der Macht und ihre Methoden. München 2010. Eine seriösere Darstellung, die aufzeigt, dass von jeher Ängste mit der Existenz von Papiergeld verknüpft wurden, findet sich bei Joseph Vogl: Das Gespenst des Kapitals. Zürich 2010, hier vor allem S. 63 ff.

37 Hierin erscheint die Utopie wie die Affirmation der in der kritischen Gegenwartsdiagnose der *simulativen Demokratie* herausgestellten Tendenzen zur Befriedigung der politischen Teilhabe durch den Konsum. Vgl. Ingolfur Blühdorn: Billig will Ich! Post-Demokratische Wende und simulative Demokratie, Forschungsjournal Neue Soziale Bewegungen. Jg. 19 (2006). Heft 4, S. 72–83

38 Franz Walter: Gelb oder Grün. Kleine Parteiengeschichte der besserverdienenden Mitte in Deutschland. Bielefeld 2010, S. 44

39 Walter: Gelb oder Grün, S. 38

40 Die Opposition zu den «68ern» wird auch von dem deutlich älteren Mitglied der Hayek-Gesellschaft als Politisierungsfaktor angesehen.

41 Dieses Muster wird in der gesamten Literatur zu den Freien Wählern beschrieben. Hier exemplarisch: Florian Weitzker: Die Freien Wähler in Deutschland. Geschichte, Struktur, Leitlinien. Sankt Augustin 2008, S. 34 f.

42 Vgl. Torben Lütjen: Jenseits der Parteilichkeit? Zum Anspruch der Freien Wähler auf Ideologiefreiheit. In: Morlok u.a.: Politik an den Parteien vorbei, S. 157–172, hier S. 168

43 Eith argumentiert gar: «Ein zentraler, die politische Zielvorstellung beschreibender Markenkern – neben der grundsätzlichen Ablehnung der Parteipolitik – ist kaum erkennbar.» Ulrich Eith: Ideologiefreie Sachpolitik oder populistischer Protest? Freie Wähler auf Landes- und Bundesebene. In: Morlok u.a.: Politik an den Parteien vorbei, S. 147–156, hier S. 152

44 Sehr kritisch hierzu Lütjen: Jenseits der Parteilichkeit, S. 168

45 Vgl. Stephan Lessenich: Die Neuerfindung des Sozialen. Bielefeld 2008

46 Für generalisierende Aussagen für den Gesamtverband ergeben sich dieselben Einschränkungen wie für die anderen Gruppen. Vgl. Endnote 27

47 Auch tritt die NPD mit der Kampagne «Raus aus dem Euro» im Internet an. Vgl.: http://nein-zum-euro.de/ (eingesehen am 11. Oktober 2012). Vgl. Dominik Hutter: Unerwünschter Gast. In: *Süddeutsche Zeitung*

Online, 18. Juli 2012, unter: www.sueddeutsche.de/muenchen/karl-richter-auf-demo-der-freien-waehler-unerwuenschter-gast-1.1415059 (eingesehen am 11. Oktober 2012). Während sich die Freien Wähler öffentlich von dieser Entwicklung distanzierten, war der Umgang mit NPD-Aktivisten an einer Demonstration gegen den ESM in Berlin am 8. Juni 2012 hochgradig bedenklich. Ein Demonstrant, der diese von der Demonstration ausschließen wollte, wurde dort als Undemokrat tituliert und dazu aufgerufen, die NPD bei der Veranstaltung zu tolerieren. Eigene Beobachtung der Kundgebung «Ja zum Grundgesetz heißt nein zum ESM» in Berlin am 8. Juni 2012.

48 Karin Priester: Populismus. Historische und aktuelle Erscheinungsformen. Frankfurt am Main 2007, S. 28. Ähnlich äußern sich auch Beiträger in Frank Decker (Hg.): Populismus. Gefahr für die Demokratie oder nützliches Korrektiv? Wiesbaden 2006

49 Franz Walter: Ist Populismus ein Übel? Über Rationalismus, Deformation und Defizite der herrschenden Elite in der Demokratie. In: Forschung und Lehre 19 (2012). Heft 7, S. 536–538, hier S. 536

50 Franz Walter: Die Deoschicht der Douglasliberalen. In: *Der Freitag*, 21. September 2011

51 Colin Crouch: Postdemokratie. Frankfurt am Main 2008

52 Vgl. Alexander Hensel: Tabus, Tabubrüche und Politische Korrektheit. In: Ders. u. a. (Hg.): Parteien, Politik und gesellschaftliche Kritik. Stuttgart 2010, S. 242–244; Philipp Kufferath: Politische Korrekturen. In: Ebd., S. 239–241

53 Etwa Gerd Langguth: Operation Stimmenraub. In: *Spiegel Online*, 1. Januar 2012, unter: www.spiegel.de/politik/deutschland/0,1518,805671,00.html (eingesehen am 11. Oktober 2012)

54 Dahrendorf: Die Krisen der Demokratie, S. 42

«Es gibt ja bloß das Hier und Jetzt»

Satirische Protestgruppen am Beispiel von Die PARTEI und «Front deutscher Äpfel»

Lars Geiges / Pepijn van Dijk / Tobias Neef

Im März 2011, Karl-Theodor zu Guttenberg war gerade als Verteidigungsminister zurückgetreten, riefen einige seiner Anhänger zu einer «Pro-Guttenberg-Demonstration» unter anderem nach Berlin auf. Doch es kamen nicht nur überzeugte Anhänger des CSU-Politikers zum Brandenburger Tor, sondern auch organisierte Guttenberg-Gegner, mit Transparenten ausgestattet, auf denen «Wir kennen keine Parteien mehr, nur noch Guttenberg», «Unser Kaiser Guttenberg» und «Wir sind Dein Volk» zu lesen war. Im Sommer 2011 eröffnete der Landesverband von Die PARTEI den Wahlkampf zur Berliner Abgeordnetenhauswahl. Zwei ihrer zentralen Forderungen: die Errichtung eines Endlagers für radioaktive Abfälle im Prenzlauer Berg und der Wiederaufbau der Berliner Mauer. Anfang 2012 protestierte die «Front Deutscher Äpfel» gegen den Aufmarsch von Neonazis in Dresden. «Die Äpfel»-Mitglieder trugen Uniformen, rote Armbinden, schwarze Armeestiefel, liefen im Stechschritt durch die Stadt und skandierten: «Was gibt dem deutschen Volke Kraft? Apfelsaft! Apfelsaft!» Sie traten ein «für den deutschen Obstbestand», gegen eine «Überfremdung durch Südfrüchte» und gegen das «braune Fallobst», das in Dresden an diesem Tag zu «einer Haufenbildung» zusammenkam.

So verschieden diese drei Protestszenen aus den vergangenen Jahren auch sein mögen, haben sie doch etwas gemeinsam. Sie eint ihre Ausdrucksform: Überzeichnung, Übertragung, Übertretung – der satirische Protest. Er ist eine Einmischung mittels Bloßstellung, er verhöhnt und spitzt provokant zu. Er stellt einen aktionistischen Tabubruch dar, eine inszenierte Banalisierung im öffentlichen Raum, die organisierte Veralberung. Er kann punktuell oder wiederholt, spontan oder gut geplant, aufwendig oder schlicht ausfallen, kann kampagnenartig oder reaktiv daherkommen. Er kann in lose strukturierten Bündnissen zum Prinzip erhoben oder singulär als strategisches Protestelement eingebettet werden in eine Vielzahl von Aktivitäten. Kurzum: Er kann unendlich viele Prägungen erfahren – und in ganz unterschiedlichen Zusammenhängen erdacht werden. Das macht das Feld weit und zugleich interessant.

Bislang überwiegend unerforscht stehen hier diejenigen Engagierten im Scheinwerfer des Interesses, die Satire zum Grundsatz ihres Engagements erklärt haben, die regelmäßig organisiert politisch parodieren, karikieren und persiflieren, daraus Aktionen entwickeln und so versuchen, sich im Diskurs Gehör zu verschaffen. Was sind ihre Antriebsfedern? Was ihre Motive? Was ihre Hintergründe und prägenden Einstellungen? Die Protagonisten des satirischen Protests eint die Entscheidung für eine Ausdrucksform des Engagements. Damit rücken sie als Aktive in den Mittelpunkt, die sich mittels einer spezifischen Protest*form* politisch engagieren – im Gegensatz zu vorangegangenen Kapiteln, die eher Engagierte mit gemeinsamen Protest*zielen* in den Blick nehmen.

In Deutschland stellt satirisches Politikengagement ein numerisch nicht mehr zu übergehendes Phänomen dar. Die PARTEI unter ihrem Bundesvorsitzenden Martin Sonneborn, dem ehemaligen Chefredakteur des Satiremagazins *Titanic*, ist siebtgrößte Mitgliederpartei der Bundesrepublik. Ihr gehören etwa 10 000 Mitglieder an. Sie ist in dreizehn Landesverbänden organisiert, hat vierzehn Hochschulgruppen und mit der «Hintner-Jugend», die nach dem ehemaligen *Titanic*-Mitarbeiter Thomas Hintner benannt ist, eine aktive Jugendorganisation. Hinzu kommt eine Entwicklung, wonach (junge) Engagierte sich eher in losen spontanen Bündnissen einbringen möchten. Als Erwartungen an ihr Engagement nennen sie an vorderster Stelle, dass ihre Tätigkeit Spaß machen müsse.[1]

Dabei sind diese Formen der politischen Intervention keineswegs neu. Aktionistische «Spaß-Bündnisse» hat es immer wieder gegeben. Auf organisierter Ebene gründete sich 1950 die «Radikale Mitte» als «Verein wider den tierischen Ernst der Zeit». Er sprach sich aus für eine «Aufrüstung der Toleranz» und «gegen Kompromisslosigkeit».[2] 1985 entstand in Frankfurt die «Union nicht genug überdachten Lächelns trotz innerer Genialität», kurz «UngüLtiG», die wegen mangelnder Ernsthaftigkeit nicht wie beabsichtigt zur Bundestagswahl 1987 antreten durfte. Deutlich stärker noch als auf parteilicher Ebene haben Humor, Ironie und künstlerische Satire innerhalb bundesrepublikanischer Bewegungen stets ihren festen Platz besessen. Während der Studentenproteste der Sechziger setzte sich die «Spaßguerilla» um die Berliner Kommune I mit Fritz Teufel und Rainer Langhans von traditionellen Protestformen linker Gruppen ab. Sie trat mit ihren Aktionen offen lustbetont auf, akzentuiert antiautoritär und ausdrücklich lebensbejahend.[3] Aus ihnen gingen die «Spontis» hervor, die, vielfach engagiert vor allem im studentischen Umfeld der Siebziger, Häuser besetzten und auf kreative Weise bemüht waren, ein «linkes Gegenmilieu» aufzubauen. Einige ihrer Parolen: «Nonsens statt Konsens», «Petting statt Pershing» oder «Wer zu viel fernsieht, verliert den Weitblick!» Die Sponti-Szene löste sich Anfang der Achtziger auf. Ihre Träger und damit auch ihre Protestformen gingen unter anderem über in alternative und autonome Gruppen und Bewegungen sowie nicht zuletzt in die Partei Die Grünen. Als die hessischen Grünen 1985 mit der SPD ihren Koalitionsvertrag unterschrieben, hatten sie zuvor in nächtlicher Sitzung eine Bezugnahme auf das «Shanghaier Kugelfisch-Abkommen» an bedeutungsloser Stelle ins Regelwerk geschmuggelt. Ein Abkommen, das es aber gar nicht gab, eine fiktive Belanglosigkeit, ein Streich der Grünen, ein Sponti-Fragment.

Heute finden sich satirisch humorvolle Elemente in vielen Protestformationen. Von den Medien nur allzu gern aufgegriffen, sieht man beispielsweise die Clownsarmee beim G8-Gipfel, Samba-Gruppen in Demonstrationszügen oder Studenten, die demonstrativ einen Sarg tragen, mit dem sie «die Bildung» von dieser Welt verabschieden. Gemeinhin wird dann vom «bunten Protest» gesprochen. Tatsächlich liegt all diesen Formen das Bemühen zugrunde, für eine bestimmte Zeit die Kommunikationsstrukturen zu verändern, genauer: sie zu verkehren, sie umzudeuten, sie zu bestimmen. Denn Satire – wie auch die Entschlüsselung eines Witzes – funktioniert auf der Basis der Wahrnehmung einer subjektiven Unstimmigkeit, die den Betrachter geistig dazu zwingt, den bisherigen Standpunkt zu verlassen und einen neuen Blickwinkel einzunehmen, aus dem die Geschichte wieder Sinn ergibt.[4] Das Phänomen des Witzes ist neurowissenschaftlich relativ gut erschlossen. Was man sonst über die Satire erforscht hat, stammt zumeist aus den Literaturwissenschaften.[5] Die Ergebnisse erscheinen in Teilen auf die Protestforschung übertragbar. Demzufolge greift der Satiriker einen Träger einer bestimmten Norm an. Er hat eine Diskrepanz zwischen Ist- und Soll-Zustand ausgemacht und geht dagegen vor, indem er dies vor einem zu überzeugenden Publikum anprangert. Die Realität wird überspitzt wiedergegeben, einzelne Elemente unter-, andere überrepräsentiert und somit in neue Bezüge gesetzt. Der Rezipient erkennt bekannte Elemente und wird gezwungen, eine Relation herzustellen, sprich: sich (neu) zu positionieren. Satire ist also immer wertend. Ihre Grundlage ist die Verzerrung. Ironie ist eine Spielart davon. Der Rezipient muss sich auf den ihr innewohnenden überzeichnet affirmativen oder negativen Rätselcharakter einlassen. Tut er es, findet über den Versuch, diesen zu entschlüsseln, eine thematische Auseinandersetzung statt, die aus Sicht des Ironikers/Satirikers idealtypischerweise beim Rezipienten einen Solidarisierungseffekt auslöst.[6]

Und im politischen Raum? Wer sind sie, die Vertreter des satirischen Protests? Neben der oben erwähnten Die PARTEI wurden in dieser Einzelstudie Aktive der Front Deutscher Äpfel befragt, ein lose organisiertes satirisches Bündnis gegen Rechtsextremismus. Die Apfelfront hat sich 2004 gegründet. Sie tritt seitdem bei nahezu allen größeren NPD-Aufmärschen in Erscheinung und parodiert tradierte Symbole, Botschaften und Auftreten der Rechtsextremisten, indem sie diese konsequent auf Anbau und Verwertung von Obst überträgt. Dann verdammen sie in Sprechchören die «Überfremdung des deutschen Obstbestands durch Aufpfropfen fremder Arten» und «faul herumliegendes Fallobst». Mitgliederzahlen gibt es nicht. In den lokalen Untergruppen («Gaue») sollen sich nach eigenen Angaben mehrere hundert Aktive engagieren.

Ungebunden, spaßorientiert und freiheitsliebend

Kurt Tucholsky schreibt, der Satiriker sei ein «gekränkter Idealist».[7] Tatsächlich scheint unter dem einigenden Band der Satire ein äußerst heterogener Engagiertenkreis hindurch, der sich so einfach dann doch nicht greifen lässt. Denn: Den *einen* Satire-Aktivisten gibt es nicht. Unsere Teilnehmer kommen aus verschiedenen sozialen Milieus und politischen Lagern. Sie unterscheiden sich in ihren Lebensläufen, Herkünften und politischen Vergangenheiten auf bemerkenswerte Art – und sind dennoch bei allen Differenzen in Teilaspekten wiederum eine recht homogene Gruppe.

Die Gesprächspartner sind fast ausschließlich männlich und besitzen eine überdurchschnittlich gute Ausbildung (Abitur und höher). Sie sind vorwiegend selbständig tätig, arbeiten freiberuflich oder studieren noch. Das durchschnittliche Einkommen der von uns Befragten befindet sich im mittleren Bereich, bei etwa 2300 Euro netto im Monat. Sie leben in partnerschaftlichen Beziehungen, in der Regel jedoch, ohne mit ihrem Lebensgefährten eine gemeinsame Wohnung oder gar ein eigenes Haus zu teilen. Sie sind größtenteils unverheiratet und kinderlos, wohnen mehrheitlich in der Stadt und sind überwiegend ohne Konfession – schon vor langer Zeit sind fast alle aus der Kirche ausgetreten.

Auffällig sind auch die Altersstrukturen innerhalb beider Protestformationen. Sie stehen im Kontrast zu den meisten anderen in dieser Studie untersuchten Gruppen. So sind es bei der Apfelfront auf allen Ebenen hauptsächlich Schüler, die organisieren, mobilisieren und kommunizieren. Innerhalb der PARTEI spielt diese junge Gruppe hingegen kaum eine Rolle. Hier dominieren die Dreißig- bis Fünfzigjährigen das Geschehen. Die Geburtsjahrgänge der späten sechziger bis frühen achtziger Jahre bilden das Gros der Mitglieder, stellen die führenden Köpfe und treten als wortmächtigste Akteure innerhalb ihrer Zusammenhänge auf. Was die Schüler und Engagierten mittleren Alters eint, ist, dass beide Kohorten über ausreichend Zeit für ihr Engagement verfügen. Mag das bei Schülern noch nachvollziehbar erscheinen, ergibt sich das Mehr an Zeit der «Mittelalten» aus der Kombination von privater und beruflicher Flexibilität: Wie erwähnt haben die meisten keine Kinder und wohnen allein. Zwar ist die Partizipation in beiden von uns untersuchten Gruppen niedrigschwellig angelegt, dabei jedoch durchaus zeitintensiv. Die PARTEI-Mitglieder kommen einmal im Monat zu lokalen «Stammtischen» zusammen, bei denen in gemütlichen, bisweilen bierseligen Runden über Aktuelles geredet wird. Gleichzeitig treten bei der Planung und Durchführung von Aktionen sowie in Wahlkampfzeiten deutliche Belastungsspitzen auf: Kampagnen entwickeln, Unterschriften sammeln, Informationstische in Fußgängerzonen aufbauen, Plakate kleben. Ähnliches gilt für die Apfelfront. Feste Strukturen und regelmäßige Treffen gibt es nicht. Eigene Aktionen hingegen sind zumindest für die führenden Aktiven zeitlich äußerst aufwendig.

In ihrer freien Zeit verfolgen unsere Gesprächspartner tagespolitische Ereignisse intensiv und interessiert. Von ihnen selbst im Verlauf der Fokusgruppen beispielhaft in anderen Kontexten genannte Schlagwörter zu (aktuellen) politisch-gesellschaftlichen Vorgängen («Affäre Wulff», «Hypo Alpe-Adria», «Schuldenproblematik») genügen bereits, um launig-analytische, durchaus faktenreich reflektierte Diskussionen in Gang zu setzen. Man ist informiert, diskursiv und hochpolitisch. Wobei – sehr stark in einer süddeutschen Gesprächsrunde, fast gar nicht in einer norddeutschen Fokusgruppe – die Tonlage teilweise abfällig, ja, beleidigend zugespitzt wird: Bundeskanzlerin Angela Merkel wird «Zonentrampel» und «unsere liebe Pfarrerstochter» genannt, Veronica Ferres «eine dumme Gans», und der Bundespräsident sei nur ein «Ersatzkasper für den Kaiser». Diese Überspitzung unterstreicht das Selbstbild der Engagierten: Denn sich selbst betrachten die Aktivisten als eine Art Avantgarde, bei der Spaß im und durch das Engagement im Vordergrund stehe. Man möchte aber nicht nur Komik oder Alltagshumor, sondern vielmehr Satire mit Anspruch formulieren. Dabei sieht man sich in der Rolle des distanzierten Beobachters, der aufgeklärt immer wieder dabei ist, «den Betrieb zu stören» und eine intelligente Kritik zu üben. Man habe es «als aufmerksamer, informierter Mensch» ein bisschen leichter, «ein paar Parolen» zu durchblicken. Dem zugrunde liegt – vor allem bei PARTEI-Mitgliedern – eine Haltung des «Es-durchschaut-Habens», die selbstbewusst vorgetragen, bisweilen überheblich daherkommt, auch bei manchem Aktiven resignativ-zynische Züge enthält.

Das ist die teilweise widersprüchliche Position, von der aus die Befragten mehrheitlich auf *die anderen* blicken. Denn zum einen wird über die Uninformierten geschimpft, über diejenigen, die sich über eine unausgewogene unkritische Medienberichterstattung beklagen («Ich muss die *Bild*-Zeitung nicht kaufen, wenn ich die nicht mag»). An anderer Stelle werden hingegen die Medien wiederum selbst kritisiert: zu banal, zu parteiisch, von Interessen gelenkt. Ähnlich verhält es sich bei der Sicht auf diejenigen, die sich politisch heraushalten, die sich nicht engagieren. («Wir sind der Staat. Das kapiert bloß keiner mehr.») Gleichwohl lassen sich auch moderatere Töne in den Diskussionssträngen finden, ebenso Wortmeldungen, die etwa «das System» kritisieren, das den Bürger in Unfreiheit und Unmündigkeit halte («Das Volk wird dumm gehalten»). Zwar artikulieren die von uns untersuchten Gruppen nicht die Auffassung, wonach sie selbst «dem Volk» überlegen seien, schätzen sich aber zumindest als aufgeklärter, kritischer und reflektierter ein als den «Normalbürger».

Dabei ist der Begriff «Freiheit» ihre *navigatio vitae*. Häufig verwendet, stellt dieser Topos das umfassende Leitmotiv unserer Teilnehmer dar, das in alle Lebensbereiche ausstrahlt. Man gibt sich betont freiheitsliebend: privat, beruflich, politisch. Statt einer vermeintlichen Unterordnung innerhalb eines großen Betriebs suchten viele Gesprächspartner die freiberufliche Herausforderung, erläutern, gern flexibel als Selbständige zu arbeiten. Statt in einer gemeinsamen Wohnung mit dem Lebenspartner, geben sie an, lieber allein zu leben. Man wolle den Partner durch die gewählte Lebensform nicht einengen und sich weiterhin gegenseitig Freiheiten zugestehen. Statt Ehe mit Kindern bleiben sie eher ungebunden. Auch die Wünsche und Zukunftsvorstellungen einiger unserer Interviewpartner speisen sich – wenn auch nur vereinzelt und weniger stark ausgeprägt – aus diesem Freiheits-Topos. Dabei sprechen Teilnehmer, die angeben, früher im linken Spektrum aktiv gewesen zu sein, über herrschaftslose Gesellschaftsvorstellungen, flache Hierarchien und betonen die Gleichheit des Einzelnen.

Der von den Aktiven häufig hervorgehobene Freiheits-Begriff spielt ebenfalls für die jeweiligen Erklärungen des eigenen Engagements eine wichtige Rolle. Insbesondere Mitglieder der PARTEI nennen ein hohes Maß an Freiheit innerhalb ihrer Gruppen als Grund dafür, sich eben genau dieser Organisation angeschlossen zu haben. Hier müssten sie sich nicht den in ihren Augen zähen Diskussionsprozessen unterwerfen, keinen Vorgaben von Vorstandsmitgliedern fügen, hätten keine strikten Tagesordnungen abzuarbeiten, durch die eine Mitgliedschaft in anderen politischen Organisationen ihnen unattraktiv erscheint. Stattdessen könne man sich «relativ schnell, relativ gut einbringen». Jede Meinung werde gehört, alles dürfe man sagen und gern auch querdenken: «völlig frei, völlig offen». Es gebe nichts, was man nicht dürfe. Aktionsvorschlägen würden kaum Grenzen gesetzt. Sogar eine Grundgesetzverbrennung habe man ihnen durchgehen lassen. Hinzu komme, dass sie in ihren Gruppen auf Freunde träfen und «eine familiäre Atmosphäre» herrsche, in der alles gesagt werden dürfe, auch eigensinnige, abweichende Ideen formuliert und veröffentlicht werden könnten. Ein wenig stolz wird berichtet, dass man auf der eigenen örtlichen PARTEI-Homepage über lokale wie globale Themen schreiben dürfe, was immer man wolle. Kein strenger Parteigrande wache über einen. Und darüber hinaus: Es mache schlichtweg Spaß, in diesen Gruppen mitzumachen, heißt es unisono in unseren Runden. Die Zeitschrift *Titanic* funktioniert hierbei als Klammer zwischen den Mitgliedern. Viele haben über sie den Zugang zu Die PARTEI gefunden. Sie ist eine der inspirativen Quellen ihres Aktivismus.

Für die Mehrzahl der befragten PARTEI-Mitglieder ist es keinesfalls das erste Engagement innerhalb einer Partei. Anders als die Apfelfront-Aktivisten sind sie in der Vergangenheit vielfach Mitglied von Parteien gewesen – aktiv in CDU, CSU, FDP, SPD und/oder Grüne sowie bei DKP und den Freien Wählern. Heute berichten sie, sich enttäuscht, auch gelangweilt aus ihren früheren Parteien zurückgezogen zu haben. Nicht selten waren ihren Austritten Streitigkeiten mit anderen Mitgliedern vorangegangen. Abseits der Satire sind sie aktuell in fast keinen politischen Engagements parallel aktiv. Dies unterscheidet sie von Anhängern der Apfelfront, die sich häufig in einem ganzen Gefüge aus Initiativen und Bündnissen gegen Rechtsextremismus befinden und gleichermaßen einbringen.

«Demokratur» und «Rattenfängerei»

Dominante Argumentationsstrukturen in den Gesprächsrunden durchziehen die verschiedenen Themenfelder und sind tragende Säulen der (politischen) Weltsicht der satirischen Protestgruppen: Es handelt sich dabei um Erzählungen von einem Verfall der politischen Kultur. Diesen beobachten die Befragten in den verschiedensten gesellschaftlichen Bereichen, die wiederum miteinander in wechselseitiger Beziehung stehen. Ihre Kritik zielt insbesondere auf den Zustand der Beziehungen zwischen Politik, Medien und Bevölkerung, kurz: auf die politische Kommunikation insgesamt.

Dabei blicken die betrachteten Gruppen auf einen Politikbetrieb, der sich in steigendem Maße populistischer Rhetorik bediene, sich abgekoppelt habe von der Bevölkerung und der nicht in der Lage sei, sich von mächtigen Lobbygruppen und Wirtschaftskonzernen zu emanzipieren. Eine elitäre wie weitgehend inkompetente politische Kaste sei entstanden, die eine klientelistische Politik zum Selbsterhalt betreibe, sich aber als integer inszeniere. Demokratie wird in diesem Zusammenhang als Scheininszenierung beschrieben, die die eigentlichen Prozesse der Machtausübung verdecke: «Es geht um Macht und Geld, und deswegen, glaube ich, ist die parlamentarische Demokratie eine Art Mogelpackung.» In Wirklichkeit herrsche in Deutschland bereits eine «Demokratur» – demgegenüber seien die Verhältnisse in Russland unter Wladimir Putin wenigstens noch ehrlich –, und ernsthafte Transparenz in der Politik sei ein Wunschdenken: Man werde einfach nicht mehr gefragt. Mitbestimmung finde nur in Form von Wahlen statt, die wiederum nur marginale Veränderungen (wenn überhaupt) ermöglichten. Das von den Politikern selbst aufgesetzte Wahlsystem blockiere bewusst größere Veränderungen («Die Tricks sind ja mannigfach»). Gegenüber den Möglichkeiten der Einflussnahme auf politische Prozesse, die über den kommunalen Raum hinausgehen, herrscht tiefe Skepsis. Aus diesem Zusammenhang speist sich auch die hohe Identifikation mit der Gruppe der Nichtwähler, die durch Die PARTEI eine Möglichkeit der Stimmerhebung gegen das politische Establishment hätten.

Zentraler Gesprächsinhalt der norddeutschen Untersuchungsgruppe ist die unkritische Flankierung von Politikern durch die Medien. Es wäre deren Aufgabe, Fehlentwicklungen aufzudecken und mit konsequenter Kritik zu begleiten. Doch stattdessen seien sie – auch aus ökonomischen Gründen im Zuge eines Medienwandels – tatkräftige Mitspieler und letztlich Profiteure des politisch-gesellschaftlichen Betriebs geworden. Überzogene Personalisierung, Effekthascherei und Belangloses stünden im Vordergrund einer Medienberichterstattung, die immer mehr wirtschaftlichen Abhängigkeiten unterliege. Die Informationen blieben dabei auf der Strecke. Die Folge ist eine zunehmende Inszenierung des Politischen («Man sollte sich nicht mit dem Aussehen von Politikern beschäftigen, weil das ist ja wohl das Hinterletzte, was einen zu interessieren hat»). An dieser Stelle hätten sich wiederum die Politiker darauf eingestellt, ebendiese Art medialer Öffentlichkeit zu bedienen. Eine der führenden Personen von Die PARTEI beschreibt die etablierte Politikpraxis als «... die amerikanisierte Form der Politik, die auf Mediendarstellungen ausgerichtet ist, auf kurzfristige populistische Erfolge, und die eigentlich relativ standpunktlos geworden ist, in der es nicht mehr um Inhalte geht ...». So hätten die Akteure des politischen Systems ihre jeweils eigene innere Logik ausgebildet.

Tatsächlich werde die Bevölkerung, ihrer politischen Ansprüche durchaus bewusst, in eine lediglich passive Rolle gedrängt. Eine gewisse Verdummung und Lethargie sei die Folge. Wobei auch gelte: Jedes Volk habe die Regierung, die es verdient. Man müsse sich eben selbst informieren und dürfe diesem abgekarteten Spiel nicht ohne Weiteres verfallen. So wie man sich selbst der Vereinnahmung der medial-politischen Maschinerie widersetze, müsse sich auch die breite Masse gegen diese «Rattenfängerei» stellen. Weshalb es nicht geschehe, bleibt dabei allerdings vonseiten der Aktiven unbeantwortet. Auch weil einem «das Volk» ein wenig fremd vorkomme, gilt unter den Teilnehmern: Man sehnt sich nach aktiven Bürgern, der breiten Masse gegenüber ist man jedoch skeptisch.

Ihre eigene Funktion in diesem Gefüge sehen sie als Störer des laufenden Betriebs. Aber nicht nur: Die PARTEI-Bayern hat im Eigenverlag ein zweiundsechzigseitiges «Politisches Manifest 1.0»[8] verfasst, fordert auf ihrer Homepage grundlegende programmatische Änderungen – und verlässt damit die Position der Satire für eine Art «Gegenprogrammatik» zur aktuellen Politik. Sie schlägt vor: eine Stärkung der Bürgerrechte, Privatisierungskritik, Transparenzerhöhung in der Politik, ökologisches Umdenken, Förderung der Familie als Institution, Stärkung persönlicher Freiheiten und mehr Bevölkerungsbeteiligung. Eine

Art Catch-all-Katalog also, der die politische Heterogenität der Aktivisten widerspiegelt. In diesem beispielhaften Fall könnte die Ambivalenz zwischen den Forderungen und der Skepsis gegenüber den Möglichkeiten zur Umsetzung auch die Flucht in die ironische Position mit erklären.

Das eigene Vorgehen verstehen die von uns Befragten als subversiv. Durch eine überzogene Affirmation werde der eigentliche Skandal erst sichtbar. Ein Gründungsmitglied von Die PARTEI: «Wir sind die modernste aller Parteien, und wir sind mit einem extrem modernen Plakat in den Wahlkampf in Berlin gezogen, darauf stand ‹Inhalte überwinden›, das war auch eine Reaktion darauf … dass Inhalte eigentlich überhaupt keine Rolle spielen. Und insofern sagen wir auch ganz offen, dass wir als absolut inhaltsleere Partei an die Macht möchten.» Hier zeigt sich die ethische Dimension der Deutung eines Verfalls politischer Kultur. Es ist ein besonderes Charakteristikum der untersuchten Formen satirischen Protests, durch übertriebene Zustimmung moralische Mängel und Paradoxien aufzuzeigen. Bei der Front Deutscher Äpfel geschieht dies durch eine überzogene Darstellung rechter Kulturen und Organisationsstrukturen sowie durch eine Banalisierung ihrer Aussagen, indem sie die Stoßrichtung der Kritik ins Absurde verkehren.

Eine starke, moralische Kritik muss jedoch nicht zwangsläufig mit einer festen Positionierung einhergehen. Vielmehr zielen die Aussagen häufig auf eine Kritik der Perversion von Verhältnissen, nicht auf ihren Abgleich mit einem Gegenentwurf. Äußerungen zu Möglichkeiten der Veränderung oder gesellschaftlichen Alternativen fielen dementsprechend verhalten aus. Das Zusammenspiel zwischen skandalisierender Berichterstattung in den Medien und einer zusehends populistisch agierenden Politik, so heißt es bei den Gesprächspartnern, lässt kaum mehr Raum für Kritik an herrschenden Verhältnissen, und daher müsse ebendieses Zusammenspiel genutzt werden, um den Skandal sichtbar zu machen. Satire macht im Verständnis der Aktivisten als «Irritation» die eingespielten Abläufe der (Re-)Produktion von Macht erkenntlich. Sie skandalisiert die Inszenierung von Demokratie durch eine eigene Inszenierung. Dabei nutzt die satirische Herangehensweise die Mechanismen einer Boulevard-Berichterstattung, die ebenso Ziel der Kritik ist. Dies gilt für die Strategien von Die PARTEI wie auch für die der Front Deutscher Äpfel. Unterschiedlich sind nur die Ziele, gegen die sich die Aktionen richten. Die Satire wendet sich so in der Darstellung gegen «Realsatire», wie ein Teilnehmer berichtet – durch Verstärkung wird sie erst sichtbar.

Kreative Freigeister mit flexibler Positionierung

«Störung» ist ein zentrales Wort dieser Protestgruppen. Immer wieder taucht es in den Erzählungen der Teilnehmer auf. Das politische System *wolle* man stören, die etablierten Parteien *müsse* man stören, und die Gesellschaft an sich *sollte* man stören – möglichst oft, wenn nötig. Doch was steht hinter ihrem Engagement, hinter der satirischen Störung? Biographien, Einstellungen und Deutungsmuster der von uns untersuchten Teilnehmer haben ein Bild gezeichnet, aus dem keineswegs einfach abzulesen ist, was die Aktivisten antreibt. Die Gesprächspartner geben sich als freie, unabhängige, ungebundene Menschen, die eine scheinbar aufgeklärte Sicht auf die Welt eint. Sie sind meinungsstark, bisweilen provokant. Doch nicht nur, denn unter der Oberfläche sind sie anscheinend trotzig, teilweise noch suchend, bisweilen auch melancholisch. «Ein kleines Michael-Kohlhaas-Syndrom ist wahrscheinlich in uns allen», beschrieb ein PARTEI-Mitglied die Gründe für ihr Engagement. Es ist in Teilen ein durchaus passendes Bild. Denn einige Teilnehmer haben – wie ebenjener Kohlhaas in der gleichnamigen Novelle von Heinrich von Kleist – etwas Getriebenes, als wollten sie sich etwas zurückholen, gar Vergeltung für eine Ungerechtigkeit, die ihnen angetan worden sei. So ziehen sie durchs Land, nur an die Stelle von Wut ist Humor getreten als emotionale Reaktion auf die als bitter wahrgenommene Realität. Doch im Unterschied zu Kohlhaas, dem bekanntlich tatsächlich Pferde entwendet wurden, handelt es sich bei den hier betrachteten Aktiven um eine gefühlte Ungerechtigkeit, die in der Gruppe einen Resonanzraum findet und sich dort weiter steigert. Eine gewisse Eigendynamik setzt ein. Man fühlt sich gegängelt.

Darüber hinaus ist Satire auch der kreative Befreiungsschlag von Menschen, die sich als unkonventionelle Denker verstehen, als Freigeister: Über die Grenzen politischer Ausrichtungen hinweg verbindet sie der Kampf gegen eine – in ihren Worten – «Gleichschaltung der Bevölkerung» und die damit einhergehende Einengung der politischen Debatte. Gemeinsam versteht man sich als eine Art kreativer Guerilla in der Produktion medialer Hegemonie. Hier setzen ihre Rufe nach Freiheit an. Denn die Forderung nach Freiheit gleicht einer Forderung nach mehr Souveränität in einem immer unüberschaubarer erscheinenden System. Die Ursache für die satirische Inszenierung besteht in einer empfundenen Ohnmacht gegenüber gesellschaftspolitischen Abläufen. Das ist die Kehrseite des subversiven Selbstverständnisses. Denn geprägt von einem umfassenden Pessimismus gegenüber Möglichkeiten des politischen Wandels, aber auch gegenüber großen gesellschaftlichen Entwürfen, versteckt sich hinter der Satire eine gewisse Ratlosigkeit. Diese eint jüngere wie ältere Teilnehmer der Untersuchungsgruppe unabhängig ihrer politischen Einstellungen. So bleiben die Ziele ihrer Aktionen partikular und zum Teil etwas diffus. Kritik durch Satire fungiert als Wert an sich, weil sie «wirklichkeitszersetzende Effekte» habe und von daher grundsätzlich eine befreiende Funktion besitze.

An diesem Punkt scheint die Satire als künstlerisch-kreative Protestform sich gewandelt zu haben. «Satire kommt immer von unten links und geht immer gegen oben rechts», beschrieb noch 1986 der Kabarettist Henning Venske ihre Funktion.[9] Die Sicherheit, die mit diesen Koordinaten verbunden war, könnte sich aufgelöst haben. Offenbar nimmt Satire eine neue Rolle gegenüber der Gesellschaft ein. Sie besteht darin, ihr in toto ihre eigenen Paradoxien vorzuhalten und damit per se einen Zweck zu erfüllen, statt nach politischen Stoßrichtungen ausgerichtet zu agieren. Dementsprechend ist diese Form der Kritik möglicherweise auch eine, die kennzeichnend für ganze Generationen stehen könnte.[10] Denn die ironische Position verwehrt sich letztlich konkreten Antworten. Die Infragestellung an sich wird als widerständige Praxis formuliert, eine feste Positionierung umgangen und der Rückzug auf ironische Positionen idealisiert.

Außerhalb Deutschlands ist organisiertes politisch-satirisches Engagement zum Teil deutlich etablierter.[11] Welche Auswirkungen das Erscheinen dieser Gruppen im Politikbetrieb hat, was ihr Aufkommen über den Zustand der etablierten politischen Institutionen aussagt und ob die Bundesrepublik hier womöglich gar eine verspätete Ausnahme ist, sind offene Fragen – für unsere Gesprächsteilnehmer ohnehin nicht von Interesse. Sie denken und glauben nicht an große Zukunftsentwürfe. In ihren Worten: «Es gibt ja bloß das Hier und Jetzt.»

Verweise und Literatur

1 Hauptbericht des Freiwilligensurveys 2009: Zivilgesellschaft, soziales Kapital und freiwilliges Engagement in Deutschland 1999 – 2004 – 2009. Hg. vom Bundesministerium für Familie, Senioren, Frauen und Jugend. Zusammenfassung. München 2010, S. 12

2 Vgl. o. V.: «Werner Finck beschloss, Politiker zu werden». In: *Die Zeit*, 12/1950, Nr. 12

3 Vgl. Marco Carini und Fritz Teufel: Wenn's der Wahrheitsfindung dient. Hamburg 2003, S. 42; Vgl. S. 39–67

4 Vgl. dazu Ulrich Kraft: Sachen zum Lachen. In: Gehirn und Geist. Dossier 1/2005, S. 86–91, hier: S. 88

5 Dazu u. a. Uwe Japp: Die Komödie der Romantik. Typologie und Überblick. Tübingen 1999; Alexander Kosenina: Der gelehrte Narr. Gelehrtensatire seit der Aufklärung. Göttingen 2003; Helmut Arntzen (Hg.): Gegen-Zeitung. Deutsche Satire des 20. Jahrhunderts. Heidelberg 1964

6 Vgl. Jörg Schönert: Roman und Satire im 18. Jahrhundert, ein Beitrag zur Poetik. Stuttgart 1969, S. 29 ff.

7 Kurt Tucholsky: Was darf die Satire? In: Mary Gerold-Tucholsky u. a. (Hg.): Kurt Tucholsky. Gesammelte Werke in 10 Bänden. Hamburg 1975, Bd. 2, S. 43

8 Die realpolitische Plattform in Die PARTEI (Hg.): Politisches Manifest 1.0. Inspiration und Motivation für eine selbstbestimmte Zukunft. München 2010

9 Zitat in Klaus Cäsar Zehrer: Dialektik der Satire. Zur Komik von Robert Gernhardt und der «Neuen Frankfurter Schule». Osnabrück 2002, S. 114

10 David Bebnowski: Aus Angst wird Ironie. In: INDES. Zeitschrift für Politik und Gesellschaft. Heft 1/2012. Göttingen

11 In Italien stellt das 2009 gegründete «MoVimento 5 Stelle» unter der Führung des prominenten Komikers Beppe Grillo diverse Regional- und Gemeinderäte sowie den Bürgermeister der Stadt Parma. In Island ist seit 2010 der Komiker und Musiker Jón Gnarr Bürgermeister der Hauptstadt Reykjavík. Zur Wahl trat er unter anderem an mit der Forderung «Kostenlose Handtücher in jedes Schwimmbad». Seine Partei hatte er 2009 gründet.

«Vernetzt euch – das ist die einzige Waffe, die man hat»

Internetproteste

Alexander Hensel / Stephan Klecha / Christopher Schmitz

Internetproteste umfassen sehr verschiedene Spielarten von politischem Engagement, die das Netz als zentrale Mobilisierungsressource nutzen. Die oftmals anarchisch wirkenden Proteste im Cyberspace scheinen jedenfalls eine wachsende Wirkung zu entfalten. Ein aufgestautes Potenzial wird im und über das Netz aktiviert und bringt Menschen zueinander, die zuvor nie zusammengekommen wären. Dabei erfahren solche elektronischen Demonstrationen mitunter erst in der physischen Welt entscheidende Resonanz. So erlangte die Empörung über das sogenannte Zugangserschwerungsgesetz 2009 ihre entscheidende politische Dynamik in dem Moment, als sie aus der digitalen Sphäre der deutschen Netzöffentlichkeit über das Vehikel einer Onlinepetition in die konventionelle politische Arena schwappte und der Piratenpartei ihren entscheidenden Wachstumsschub bescherte.[1]

Bei anderen Protestereignissen zeigt sich ein ähnliches Muster: Unter den Entscheidungsträgern entsteht der Eindruck, als sei das Internet eine Black Box, in der sich politische Prozesse klandestin dynamisieren und radikalisieren. Oftmals lässt sich eine geradezu hektische Betriebsamkeit feststellen, an deren Ende politische Beschlüsse überraschend zurückgenommen werden. So setzte beispielsweise eine Nachricht von Sigmar Gabriel bei Twitter den Impuls, eine bereits beschlossene Novelle des Meldegesetzes wieder zu Fall zu bringen. Jedenfalls entledigten sich angesichts des folgenden digitalen Sturms der Entrüstung die Entscheider ihrer Verantwortung und kündigten flugs eine Revision des Gesetzes an.[2]

Offensichtlich fällt es Politikern schwer, das kommunikative Rauschen im Netz und seine Folgen richtig einzuschätzen. Wer bedenkt, dass wesentliche Grundsatzentscheidungen der Bundesrepublik, von der Wiederbewaffnung über die Notstandsgesetze und die Ostverträge bis hin zur Nachrüstung, einst gegen massive Widerstände beschlossen wurden, kommt nicht umhin, sich die jüngsten Internetproteste und ihre Effekte genauer anzusehen. Weiterhin beachtenswert: Im und durch das Internet können konventionelle Rechtfertigungsstrategien von Entscheidungsträgern durch Protestierende wirksam konterkariert werden. Der Sturz des ehemaligen Verteidigungsministers Karl Theodor zu Guttenberg über seine plagiierte Dissertation ist da ein gelungenes Lehrstück.[3]

Durch das World Wide Web sind eine Reihe von Veränderungen im Feld des politischen Protests entstanden. Die Struktur des Datennetzes ermöglicht eine andere Form der Distribution von Informationen, mittels deren sich Hierarchien und staatliche Kontrollmöglichkeiten wirksam umgehen lassen. So ist ein koordiniertes Vorgehen im nationalen wie im internationalen Rahmen durch Internetkommunikation heute wesentlich einfacher als in der alten analogen Zeit. Ohne physische Präsenz zeigen zu müssen, kann man online recht einfach aktiv werden: In Blogs und sozialen Netzwerken wie Facebook oder Twitter werden Themen diskutiert, Links zu Kampagnenseiten, zu Live-Mitschnitten von Veranstaltungen oder thematisch orientierten Wikis gesetzt und verbreitet.

Dabei erzielen Blogger bereits eine relativ beachtliche Reichweite in Deutschland: Insgesamt haben 2009 laut einer Studie fast 30 Prozent der Befragten schon einmal Weblogs gelesen.

Bei den sogenannten «starken Onlinenutzern» waren es sogar 45 Prozent.[4] Jedoch sind die Grenzen zwischen digitalem und analogem Bereich nicht immer eindeutig, mitunter sind sie sogar höchst umstritten. Ohne die Kontroverse[5] darüber in voller Länge zu präsentieren, lässt sich dennoch festhalten, dass im Internet entstandene Kommunikationsplattformen mit den konventionellen Massenmedien interagieren, wodurch Informationen schneller verbreitet werden. Gerade mit der wachsenden Zahl von Netzanwendern brechen sich im und durch das Internet mittlerweile Themen Bahn, die bislang für die politische Öffentlichkeit eher nachrangig waren.

Trotz der faszinierenden Geschwindigkeit und Dynamik von Internetprotesten bleiben einige Beobachter wie der Soziologe Dieter Rucht reserviert: «Eine Online-Petition bleibt eine Petition. Kundgebung bleibt Kundgebung, auch wenn dazu per Internet anstatt durch Flugblätter, Plakate, Fax oder Telefonketten aufgerufen wird.»[6] Natürlich substituiert und transformiert das Internet eine Reihe traditioneller Aktionsformen. Plattformen wie WikiLeaks ähneln dem konventionellen Enthüllungsjournalismus, zugleich aber unterscheiden sie sich davon deutlich durch ihren Organisations- und Operationsmodus, der eine netzwerkförmige Informationsverarbeitung ermöglicht.[7] Im Brennglas stand zuletzt der Protest gegen das Anti-Counterfeiting Trade Agreement (ACTA), ein geplantes multilaterales Handelsabkommen, in dem Standards im Kampf gegen Produktpiraterie und Urheberrechtsverletzungen festgelegt werden sollten. Die hierdurch ermöglichten Maßnahmen zum Schutz geistigen Eigentums hätten eine Reihe von weitverbreiteten Formen der Kommunikation und Interaktion im Internet tangiert.

Crowdsourcing und andere Formen von Internetprotesten

Um das Feld der Internetproteste analytisch zu ordnen, ist die Unterscheidung zwischen Protest im Netz «an sich» und Protest im Netz «für sich» hilfreich. Protest «an sich» umfasst alle Formen, bei denen das Internet als Medium des Protestes genutzt wird, wobei sich die Inhalte nicht auf Netzpolitik beschränken. Ein solcher Protest wäre unter Umständen gar kein genuiner Netzprotest, sondern nur eine spezifische Form der Mobilisierung, so wie nahezu jede untersuchte Protestbewegung in diesem Band auch im Netz präsent ist. Hingegen meint Netzprotest «für sich» all das, was originär auf netzpolitische Anliegen wie die Aufrechterhaltung der bestehenden Netzstrukturen und -kulturen abzielt. Die Grenzen zwischen diesen beiden Idealtypen können fließend sein, doch hilft diese Unterscheidung, Strategien und Herangehensweisen der Akteure zu identifizieren.

Die Ereignisse und Aktionen, die dem Rücktritt Guttenbergs vorausgegangen waren, entsprechen einem Protest im Internet «an sich». Hier bildete sich in kürzester Zeit ein Netzwerk von vorwiegend anonym agierenden Akteuren, die umfänglich Plagiate in Guttenbergs Doktorarbeit ermittelten. Daran beteiligten sich keineswegs nur Experten aus der Rechtswissenschaft oder den Medien. Das sogenannte Crowdsourcing[8] war am Ende wohl präziser, umfassender und letztlich vernichtender als jede universitäre Kommission zur Ermittlung wissenschaftlichen Fehlverhaltens.[9] Das Internet dynamisierte hier vor allem die Informationsgewinnung, die ihrerseits die Empörung der Öffentlichkeit sowie die Proteste von Wissenschaftlern nährte.

Neben solchen temporär begrenzten Phänomenen gibt es mittlerweile eine ganze Reihe von internetgestützten Aktions- und Kommunikationskanälen für einen dauerhaften Protest im Netz «an sich». International bekannt sind Plattformen wie MoveOn oder Avaaz, die ihre Aufrufe nahezu ausschließlich im

Internet verbreiten.[10] Auch deren deutsches Pendant Campact betreibt Mailinglisten, erstellt Expertisen, sammelt Unterstützer und kommuniziert auf dieser Grundlage mit politischen Entscheidungsträgern oder stellt sich diesen mit Aktionen entgegen. Letztlich funktioniert Campact so als Lobbyorganisation mit gesellschaftlichem Rückkopplungskanal.

Protestformen, die das Internet selbst zum Sujet haben, beziehen ebenfalls meist ein analoges Moment mit ein: Demonstrationen, Pressemitteilungen und Ähnliches bleiben in gewohnter Form wichtig. Doch ihr Thema und ihre kulturellen Wurzeln sind anders gelagert. Im Kern geht es diesen Aktiven um die Verteidigung der historisch gewachsenen strukturellen und kulturellen Prinzipien des Internets. Ihre Hauptanliegen bilden die unbeschränkte Zugänglichkeit aller Informationen[11] sowie die Freiheit schöpferischer technischer Entwicklung, Kooperation und Reziprozität.[12] Ebenfalls Teil dieser Kultur ist eine spezifische Interpretation des Freiheitsbegriffs, welche der ungehinderten Meinungsäußerung, der Freiheit des Wissens und seiner autonomen (Weiter-)Verwertung eine große Bedeutung zubilligt.[13] Die Basis dieses Verständnisses bildet die sogenannte Hackerethik, die seit den achtziger Jahren durch jugendliche Subkulturen popularisiert wurde.[14] Das Hackerwesen changiert dabei zwischen dem bloßen Ausspähen technischer Defizite, der Veröffentlichung geheimer wie privater Dateien und der Manipulation fremder Daten, wobei das bewusste Ziel ist, Ausweglosigkeiten technologischer Entwicklungen aufzuzeigen.[15] Hinzu kommt ein latentes Misstrauen gegenüber staatlicher Regulation von digitalen Kommunikations-, Interaktions- und Ausdrucksformen,[16] deren Verteidigung ebenso klar im Mittelpunkt des Netzprotestes «für sich» steht. Vor diesem Hintergrund ist das Internet somit nicht nur ein Hilfsmittel, sondern vielmehr eine kulturelle Quelle für Ideologie und Sinnstiftung eines spezifischen Milieus.[17] Dieses interpretiert

Netzpolitik als Anwendung von informeller Selbstregulation und -organisation.

Positiv beeinflusst wird Protestverhalten im Internet meist durch eine Kombination verschiedener Entwicklungen, wie man bei den ACTA-Protesten gut beobachten konnte. Im deutschsprachigen Raum hatten sich Mitte 2010 einige wenige Proteste formiert, doch sie verliefen schleppend, erzielten keine relevante Aufmerksamkeit in der politischen Öffentlichkeit. Nur eine kleine Fachszene war bis Anfang 2012 überhaupt mit dem Thema vertraut. Doch das änderte sich, als der US-Kongress über Gesetzentwürfe beriet, die der Piraterie im Internet entgegenwirken sollten. Von diesem Moment an erreichte ACTA eine größere Beachtung. Vor allem in Osteuropa, wo Peer-to-Peer-Tauschbörsen weit verbreitet sind, entfaltete sich der Protest.[18] Dort trafen die Netzaktivisten auf eine politische Führungsschicht, die sich argumentativ und kulturell als prädigital zu erkennen gab und den politischen Protest zunächst für irrelevant hielt.

Wie 2009 bei der hiesigen Debatte um Netzsperren sahen sich nun die Netzanwender herausgefordert. Mit besonderem Nachdruck, großen Kundgebungen und – zuweilen halblegalen – Aktionen im Internet engagierten sie sich gegen ACTA. Informationen über die europaweit geplanten Protestaktionen wurden in Wikis und in sozialen Netzwerken gesammelt und visualisiert. Die so entstandene Sogwirkung führte zum Teil zu dem Effekt einer selbsterfüllenden Prophezeiung, was für die Konstruktion von Identität und die Erzeugung von Dynamik sicher eine wichtige Rolle spielte. Denn schon im Vorfeld ließ sich erkennen, dass die Kundgebungen eine gewisse Größe erreichen würden, was weitere potenzielle, aber zunächst noch unentschlossene Teilnehmer zum Mitmachen animierte, sodass im Februar 2012 in fünfundfünfzig deutschen Städten über 100 000 Menschen gegen ACTA auf die Straßen gingen. Überraschenderweise waren dabei gerade in mittleren Großstädten wie Münster, Aachen oder

Osnabrück die Teilnehmerzahlen ungewöhnlich hoch.[19] Von dieser Wucht überwältigt, setzte eine Reihe von Regierungen die ACTA-Ratifizierung bis auf Weiteres aus, ehe das Europäische Parlament das Vorhaben endgültig ablehnte.

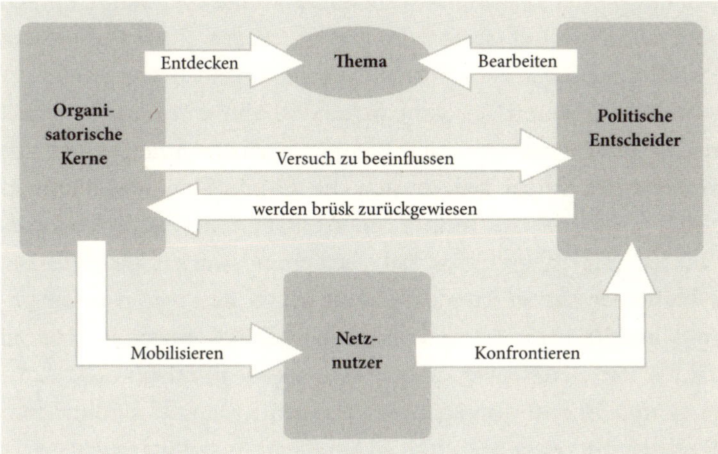

Das Muster, dem die Proteste folgten, lässt sich als Dreischritt beschreiben (siehe obige Abbildung): Am Anfang steht ein digitales Hintergrundrauschen. Eine kleine Schar von Aktivisten mokiert sich über ein politisches Vorhaben, lehnt dieses ab und versucht, mit ihrer Botschaft Gehör zu finden. Dieser spezifische Verlauf wird zunächst weder von klassischen Medien noch von Parlamenten wahrgenommen. Dabei wird dann in einem späteren zweiten Schritt das Ganze, unterstützt durch Interventionen auf beiden Seiten, als Kulturkampf zwischen digitaler und analoger Gesellschaft inszeniert. Das führt im dritten Schritt zu einer Radikalisierung und verstärkten Mobilisierung der Netznutzer über den Kreis der organisatorischen Kerne hinaus. Nachdem sie die Breitenwirkung ursprünglich unterschätzt haben, sehen sich Politiker nun gezwungen, durch Einlenken auf den Protest zu reagieren.

Die beiden Protestgruppen des Cyberspace

Verschiedene Studien zur schichtspezifischen Internetnutzung[20] legen nahe, dass die Protestierenden eher jünger, vorwiegend besser gebildet, ökonomisch solvent und mehrheitlich männlich sind. In der Tat entspricht Protest im Netz weitgehend diesem Profil: Üblicherweise stammen die hier Aktiven aus bildungsnahen Schichten. Die eigene Schullaufbahn wurde zumeist mit dem Abitur abgeschlossen, häufig ist ein beendetes Studium vorzuweisen, nicht selten auch die Promotion. Berufsbedingt sind entweder Programmier- oder Digitaldesignkenntnisse vorhanden oder aber ein sozial- beziehungsweise geisteswissenschaftlicher Hintergrund. Viele der Aktivisten waren zuvor bereits in anderen Zusammenhängen politisch engagiert. Hierzu zählen Parteien, Gewerkschaften, Umweltinitiativen oder Antifa-Gruppen. Fast durchgängig steht am Anfang des politischen Engagements eine Mitarbeit in Schüler-, Auszubildenden- oder Studierendenvertretungen.

Insofern verfügen viele Netzaktivisten durchaus über Vorerfahrungen in der Vertretung und Organisation von eigenen Interessen. Überraschend daran ist, dass die Befragten bereits im Jugendalter für konventionelle Formen von politischem Engagement empfänglich waren. So scheint eine Politisierung in den besuchten Bildungseinrichtungen fast zwangsläufig ein Teil der eigenen Biographie zu sein. Die Aktivisten berichten immer wieder davon, erst durch den Unterricht oder durch Lehrer und Dozenten auf bestimmte politische Zusammenhänge aufmerksam geworden zu sein.

Die von uns untersuchten Internetproteste werden stark von jüngeren Menschen getragen. Das verwundert zunächst einmal nicht. Schließlich ist bei ihnen das Interesse, im Netz zu agieren, deutlich höher als bei älteren Nutzern. Immerhin 62 Prozent der Zwanzig- bis Neunundzwanzigjährigen nutzen Online-

Communities, demgegenüber sind bei den über Sechzigjährigen gerade einmal sechs Prozent dort aktiv.[21]

Das bloße Interesse an Onlinekommunikation ist aber nicht mit der Bereitschaft gleichzusetzen, auch exponiert im Internet aktiv zu werden. So beteiligt sich altersübergreifend nur eine Minderheit der Internetnutzer rege an den unterschiedlichen Plattformen.[22] Daran noch nicht oder gar nicht interessiert zeigen sich über 60 Prozent der unter Dreißigjährigen und sogar rund 80 Prozent der über Dreißigjährigen.[23] Bei den beiden großen Mitmachportalen Wikipedia und YouTube verhalten sich 94 beziehungsweise 89 Prozent der Besucher vollkommen passiv.[24] Zugleich ist der Anteil derer, die das Internet als Quelle für politische Informationen nutzen, in den vergangenen Jahren deutlich gestiegen. Fast 50 Prozent der Befragten gaben im Jahr 2009 an, es für diesen Zweck zu verwenden, und sogar 80 Prozent der Anwender greifen darauf zurück.[25]

Insofern treffen die Aktivisten auf ein beständig wachsendes und sogar recht gut informiertes Publikum, das allerdings vorwiegend inaktiv ist. Folglich findet sich zwar ein aktiver Kern von Anwendern, welcher Inhalt, Debatten, Strategien und Aktionsformen plant, vorbereitet und verbreitet. Dieser verharrt jedoch stark in einem selbstreferenziellen Raum.[26] Dessen Aktivitäten im Internet allein würden noch keine Massenbewegungen auslösen – es muss zudem die vorwiegend passiv konsumierende Masse erreicht werden. Den Aktivisten ist dieses Problem durchaus bewusst, wie uns eine Gesprächsteilnehmerin erklärte: So müsse «man halt eine Aufklärungskampagne mobilisieren» und auch Gruppen, die «nicht im Internet aktiv sind», mit «ins Boot» holen.

Innerhalb der von uns befragten Aktivisten konnten wir eine altersmäßige Differenzierung feststellen: auf der einen Seite die Fünfundzwanzig- bis Vierzigjährigen, auf der anderen die Jüngeren und Schüler. Für die Älteren ist das bisherige politische konventionelle Engagement biographisch überaus zentral, vor allem wenn es mit Frustrationen, Rückschlägen oder Blockaden verbunden wird. Teil der negativen Erfahrungen sind hier Erlebnisse mit staatlicher Gewalt auf Demonstrationen oder bei Hausdurchsuchungen. So erzählt eine Aktivistin, dass es sehr häufig vorkomme, «dass die Polizei etwas beschützt, oft einen Naziaufmarsch oder eben einen Castor-Transport», und dann den Eindruck zu erwecken versuche, «als wären die Demonstranten die Gefahr». Die Staatsgewalt wird von den Aktivisten keineswegs pauschal abgelehnt, aber hinsichtlich ihrer Rechtfertigung hinterfragt. So berichtet ein Aktivist von seiner Teilnahme an einer Sitzblockade: «Dann wurde halt mit übelstem Schlagstockeinsatz diese Blockade geräumt, und das war schon so ein Ding, wo ich Anarchist war, wo mein Vertrauen in Politik und Staatlichkeit schon noch mal massiv verletzt wurde.» Diese Aussage zeugt einerseits von der Machtlosigkeit gegenüber staatlicher Autorität und offenbart andererseits die kollektive Auszehrung der Szene. Die Aktivisten zerbrechen oftmals entweder an ihrem Idealismus oder an veränderten Lebensrealitäten: «Und irgendwann habe ich dann gedacht, (das) ist jetzt vielleicht doch nicht so cool, als wir dann die Kinder hatten und von anderen hörten, wo in einem anderen Zusammenhang die Hausdurchsuchung … morgens um sechs stattfand.»

Geblieben ist ein latentes Misstrauen gegenüber staatlicher Gewalt. Dieses korrespondiert mit einer Ablehnung öffentlicher Regulation kommunikativer Räume. Die Anarchie des Internets wird demgegenüber als eine Form der Entfaltung individueller Freiheiten wahrgenommen. Hierzu zählt die Möglichkeit der anonymen Kommunikation – die ihr beigemessene hohe Relevanz speiste sich ursprünglich aus der Furcht vor straf- oder zivilrechtlicher Verfolgung –, die in der Hackerkultur tief verankert ist[27] und mit den Bürgerrechtsdebatten um das Recht auf informationelle Selbstbestimmung eine enge Symbiose in Deutschland eingegangen ist.[28]

Freiheit und Anonymität der Kommunikation sind auch für die jüngeren Aktivisten zentral, doch fehlt es ihnen an persönlicher Erfahrung. Fast mit Ehrfurcht schauen sie daher zuweilen auf die Älteren, können jedoch mit deren Mythen und Sprache oft wenig anfangen. Das Verlangen nach freier und anonymer Kommunikation gründet hier eher in den Praxen der digitalen Alltagskultur, die in Foren und Netzwerken wie 4chan oder Reddit ebenso praktiziert werden wie auf Dating-Plattformen. Diesen jüngeren Aktivisten geht es weniger darum, potenziell illegale Aktivitäten zu verschleiern, als vielmehr um die Tatsache, sich auch weiterhin unbefangen in den Sphären virtueller Netzwerke bewegen zu können. Gleichsam nebenbei und ohne eigene Konflikterfahrungen mit dem Staat übernehmen die jüngeren Aktivisten so einen Teil der typischen bürgerrechtlichen Kritikelemente.

Jedoch unterscheiden sich die beiden von uns lokalisierten Aktivistengruppen gravierend in ihrer jeweiligen politischen Primärsozialisation. So sind die älteren Netzaktivisten durch das politische Engagement ihrer Eltern geprägt, die einst gegen Kernkraftwerke, Waldsterben, Volkszählungen oder Nachrüstung demonstriert hatten. Deren Kinder haben die Protestkultur der siebziger und achtziger Jahre quasi mit der Muttermilch aufgesogen. Etwas ironisch beschreibt einer der Befragten: «Ich stand irgendwie schon als kleines Kind in irgendwelchen kleinen Schweigeketten.» Politisches Engagement ist für diese Generation daher etwas Selbstverständliches.

Parallel zu ihren ersten eigenen Protestaktivitäten in der physischen Welt fungierte das Internet für jene als Medium für spezialisierte und kritische Debatten, was ihnen den Zusammenschluss mit Gleichgesinnten erleichterte. Geboren in den späten sechziger bis frühen achtziger Jahren, wuchsen sie mit einem heimischen PC auf. Zusätzlich beeinflusst durch elterliche Berufe im EDV- und IT-Bereich, Informatik-AGs in Schulen oder die digitalkulturell orientierten Jugendbewegungen, die seit den achtziger Jahren in der Bundesrepublik entstanden sind,[29] entwickelten sie einen authentischen Zugang zum expandierenden Internet. Im Lauf der Zeit erwuchs daraus ihr Interesse für netz- und innenpolitische Themen. Vielfach spielte hierbei die Sicherheitsgesetzgebung nach den Anschlägen vom 11. September 2001 eine wichtige Rolle. So berichtet eine Aktivistin, sich «danach sehr intensiv mehrere Jahre mit der Terrorgesetzgebung … beschäftigt» zu haben. Dabei ist fast durchgängig Enttäuschung über die Politik der damaligen rot-grünen Koalition festzustellen.

Der Zugang dieser älteren Gruppe zum Medium war in erster Linie ein instrumenteller mit nur begrenzter Reichweite. Schließlich waren bis zur massiven Expansion des Netzes in den Nullerjahren (das Jahrzehnt von 2000 bis 2009) nur wenige Engagierte darüber erreichbar. «Man sitzt dann in irgendeinem Vorstand drin und schlägt vor, eine Mailingliste einzurichten, weil man das für total pragmatisch hält, und die anderen gucken einen komisch an, weil sie noch nie was von einer Mailadresse gehört haben.» Aufgrund dieser Erfahrungen und ihres altersbedingten Weitblicks wissen diese Aktivisten eher, dass es nach wie vor auch konventioneller Formen der Mobilisierung bedarf. Das schlägt sich bis heute auf die Art ihrer Netzkommunikation nieder, die sich stark an traditionelle Techniken anlehnt. Textbasiert wie ein Flugblatt und eingebunden in Homepages oder Weblogs wie einst in Schülerzeitungen oder AStA-Magazinen, kommunizieren diese Aktivisten und nehmen selbstverständlich Bezug zur Welt außerhalb des Cyberspace. Weil das Internet aber eine zentrale Form der politischen Kommunikation für sie geworden ist, sind sie entsprechend sensibel, wenn es um die Regulation des Netzes geht. Man befürchtet die Zensur eines bislang als frei empfundenen Kommunikationskanals.

Aus dieser Furcht werden dann politische Vorhaben abgeleitet. Daher beteiligen sich auch Aktivisten aus thematisch gänzlich anderen Zusammenhängen an entsprechenden Protesten, wenn sie Sorge tragen, dass Eingriffe in das Netz ihre politische Arbeit beeinträchtigen könnten. Die aus der Netz- und Hackerkultur entwickelten alternativen Formen der Wissensproduktion und -distribution werden durchaus goutiert und mit einem eigenen, meist pauschal antikapitalistischen Anspruch verknüpft. Ein eigentlich aus der linken Szene stammender Aktivist führt hierzu aus: «Für mich sind die Interessen … deutlich oft einfach Profitschutzrechte, die durchgesetzt und verstärkt werden sollen. Und da ich tatsächlich glaube, dass es da einen Wandel geben muss, im Sinne des globalen Allgemeinwohls …» Im Kern handelt es sich um eine quasi familiär vererbte Protestkultur, die sich ins Internet verlagerte, nachdem sich bestehende politische Formationen verändert haben oder existierende Bewegungen zerfallen sind.

Gänzlich anders sind die Prägungen der jüngeren Aktivisten. Hierunter finden sich zahlreiche Schüler oder Studierende in den ersten Semestern. Diese *Digital Natives*[30] kennen die Zeit ohne Wikipedia, YouTube und Smartphones nicht mehr und agieren entsprechend selbstverständlich in den sozialen Netzwerken. Begeistert nutzen sie verschiedene Formen audiovisueller Darstellung, um ihre Anliegen zu vermitteln. Lange Zeit waren sie politisch eher indifferent, zumal ein solches Engagement im Elternhaus meist keine zentrale Rolle einnimmt. Zwar wurde ihnen zum Teil eine kritische Grundhaltung vermittelt, doch alles Weitere mussten sie sich selbst erschließen. So berichtet eine der jüngeren Aktivisten: «Meine Mutter … war … nie politisch engagiert, und ich, wenn ich ehrlich bin, bis vor einem Jahr auch nicht.»

Im engeren sozialen Umfeld herrscht dabei zwar keine Ablehnung, wohl aber eine deutliche Verwunderung über das neu entdeckte politische Interesse. «Da war eigentlich eher Erstaunen», erzählt ein junger Aktivist über die Reaktion seiner Eltern auf seinen ersten Demonstrationsbesuch: «Mit einem kleinen Transparent, selbst gebaut, bin ich losgezogen, und meine Eltern waren total verdutzt und haben mich eher fragend angeguckt.» Auffällig ist, dass sich diese Schüler und Studenten bislang eher angepasst oder pragmatisch verhielten. Trotz Umbrüchen in der sie unmittelbar betreffenden Bildungslandschaft haben sie dagegen nicht aufbegehrt, waren vielmehr bereit, sich den erhöhten Anforderungen an Bildung, Qualifikation und Berufseinstieg anzupassen.[31] Als Fluchtburg aus diesen Zwängen und als Teil der kulturellen Identität dient dabei für sie das Internet. ACTA bedroht nun dieses Refugium. Das wirkt umso dramatischer auf sie, weil zudem die eigene biographische Planung angesichts der Finanz- und Wirtschaftskrise brüchig wird.

Die Angst vor einer Beschneidung der Alltagskommunikation wird auf das Abkommen projiziert. Dabei wird ein bislang nicht greifbarer Gegner konstruiert, an dem man sich endlich leidenschaftlich abarbeiten kann. Zugleich feiern die jüngeren Aktivisten ihr Engagement gegen ACTA fast übermütig als politisches Erweckungserlebnis und beschreiben die neu entdeckte Aktivität vielfach als Kontrapunkt zur bisherigen politischen Lethargie. Ihre Euphorie speist sich dabei aus der erstmaligen Erfahrung politischer Selbstwirksamkeit, und die jungen Aktivisten erschließen sich hiervon ausgehend neue Zugänge zu anderen politischen Konfliktthemen.

Auf den beobachteten Anti-ACTA-Demonstrationen fiel uns zudem die Präsenz von jugendlichen Cliquen auf. Diese nützen als Form einer gemeinschaftlichen Erkundung der zuvor unbekannten Aktionsform einer Massendemonstration. Zugleich wird die in Cliquen gemeinsam erlebte Alltagskultur durch ACTA bedroht. Das Computerspiel im Freundeskreis, der wechselseitige Verweis auf Homepages, Videos oder Blogs, der Austausch von Musik-, Film- oder Spieledateien sind zentrale Elemente einer kollektiven Freizeitgestaltung, die über eigene entwickelte Kommunikationskanäle verfügt. Unausgesprochen bleibt dabei: Selbstverständlicher Teil dieser Kultur ist es, Tauschbörsen zu nutzen. Dass deren Gebrauch in der Regel mit Rechtsverstößen einhergeht, ist den Nutzern größtenteils bekannt, stört sie aber letztlich wenig.[32]

Für die Digital Natives ist bereits die Aktivität im Internet eine wesentliche Form von politischem Engagement, das dann nach und nach durch konventionelle Formen ergänzt wird. Als Teil ihrer «Identitätsentwicklung»[33] sind dabei gerade internetspezifische Themen naheliegend.

Bubble-Aktivismus – das Selbstbild der Protestierenden

Die Aktivisten schätzen ihr eigenes Engagement überaus ambivalent ein. Zwar ist es für etliche der Älteren nur natürlich, sich politisch zu engagieren, doch die negativen Begleiterscheinungen konventioneller politischer Organisationen haben sie mitunter resignieren lassen. Die Themen, bei denen sie sich aktuell einbringen, empfinden sie jedoch als existenziell. Aus diesem Grund sind besonders die jüngeren Aktivisten darüber irritiert, wie politisch abstinent und lethargisch sich ihr soziales Nah- und Umfeld oftmals verhält: «Und selbst wenn man da auch nur eine zehnminütige Infoveranstaltung macht … würde keiner hingehen.» Und ein anderer beklagt: «Bei unserer Uni beschweren sich alle über unseren Studiengang, über alles, aber die Leute gehen nicht zu den Wahlen, die Leute gehen nicht in die Fachschaft, und niemand macht irgendwas. Aber alle meckern. Ich meine, ich glaube, das haben wir im größeren Rahmen in Deutschland ja genauso, alle meckern über alles, aber keiner macht irgendwas, außer meckern.»

Engagement im Internet stellt sich den von uns Befragten als flexibel, schnell und wirksam dar. Persönliche politische Unzufriedenheit kann mit einer aktionistischen und individuellen Form der Selbstermächtigung begegnet werden, indem beispielsweise eine Facebookseite angelegt wird. Ob die dort verhandelten Themen relevant sind, wird nicht im Vorfeld überprüft, sondern stellt sich erst später heraus. Das ist ein ganz typisches Phänomen der Internetkultur: «Die Nutzer stellen die Inhalte gemeinsam erst her, die ihre Fragen später beantworten sollen.»[34] Einer unserer Gesprächspartner berichtet über diese Form der Aktivität: «In meiner Freundesliste bei Facebook habe ich jetzt inzwischen auch schon circa hundert politisch engagierte Leute, die auch die Artikel gerne durchlesen … Und deswegen ist das sozusagen mein Anreiz weiterzumachen. Dass ich da ein bisschen Rückhalt bekomme.» Gewiss sind derartige Aktionsformen hinsichtlich ihrer Reichweite limitiert. So klagt derselbe Aktivist ebenso über das politische Desinteresse eines Großteils seines persönlichen Umfelds: «Aber da laufe ich immer noch gegen eine Mauer.»

Ausgehend von der internetkulturellen Erfahrung, dass jedes Interesse letztlich auch eine Anhängerschaft findet, lässt sich bei den Internetaktivisten ein typisches Handlungsmuster erkennen: Ohne zu wissen, wohin ein Thema genau führen wird, tasten sie sich vorwärts. Zentral für das Selbstverständnis der Aktivisten ist die Voraussetzung, sich im Internet über neue Themen und Fragestellungen informieren zu können: «(So) kriege ich immer wieder die Möglichkeit, auch wenn ich von einer Sache gar keine Ahnung habe, plötzlich einen Link zu finden zu einem Thema und einen Einstieg zu finden, (um) mich zu informieren.» Verfügen diese Themen beziehungsweise Themensetzer dann über eine entsprechende Anzahl an Unterstützern im Netz, leiten sie daraus eine Handlungslegitimation ab.

Allerdings tendiert die gegenwärtige Architektur des Internets dazu, zwei «Formen der Selbstreferenzialität»[35] zu vermischen. Das aus der Interaktion der vielen generierte Bild von der Wirklichkeit und die individuelle Perspektive werden zu einer eingeschränkten Sicht auf die Realität verdichtet. Die sozialen Netzwerke und die großen Suchmaschinen basieren mittlerweile auf Algorithmen, die die Präferenzen der Nutzer einbeziehen und massenkompatibel sind. Durch diese Verbindung wirkt das Informationsangebot strukturell verstärkend auf Stereotype, subjektive Meinungen und das eigene Vorwissen – ohne dass dieses den Nutzern immer bewusst ist. Der amerikanische Präsident von MoveOn, Eli Pariser, bezeichnet dieses Phänomen als «Filter Bubble».[36] Überdies werden die Aktivisten in ihrem sozialen Nahbereich zuweilen für eigentümlich oder seltsam gehalten. Diese partielle Form der Ausgrenzung wird zwar durch die positive Resonanz unter Gleichgesinnten im Internet, genauer: in der Bubble, kompensiert. Dennoch: Die wirkmächtige Selbsterfahrung auf Demonstrationen, durch Reaktionen von Politikern oder konventionellen Medien ist nicht zu unterschätzen. Und die konkreten Erfolge sind sichtbar: Zahlreiche Initiativen und Proteste haben in den letzten Jahren politische Vorhaben wie die Netzsperren, die Vorratsdatenspeicherung oder zuletzt auch ACTA erfolgreich bekämpft. Daher ist durchaus zu erwarten, dass aus diesem Protest heraus und auf Grundlage der hier fest untermauerten kollektiven Identitäten weitergehende Ziele formuliert werden.

Lobbykritische Demokratie-Idealisten – zur gemeinsamen Identität

Zur kollektiven Identität von Internetaktivisten gehört eine recht klare Freund-Feind-Einteilung. Insbesondere die Proteste für das Netz zeichnen sich dadurch aus, dass sich entweder Nutzer und Produzenten von immateriellen Gütern zu Kämpfern gegen eine übermächtige Urheberrechts-Lobby stilisieren oder dass sich freiheitsliebende Bürger durch die Datensammelwut des Staates und mächtiger Medienoligopole beeinträchtigt fühlen. Während Letztere Kritik auf klassische liberale und bürgerrechtliche Argumentationen Bezug nimmt,[37] verweist Erstere zumeist auf das Konzept einer sogenannten Wissensallmende.[38]

Die Netzproteste übernehmen die aus der Internetkommunikation bekannten Symboliken und Ausdrucksformen wie die Guy-Fawkes-Maske, die daher von den Aktivisten als «plakatives Bild des neuen Internetwiderstands» bezeichnet wird. Der dabei verwendete Widerstandsbegriff zeigt, dass Netzproteste anschlussfähig sind zu anderen Bewegungen – in diesem Fall zu Occupy –, die wiederum die Guy-Fawkes-Maske oder dergleichen Symboliken aus dem Netz übernehmen. Auch basisdemokratische Organisationsformen sowie der vehemente Bezug auf eine idealisierte Vorstellung von Demokratie sind typisch für die unter vielen Netzaktivisten verbreitete Internetkultur: «Jeder, der in einer Demokratie lebt, sollte ein gewisses Mitspracherecht und Redefreiheit haben und dementsprechend auch gleichberechtigt behandelt werden … Also eben nicht, dass das Kapital regiert und eben Menschen, wie teilweise dann Lobbyisten, eben über ganze Nationen entscheiden und da praktisch die Feder im Spiel haben. Und nicht mehr das zählt, was denn wirklich die Mehrheit, die Mehrheit eines Volkes möchte.»

Dieses Demokratie-Ideal wird mit einem Modell der Gesellschaftskritik unterlegt, das auch Anonymous zugeschrieben wird.[39] Die Aktivisten stellen in Form einer klaren Freund-Feind-Aufteilung den Einfluss des Kapitals einer möglichen Macht der gesellschaftlichen Mehrheit gegenüber. Für die Fehlfunktion des demokratischen Systems wird dabei der Einfluss des Lobbyismus verantwortlich gemacht: «Ich habe nur gehört, dass bei der Bundesregierung irgendwie tausend Lobbyisten mit im Boot sitzen … Aber wenn ich das halt höre, dann finde ich das eher nicht so gut, weil die Lobbyisten habe ich … nicht gewählt.»

Selbst eine oberflächlich anklingende Kapitalismuskritik, die gerade die Jüngeren prononciert zum Ausdruck bringen, ist letztlich eine Lobbykritik. Das grundlegende Problem bestehe darin, dass die politischen Entscheidungsträger durch den Eingriff von Lobbyisten manipuliert würden. Daher seien sie nicht mehr in der Lage, die Interessen der Bevölkerung wahrzunehmen. Daraus wiederum wird die Forderung nach Aktivierung der Zivilgesellschaft abgeleitet, um gegen die mächtigen Einflussgruppen Waffengleichheit herzustellen: «Diese Frage darf man sich … schon stellen … wie man auch mit Lobbyismus sinnvollerweise umgeht. Denn den wird man nicht wegkriegen, sondern man muss eher schauen, wie man den klar macht, wie man den offen macht … Das ist eine politische Verantwortung, die die gewählten Vertreter und Vertreterinnen haben, meiner Meinung nach …»

Diese Perspektive offenbart eine tiefe Politikverdrossenheit, denn die meisten der von uns befragten Aktivisten halten es nicht einmal mehr für möglich, dass die etablierten politischen Akteure überhaupt in der Lage sein könnten, im Sinne einer Mehrheit «richtig» zu entscheiden. Zumindest indirekt sprechen sie Parteien und Politik sowohl jegliche Souveränität als auch Legitimität ab und sehen in ihnen nur einen Spielball der Lobbyisten. Der Manipulationsvorwurf wird von den Befragten zumeist – ebenso wie bei den Gegnern der lokalen Energieprojekte – auf die Medien ausgeweitet, die aufgrund der Einflussnahme wirtschaftlicher Akteure nicht mehr unabhängig und frei berichten würden. Diese Einschätzung ist besonders unter den Jüngeren weit verbreitet: «Ich meine, die Medien sind ja nun mal nichts Unabhängiges mehr. Wenn beim *Spiegel* alle Werbepartner sagen: ‹So … wenn ihr so was schreibt – dann lösen wir unsere Verträge auf›, dann ist da in zwei Wochen Schicht im Schacht, und dann gibt es keine neue *Spiegel*-Ausgabe mehr.»

Diese Kritik gilt dabei letztlich gar nicht der Demokratie, auch nicht unbedingt den Parteien, sondern hauptsächlich stößt sie sich an den fehlenden Partizipationsmöglichkeiten. Während der Legislaturperiode und neben den Angeboten der etablierten Parteien mangele es schlicht an flexiblen Formen der Bürgerbeteiligung. Dies führt zu einem Dilemma: Wer wählt, votiert für etwas, was er nicht will. Verweigert er sich aber der Abstimmung, handelt er gegen seinen eigenen Anspruch, an der Demokratie teilnehmen zu wollen. Gerade die demokratische Teilhabe sehen viele der Aktivisten durch das Beispiel ACTA konterkariert. Das intransparente Zustandekommen des Handelsabkommens stilisieren sie zum Prototyp der Unfähigkeit demokratischer Gesetzgebung. Wesentliche Kritikpunkte sind hier klandestine Vorbereitung und mangelnde demokratische Mitwirkungsmöglichkeiten im Verfahren selbst. Hieraus speist sich eine beachtliche Empörung: «Dass eben schon viel feststeht, bevor man überhaupt die Möglichkeit hat, da mitzureden. Und das ist für mich das genaue Gegenteil von einer Demokratie oder zumindest das Gegenteil davon, was ich mir vorstellen würde.»

Das Abkommen fassen sie somit als Symptom der Krisenentwicklung des politischen Systems auf. Ein Schlüsselwort in der Auseinandersetzung ist «Transparenz», was mit einigen typischen Organisationsprinzipien des Internets zusammenhängt. Eben weil zahlreiche User die «Ideologie der Freiheit»[40] teilen, übertragen sie diese auf soziale Selbstorganisationen. Entsprechend haben sie «viele Erfahrungen in den verschiedenen Bewegungen gemacht mit Basisdemokratie. Natürlich in einem viel kleineren Rahmen als auf einem nationalen. Oder in unserem Verband, der immerhin bundesweit organisiert ist, wo (sich) ja in solchem Rahmen zumindest Basisdemokratie in durchaus verschiedenen Modellen bewährt hat.»

Auf Grundlage der eigenen Erfahrungen mit demokratischer Selbstorganisation – und zwar auch in traditionellen politischen Aktionsformen – entwickeln die von uns Befragten ein basisdemokratisches Ideal als Gegenfolie zum realen Staatswesen. Dieses Bild wird jedoch mehrfach gebrochen. Zum einen werden bei der Definition eines Diskurs- und Entscheidungsraums durchaus Probleme gesehen: «Natürlich ist das schwierig. Ob man da EU-weit oder weltweit … Volksabstimmungen irgendwie machen könnte und ob das Sinn machen würde, ist eine andere Sache.» Zugleich wird deutlich, dass die Grundsympathie für Basisdemokratie hinsichtlich ihrer negativen Konsequenzen nicht immer vollständig durchdacht ist. Gerade die jüngeren Aktivisten befinden sich hier oftmals erst am Anfang eines Reflexionsprozesses: «Bei Facebook gibt es sehr viele Seiten, die rechtspopulistisch sind, die sich mit dem Thema Kindesmissbrauch beschäftigen, und da gibt es halt ganz viele Todesstrafenbefürworter, wo ich irgendwann auch die Nerven verliere … Wenn ich etwas von Menschenrechten erzähle, dann blocken die ab. Wenn ich etwas von Grundgesetz erzähle, dann blocken die ab …»

Den älteren Aktivisten hingegen bereitet die Kommunikation im Internet Sorgen, da sie bereits erfahren haben, wie manipulativ und unberechenbar Basisdemokratie sein kann. Folglich betont einer der Älteren, «dass … die direkte Demokratie in vielen Fällen nicht das Richtige ist und dass eine repräsentative Demokratie in dem Sinne wichtig ist, als dass man Minderheitenschutz und Populismus so ein bisschen dagegen(stellen) kann und sollte».

Die Verbindlichkeiten eines von Mehrheiten unabhängigen Grundrechtskatalogs, von Gewaltenteilung und Interessenabwägungen werden erkennbar begrüßt und haben Vorrang vor der Allmacht der Masse und Mehrheit. Zudem wird deutlich, dass die Aktivisten mit zunehmendem Alter ihren Protest verstärkt auf die repräsentative Demokratie hin ausrichten. Diese Bezugnahme stellt sich als Lernprozess dar, bei dem anarchistische und linksalternative Vorstellungen mit der Zeit abgelegt wurden. Gleichwohl wird das politische System kritisch betrachtet. Beide Altersgruppen sind davon überzeugt, dass Lobbyismus, Wirtschaftsverbände und Massenmedien die Politik daran hindern, eine gemeinwohlorientierte Haltung einzunehmen. Wie diese Störquellen ausgeschaltet werden können, darüber sind die beiden Generationen jedoch uneins. Während für die Älteren die Mobilisierung über das Internet die Informationsbasis der Entscheidungsträger verbessert, sehen die Jüngeren trotz aller Nachteile eher in einer Ausweitung der direkten Demokratie eine Lösung.

Spontan und punktuell – Organisation und Mobilisation

Die Organisationsstruktur des Internetprotests gründet sich auf hochkommunikative Kerne von Aktivisten, die ihrerseits Netzwerke von Nutzern ansprechen können. Dabei besteht keine feste, verbindliche Struktur zwischen den führenden Köpfen des Protests und dessen Basis. Vielmehr koexistieren beide Bereiche nebeneinander. Es braucht keine Ermächtigungsgrundlage, auf der diese Aktivistenkerne agieren. Vielmehr machen sie ein Partizipationsangebot, über dessen Erfolg oder Misserfolg letztlich die Gefolgschaft entscheidet. Das unterscheidet Internetproteste ganz erheblich von konventionellen Organisationsformen, die auf mitgliederstarken und verhältnismäßig starren, aber beständigen Institutionen basieren. Demgegenüber verlaufen Proteste im Netz punktueller und zufälliger.

Eine nennenswerte Sachkenntnis der Materie ist hierbei keine zwingende Voraussetzung für das Engagement. Die eigene Partizipationsbereitschaft wird dann durch die Berufung auf die

Fachkenntnis Dritter legitimiert: «Am Anfang hab ich ACTA nicht verstanden und trotzdem Info-Stände mitgemacht ... hab mich intensiv damit auseinandergesetzt. Ich weiß es nicht mehr, wo es war, aber auf einzelnen Blogs war das Thema sehr gut auseinandergenommen, was wir dann wiederum nutzen konnten.» Diese Orientierung an bestimmten, zumeist älteren Autoritäten gründet in dem Umstand, dass netzpolitische Debatten bis in die jüngste Gegenwart vorwiegend in einer kleinen Fachszene stattfanden und erst seit kurzem und langsam einer breiteren Öffentlichkeit bekannt werden. Dies wird von den Älteren durchaus freimütig beschrieben: «Tja ... jahrelang hatten wir das Gefühl, dass es in Deutschland so vierzig bis fünfzig Leute gibt, die das interessiert, und sonst niemanden.» Aus ihrer frühzeitigen Aktivität und dem erfahrenen Leid, thematisch über lange Phasen hinweg von Politik und Massenmedien ignoriert worden zu sein, leiten sie nun einen intellektuellen Führungsanspruch in der Netzpolitik ab. Bei den jüngeren Aktivisten hingegen scheinen thematische Reflexionsprozesse oftmals erst durch entsprechende Ereignisse angestoßen zu werden, weswegen sie die Autorität der erfahrenen Älteren akzeptieren.

Internetproteste sedimentieren sich kaum in festen Formen. Aufgrund ihrer spontanen und wenig institutionalisierten Organisationsstruktur können sie als postmoderne Entwicklungen eingeordnet werden. Die kollektiven Akteure im Feld beschränken sich auf die wenigen, dezidiert sachkundigen Aktivisten und Verbände sowie auf die kurzzeitige Mobilisierung von lose untereinander verbundenen Internetnutzern im Rahmen einer aktions- oder themenorientierten Bewegung. Während der Aktionen drängen sich selten Personen in den Vordergrund. Damit fehlen erkennbare Heroen oder Anführer. Viele verweigern sich bewusst einer solchen Personalisierung des Protests und fühlen sich meist sehr wohl in der weitgehend anonymen Welt des Internets. «Also, ich ... rotier völlig und arbeite total gerne im Hintergrund und vernetze Menschen miteinander, die dann auch weiterarbeiten können, aber ich mag's gar nicht, öffentlich aufzutreten», wie eine Organisatorin der ACTA-Proteste ihre Rolle beschrieb.

So trägt die mangelnde Bereitschaft der Individuen, sich aus dem Schutz des Cyberspace oder der Masse herauszulösen, dazu bei, dass sich keine typischen Organisationsformen mit klassischen Hierarchien und exponierten Funktionen entwickeln. Das wiederum ist ursächlich mit der Netzkultur, die ohne eine formelle und latent hierarchische Organisation auskommt, verbunden. Zudem passen große, beständige Assoziationen, also kollektive Erzählungen, nicht zu den individualistischen Prinzipien und Werten der Hackerszene.[41]

Die flexible Organisation hat für die Internetproteste durchaus erkennbare Vorteile. Sehr heterogene Interessenlagen lassen sich so leichter mobilisieren. Ideologische Konflikte bleiben zwar nicht aus, doch sind diese vor dem Hintergrund der Aktionsfokussierung nachrangig. Wegen der Konzentration auf ein vergleichsweise gut zu lokalisierendes Ziel profitiert der Protest von den unterschiedlichen kulturellen, organisatorischen und sozialen Kompetenzen seiner Teilnehmer. Kontroverse politische Koalitionen mit thematisch und ideologisch abweichenden Bewegungen werden dennoch zumeist vermieden. Allerdings ist es oft mühselig, sich einer Vermischung der eigenen Anliegen mit anderen Bewegungen zu entziehen: «Das Ding ist internationaler Aktionstag. So. (Man muss) (d)as den Leuten immer wieder … erklären: Da kommt kein ESM mit rein, es geht nur um ACTA. Guck mal: ACTA ist schlimm genug.»

Doch durch das Zusammenspiel im Internet gelingt es letztlich, die Spontaneität einer Bewegung und zugleich deren Schlagkraft zu erhalten.[42] Während es im analogen Zeitalter einer institutionalisierten, hierarchisierten und vor allem aufwendigen Koordination bedurfte, um parallel agierende Gruppen und Individuen auf ein gemeinsames Vorgehen zu verpflichten, können über das Internet die Information und Kooperation optimiert werden: «... organisiert euch und vernetzt euch selbst. Das ist aus meiner Sicht die einzige Waffe, wenn man von Waffen sprechen möchte, die man da hat.»

Eine starke Bedeutung wird auch den Protesten kritischer Konsumenten zugeschrieben: «Weil private Anbieter oder wirtschaftliche Unternehmen kann man ja am besten unter Druck setzen, indem man ihnen das Geld wegnimmt, und das Geld sind ja wir, als Konsument.» Diese Strategie scheint auf einer allgemeinen gesellschaftlichen Entwicklung zu fußen: So ist in den vergangenen Jahren unter dem Diskurs «Vorrang des Marktes vor dem Staat» die Eigenverantwortung als Wert gepriesen worden. Daraus erwuchs aber keine Befreiung des Individuums von staatlichen Zwängen, sondern eher ein Zweifel des mündigen Bürgers an der Lösungskompetenz des Staates.[43]

Internetproteste nutzen umfänglich die im Netz zur Verfügung stehenden Ressourcen aus, um Anhänger, Unterstützer und Sympathisanten kurzzeitig zu aktivieren. Neben Mailinglisten und Homepages übernehmen vermehrt soziale Netzwerke und Weblogs eine wichtige Rolle. Insgesamt lässt sich so mit vergleichsweise geringem Aufwand eine beachtliche Menge von Botschaften und Informationen herstellen und verbreiten.

Doch die neue Kommunikationsrealität hat ihre Grenzen. Als Schlüsselproblem erweisen sich die begrenzten Aufnahmekapazitäten der Nutzer.[44] Böswillig gesprochen, besteht das Internet «zu 95 Prozent aus Unsinn» und führt in Wirklichkeit zu einer «Flut von Desinformationen».[45] Niemand kann die Millionen Blogposts, Tweets und Facebook-Statusmeldungen verfolgen, die ihm täglich zur Verfügung stehen. Die Zielgruppe muss daher auf die passenden Plattformen navigiert werden. Dieses kann durch eine entsprechende Platzierung in Suchmaschinen oder durch das Schneeballsystem in den sozialen Netzwerken geschehen. So waren für den Erfolg der ACTA-Demonstrationen die sogenannten «YouTube-Stars» wichtig, Personen, die durch vielgesehene Kurzfilme auf dem Portal eine gewisse Berühmtheit erlangten. Durch sie war es möglich, ein vorwiegend junges Publikum zu erreichen und zu aktivieren. Schließlich ist auch die Rolle der konventionellen Massenmedien nicht zu unterschätzen. Der Internetprotest ist letztlich darauf angewiesen, dass diese gleich einem «Transmitter» die gewünschten Informationen vom Sender zum Empfänger durchstellen, um schließlich dessen Aufmerksamkeit zu erregen.

Dabei ist durchaus eine partielle strategische Anpassung an die Imperative des klassischen Medienbetriebs zu beobachten. Einer der Aktivisten schildert das Verhältnis zwischen Bewegung und herkömmlichen Medien folgendermaßen: «Und im Bestfall sollte es dann in coolen Aktionen … in irgendwelchen Aktionen enden, … die Aufmerksamkeit auch für die Mainstream-Medien erzeugen, weil es ja irgendwie an die breite Masse herangetragen werden muss, und die breite Masse ist … nun mal RTL.» Zugleich gibt es jedoch eine sehr pessimistische bis zynische Einschätzung der konventionellen Medienlandschaft, in der Massenkompatibilität und Selektivität vorherrschen würden. Dabei wird überhaupt nicht mehr in Betracht gezogen, dass es auch einen professionalen Qualitätsjournalismus geben könnte. Für die Aktivisten hat der Blogger den kritischen Journalismus ersetzt: «Es gibt nur sehr wenige, und die sind dann wirklich … Blogger … die machen sich auch wirklich selbst ein bisschen mehr Gedanken, und es gibt wirklich so eine Mainstream-Presse, die halt einfach nur dieses vorgefertigte Futter nimmt …»

Die allermeisten Blogs erreichen natürlich nur «Nano-Zielgruppen»[46] und sind hinsichtlich ihrer Popularität stark von der Einbindung in andere, meist konventionelle Medien abhängig. Bei den älteren Aktivisten wird die Rolle der digitalen Medien wesentlich kritischer beurteilt: «(I)ch glaube, es gibt da auch so ein bisschen eine Spaltung zwischen den Leuten, die den Zugriff haben auf neue Medien.» Hinzu kommt ein zumindest latentes Bewusstsein für die relative Überschaubarkeit der neuen digitalen Öffentlichkeit. Schließlich ist die Szene der Blogger verhältnismäßig klein. Gerade einmal ein Prozent der Nutzer gibt an, überhaupt aktiv zu bloggen.[47] Das Versprechen auf allumfassende Partizipation, demokratische Mitwirkung und Meinungsfreiheit ohne Restriktionen wird unter dem Gesichtspunkt einer neuen Oligarchisierung sogar kritisch betrachtet. Dennoch sieht man große Chancen, sich umfassend zu informieren und zu partizipieren. Gerade für die jüngsten Netzgenerationen ist es wichtig, dass sie im Netz die Möglichkeit haben, im Kampf gegen eine allumfassende Lethargie, Korruption und Manipulation eine kritische und nichttriviale Gegenöffentlichkeit zu schaffen und zu nutzen, die überdies auf sie viel authentischer wirkt als das entfremdete System.

Vom Stammtisch über Facebook auf die Straße – elektrisierter Protest

Internetaktionen sind meist eine spezifische Form der Aktivierung von ohnehin vorhandenen Protestpotenzialen. An ihnen beteiligen sich vorzugsweise diejenigen, die in den vergangenen fünfzehn, zwanzig Jahren zwar als politisch interessiert wahrgenommen wurden, die jedoch zugleich ein hohes Maß an Distanz gegenüber dem Staat, den Parteien oder den etablierten gesellschaftlichen Institutionen erkennen ließen. Unterhalb dieser Wahrnehmungsschwelle waren sie gleichwohl aktiv: in Schülervertretungen und später in Anti-Atomkraft-Bündnissen oder Ähnlichem. Ein aktives parteipolitisches Engagement haben sie aber allenfalls kurzzeitig betrieben. Eine grundlegende Distanz zur Parteipolitik lässt sich bei den interviewten Aktivisten jedenfalls auch dann feststellen, wenn diese – vorübergehend – parteigebunden waren; sie kulminiert in einer massiven Lobbyismus-Kritik. Dem politischen System werden mangelnder Sachverstand und ein zu großer Einfluss von wirtschaftlichen Interessengruppen vorgeworfen. Hieraus erwachsen für die von uns Befragten idealtypisch zwei Handlungsweisen.

Ein Teil versucht, eine Gegenöffentlichkeit zu schaffen. Dazu gehören individualistische Herangehensweisen wie Blogs, kooperative Formen zur Aufklärung und Mobilisierung wie etwa Guttenplag oder Campact. Diese zielen darauf ab, die Informationsgewinnung und Meinungsbildung zu beschleunigen, um letztlich langfristige Kommunikation und Kooperation mit politischen Entscheidern zu erreichen. Im Prinzip bewegt sich dieser Teil in den gewohnten Bahnen eines etablierten Pluralismus und nutzt lediglich die erweiterten Kommunikationsmöglichkeiten. Man protestiert eher *durch* das Netz. Demgegenüber zielt der andere Part der Aktivisten stärker darauf ab, durch direkte Aktionen politische Prozesse zu beeinflussen. Diese Aktivitäten sind weitaus stärker situativ angelegt und streben ein spektakuläres Ereignis an. Dementsprechend wird für diese Aktivisten die Aktion zum Selbstzweck. Gleichzeitig fällt es ihnen schwer, sich dauerhaft in festen Organisationsstrukturen zu binden.

Die hier beschriebenen Typen politischer Aktivisten hat es schon in analogen Zeiten gegeben. Der bedeutende qualitative Unterschied ist, dass die letztgenannte Gruppe durch und über das Internet in der Lage ist, sich stärker zu artikulieren. Anders formuliert: Das Grollen und Grummeln des Stammtisches kann nunmehr zum Hintergrundrauschen bei Twitter oder Facebook anschwellen und so leichter in einer kollektiven politischen Aktion münden. Dieser Prozess gelingt nicht immer, oft nur zeitverzögert oder in Reaktion auf ein Handeln Dritter. Sobald er jedoch funktioniert, hat er eine ungeahnte Wucht. Es werden auf einmal Personen aktiviert, die man bislang nicht mit dem Thema oder mit Engagement als solchem in Verbindung gebracht hätte. Hinzu kommt, dass räumliche Grenzen schnell überwunden werden. Proteste diffundieren nicht langsam aus den Zentren in die Fläche, sondern entstehen fast flächendeckend; vor allem überschreiten sie nationale Grenzen. Diese wenig berechenbare Dynamik ist es letztlich, die Internetproteste am Ende so eindrucksvoll erscheinen lässt.

Überlagert wird die Trennung der beiden Formen des Protestverhaltens von einer Altersdifferenzierung. Auf der einen Seite stehen die Älteren mit langjähriger Protesterfahrung. Sie sind oftmals Kinder der politisch in den Siebzigern und Achtzigern aktiven Eltern. Auf der anderen Seite finden sich die neu politisierten Jüngeren, die eher in den beiden folgenden Dekaden sozialisiert wurden.

Internetproteste folgen zumeist einem Dreischritt aus anwachsendem Hintergrundrauschen im Netz, einer politisch-kulturellen Erregung und schließlich einer wachsenden Radikalisierung. In der Bewegung gegen das ACTA-Abkommen verbanden sich die beiden Typen der Netzaktivisten. Während die Erstgenannten schon über Jahre aktiv waren, um das Abkommen zu Fall zu bringen, wurden die Letztgenannten erst von der Wucht der anschwellenden Protestwelle in Osteuropa elektrisiert. Ausschlaggebend war dort – wie letztlich auch in Deutschland – die Position der jeweiligen Regierung, die das Abkommen zunächst unterzeichnen wollte. Damit eskalierte ein kultureller Konflikt zwischen jenen, die selbstverständlich das Internet nutzen, mit dessen Entwicklung sie aufgewachsen sind und dessen dort vorherrschende anarchische Struktur sie aus tiefster Überzeugung verteidigen, und jenen, die die Regulierungsweisen der Offline-Gesellschaft auf den Cyberspace übertragen wollen. Der Protest für das Netz war hier ausschlaggebend. Als Gegner werden bezeichnenderweise aber nicht die Vertreter des prädigitalen

Zeitalters gesehen. Ihnen wird immerhin noch guter Wille unterstellt. Die politischen Entscheider seien jedoch trotz bester Absicht in ihren Handlungsmöglichkeiten beschränkt, weil starke Lobbygruppen ökonomisch, politisch oder medial Einfluss nehmen. Die von uns befragten Aktivisten teilen eher nicht die Positionen, die die materielle Handlungsfähigkeit der Demokratien negieren,[48] sondern orientieren sich implizit an einer Staatstheorie, wie sie einst der Soziologe Claus Offe vertreten hat:[49] Dem Staat wird eine hinreichende Autonomie zugestanden, Entscheidungen zu treffen, doch er verzichtet mit Rücksicht auf mächtige Interessengruppen auf bestimmte Vorgehensweisen beziehungsweise orientiert sich an den Bedürfnissen dieser Lobbyisten. Dies geschieht letztlich im Eigeninteresse, weil die Funktionsweise der kapitalistischen Ordnung die Funktion des Staates garantiert.

Ein ideologischer Überbau fehlt den Internetaktivisten, zumindest äußern sie ihn nicht explizit. Ihr Protest gründet mehr auf einem Unbehagen, das partiell in Kapitalismuskritik umschlägt, aber nicht theoretisch fundiert ist. In der Folge mangelt es an weitergehenden Ansätzen, an gesamtgesellschaftlichen Visionen oder Perspektiven. Der Protest ist situativ, kurzzeitig und wenig nachhaltig. Nur eine kleine Gruppe von Aktivisten ist an langfristigem Engagement interessiert. Sie bildet den Kristallisationskern von größeren Protesten, doch ihre Entschlossenheit allein genügt nicht, um eine hinreichende Bewegung zu initiieren. Sie müssen dazu nämlich aus dem engeren, latent selbstreferenziellen Kreis ausbrechen, mit dem sie vorwiegend kommunizieren. Das gelingt ihnen nicht immer.

Verweise und Literatur

1 Alexander Hensel u. a.: Meuterei auf der Deutschland. Ziele und Chancen der Piratenpartei. Berlin, 2012, S. 23–25

2 O. V.: Regierung distanziert sich von Meldegesetz, online unter: www.haz.de/Nachrichten/Politik/Deutschland-Welt/Regierung-distanziert-sich-von-Meldegesetz (eingesehen am 31. August 2012)

3 Bernhard Pörksen u. a.: Evidenzerfahrungen für alle. Das kontraproduktive Krisenmanagement des Verteidigungsministers und die Logik der Skandalisierung im digitalen Zeitalter. In: Oliver Lepsius u. a. (Hg.): Inszenierung als Beruf. Der Fall Guttenberg. Berlin 2011, S. 56–70

4 Martin Emmer u. a.: Bürger online. Die Entwicklung der politischen Online-Kommunikation in Deutschland. Bonn 2011, S. 134

5 Siehe exemplarisch Geert Lovink: Dark Fiber. Auf den Spuren einer kritischen Internetkultur. Bonn 2003, S. 19; Gabriella Coleman: Hacker Politics and Publics. In: Public Culture. Jg. 23 (2011). Heft 3, S. 511–516, hier S. 512

6 Dieter Rucht: Wandel der Protestformen. Erleben wir eine neue Kultur des Widerspruchs? In: Indes. Zeitschrift für Politik und Gesellschaft. Jg. 1 (2012). Heft 1, S. 6–13, hier S. 8

7 Felix Stalder: WikiLeaks und die neue Ökologie der Nachrichtenmedien. In: Heinrich Geiselberger (Hg.): WikiLeaks und die Folgen. Netz, Medien, Politik. Berlin 2011, S. 96–108, hier S. 103 ff.

8 Christian Papsdorf: Wie Surfen zu Arbeit wird. Crowdsourcing im Web 2.0. Frankfurt am Main 2009, S. 68 ff.

9 Oliver Lepsius: Inszenierung als Beruf. Der Fall Guttenberg. Berlin 2011

10 Eli Pariser: Filter Bubble. Wie wir im Internet entmündigt werden. München 2012; Tobias Moorstedt: Jeffersons Erben. Wie die digitalen Medien die Politik verändern. Frankfurt am Main 2008, S. 87 ff.

11 Steven Levy: Hackers. Sebastopol 2010, S. 24

12 Manuel Castells: Die Internet-Galaxie. Internet, Wirtschaft und Gesellschaft. Wiesbaden, 2005, S. 58 ff.

13 Gabriella Coleman u. a.: Hacker practice. Moral genres and the cultural articulation of liberalism. In: Anthropological Theory. Jg. 8 (2008). Heft 3, S. 255–277

14 Christiane Funken: Der Hacker. In: Stefan Möbius (Hg.): Diven, Ha-

cker, Spekulanten. Sozialfiguren der Gegenwart. Frankfurt am Main 2009, S. 190–205, hier S. 190; Christian Stöcker: Nerd Attack! Eine Geschichte der digitalen Welt vom C64 bis zu Twitter und Facebook. München 2011, S. 33 ff.

15 Funken: Der Hacker, S. 193 f.

16 Ebd.

17 Alexander Hensel: Das Milieu der Piraten. Erben der Internetkultur. In: Christoph Bieber u. a. (Hg.): Unter Piraten. Erkundungen in einer neuen politischen Arena. Bielefeld 2012, S. 41–51

18 O. V.: Wikipedia Blackout: 11 Huge Sites Protest SOPA, PIPA on January 18, 2012, online unter: www.huffingtonpost.com/2012/01/17/wikipedia-blackout_n_1212096.html (eingesehen am 14. August 2012); Stöcker, S. 191; Piotr Bratkowski: Rewolucja klawiatur, 2012, unter: http://polska.newsweek.pl/rewolucja-klawiatur,87755,1,1.html (24. August 2012)

19 O. V.: Zehntausende fordern «ACTA ad acta!», online unter: http://tagesschau.de/inland/acta146.html (eingesehen am 6. August 2012); o. V., Demonstration für Freiheitsrecht im Internet, 2012, online unter: www.rbb-online.de/nachrichten/politik/2012_02/demostration_fuer.html (eingesehen am 16. August 2012).

20 Emmer u. a.: Bürger online; van Eimeren u. a.: 76 Prozent der Deutschen online – neue Nutzungssituation durch mobile Endgeräte, 2012, online unter: www.ard-zdf-onlinestudie.de/fileadmin/Online12/0708-2012_Eimeren_Frees.pdf (eingesehen am 2. Dezember 2012), S. 2

21 Katrin Busemann u. a.: Web 2.0: Nutzung steigt – Interesse an aktiver Teilhabe sinkt. In: Media Perspektiven (2010). Heft 7–8, S. 359–368, hier S. 359

22 Van Eimeren u. a.: Neue Nutzungssituation, S. 4

23 Busemann u. a.: Nutzung steigt, S. 360

24 Stephan Eisel: Internet und Demokratie. Freiburg 2011, S. 55

25 Emmer u. a.: Bürger online, S. 116

26 Holm Friebe u. a.: Wir nennen es Arbeit. Die digitale Bohème oder: Intelligentes Leben jenseits der Festanstellung. München 2006, S. 206

27 Coleman u. a.: Hacker practice, S. 264

28 Andreas Busch u. a.: Die Erfindung eines neuen Grundrechts. Zu Konzept und Auswirkung der «informationellen Selbstbestimmung». In: Christoph Hönnige u. a. (Hg.): Verfassungswandel im Mehrebenensystem. Wiesbaden 2011, S. 297–320; Stöcker, S. 41

29 Stöcker: Nerd Attack!, S. 33 ff.; Matthias Horx: Chip Generation. Ein Trip durch die Computerszene. Reinbek 1984, S. 27 ff.

30 John G. Palfrey u. a.: Born Digital. Understanding the First Generation of Digital Natives. New York 2008

31 Mathias Albert: Jugend 2010. Eine pragmatische Generation behauptet sich. Bonn 2010

32 Stöcker: Nerd Attack!, S. 204

33 Christian Stegbauer u. a.: Einleitung. Über das Verhältnis von Kultur, Kommunikationstechnologien und sozialen Netzwerken. In: Dies. (Hg.): Kultur und mediale Kommunikation in sozialen Netzwerken. Wiesbaden 2011, S. 7–12, hier S. 8

34 Stefan Münker: Emergenz digitaler Öffentlichkeiten. Die sozialen Medien im Web 2.0. Frankfurt am Main 2009, S. 95

35 Felix Stalder u. a.: Suchmaschinen, Personalisierung und Überwachung. In: Konrad Becker u. a. (Hg.): Deep Search. Politik des Suchens jenseits von Google. Bonn 2010, S. 112–131, hier S. 11

36 Pariser: Filter Bubble

37 Thomas Lindemann: Digitale Freiheitskämpfer. Demokratie statt Datenklau. Warum sich Hacker von heute als Bürgerrechtler verstehen. In: *Die Welt*, 7. Januar 2008

38 Leonhard Dobusch u. a.: Urheberrecht zwischen Kreativität und Verwertung. Transnationale Mobilisierung und private Regulierung. Köln (MPIfG Discussion Paper), Heft 6/2010

39 Gabriella Coleman: Was will Anonymous? 2012, online unter: www.freitag.de/autoren/der-freitag/was-will-anonymous (eingesehen am 26. Juni 2012)

40 Castells: Die Internet-Galaxie, 47 f.

41 Coleman u. a.: Hacker practice, S. 267

42 Castells: Die Internet-Galaxie, S. 154

43 Slavoj Žižek: Das «unendliche Urteil» der Demokratie: In: Giorgio Agamben u. a. (Hg.): Demokratie? Eine Debatte. Berlin 2012, S. 116–136, hier S. 117

44 Stefan Marschall: Politischer Prozeß und Internet. Neue Einflußpotentiale für organisierte und nichtorganisierte Interessen. In: Wichard Woyke (Hg.): Internet und Demokratie. Schwalbach 1999, S. 40–51, hier S. 45

45 Geert Lovink: Die Gesellschaft der Suche. Fragen oder Googeln. In: Konrad Becker u. a.: S. 53–63, hier S. 56.

46 Tobias Moorstedt: Jeffersons Erben, Wie die digitalen Medien die Politik verändern, Frankfurt am Main 2008, S. 107, ferner Eisel, Internet und Demokratie, S. 139

47 Emmer u. a.: Bürger online, S. 196

48 Colin Crouch: Postdemokratie. Bonn 2008

49 Claus Offe: Strukturprobleme des kapitalistischen Staates. Aufsätze zur politischen Soziologie. Frankfurt am Main 1972

Bürgerlichkeit und Protest in der Misstrauensgesellschaft

Konklusion und Ausblick

Franz Walter

War was? Die anfangs beträchtlichen Sorgen des ökonomischen und politischen Establishments, dass Wut- und Protestbürger die Republik lahmlegen könnten, scheinen sich verzogen zu haben. In München haben die Flugbahngegner in einer Volksabstimmung gesiegt, sind zufrieden, zeigen sich stolz – und ziehen sich vorsichtig zurück. In Stuttgart sind die Gegner des unterirdischen Bahnhofs S21 unterlegen, sind enttäuscht, gerieren sich in Teilen verbittert – aber geben ebenfalls überwiegend Ruhe. War somit das Phänomen des vermeintlichen «Wutbürgers», der angeblichen «Dagegen-Gesellschaft» nur eine aufgebauschte Episode, ein flüchtiger Moment, ein kurzer Spuk? Oder schwelt weiter, was 2010/2011 in einigen Teilen der Republik demonstrativ entflammt ist? Existiert der Problemdruck nach wie vor? Ist die Unzufriedenheit, wie auch immer latent, noch vorhanden und kann sie jederzeit wieder ausbrechen? Vor allem: Stehen Kader, Aktivisten, Amateure und Professionelle des Protestengagements mit Erfahrung, Organisationsfertigkeiten, dem Know-how schlagkräftiger Kampagnen und virtuoser Öffentlichkeitsarbeit ebenfalls in Zukunft bereit? Oder bleibt es bei einer wabernden, dabei sediert wirkenden *Misstrauensgesellschaft*? Und was heißt das alles für Staat, Gesellschaft, Demokratie und Verfassung in Deutschland und darüber hinaus?

Ziehen wir hier zunächst zusammen, worüber uns die Einzelstudien zu den Akteuren des Protests informiert haben. Die Voraussetzung schlechthin für Aktivität und Protest ist Zeit.[1] Wer sich engagieren will, braucht Zeit. Wer das Engagement zu öffentlichen Protestaktivitäten wendet und steigert, benötigt noch mehr Zeit. Wer diesen Protest als existenziell wichtig für die Gesellschaft, gar die Gattung oder den Planeten insgesamt ansieht, hat seine gesamte wache Zeit der «Sache» gewidmet, die keine Halbherzigkeiten duldet. Die Bewohner der Occupy-Camps während der kalten Wintermonate 2011/2012 waren rundum im Einsatz gegen das Finanzkapital. Für ein zweites Leben daneben war in dieser Phase einfach kein Platz.

Ganz so rigide Selbstansprüche stellten die Aktivisten der übrigen in diesem Buch vorgestellten Initiativen nicht. Aber auch hier absorbiert der Protest Zeit, die vor dem Engagement für andere Verpflichtungen, Neigungen, Interessen verwendet werden konnte. Die Organisatoren des Protests sind etliche Stunden in der Woche für ihre Formation unterwegs. Nicht jeder Mensch ist dazu zu jeder Zeit seiner Biographie in der Lage. Insofern findet man in der Trägergruppe des Protests auffällig viele Hausmänner, Teilzeitangestellte, Freiberufler, Schüler, Pastoren, Lehrer und – ganz besonders Vorruheständler, Rentner und Pensionäre. Sie alle haben entweder reichlich freie Zeit oder doch das Privileg, über ihren Zeithaushalt vergleichsweise individuell und autonom disponieren zu können.

Ihre Hobbys stehen nun hintan. Der Protest hat die Freizeitaktivitäten von ehedem zumindest temporär verdrängt und ersetzt. Das Wochenende insbesondere gehört zuvörderst der Bewegung. Partnerschaften und Ehen halten eine solche Betriebsamkeit dann aus, stabilisieren oft gar das Fundament der Zugehörigkeit, wenn beide Teile gleichermaßen passioniert an diesen Aktivitäten beteiligt sind. Ansonsten, so zeigt die Geschichte auch von allerlei Bürgerinitiativen, können Ehen und Beziehungen erheblich leiden, gar daran zerbrechen.[2]

Gründen sich Familien, sind kleine Kinder im Haushalt, und erfolgt zur gleichen Zeit zudem noch der Berufseintritt der Mütter und/oder Väter, fehlt es in aller Regel komplett an Zeit und Kraft für kollektiv organisierte und zumindest mittelfristig angelegte Empörung.[3] Wenn eine Konstellation die Bereitschaft und Fähigkeit für zielstrebige, kontinuierliche Proteste ausschließt, dann ist das diese: Kinder im Vorschulalter, die Eltern unmittelbar nach der Ausbildung ohne bereits fest kalkulierbare Berufsperspektiven.[4] Die Kohorte der Fünfundzwanzig- bis Fünfunddreißigjährigen ist in unseren Protestgruppen bezeichnenderweise auch am geringsten vertreten. Zugespitzt formuliert: Der Protest in Deutschland findet im Milieu der Kinderlosen statt, genauer: bei denen, in deren Haushalt ein unter achtzehn Jahre alter Nachwuchs nicht (mehr) lebt. Diese Sentenz hörte man oft: «Als die Kinder aus dem Gröbsten heraus» waren, da erst öffnete sich neuerlich freier Raum für exogene Handlungsverbindlichkeiten.

So erschienen dann auch die Proteste zu Beginn des zweiten Jahrzehnts des 21. Jahrhunderts als eine Emeute vorwiegend älterer Bundesbürger. Die Bilder, die von den Demonstrationen gegen Stuttgart 21 im Umlauf sind, zeigten deutlich, wie stark die Älteren die Kundgebungen prägten. Den Kritikern des Bürgeraufstandes bot dies willkommene Munition, da sie nun maliziös über die Senioren mit «ihren Trillerpfeifen» spotten konnten, die – auf Kosten der nachfolgenden Generationen – durch prickelnden Aktivismus lediglich einen aufregenden «dritten Frühling zu erleben»[5] wünschten. Von George Bernard Shaw entlehnte man sich feixend die Sentenz: «Alte Männer sind gefährlich, denn ihnen ist die Zukunft egal.»[6]

Doch tragen Rentner und Pensionäre nicht überall die Fahne voran, wenn Bürger aufbegehren. In den satirischen Oppositionskonventikeln stößt man kaum auf ältere Menschen. Die ironischen Happenings begeistern vor allem eine Altersgruppe, die sonst im Protestspektrum eher rar vertreten ist, die Vierundzwanzig- bis Vierzigjährigen. Bezeichnenderweise aber setzen sich die ironischen Betrachter des Politischen ganz überwiegend zusammen aus Männern, allein lebend, ohne Kinder, mit beruflich ungewöhnlich großen Freiflächen. Noch jünger präsentiert sich die Schwarmintelligenz im Netz, wenn sie zum Flächenangriff auf ihre Gegner ansetzt, von denen sie eine Einschränkung ihrer Freiheit befürchtet. Hier scheint sich geradezu eine neuartige Schülergeneration mit originären Protestformen und politischen Anliegen zu formieren. Wir treffen, kurzum, auf viele Vierzehn- bis Zwanzigjährige. Ein wenig älter, aber ebenfalls vom Ruhestand noch einige Jahrzehnte entfernt, sind die Campisten von Occupy. Freilich: Auf den Versammlungen der Fronde gegen den Finanzkapitalismus findet man auch etliche Altkader des linken Radikalismus, die seit den siebziger Jahren zwischen den Orten wechselnder Systemunzufriedenheit vagabundierten, um die Aktionen zu steuern und weltanschaulich auf Kurs zu bringen. Diese rastlosen Emissäre der Revolution haben mittlerweile in der Tat ein Alter erreicht, in dem die Fron regelmäßiger Lohnarbeit entfallen ist und somit den Aktionsradius nicht mehr beschränkt.

Alter der Befragten
(Infrastruktur und «Energiewendeproteste»)

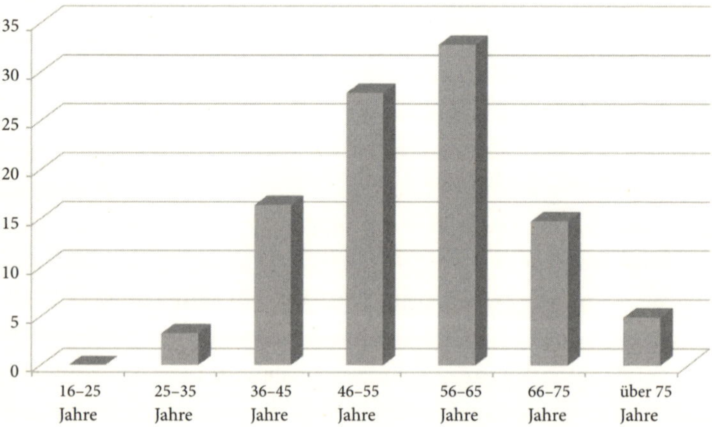

Politisch weniger eindeutig fixiert, aber auf der Leiter des Lebens ähnlich weit oben angekommen, sind viele der Organisatoren des Vetos gegen Infrastrukturprojekte und Techniken im Energiewendekomplex. Sie sind es, die den Stoff für die verbreitete Interpretation geliefert haben, dass die neue bürgerliche Außerparlamentarische Opposition ein gutes Stück älter wirkt als die historische APO der sechziger und siebziger Jahre. In der Tat: Alle Studien zu den verschiedenen Initiativen in der Zeit von Helmut Schmidt und Willy Brandt zeigen, dass sich die damals über sechzigjährigen Bundesbürger von der Protestszenerie, auch von Bürgerinitiativen prononciert fernhielten.[7] Diese auffällige Differenz zwischen heute und damals indiziert, dass frei verfügbare Zeit wohl eine wichtige Voraussetzung für aufwendiges Engagement ist, aber durchaus keine hinreichende Determinante darstellt, aus der sich kollektive Partizipation gleichsam naturwüchsig herleitet. Die biologische Kategorie «Alter» gibt noch keinen Aufschluss über Mitwirkungspotenziale und -wünsche. Das Alter und die Jahrgangskohorte sind in ihren Einstellungen und Sinnmustern vielmehr qualitativ zu dechiffrieren. Die Rentner in der Ära der sozialliberalen Koalition sind anders alt geworden als die Pensionäre während der Merkel-Jahre. Ein Großteil der Wertepräferenzen und politischen Überzeugungen der jeweiligen Rentnergenerationen konstituieren sich bereits im Kindes- und Jugendalter. Diejenigen, die in den Siebzigern aus dem Erwerbsleben schieden, durchliefen ihre Sozialisation im Nationalsozialismus. Die fünfziger Jahre, die dieser Kohorte nach zwei Jahrzehnten der Dauermobilisierung von oben, der martialischen Märsche durch Europa, der Flüchtlings- und Vertreibungstrecks Entlastung und patriarchalisch zugeteilte Ruhepunkte boten, waren wichtig für ihre Vorstellung von Gesellschaft und Politik und der darin zugewiesenen Bürgerrolle. Eigensinnige Partizipation und selbstbewusste Rebellion gegen Autorität und Macht gehörten nicht zu den Grundmustern dieses

Gesellschaftsbildes. Demgegenüber sind diejenigen, die gegenwärtig die Erwerbswelt verlassen, durch den kulturellen Wandel, durch die Revolten im Universitätsbereich, die Bewegungen gegen die Atomenergie und die nuklearen Mittelstreckenraketen, auch durch die Gründungswelle zahlreicher Bürgerinitiativen insbesondere während der siebziger Jahre geformt, jedenfalls beeinflusst worden. In ihrer Interpretation von Bürgerrechten in demokratischen Gesellschaften besitzt der zivilgesellschaftliche Nicht-Gehorsam eine ungleich höhere Legitimität, ja Selbstverständlichkeit, als es vier Jahrzehnte zuvor in der damaligen bundesrepublikanischen Seniorenschicht Usus war.

Magister, Doktoren und Ingenieure

In der Altersforschung haben die Experten über Jahre gestritten, was für Menschen nach Eintritt in den Ruhestand gut und wünschenswert sei.[8] Einige Wissenschaftler – eher die Minderheit – äußerten sich skeptisch über die mahnenden Appelle an die Älteren, in Gemeinschaften weiter aktiv zu bleiben, um nicht in eine deprimierende Isolation zu geraten. Die Alten, so diese Wissenschaftler, hätten ein Recht auf Disengagement; sie sollten nicht weiter durch Kontaktvielfalt mühselig die Normerwartung anderer erfüllen müssen.[9] In zweckfreier Muße für sich allein sein zu dürfen gehöre dieser Lesart zufolge zur Würde des Menschen.[10] Spätestens seitdem die Alterssoziologie die «neuen Alten» entdeckt hatte, gesund, gut ausgebildet, mit reichlich Einkommen und Vermögen ausgestattet, die mehr als eine Dekade selbstbestimmten Lebens hinzugewonnen hatten, dominierte hingegen ganz der «Aktivitätsansatz».[11] Mehr noch: Es wurde vermutet, dass die «neuen Alten» in der nachberuflichen Phase freudig einen Neubeginn wagen, Experimente starten würden, die sie sich zuvor niemals getraut hätten. Doch mittlerweile haben sich diese Erwartungen abgeschwächt. Nun wird stärker die Kontinuität von Erwerbsleben und glücklich verlaufendem Ruhestand betont.[12] Zuvor aktive und gesellige Menschen sind mit Eintritt der Rente wohl erpicht darauf, weiter engagiert und assoziationsfreudig mitzutun, andernfalls drohen sie in eine tiefe Depression hineinzurutschen. Doch zumeist knüpfen sie an die gewohnten Personenkreise an. Und sie versuchen, ihre spezifischen beruflichen Fertigkeiten und Fähigkeiten in die neuen Aktivitätsbereiche jenseits des Erwerbslebens zu transferieren. Sie bringen somit ihre Kompetenz und Erfahrungen auch in Initiativen, auch in Protestgruppen ein, genießen die Unabhängigkeit, um ihre Qualifikationen nach eigenem Gusto zur selbstdefinierten Entfaltung zu bringen. Sie finden dann die Anerkennung, die sie nach dem oft jähen Bruch mit dem beruflichen Alltag dringend benötigen, jenes *feeling of being needed*, wie es die jungen Veteranen, die schon in ihrer vorangegangenen Profession Englisch parlieren mussten, gern nennen.[13]

Und gebraucht werden sie in der Tat von den neuen Formationen der Widersetzlichkeiten: Der Bürgerprotest ist ganz buchstäblich ein Protest von Bürgern im soziologischen Sinn.[14] Zu Kundgebungen und Straßendemonstrationen haben sich in den letzten Jahren nicht die Deklassierten oder Marginalisierten aufgemacht, nicht diejenigen, die am stärksten Opfer der ökonomischen Umstrukturierungen und staatlich implementierten Sozialstaatskürzungen geworden sind. Auf die Barrikaden gingen vornehmlich Bürger mit hoher Bildung, ordentlichem Einkommen, vielseitigen sozialen Kontakten, anspruchsvollen Berufstätigkeiten. Dass dergleichen Ressourcenstärke stets eine solide Voraussetzung dafür war, Interessen robust auch gegen rivalisierende Ansprüche durchzusetzen, ist historisch gewiss alles andere als neu.[15] Dass aus Verelendung und bitterer Armut hingegen nicht die Kraft und der Plan für eine radikale und zäh betriebene Insurrektion erwachsen, ist ebenfalls hinreichend bekannt. Aber neu ist doch, im Vergleich zum 20. Jahrhundert, dass die Schicht dazwischen, gewissermaßen die ehrbaren kleinen Leute mit respektablen Qualifikationen für die manuelle Arbeitswelt, nicht mehr mit von der Partie sind, wenn Staatsbürger sich zusammenschließen, um sich öffentlich zu verweigern. Über formell hohe Bildung hatte dieser Typus auch im letzten Jahrhundert nicht verfügt, aber er hatte sein Selbstbewusstsein und die Antriebskraft aus der kollektiven Sozialmoral und dem Heilsversprechen der sozialistischen Arbeiterbewegung beziehungsweise des Sozialkatholizismus gezogen. Der Zerfall dieser Milieus hat der Bürgerlichkeit den Raum für demonstrative Selbstdarstellung und Interessenartikulation nahezu in Gänze überlassen.

Bildung der Befragten

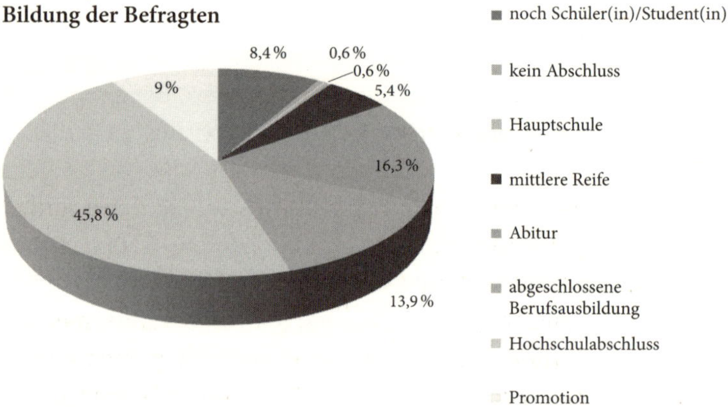

Selbst da, wo sich Protestgruppen konfrontativ gegenüberstanden – wie insbesondere in der Bildungsfrage –, rekrutierten sich die Beteiligten hier wie dort aus bildungsbürgerlichen Lebenswelten. Während früher die Auseinandersetzung zwischen Kapital und Arbeit die Konfliktkultur der kapitalistischen Gesellschaften beherrschte, sind es heute vielfach innerbürgerliche Kontroversen. Die Opposition *gegen* Windräder ist ähnlich bürgerlich gestrickt und mit höchsten akademischen Zertifikaten bestückt wie die Protagonisten *für* die Windkraft. Für die satirischen Proteste scheint die allgemeine Hochschulreife geradezu unabdingbare Voraussetzung zu sein. Die Kampagnenführer gegen S21 oder die Flughafenerweiterung können ebenfalls weit proportional gymnasiale und universitäre Abschlüsse vorweisen. Die Teilnehmer an Internetprotesten und Occupy-Zeltlagern sind oft noch zu jung, um schon mit dem Hochschulexamen zu renommieren, aber sie sind zumindest auf dem Weg dorthin. Immerhin ziehen die Camps der Bankenkritiker auch Arbeitslose an, denen man ebenfalls im dezidiert linken Milieu der Hamburger Stadtviertelproteste begegnet. Und bei den Gegnern des Euros haben sich große Teile kleingewerblicher Schichten mit mittlerer Reife und klassischer Berufsausbildung versammelt.

Partizipation – Katalysator der Ungleichheit

Je anspruchsvoller das Partizipationsbegehren ist, desto stärker schlägt die Bildungsbürgerlichkeit durch und verfestigt sich spiralförmig weiter. Bildungsbürgerliche Aktivisten ziehen zusätzliche bildungsbürgerliche Neugierige oder Interessenten an, die durch die Affinität in Sprache, Habitus und Argumentationsweise sich rasch zurechtfinden und wohl fühlen. Hingegen erweitert sich die Kluft zu den Zugehörigen nichtakademischer Schichten, die sich schon atmosphärisch am falschen Platz fühlen, rhetorisch überrollt werden, nach einiger Zeit resignieren und aussteigen.[16] Die neue Partizipationsdemokratie fördert keineswegs die zivilgesellschaftliche Integration, sie öffnet vielmehr die Schere zwischen «unten» und «oben» noch mehr, vertieft also die soziale Ungleichheit, statt sie einzudämmen.

Im Akt der Partizipation und des aktiven Protests steckt

gar ein Katalysator der Ungleichheitsverschärfung. Eine zentrale Vorerfahrung für Engagementbereitschaft ist das lebensgeschichtlich mehrfach bestätigte Erlebnis von Selbstwirksamkeit.[17] Personen, die bereits von Kindheit an die Wirkmächtigkeit ihres Tuns gelernt haben, besitzen das Selbstvertrauen, den Optimismus, auch die Ausdauer dafür, mit anderen selbst gegen einflussreiche Kontrahenten ein Projekt hartnäckig zu verfolgen. Gerade in den neuen Unterschichten dagegen sind die biographischen Schlüsselerlebnisse umgekehrt verlaufen: Scheitern, Diskontinuität, Brüche gehören zu den Konstanten, nicht die psychisch stärkenden Momente des Gelingens und des Erfolgs.

Allein deshalb tummeln sich etliche Mittelschichtszugehörige mit akademischen Zertifikaten in Protestgruppen, aber kaum Personen aus dem sogenannten Prekariat.[18] Und im kollektiven Engagement setzen sich Bildungs- und Qualifikationsprozesse bei denjenigen, die bereits reichlich aus Kompetenzressourcen schöpfen können, weiter fort. Zusammenschlüsse dieser Art vermitteln Gemeinschaft, oft neue Freundschaften, Lebenssinn und – je stärker die Handlungen zu positiven Ergebnissen führen – Selbstbewusstsein.[19] Dazu: Bei der Organisation von Protest lernt man viel. Die Akteure müssen schließlich befähigt sein, Organisationsstrukturen zu entwickeln, sie müssen Geschick im Umgang mit den Medien beweisen, mit gediegenen Hintergrundinformationen bei Behörden und Repräsentanten der Wirtschaft auftreten, mehr und mehr Durchblick in der Juristerei zeigen. Denn die Wege von der Arena des Protests in die Säle der Gerichtsbarkeit sind mittlerweile kurz geworden.

Insbesondere bei den Gegnern der Atomkraft hat sich über die Jahrzehnte eine hohe Professionalität aufgebaut, die derjenigen strategischer Leitungsstäbe von Parteien, Ministerien oder auch Unternehmen in nichts nachsteht. Die Frondeure gegen die Kernenergie sind inzwischen Virtuosen einer exzellenten

Organisation von Aktionen. Ihre Kontakte zu Journalisten sind dicht und werden effizient abgerufen. Sie spielen auf der Klaviatur des Konflikts ebenso routiniert wie auf der des biegsamen Kompromisses, den dort kaum jemand mehr aus Gründen des Prinzips verweigert. Allein aus einer solchen Grundhaltung heraus sind sie in der Lage, vielfältige, oft schwierige Allianzen herzustellen, die eigene Bewegung personell kontinuierlich zu erneuern und zu erweitern, vorsichtig Interessierte werbend zu ermutigen, dann in der Praxis fest einzubinden. Man kann überhaupt zum Profi des gesellschaftlichen Protests werden. Die 2002 gegründete «Bewegungsstiftung» etwa fördert hauptamtliche «BewegungsarbeiterInnen», damit diese sich in «Vollzeit» als zivilgesellschaftliche Avantgarde betätigen können: «Sie bilden das Rückgrat der Protestbewegungen in Zeiten der Flaute und helfen Menschen, sich zu engagieren, wenn sich ein politisches Thema zuspitzt und sie deshalb aktiv werden wollen.»[20]

Ende 2012 unterstützte die Stiftung mit Sitz in Verden an der Aller acht solcher Bewegungskader. Erst allmählich beginnt eine kritische Diskussion auch im eigenen Lager über die Problematik einer Entwicklung, in der sich eine Oligarchie von *expert citizens* herausbildet, die durch ihre hohe Professionalität im Umgang mit Bürokratien, Verbänden, Parteiapparaten und Medienvertretern eine Art Partizipationslobbyismus aufbauen, um jenseits von allgemeinen und gleichen Wahlen und den daraus resultierenden parlamentarischen Repräsentationsmechanismen die exklusiven Interessen der sie tragenden, zuwendungsfähigen Bürgertum-Milieus durchzusetzen.[21] In der oft ein wenig verklärten Zivilgesellschaft können sich Marktlogiken auf diese Weise frei entfalten: Diejenigen mit hohem Ressourcenpotenzial, die «nicht als Citoyens, sondern als Bourgeois agieren»,[22] tun sich zusammen, nutzen ihre gebündelte Stärke und bauen im Zuge und als Ergebnis der zivilgesellschaftlichen Interessenkonflikte Position und Einfluss noch aus, während die anderen ohne vergleichbare Ausstattungen an Kapital, Kompetenz und Kontakten den Kürzeren ziehen und in der gesellschaftlichen Hierarchie weiter zurückfallen.[23]

Alles in allem: In einer Partizipationsdemokratie haben diejenigen ohne Bildung, ohne eine tragfähige materielle Basis, ohne Berufsstolz nichts zu lachen.[24] Hier geben die Magister und Doktoren den Takt vor. Genauer: Mittlerweile ist es der Diplomingenieur, der einen zentralen Typus der aktuellen Bürgerproteste bildet. Der konservative Soziologe Helmut Schelsky hatte in seiner einflussreichen Schrift «Klassenkampf und Priesterherrschaft der Intellektuellen» Mitte der siebziger Jahre noch mit der künftigen Hegemonie der «Sinnproduzenten», der «Reflexionselite», der «Meinungsherrscher», der «Lehrenden» und «Sozialbetreuer» gerechnet und dies als düsteres Menetekel für die freiheitlich-moderne Gesellschaft gegeißelt.[25] In den Oppositionsbewegungen der siebziger und achtziger Jahre, die sich oft genug auch an Schelsky und anderen Drehbuchautoren einer «Tendenzwende» rieben, ragten tatsächlich häufig Studenten der Soziologie und Politologie, Studienräte für Sozial- oder Gemeinschaftskunde, Professoren der Sozialwissenschaft, Sozialarbeiter, Theatermacher, Stückeschreiber durch ihre Manifestationen hervor. Aber diese Produzenten, Interpreten und Vermittler sinnstiftender Grußbotschaften tummeln sich längst nicht mehr im Zentrum des aktiven, auf verlässliche Mitwirkung gebauten bürgergesellschaftlichen Einspruchs. Wo man sich gegen Stromleitungen einsetzt, Windräder verhindern will, die Flughafenerweiterung zu obstruieren versucht, da zumindest bedienen Ingenieure, Techniker, Informatiker, Geographen, Biologen, auch Juristen inzwischen die Schalter der empört vorgetragenen Gegenmeinung.

Vor allem der pensionierte Ingenieur wirft sich mit ganzem Einsatz und höchstem Eifer in die Arbeit des Protests. Hier eröffnet sich ihm ein thematisch klar begrenztes Feld, dem er seine spezifischen Kenntnisse und Kompetenzen zuführen kann. Kaum eine andere Erwerbsgruppe zieht so viel Stolz und Identität aus der Berufstätigkeit wie die Ingenieure.[26] Im «ingenieurkratischen» Weltbild geht es streng logisch zu; der technische Plan muss präzise, stimmig, in sich geschlossen durchkonstruiert sein.[27] Mit diesem Kohärenzdenken passen die Ingenieure bestens in Initiativen, die aus einem Punkt entstanden und sich auf diesen einen Punkt strategisch konzentrieren. Sie zieht es daher mehrheitlich in solche klar definierten Bürgerzusammenschlüsse, während ihnen Parteien größtenteils suspekt sind.[28] In Parteien und in die Politik lassen sich keine kohäsiven Problemlösungsvorschläge hineingeben, zumindest lassen sie sich nicht in der erwünschten Stringenz realisieren. Parteien und Politik können sich nicht aus einem Punkt heraus begreifen und auf diesen ausrichten, sie müssen Vielfalt berücksichtigen, multiple Interessen und Einstellungen reflektieren, Pluralitäten und Heterogenitäten ausbalancieren, eben mit vielen Zungen sprechen. Auch aus diesem Grund formulieren Politiker oft vage, schweifen aus, werfen Nebelkerzen, während der Ingenieur eher lakonisch bleibt, sich unbedingt präzise ausdrücken möchte, allein die Fakten, Zahlen zur Sprache bringen will, um Objektivität zu erreichen.[29] Die Politik kann nicht objektiv sein; für die Ingenieure ist es Ethos und Ziel schlechthin. Auch deshalb scheitern übrigens schon seit vielen Jahren alle Organisationsreformen der Parteien, verpufften ihre Öffnungsangebote und Mitwirkungsforen. Die Expertise, die dort zweifelsohne einfließt, kommt am Ende des politischen Aushandlungsprozesses nur verwässert und gebrochen wieder heraus. Die anfängliche Stringenz und der rein sachliche Begründungsrahmen sind perdu – eine grauenvolle Erfahrung für «Experten», «Wissenschaftler», «Fachleute». Dass sich der bürgerliche Protest und die (auch) bürgerlichen Parteien zuletzt mit so viel Fremdheit gegenüberstanden, hat viel damit zu tun und nährte die *société de défiance*, wie der französische Soziologe und Meinungsforscher François Miquet-Marty sie nennt,[30] beiderseitig kumulativ: Auf das gestiegene Misstrauen der einen Seite, der Bürger, reagierte die andere Seite, die politische Klasse, ihrerseits mit Argwohn und Distanz gegenüber dem Demos.

Männer, Mythen und Milieus

Aber technikfeindlich ist der Ingenieur natürlich nicht. Für diesen in etlichen Kommentaren wohlfeilen Vorwurf gegen die Bürgerrevolten spricht wenig. Ingenieure reagieren tief beleidigt, wenn man sie zu den «spinnerten Wutbürgern» zählt. Im Unterschied zu früheren Jahrzehnten sind mit ihnen vielmehr Professionelle des Gegenentwurfs am Werk, die nicht in eine Idylle vorindustrieller Unberührtheit zurückstreben, sondern an alternativen Plänen einer durchweg auch auf moderne Techniken gestützten, aber mit Heimat und Natur kompatiblen Zukunft basteln. Und der Ingenieur als Planer des Gegenprojekts hat keinen Zweifel, dass er – anders als die Bürokraten der Planungsbehörden – damit auf der Höhe der Zeit ist, daher zu weit effizienteren, Ressourcen sparenden, auf den Weltmärkten glanzvoll reüssierenden Lösungen für die infrastrukturelle Innovation gelangt.

Geschlecht der Befragten

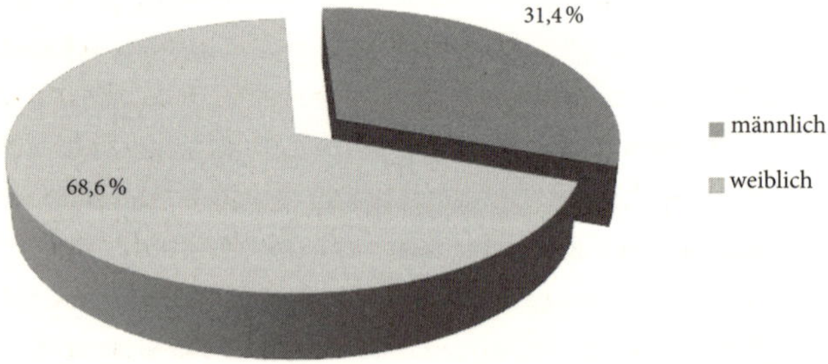

Wir reden jetzt vor allem von Männern. Die Dominanz der Männer in den Aktivistengruppen der gegenwärtigen Bürgerproteste ist deutlich. Im Sample der hier vorgestellten Studie waren gut 70 Prozent männlichen Geschlechts.[31] Die hervorstechendste Maskulinität weisen die Skeptiker gegen die Europäische Union auf. Aber auch Ironie und Sarkasmus als Medium und Ausdrucksmittel der Ablehnung rechtsextremer Aufmärsche und der Persiflage in der politischen Klasse werden fast ausschließlich von Männern goutiert und praktiziert. Ähnlich evident, wenngleich etwas weniger ausgeprägt, ist der männliche Überhang bei Aktionen von Occupy und im Internet. Immerhin: Ein Drittel Frauen findet sich in unseren Untersuchungsgruppen bei den Protesten im Sektor Energie und Stadtentwicklung. Das feminine Terrain schlechthin bilden die Initiativen im Bildungs- und Schulbereich. Hier sind rund 75 Prozent der Personen, die wir auf diesem Feld interviewt haben, weiblichen Geschlechts. Bekannt ist, dass Kinder und Beruf eine erhebliche Barriere für das Engagement von Frauen darstellen, während die Aktionen der Männer durch diese beiden Variablen nicht negativ beeinflusst werden. Andererseits sind die eigenen Kinder für Mütter oft Brücken zum Engagement, vor allem eben im Bereich von Erziehung, Bildung, Betreuung.[32]

In frühen Untersuchungen galt die Kirchenbindung neben Bildungs- und Einkommensressourcen als wesentliches Elixier für aktive Teilhabe.[33] Der neue Bürgerprotest indessen gedeiht am stärksten in Lebenswelten der Konfessionslosen. Über die Hälfte der von uns befragten Aktivisten gehört keiner Kirche an. Vor allem Katholiken sind auf Abstand geblieben, was allerdings historisch kein neues Phänomen ist, da bildungsbürgerlich-mittelschichtige Bewegtheiten in der deutschen Moderne stets ein durch und durch protestantisch gefärbtes Phänomen darstellten. Der evangelischen Kirche gehörte ein gutes Drittel unserer Untersuchungspersonen an, darunter – auch das ließ sich in früheren Jahrzehnten bereits häufig genug beobachten – viele Pastoren. Und doch hat auch der dissidentische Protest den Schutz der Kirche zuweilen nötig. In den Lagern der Occupy-Demonstranten vereinigen sich die meisten Konfessionslosen; aber in den frostigen Wintertagen war man dort dann doch froh, für Versammlungen und Speisungen Unterschlupf und Versorgung in kirchlichen Räumen zu bekommen. Eine spirituell und organisatorisch wichtige Rolle spielten beide christlichen Kirchen in der Münchner Widerständigkeit gegen den Flughafenausbau. Die regelmäßigen Lichterkettenwanderungen begannen und endeten jeweils in einer Kirche. Die Gottesdienste sollten die seelische Kraft für die Mühen der Protestebene spenden. Unter dem Gesang von Kirchenliedern zogen die Demonstranten von dannen.

Konfessionszugehörigkeit der Befragten

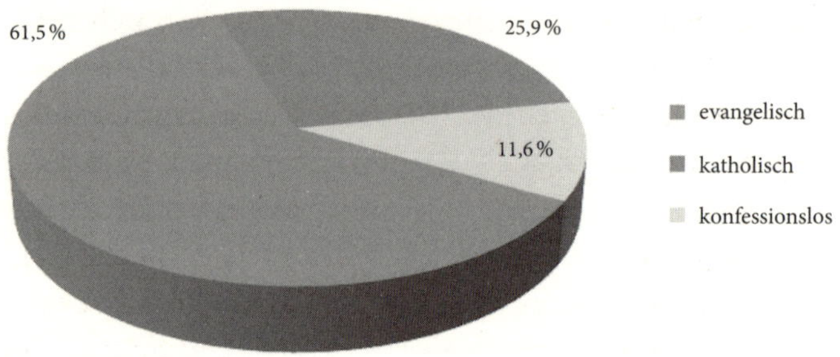

Proteste sind also auch in globalisierten Zeiten Ausdruck von Region und Tradition. In München sind Gewicht und Rolle der Kirchen groß, während sie in den deutlich entkirchlichteren Gegenden Deutschlands die Kraft zur Ermutigung und Inspiration von Menschen für aktive Gegenwehr nicht mehr besitzen. Die Traditionswirkung von Lokalität und Region lässt sich in München auch noch ein Stück weiter beobachten: Hier spiegelt die Fronde gegen eine dritte Startbahn des Flughafens Erdinger

Moos so etwas wie die über viele Jahrzehnte von den regierenden Christsozialen ungewöhnlich erfolgreich praktizierte Volksparteistruktur wider – die der CSU selbst mehr und mehr zerbröselt. Das Bündnis der Münchner Flughafengegner ist breit abgesteckt. Das Organisationsgefüge ist verbindlicher als andernorts. Auch Delegationsprinzipien werden für Abstimmungen und Koordination unverzagt angewandt. Im Vergleich zu anderen Bürgerprotesten ist der soziale Bogen weit gespannt, umfasst auch nennenswerte Teile der sogenannten «kleinen Leute». Zu den Bündnispartnern zählen ebenfalls Jugendorganisationen von Naturschutzverbänden und christlichen Konfessionen, um der Intergenerationalität des Begehrens Nachdruck zu verleihen. Schaut man sich die Demonstrationszüge der Münchner an, dann sieht man Teilnehmer, die ein Faible für die Grünen haben könnten, neben Frauen und Männern, die man eher mit langjähriger Treue zur CSU oder auch zu den Sozialdemokraten verbinden würde. Mit Politikern, von denen man sich einen strategischen Bonus verspricht, wird geredet und passagenweise kooperiert. Erfolglos war dieses Volksparteiimitat eines republikanischen Volksprotests nicht. Historisch hatte die Münchner Flughafenskepsis fast ein halbes Jahrhundert Zeit, Erfahrungen zu akkumulieren, Erlebnisse zu Erzählungen zu verdichten und diese an neue Generationen und Zugezogene weiterzugeben.

Dergleichen weit zurückliegende Regionalprägungen des Protests haben auch die Initiativen in Stuttgart und Hamburg durchformt. Das linke Oppositionsmilieu in der Hansestadt stellte gern und stolz seine Verbundenheit mit den Kämpfen und Aufständen des kommunistischen Proletariats in den Arbeitervierteln der Stadt heraus. In Stuttgart schimmerte in den Selbsterklärungen der Aktivisten wieder und wieder der Bezug auf den Eigensinn schwäbischer Demokraten in den 1840er Jahren auf. Und der «Schwarze Donnerstag», der 30. September 2010, als die Polizei mit rüden Einsatzmethoden die Demonstranten aus dem

Schlossgarten knüppelte und sprayte, dürfte gewiss noch über mehrere Jahrzehnte des 21. Jahrhunderts einen Mythos im Epos der schwäbischen Resistenz bilden, an den erinnern wird, wer im Südwesten des Landes der Obrigkeit auch fürderhin zu trotzen versucht.[34] Schon aus der Geschichte wissen wir, dass es zur Revolte vor allem dort kommt, wo der Protest eine Vorgeschichte hat. In der Kultur der Aufständigkeit herrscht offenkundig in den Nationen ebenfalls eine Pfadabhängigkeit. Erfolgreiches Aufbegehren ermutigt auch die nächste Generation zum aktiven Widerstand und zur radikalen Kritik an den Verhältnissen. Außerparlamentarischer Protest, der zum Ziel geführt hat, wird auf diese Weise zu einer legitimen Methode der Auseinandersetzung und setzt sich fort.

Eine eigene, neue Regionalkultur hat der Atomkraft-Widerstand im Wendland geschaffen. Vor dreißig Jahren entstand hier im Zuge der Anti-AKW-Demonstrationen ein Hüttendorf an der Bohrstelle 1004, das sich zur «Freien Republik Wendland» erklärte, Schlagbäume errichtete, für die Bewohner einen Pass ausgab.[35] Die «Freie Republik» blieb zwar nur – eine dreiunddreißig Tage währende – Episode, aber das Milieu der Atomenergiegegner zerfiel nicht, erweiterte sich vielmehr über die Jahre, ging als Erbe auf den eigenen familiären Nachwuchs über und färbte die Gegend politisch neu ein. Erkundet man das Wendland, dann stößt man allerorts auf das gelbe X, mit dem die Ablehnung der Kernkraft bekundet wird. Auch große Teile der Alteingesessenen, der früher mehrheitlich konservativen CDU-nahen Landwirte, haben sich besonders tatkräftig, zäh und, wenn es sein musste, mit rüden Mitteln den Protestkampagnen gegen die Castor-Transporte und Ähnliches angeschlossen. Nicht wenige Bauern wählen inzwischen Grün statt Schwarz. Bei den Bundestagswahlen 2009 kamen Grüne und Linke zusammen im Wahlkreise Lüchow-Dannenberg-Lüneburg auf gut 28 Prozent der Stimmen, womit sie den Stand der CDU erreichten und die Sozialdemokraten um drei Prozentpunkte hinter sich ließen.

Das studentische Alternativmilieu im Wendland von 1982 hat sich durch den sozialen Wandel der Trägergruppe im Lauf der folgenden dreißig Jahre zu einer Art Hegemonialmilieu materiell saturierter Bildungsbürger entwickelt, ergänzt durch weitere gleichgesinnte Besserverdienende, die über die Woche in urbanen Zentren ihren Berufen nachgehen, an den Wochenenden und in den Ferien als Besitzer von Zweitwohnungen hier die Wendlandkultur mit ihren Cafés, Kleinkunstbühnen, Töpfereien, Biohöfen, Kramlädchen und Werkstätten auffüllen und anreichern.[36] Der Protest mithin hat sich – wie ehedem in der Arbeiterbewegung des 19. Jahrhunderts – verstetigt, durch Symbole, Normen, kulturelle Eigenarten, hat durch eine Infrastruktur des ökologischen Ausbaus und alternativer Produktionsweisen eine kleine Gegenwelt zu den herrschenden Verhältnissen und Alltagskonventionen in der dominanten Gesellschaft errichtet.

Eine lange zurückreichende Familientradition des Protests ist Polster und Ausgangsort für die jeweils Heranwachsenden, widerständige Lebensformen und Handlungsweisen als selbstverständlich auch für die eigene Lebensgeschichte anzusehen. Die Revolten werden immer weiter erzählt, begründen einen familieneigenen oder ortsspezifischen Mythos, sind verflochten mit Wertmaßstäben und Sozialisationsnormen, die von Gerechtigkeitsmaximen bis zu Solidaritätserwartungen reichen und bereits den Kindern Sinn und Ziel eines an Prinzipien orientierten Lebens vermitteln sollen.[37] Das trifft in erster Linie für explizit politische und weltanschauliche, in aller Regel eher von linken Einstellungen motivierte Bewegungen zu. Ihre historische Konstanz ist oft beträchtlich. Denn ein wertgebundenes Engagement hat, so zeigen auch Forschungen in der Psychologie, eine größere Stabilität und Dauer als eine reine interessengeleitete, nutzenorientierte Aktivität.[38] Wesentlich ist zudem, dass die proklamierten Werte in verlässlichen Gemeinschaften überzeugend vorgelebt worden sind.[39] Zugehörige solcher Gemeinschaften sind positiv disponiert für altruistisches, ehrenamtliches Tun und Widerständigkeiten gegen als ungerecht oder illegitim empfundene Entscheidungen politisch beziehungsweise ökonomisch Herrschender. Dagegen scheuen Personen ohne solche Bindungen und haltende Netzwerke mehrheitlich die Teilhabe in kollektiven Selbstorganisationen. Sie verfügen zwar über ein üppiges Zeitbudget, aber ihre Bindungsschwächen verhindern den zivilgesellschaftlichen Einsatz. Ein weiteres Mal ist festzustellen, dass Zeit wohl ein begünstigender Faktor für Bürgeraktionen ist, für sich allein indessen den Ausschlag dafür nicht gibt. Soziale Integration, Kontaktreichtum, Kommunikationsfähigkeit, vertrauensfördernde Bindungen, ein tragendes Werteset wiegen schwerer.[40]

Die Aktivisten aus den ökologisch-libertären Mittelschichtmilieus im Wendland haben nahezu durchweg eine lange Biographie des Protests – auch auf anderen Konfliktfeldern – hinter sich. Das gilt ebenso für die Vorkämpfer gegen S21, die auf Erfahrungen in der Anti-Atomkraft-Bewegung und der Friedensbewegung verweisen. Die Altkader in den Occupy-Zusammenhängen haben sowieso eine Art berufsrevolutionäres Leben geführt und waren bei allen größeren Abwehr- und Angriffsversuchen im und gegen den Kapitalismus mit nimmer ermüdendem Elan dabei. Doch auch die Jüngeren in den Occupy-Initiativen haben mehrheitlich einiges an linken, antikapitalistischen Projekten ausprobiert, ohne schon eine zufriedenstellende Lösung für einen verbindlichen Rahmen ihrer politischen Bestrebungen ausgemacht zu haben. Insofern ist Occupy für sie eine weitere Station der politischen Selbstfindung. Wie bei den oft gleichaltrigen Piraten und Internetrebellen haben sie sich bisher auf Alternativen zum *Prozess* demokratischer Willensbildung konzentriert, während sie in der Modellierung *konzeptioneller* Gegenentwürfe zum Finanzkapitalismus – wie sie meist offen zugeben – nicht recht vorangekommen sind. Die Avantgarde der satirischen Pfeile gegen die obwaltenden Verhältnisse hat ganz überwiegend keine Vorgeschichte in der zivilgesellschaftlichen Teilhabe. Für prononcierte bindungsscheue Männer mit dezidiertem Hang zum sarkastischen Aperçu – «weit entfernt, sich ernstlich und auf aktive Art in den Dienst der Wünschbarkeit und der Ideale zu stellen»[41] – scheint das keine lohnende Anstrengung zu bedeuten. Bemerkenswert ist gewiss, dass bei denen, die mit Windrädern und Oberleitungen hadern, nahezu zwei Drittel eine bürgergesellschaftliche Funktion nicht innehatten. Diejenigen unter ihnen, denen die neuen Techniken der Energiewende die Grundstücke und Immobilienpreise zu schmälern drohen, machen auch keinen Hehl daraus, dass der soziale Einsatz für andere sie nie angezogen hat.

Für die Demokratie, aber gegen Lobbyisten, Medien und Parteipolitiker

Die Demokratie als Idee und Ziel wird von den Bürgern im Protest durchweg belobigt, auch in ihrer repräsentativen Form im Prinzip akzeptiert. Nur: Kaum jemand der hier befragten Aktivisten hält die bundesdeutsche Gesellschaft, wie sie gegenwärtig nun mal besteht, für eine «echte Demokratie». Der Vorwurf, dass wir es lediglich mit einer «Scheindemokratie» zu tun hätten, fällt ständig – ein typisches Signum der Misstrauensgesellschaft. Kommt man auf Parteien und Politik zu sprechen, dann löst dies einen Schwall von Hohn und Verachtung aus.[42] Die Parteien seien Selbstversorgungsbetriebe auf Kosten der Steuerzahler; die politische Klasse sei abgehoben, zudem noch inkompetent, bilde eine Ansammlung von unfähigen Menschen. Die Protest-

Akteure selbst sind überwiegend davon überzeugt, über weit mehr Sachverstand zu verfügen als Parlamentarier und Regenten. Unentwegt stellen sie heraus, dass sie – und oft nur sie allein – den Durchblick besäßen, sich kein A für ein O vormachen ließen und dass sie im Unterschied zu der passiven, manipulierbaren schweigenden Mehrheit alle Manöver der Herrschenden mit glasklarem Blick durchschauen. Mitunter wundert man sich als Beobachter über diese Flut von Selbstgerechtigkeiten und Anmaßungen, die etwa bei den satirischen Protestanten einen Gipfelpunkt an Süffisanz und Ignoranz zugleich findet. Andererseits entspricht die Alltagswut auf diese Sphäre politischer Professionalität durchaus dem Bild der gegenwärtig vielleicht einflussreichsten akademischen Theorie zu diesem Problem, dem Paradigma der Postdemokratie von Colin Crouch.[43] Der britische Politikwissenschaftler sowie die zornigen Bürger zeichnen unisono eine recht schlichte Verfallsgeschichte der Demokratie. Dass früher der politische Betrieb stärker in Ordnung gewesen sei, illustrieren unsere Bürger gern durch den Verweis auf Willy Brandt oder Franz Josef Strauß, die noch Ecken und Kanten besessen, für eine «Sache» gestanden hätten.

Doch heute? Nur noch Karrieristen, Postenjäger, Beutemacher. Oft im gleichen Atemzug werden ebenfalls die Medien, Verbände und der Lobbyismus gegeißelt, ebenfalls ein charakteristischer Zug der europäischen Misstrauensgesellschaften. Die Lobbyisten gelten als die entscheidenden Verfälscher des Volkswillens. Dass die Verbände der ökonomisch Mächtigen sich zwischen den Demos und der aus Wahlen hervorgegangenen Repräsentativkörperschaften gelegt hätten, wird als Grundübel für die gegenwärtige Demokratie, als Ursache für die Deformierung einer im Ursprung guten Idee angesehen. Eine ähnlich negative Rolle wird den Medien attestiert. Doch ist hier das Verhältnis der bürgerlichen Ankläger ambivalent. Denn während ihrer Aktionen buhlen sie vernehmlich um die Aufmerksamkeit der sonst gescholtenen Medien. Auch in den linken Occupy-Camps breitete sich unmittelbar Freude und Aufregung aus, wenn Reporter vom *Spiegel*, der *Süddeutschen Zeitung* oder die Kameras gewichtigster Fernsehsender auftauchten. Dann hatte man es geschafft, konnte das Thema, um das es ging, in die Öffentlichkeit bringen.

In der Literatur zur bürgergesellschaftlichen Teilhabe wird oft als Erfahrungswert ausgewiesen, dass Partizipation die Systemzufriedenheit fördert. Unsere Beispiele können das nicht bestätigen. Eher lässt sich sagen, dass *erfolgreicher* Bürgerprotest ein Stück Vertrauen in die Funktionsfähigkeit und Rechtmäßigkeit der repräsentativen Demokratie zurückbringt. Die Münchner Flughafenkritiker äußern sich nach dem erfolgreichen Bürgerentscheid auffällig versöhnlich und einfühlsam gegenüber Handlungszwängen von Politikern, während die S21-Gegner in Stuttgart nach der gescheiterten Volksabstimmung in Teilen bittere Intransigenz zeigen.

Bemerkenswert ist insgesamt, wie gering diese doch durchaus gebildete, lebenserfahrene Gruppe aktiver Menschen die Bedeutung von intermediären Strukturen und Einrichtungen für die Funktionsfähigkeit einer hochkomplexen Gesellschaft in einem demokratischen Verfassungsstaat achtet.[44] Die institutionelle Interessenmediarität erscheint ihnen lediglich als Fremdkörper in einer Demokratie, gleichsam als Umleitung der Volkssouveränität auf die Privatgelände nicht legitimer ökonomischer und medialer Macht. Präzise Vorstellungen über eine andere, von etlichen sogenannte «echte Demokratie» existieren dagegen nicht. Fragt man danach, dann gehen die Antworten über eher leidenschaftslos vorgetragene Bekenntnisse zur «Basisdemokratie» und zu «Volksentscheiden» nicht hinaus. Doch lauert in der plebiszitären Grundsympathie – nicht bei allen, aber keineswegs bei wenigen – die autoritäre Versuchung. Gering jedenfalls ist die Zahl der Protestbürger nicht, denen ein straff geführter Staat mit scharf geschnittenen Gesetzen, stringenten Masterplänen und fachlich einschlägig qualifizierten Führungspersonal gelegen käme. Auch das findet man in allen modernen Misstrauensgesellschaften: die Ziellosigkeit des Unmuts, den Mangel an deutlich konturierten und substanziell gefüllten Gegenkonzepten. Aus dieser Melange entsteht oft genug eine misanthropische Grundstimmung und folgt sodann der Ruf nach energischen Taten, mit denen eine beherzte Kämpfernatur, statt endlos zu parlieren, den gordischen Problemknoten mit einem Schlag durchtrennt.

Frühwarnsystem oder Albtraum?

Solche Stimmungen und Wünsche findet man in den Projekten gegen diverse Infrastrukturmaßnahmen stärker als in explizit antikapitalistischen Zusammenschlüssen wie etwa Occupy. Hier ist wiederum vielmehr verblüffend, wie offenkundig jede Generation der Linken, die sich die grundlegende Umgestaltung der bürgerlichen Ordnung auf das Panier geschrieben hat, die immer gleichen Erfahrungs- und Lernprozesse mit der primär befürworteten Basisdemokratie zu machen hat. Im Kontrast zum Delegations- und Repräsentationsprinzip setzen zumindest nichtleninistische Radikallinke auf Basisberatungen und rätedemokratische Versuche. Bei Occupy figurierten dafür die Asambleas, auf denen oft stunden-, ja, nächtelang in aller Breite und Redundanz jeder, der etwas zur Debatte beizutragen hatte, geduldig gehört werden musste. Doch hielt man das nur eine begrenzte Zeit psychisch und physisch aus. Auch schmälerten solche fundamentaldemokratischen Langwierigkeiten die Möglichkeiten rascher taktischer Beweglichkeit und strategischer Kalküle, welche den Gegner überraschen sollten, was durch transparente Diskursverfahren indes vereitelt wird. So bildeten sich gleichsam wie von selbst kleine Zirkel oder Klüngel heraus, die informell den Ablauf und das wünschenswerte Ergebnis von Aussprachen vorstrukturierten und durch verdeckte Manipulationen der Rednerlisten, durch klug im rechten Moment lancierte Initiativ- und Geschäftsordnungsanträge die Basis aus dem Hintergrund dirigierten.

Die Grünen haben diese Geschichte während der achtziger Jahre erlebt. Und bei Occupy deutete sich die informelle Unterwanderung der urdemokratischen Ausgangsimperative im Zeitraffer ebenfalls an. Doch waren die Camps verschwunden, bevor das eherne Gesetz der Hierarchie- und Vereinsbildung, schließlich der Repräsentativverfassungen auch hier im vollen Ausmaß zu walten beginnen konnte. Dass die Konstruktion des «eingetragenen Vereins» mit verbindlichen Strukturen, Mitgliedern und Vorständen das unbegrenzte Vollversammlungsmodell abzulösen im Begriff stand, zeigte sich bereits an mehreren Orten. Der Spendenbedarf war überall hoch; gemeinnützige Vereinsziele waren infolgedessen hilfreich, um leichter Mittel für die täglichen Mahlzeiten, den Unterhalt von Handys, die Kosten von Transparentstoff und Flugblätter et cetera zu akquirieren. So investierten die Camps mehr und mehr die Energie in die Reproduktion ihrer selbst, angereichert durch einige sozialfürsorgerische Gesten gegenüber den Gestrandeten der Lokalgesellschaft. In mehreren Occupy-Camps fanden Obdachlose in den Nächten Unterschlupf.[45] Die aktivistische Intervention in die großen gesellschaftlichen Auseinandersetzungen geriet durch Introversion ins Hintertreffen.

Zugleich hatten die Unterstützergruppen von Occupy im Mai 2012 empfindlich zu spüren bekommen, dass der Staat, wenn ihm nichtparlamentarische Oppositionen unmissverständlich den Fehdehandschuh zuwerfen, hart und durchaus repressiv reagieren kann. Kommt es zum Schwur, wird man nicht mit der freundlichen Methode der Deeskalation rechnen dürfen.

Ein Aktionsbündnis aus rund zwanzig Organisationen, von der Dienstleistungsgewerkschaft ver.di bis zu Attac, hatte für den 16. bis 19. Mai 2012 zu «Blockupy Frankfurt» aufgerufen. Zwischen 25 000 und 30 000 Demonstranten aus der ganzen Republik fanden sich in diesen Tagen in der Bankenmetropole ein. Allein die Fahrt in den gecharterten Bussen verlief für die meisten beschwerlich, da sie von der Polizei vielfach über Stunden kontrolliert und festgehalten wurden. In Frankfurt selbst waren an den vier Tagen rund 5000 Polizisten im Einsatz. Das Gros der von den Kapitalismuskritikern geplanten politisch-kulturellen Veranstaltungen, Lesungen, Diskussionsrunden hatte keine Genehmigung erhalten. So schweiften die Opponenten ohne rechte Aufgabe und Ziel durch die Straßen, bildeten hier und dort kleine spontane Diskussionszusammenkünfte, strebten vor allem in die Nähe der Paulskirche, um den historischen Anschluss zu der frühdemokratischen Bewegung der deutschen Moderne im 19. Jahrhundert sichtbar herauszustellen. Doch immer wieder wurden die Beteiligten von einer martialisch ausgerüsteten Polizei eingekesselt, auch nieder- und weggeknüppelt. Die Zahl der Festgenommenen belief sich auf mehrere hundert, von denen ein großer Teil für Stunden in kleine, enge Käfige gesperrt wurde, wie es zumindest in Gesprächen hieß. Die vier Tage verliefen auf der Seite der Demonstranten alles in allem friedlich; auf der Seite der Rechtshüter waren hingegen nach Auskunft zahlreicher Beobachter Übergriffe und Brutalitäten zu vermerken.[46] Dass an diesen Tagen ausgerechnet die Vortrags- und Kulturangebote verboten waren, kann man aus rechtsstaatlich-liberaler Perspektive mit guten Gründen als bedenklich empfinden. Die Medien thematisierten das Verhalten der Gerichte und Sicherheitskräfte kaum, berichteten über die Frankfurter Ereignisse insgesamt auffällig wenig, zeigten keine investigative Verve.

Die Unternehmen der Energiewirtschaft haben es demgegenüber in den letzten Jahren mit Geld versucht, um potenzielle Opponenten zu neutralisieren oder zu domestizieren. Große Erfolge zeitigte die Methode ausgerechnet an dem Ort, der gleichzeitig zum Motiv und Symbol für die Kampagnen und Kämpfe der Atomenergie-Gegner geworden ist: Gorleben. Während überall sonst im Wendland die Widerstandszeichen – das gelbe X, schwarz-gelbe Tonne, verstrahlt erscheinende Strohpuppen und anderes – omnipräsent wirken, sind dergleichen Dokumentationen der Ablehnung von Castor-Transporten, des Atommüllzwischenlagers und des als Endlager erkundeten Bergwerks im Dorfbild Gorlebens selbst kaum zu entdecken.[47] Das Dorf mit seinen gut 500 Einwohnern strahlt Wohlständigkeit aus. Die Arbeitslosenrate ist ungewöhnlich gering, die Infrastruktur des Ortes außergewöhnlich gut und modern entwickelt. Das Prunkstück der kleinen Gemeinde bildet ein opulenter Sportpalast mit vielen Räumen und Hallen für etliche Sportarten und Feste. Gleich in der Nähe des Sportzentrums liegt ein nicht minder ansehnlicher Jacht- und Sporthafen. Das alles hat mehrere Millionen Euro gekostet, die natürlich nicht aus dem frugalen kommunalen Haushalt stammen, sondern von der Atomlobby aufgebracht wurden. Sie gab das Geld, das Dorf zahlte mit Wohlverhalten und mit Abstand zum Anti-Atom-Protest zurück.

Gorleben ist zwar nicht überall, aber in ähnlicher Form doch vielerorts, wo Bauvorhaben umstrittener Großprojekte Dissidenz erzeugen. Die Unternehmen haben in der Kultur der Partizipation beziehungsweise Partizipationssimulation hinzugelernt, begrüßen ganz offiziell das Informations- und Teilhabebedürfnis der Bürger, sind mit kommunikationstüchtigen Experten in Ortsversammlungen zugegen, geben sich mithin kooperativ statt konfrontativ. Im Übrigen verhält man sich materiell nicht knauserig, bietet großzügige Kompensationen für fragil gewordene Grundstückspreise an,[48] unterstützt die kommunalen Sportvereine, stiftet Trikots für die Mannschaften, fördert mit üppigen Mitteln das Kulturprogram und die Partyszenerie. Zum Zwecke der «Aufklärung», «Seelenbearbeitung» oder «Propaganda» – also je nach Sichtweise formuliert – werden Studenten angeheuert, Rentner und Pensionäre reaktiviert und alimentiert, um mit Materialien die Gemeinden und Städte einzudecken, auch und besonders, um im Vereinswesen Truppen für die strittigen Infrastrukturmaßnahmen zu sammeln. Kurz: Bürgerinitiativen sind durchaus «offen für Fremdsteuerungen».[49]

Und dennoch: Bürgerbeteiligung, zivilgesellschaftliches Engagement, Mitsprache – all diese Begriffe und Losungen, die primär in der sozialliberalen Reformära der frühen siebziger Jahre generationsprägend zirkulierten, erleben zu Beginn des zweiten Jahrzehnts im 21. Jahrhundert eine Art Revival. Auf Symposien von Stiftungen, Akademien und den Zentralen für politische Bildung gehört es nachgerade zum guten Ton, das Hohe Lied erweiterter demokratischer Teilhabe zu singen. Doch man hört unterdessen die ersten prononcierten Gegenstimmen. Unter dem provokativen Titel *Albtraum Partizipation* erschien jüngst eine deftige Polemik von Markus Miessen im einst neomarxistischen Merve Verlag gegen die Mitmach- und Diskursgesellschaft, das neue «Opium fürs Volk»[50], wie er es nennt. Versuchen wir also zu bilanzieren: Was bringt, was nutzt, was gefährdet, was relativiert, was ergänzt, was ersetzt die Partizipations- und Protestdemokratie dieser Jahre?

Wer protestiert, pocht auf Eigensinn und Autonomie, verweigert, sich Prozessen und Systemen subaltern verfügbar zu machen. Ein solcher Typus entspricht dem Bild der klassischen Aufklärung, den Vorstellungen einer rationalen Moderne durchaus. Wer sich hingegen aus dem Politischen heraushält, die Verhältnisse, wie sie sind, indifferent akzeptiert, unterwirft sich der Herrschaft anderer, macht sich zum Baustein für deren Ordnungen und Konstruktionen.[51] Demokratien, die auf Selbstbestimmung, Eigeninitiative, den Mut mündiger Individuen fußen wollen, können sich schlecht mit den politisch abstinenten Fatalisten bescheiden, können als dynamische und entwicklungsfähige Gesellschaften schwer ohne die Aktivisten des Widerspruchs und der Alternative überleben. Insofern werden die Demokratien den von Bürgern erhobenen Mitwirkungs- und Veränderungsanspruch, der im Demokratiebegriff eingewoben ist, schlecht zurückschrauben oder gar eliminieren können, auch wenn die Aufständigkeit und der Eigensinn den Regenten lästig werden sollte. Die Voraussetzungen für Partizipation haben sich in den letzten Jahren enorm verbreitert und gefestigt, sind elementar und funktional in den anspruchsvollen Erwerbs- und Reproduktionssektoren und schon deshalb nicht aus dem Reich des Politischen zu verbannen. Der Anteil formal hoch gebildeter Menschen hat sich seit den 1960er Jahren rasant vervielfacht. Die Selbstwirksamkeitserfahrung ist gerade in diesen Teilen der Bevölkerung erheblich angestiegen. Als pädagogisches Konzept kennzeichnet das Erlebnis von erfolgreichem Tun durch Ermutigung die Erziehung von Kleinkindern in den Familien, Krippen und Kindergärten, schließlich im Unterricht an den Schulen.

Aus alledem zieht auch das politische System Nutzen. Hinter dem Engagement von Bürgern stehen Wissen, Information, Ideen, Einfälle und beträchtliche Energien, deren sich der Staat bedienen kann.[52] Es hat seinen Grund, dass in den Regierungen auf Länder- und Bundesebene in den letzten Jahren Referenten oder Sachbearbeiter für das «bürgergesellschaftliche Engagement» beschäftigt worden sind. Es lohnt sich. Denn die bürgergesellschaftlichen Aktivisten erledigen vielfach, wofür der Staat dann keine Sorge mehr tragen muss. Der Staat kann sparen, wenn emsige Bürger die Löcher stopfen, die durch Streichungen bei den Haushaltsplänen durch die öffentliche Hand gerissen worden sind.

Doch auch der dezidierte, oft ungemütlich erscheinende Protest kann dem System, ob gewollt oder nicht, wertvolle Dienste leisten. Schon in den siebziger Jahren schauten akademische

Marxisten scheel bis verächtlich auf die Bürgerbegehren. Die radikale Linke hielt deren Treiben für «systemstabilisierend», wies ihnen süffisant die Funktion eines «Frühwarnsignals» für die ansonsten ahnungslos gebliebenen Herrschenden zu, welche dann den Unmut durch reformistische Palliativmittel pazifizieren und letztlich unschädlich machen konnten. Rundum falsch war diese Interpretation nicht. Die von konservativen Professoren zur gleichen Zeit befürchtete «Unregierbarkeit»[53] der modernen, fragmentierten demokratischen Gesellschaften trat jedenfalls nicht ein, trotz zahlreicher Protestwellen mit sozialen und kulturellen Konflikten gerade in den Jahren des Kabinetts Schmidt-Genscher. Die gesellschaftlichen Eruptionen dieser Zeit trugen vielmehr dazu bei, dass sich das Parteiensystem erweiterte und dadurch die neuen rebellischen Kohorten und Bewegungen einband, auch dass sich die politische Elite ergänzte und somit Repräsentationslücken schloss, schließlich dass sich der westdeutsche Kapitalismus durch ökologische Anstöße modernisierte und Wettbewerbsvorteile in den Umwelttechnologien auf dem Weltmarkt errang. Insofern wirken Partizipationsströme wie Fermente für rechtzeitige systemimmanente Innovation, die andernfalls zu spät hätte kommen können. Auf diese Weise halten sich bürgerliche Gesellschaften «durch systematischen Non-Konformismus in Form»[54].

Demokratisierung der repräsentativen Demokratie?

Andererseits: Protest und Partizipation sind anstrengend. Der amerikanische Soziologe Albert Hirschmann hat daher auf die Dialektik von Engagement und Enttäuschung hingewiesen, auf den zyklischen Wechsel der Bedürfnisse nach einer *vita activa* und der *vita contemplativa*.[55] In der Zeit, die dem Engagement folgt, sind die erschöpften Akteure froh über Institutionen und

Repräsentativorgane, die entlasten, da diese nun die Aufgaben übernehmen, die der Bürgergesellschaft temporär zu viel geworden sind. Das konnte man seit Mitte der achtziger Jahre gut beobachten. Die junge Partizipationsgeneration der sozialliberalen Jahre nahm während der Kohl-Ära eine Auszeit im kollektivem Engagement, da sie, in der Rushhour des Lebens angekommen, durch Beschleunigung und Multiplikation beruflich-privater Anforderungen keine freien Energien für zivilgesellschaftliche Intervention mehr besaß. Die viel beklagte Entpolitisierung der Kohl-Jahre war keineswegs allein eine gezielt politisch-kulturelle Restauration der regierenden Konservativen, sie wurde auch von denen, die sich weiterhin kritisch gaben, stillschweigend goutiert.[56] Allerdings darf man die temporäre Konzentration auf die *own little world* nicht einfach als Spießerei denunzieren. Der Motivmotor für die Orientierungssuche im Wurzelbereich von Familie und Nachbarschaften war das Bedürfnis nach Komplexitätsreduktion. Bei Überforderungen ziehen sich unterschiedliche Gruppen in der Regel stets zunächst auf sich selbst zurück, um zumindest in Teilen dem Alltag der massiv gewachsenen gesellschaftlichen Komplexität zu entgehen und so gewissermaßen eine Pause zu nehmen, in der sie Kraft neu auftanken können – die ihnen dann ermöglicht, die vielfältigen Herausforderungen in Beruf und später auch in Öffentlichkeit und Gesellschaft wieder besser bewältigen zu können.

Insofern tat sich Bürgern und Politikern in den letzten Jahren ein Dilemma auf. Der Partizipationsbedarf war, auch wegen der gewachsenen Zahl an «jungen Alten», wieder gestiegen. Schon und gerade Bundeskanzler Gerhard Schröder reagierte darauf mit einer bewussten Strategie der Depolitisierung, gleichsam als Technik moderner Gouvernementalität, um durch den Imperativ der «Alternativlosigkeit» Gegenpositionen zu delegitimieren. In der Tat: Der unzweifelhaft gestiegene Wunsch nach vielfachen Beteiligungen der Bürger an politischen Vorhaben verkomplizierte den Entscheidungsprozess, produzierte Langwierigkeit, endete oft vor Gerichten, was in der Folge die Verrechtlichung der gesellschaftlichen Beziehungen weiter forcierte.[57] Das wiederum erzürnte das Gros der Bürger, deren Ansprüche auf ein rasches, konzises und effektives Regierungshandeln ebenfalls angestiegen sind, welche in der Vetogruppendemokratie, zu der der Partizipationsimpetus unweigerlich führt, realisiert werden können. Der Bürger, der es in seiner Rolle als Konsument gewohnt ist, dass sein je individuelles Bedürfnis prompt befriedigt wird, reagiert politisch verdrossen, da die Politik den Bürgern nicht geben kann, was diese als Konsumenten verlangen und als Partizipanten zugleich verunmöglichen. Je heterogener die Bedürfnisstruktur von Gesellschaften ohne homogene sozialmoralische Vergemeinschaftung ausfällt, desto schwieriger gestaltet sich der Aushandlungsakt von Politik, die nur noch mühselig und inkohärent aggregieren kann, was die zergliederte Gesellschaft an verschiedenartigsten Begehrlichkeiten an sie heranträgt und ihr abverlangt.[58]

Da die Subsysteme der Zivilgesellschaft nicht bekommen können, was sie von der Politik fordern, wächst der Unmut über die Langsamkeit, die Unschärfe, das Kompromisshandwerk demokratisch-parlamentarischer Politik. Und autoritäre Lösungen mögen im Fortgang mehr und mehr Zuspruch finden. Die Hoffnungen richten sich in einem solchen Fall auf den großen, energischen, über die Einzelinteressen erhabenen Entscheidungsdezisionisten mit unzweifelhafter Kompetenz und Autorität. Dergleichen Erwartung entspricht schon jetzt einer Grundmentalität vieler Bürgerprotestgruppen, die den Kult des «Experten», des unbestrittenen «Fachmanns», der auch in der Politik endlich das Sagen haben sollte, betreiben. Wo der Experte allerdings zur Geltung kommt, ist für Diskurs und Auseinandersetzung, für die legitime Pluralität von Interessen und Perspektiven kein Ort mehr. Expertokratie und Demokratie schließen sich aus.[59]

Und so könnte eine Partizipationsgesellschaft den Weg in die Zukunft zurück in ein Zensussystem nehmen,[60] in dem kleine oligarchische Zirkel von Honoratioren des Sachverstands und Führungskader hochspezialisierter Fachkenntnisse die Dinge regeln. Auf die institutionellen Strukturen transnationaler Einrichtungen und Kommissionen wäre ein solches Verständnis der von der Volkssouveränität entschlackten Elitedemokratie nachgerade perfekt zugeschnitten.

Etwas seltsam ist daher schon, dass gerade in Deutschland «Partizipation besonders hemmungslos verklärt»[61] wird. Denn gerade die deutsche Gesellschaft liefert historisch vor allem für die Jahre von 1925 bis 1932 deutliche Hinweise darauf, dass «Organisation und Aktivierung»[62] von Bürgervereinigungen jenseits von Staat und Parteienwesen keineswegs, wie es in der Tradition von Alexis de Tocqueville heute weiterhin gern axiomatisch unterstellt wird, zur Stabilisierung von Demokratie und Zivilität beitragen müssen. Ein starkes und dynamisches Assoziationswesen im öffentlichen Raum kann, wie die zweite Phase der Weimarer Republik belegte, das genaue Gegenteil bewirken. Die Zivilgesellschaft, also der von Bürgern selbst organisierte Raum zwischen Staat und Individuen, ist nicht allein ein Gewächshaus für löbliche Tugenden der Liberalität, Toleranz und Humanität. Zur Zivilgesellschaft gehören auch pathologische Ängste und Aggressionen, soziale und ethnische Ausgrenzung und Verdrängungsbemühungen, Zynismus und Verachtung gegenüber dem demokratischen Prozess.[63] Die Verbände der politisch extrem Rechten stehen nicht außerhalb der Zivilgesellschaft, sondern füllen deren dunkle, schmutzige Seiten. Um noch einmal auf die militante Polarisierung und dogmatische Entfesselung der zivilgesellschaftlichen Destruktionskräfte in den zwanziger und frühen dreißiger Jahren zurückzukommen und die Erfahrung damit als Lektion für eine spezifische Konstellation der problematischen Mobilisierung der Bürger zu nehmen:

Eine in konfrontativen Weltanschauung und Eigenwelten zergliederte, überdies agitatorisch aufgeheizte Zivilgesellschaft, die schwachen, ihrer selbst nicht sicheren politischen Institutionen gegenübersteht, wird parlamentarisch verfasste Demokratien nicht stärken, sondern lustvoll weiter dezimieren.[64] Eine solche Zivilgesellschaft mag der Dünger für jakobinischen Rigorismus von links und faschistische Raserei von rechts sein.

Nun sind die politischen Institutionen in der bundesdeutschen Gesellschaft weit stabiler als in jenen unglücklichen Jahren der Weimarer Republik. Auch hat sich gerade die politische Kultur des mittleren deutschen Bürgertums seit den sechziger Jahren kontinuierlich und à la longue tiefgreifend verändert. Eine reaktionäre Zivilgesellschaft steht nicht an. Da Mitwirkung und Selbstverantwortung seit Jahren gezielt von den Bürgern in allen möglichen Sektoren ihres Lebens abverlangt werden, ist ein Zuwachs an Partizipation in der Politik schwerlich zu desavouieren. Die Zahl der Bundesbürger, die über gefestigtes Selbstbewusstsein und beträchtliche Wissensbestände verfügen, ist so stark gewachsen, dass eine unhinterfragte Subordination gegenüber der Autorität von Politikern und Ministerialbeamten schlechterdings nicht mehr zu erwarten ist. Schließlich haben sich Umfang, Bedeutung und Dauer von Großprojekten in einem solchen Maß potenziert, dass ein einmaliges, durchaus ordnungsgemäß verlaufendes Verfahren nicht mehr reicht, um Legitimation dafür zu sichern.[65] Dehnt sich allein die Planungs- und Bauzeit auf zehn bis zwanzig Jahre aus, sind die Eingriffe solcher gigantischer Bauunternehmen für die Lebensformen der Bürger tief, von längerer Dauer, kaum zu korrigieren, dann haben nachgewachsene Alterskohorten, die wegen mangelnder Mündigkeit zu Beginn des Verfahrens als Wähler nicht einmal zumindest indirekt in die Willensbildung einbezogen waren, einiges Recht, vor neuen Hintergründen neue Einwände zu formulieren und sich dem Vollzug der Planungsschritte entgegenzustellen. Die

Reversibilität von Entscheidungen gehört bekanntlich zum innersten Kern demokratischer Legitimation, die sich im 21. Jahrhundert stärker als zuvor durch eine fortlaufende Begründung und Erörterung ihrer selbst ausweisen muss.[66]

Man mag das eine «doppelte Demokratie»[67] nennen, um auf die Ergänzung der parlamentarischen Methode durch direktdemokratische Elemente der Willensäußerung zu drängen; man kann auch für eine «zugleich responsive und partizipatorische Demokratie»[68] plädieren oder die «Demokratisierung der repräsentativen Demokratie»[69] postulieren. Vom basisdemokratischen Furor werden all diese Vorschläge nicht angefeuert. Wobei niemand die Augen davor verschließt, dass das erreichte Partizipationsniveau in der Gesellschaft mehr und mehr in eine Spannung mit der Beschränkung des Bürgers im parlamentarischen Feld auf den Wahlakt gerät, dass also eine neue Balance gefunden werden muss, für die im Entstehungsakt des Parlamentarismus in der Frühmoderne noch keine Notwendigkeit existierte.

Bemerkenswert ist hier die Begründung, die der Politikwissenschaftler Herfried Münkler für eine neue Varianz demokratischer Artikulation gibt. Auch ihn beunruhigt, dass in der Gesellschaft neben den schon länger bekannten «Verdrossenen» (meist der unteren Schichten) jetzt noch die «Empörten» (überwiegend aus der Mitte) hinzugekommen sind. Deren «Problem ist, dass sie nicht wirklich wissen, was und wie etwas anders gemacht werden kann. Sie drücken Empörung aus, ohne konkrete Alternativen ins Spiel bringen zu können. Der Zerfall des Volkes in Verdrossene auf der einen und Empörte auf der anderen Seite ist für die Demokratie gefährlich. Hier können direktdemokratische Verfahren hilfreich sein, wenn sie die Verdrossenen aus ihrer Lethargie holen und die Empörten zwingen, Alternativen zu formulieren und dafür Mehrheiten zu gewinnen.»[70]

Der Mangel an überzeugenden Alternativkonzepten wird den Protestgruppen häufig vorgeworfen. Aber oft geht es den demonstrierenden Bürgern gar nicht um eine große umstürzlerische Alternative, um einen weiteren hochmodernen Zukunftsentwurf. Ihnen ist die Gegenwart schon viel zu sehr von Zukunft durchdrungen, da seit Jahren in immer kürzeren Abständen Innovationsbedarf angemeldet und Veränderungen in Permanenz apodiktisch – um der Zukunftsfähigkeit willen – ausgerufen werden. Die Normen dieser «Zukunftsfähigkeit» der Erwerbsgesellschaft – jederzeit professionelles Verhalten, flexible Einpassungsbereitschaft, elastische Mobilitätsfähigkeit – haben die früher abgetrennte Sphäre des Berufs verlassen und den gesamten Alltag besonders der Mitte vereinnahmt. Gerade deshalb benötigen die Betroffenen Ruhepunkte, Oasen, Nischen, um auszuhalten und zu ertragen, was der Primat der Ökonomie täglich den bürgerlichen Einzelnen abverlangt. Die Moderne hat stets Räume des Nichtmodernen gebraucht, in denen sich sozialmoralische Mentalitäten, kulturelle Eigenarten, eigenwillige Zeitstrukturen konservierten, um Orte der Kompensation, auch Stätten des Widerstands gegenüber dem sonst ungehemmt wuchernden Destruktionstrieb des Kapitalismus zu besetzen. Diese vormodernen Räume, welche die kapitalistischen Marktgesellschaften durch Begrenzung stützten, die aber auch die Erinnerung an Lebensweisen und Sinnmuster jenseits davon bewahrten, sind rar geworden. Der Kampf gegen die restlose Zerstörung dieser Räume, der klassischen Heimaten, der intakten Landschaften und solidarischen Arbeitsformen, der zeitintensiven Zuwendungen in Familie, Freundeskreise und bürgergesellschaftliche Selbstorganisation vereint unterschiedliche politische Kräfte, Linke in der Suchbewegung und Konservative mit Wertebindung.[71]

Am Anfang von neuen Parteien, neuen sozialen Bewegungen, neuen weltanschaulichen Organisationen stand historisch häufig genug das Misstrauen gegen erschlaffte oder gierige oder skrupellos agierende Träger der bestehenden Macht. Zu Beginn solcher neuen, zunächst reaktiven Formationen sah man nie schon überzeugende, detaillierte und ausgereifte Alternativentwürfe. Das Neue, das nur allmählich Realität wurde, kristallisierte sich erst in langen, umwegigen Konflikt- und Lernprozessen heraus. Die Misstrauensgesellschaft ist gewiss kein angenehmer, ist kein freundlicher, kein herzlicher oder konstruktiver Ort. Ohne Vertrauen jedoch können moderne Demokratien und hochkomplexe Gesellschaften nicht zivilisiert bestehen. Ohne den misstrauischen Blick aufgeklärter und aufmerksamer Bürger aber würden sich politische und ökonomische Macht verselbständigen und korrumpieren. So gesehen sind Misstrauensgesellschaften Seismographen für Deformationen. Und wenn es gut geht, bilden sie Ausgangspunkte für Gegenbewegungen, welche Unzufriedenheit in neue Ideen und Entwürfe transferieren. Wir werden sehen.

Verweise und Literatur

1 Siehe ebenfalls Peter Schuell: Motive Ehrenamtlicher. Eine soziologische Studie zum freiwilligen Engagement in ausgewählten Ehrenamtsbereichen. Bayreuth 2003, S. 99

2 Vgl. Rainer Ernst Schneider-Wilkes: Engagement und Misserfolg in Bürgerinitiativen. Politische Lernprozesse von Berliner Verkehrsbürgerinitiativen. Berlin 2001, S. 197

3 Vgl. hierzu allgemein Sabrina Oesterle u. a.: Volunteerism during the Transition to Adulthood. A Life Course Perspective. In: Social Forces. Jg. 82 (2004). Heft 3, S. 1123–1149

4 Auch Hauptbericht des Freiwilligensurveys 2009: Zivilgesellschaft, soziales Kapital und freiwilliges Engagement in Deutschland 1999 – 2004 – 2009. Hg. vom Bundesministerium für Familie, Senioren, Frauen und Jugend. München 2010, S. 143

5 Konrad Gregor: Und wohin mit unserer Wut, Bürger? In: *Der Standard* (Wien), 21. November 2011

6 So Gerhard Matzig im Interview mit dem *Tagesanzeiger* (Zürich), 28. September 2011

7 Vgl. als Beispiel Bernt Armbruster u. a.: Bürgerbeteiligung in der Bundesrepublik. Zur Freizeitaktivität verschiedener Bevölkerungsgruppen in ausgewählten Beteiligungsfeldern. Göttingen 1975, S. 157

8 Vgl. auch Harald Kühnemann: Tätigkeiten und Engagement im Ruhestand. In: Clemens Tesch-Römer u. a. (Hg.): Altwerden in Deutschland. Sozialer Wandel und individuelle Entwicklung in der zweiten Hälfte. Wiesbaden 2006, S. 289–327

9 Siehe Elaine Cumming u. a.: Growing Old. The Progress of Disengagement. New York 1961; ebenfalls Ursula Lehr: Psychologie des Alterns. Heidelberg 1974, S. 221

10 Hierzu und im Folgenden auch Gertrud Backes u. a.: Lebensphase Alter. Weinheim/München 1998, S. 121 ff.

11 Siehe Thomas Olk: Bürgerschaftliches Engagement im Lebenslauf. In: Gerhard Naegele (Hg.): Soziale Lebenslaufpolitik. Wiesbaden 2010, S. 637–672

12 Vgl. Marcel Erlinghagen: Soziales Engagement im Ruhestand. Erfahrungen wichtiger als frei verfügbare Zeit. In: Jürgen Kocka u. a. (Hg.): Altern. Familie, Zivilgesellschaft, Politik. Altern in Deutschland. Bd. 8. Nova Acta Leopoldina NF 106, Nr. 370 (2009), S. 211–219

13 Thomas Olk: Modernisierung des Engagements im Alter. Vom Ehrenamt zum bürgergesellschaftlichen Engagement? In: Institut für Soziale Infrastruktur (Hg.): Grundsatzthemen der Freiwilligenarbeit. Theorie und Praxis des sozialen Engagements und seine Bedeutung für ältere Menschen. Stuttgart u. a. 2002, S. 25–48

14 Früh bereits auch Wilfried Nelles u. a.: Selbstorganisation: Alternativen für Verbraucher. Bürgerinitiativen – Selbsthilfegruppen – Mieterorganisationen – Bürgerbeteiligung – Neue Soziale Bewegungen. Frankfurt/New York 1984, S. 221 ff.

15 Hierzu auch Michael M. Zwick: Neue soziale Bewegungen als politische Subkultur. Zielsetzung, Anhängerschaft, Mobilisierung. Eine empirische Analyse. Frankfurt am Main/New York 1990, S. 81

16 Nicht selten wird dann ganz die informierte Auseinandersetzung mit komplexen Themen vermieden, vgl. hierzu Stephen Shepherd u. a.:

On the Perpetuation of Ignorance. In: Journal of Personality and Social Psychology. Heft 2/2012, S. 264–280, online unter: www.apa.org/pubs/journals/releases/psp-102-2-264.pdf (eingesehen am 15. Oktober 2012)

17 Hierzu Albert Bandura: Perceived Self-Efficacy in Cognitive Development and Functioning. In: Educational Psychologist. Jg. 28 (1993). Heft 2, S. 117–148

18 «Protest ist nicht länger ein unorganisierter Ausbruch der unzufriedenen Unterschicht, sondern der Bereich der politisch aktiven, gut-gebildeten Mittelklasse.» In: Peter van Aelst u. a.: Who is that (wo)man in the street? From the normalization of protest to the normalization of the protester. In: European Journal of Political Research. Jg. 39 (2001). Heft 4, S. 461–486, hier S. 462

19 Zu Sinnperspektive und Sinn-Schaffung Karl E. Weick: Sensemaking in Organizations. London 1995

20 Vgl. «BewegungsarbeiterInnen» auf: www.bewegungsstiftung.de/bewegungsarbeit.html (eingesehen am 15. Oktober 2012)

21 So etwa der Bielefelder Sozialwissenschaftler Reinhold Hedtke auf dem Kongress der Bundeszentrale für Politische Bildung zum Thema «Zeitalter der Partizipation» vom 21. bis 23. Mai 2012, siehe den Bericht von Benedikt Meurer: Sektion 5. Partizipation – ein Konzept für die politische Bildung, online unter: www.bundeskongress-partizipation.de/2012-06-01/sektion-5-partizipation-ein-konzept-fur-die-politische-bildung/»more-2181 (eingesehen am 15. Oktober 2012); besonders auch Francesca Gelli: *Public policies* und Praktiken aktiver Bürgerschaft in Italien. Anmerkungen für eine denkende Gesellschaft. In: Va bene?! Die deutsch-italienischen Beziehungen auf dem Prüfstand, Fachkonferenz 1.–2. Februar 2011 in Berlin, Vorträge online unter: www.bpb.de/veranstaltungen/dokumentation/126121/va-bene-vortraege (eingesehen am 15. Oktober 2012)

22 Thymian Bussemer: Stuttgart ist weder Tunis noch Kairo. In: INDES. Zeitschrift für Politik und Gesellschaft. Jg. 1 (2012). Heft 1, S. 32–38, hier S. 36

23 Dies schon die Kritik bei Michael Walzer: Equality and Civil Society. In: Simone Chambers u. a. (Hg.): Alternative Conceptions of Civil Society. Princeton (N. J.) u. a. 2002, S. 34–49, hier S. 39

24 Auch Petra Böhnke u. a.: Rückzug der Armen. Der Umfang freiwilligen

Engagements hängt von der materiellen Lage ab – und von Bildung. In: WZB-Mitteilungen, Nr. 128 (Juni 2010), S. 14–17

25 Helmut Schelsky: Die Arbeit tun die anderen. Klassenkampf und Priesterherrschaft der Intellektuellen. Opladen 1975

26 Siehe Gerd Paul: Die Bedeutung von Arbeit und Beruf für Ingenieure. Eine empirische Untersuchung. Frankfurt a. M./New York 1989, S. 23 f.

27 Hierzu insgesamt Gerd Hortleder: Das Gesellschaftsbild des Ingenieurs. Zum politischen Verhalten der Technischen Intelligenz in Deutschland. Frankfurt am Main 1970

28 Ausführlicher bei Martin Baethge u. a.: Das Führungskräfte-Dilemma. Manager und industrielle Experten zwischen Unternehmen und Lebenswelt. Frankfurt am Main/New York 1995, S. 239

29 Aufschlussreich hierfür Heinz Duddeck: Die Sprachlosigkeit der Ingenieure. In: Ders. u. a. (Hg.): Die Sprachlosigkeit der Ingenieure. Opladen 1999, S. 1–18; ebenso Hans-Peter Siebel: Gedanken und Anregungen zur Überwindung der Sprachlosigkeit der Ingenieure. In: Duddeck u. a., S. 83–94

30 François Miquet-Marty: Les oubliés de la démocratie. Paris 2011, S. 53. Miquet-Marty charakterisiert die Misstrauensgesellschaft als «allgemeines politisches Phänomen», das sich nicht nur auf Politik und Regierungen, sondern auch auf den Umgang mit Mitmenschen generell erstrecke. Allerdings seien die Auswirkungen auf das parlamentarische System gravierend, da misstrauische Menschen sich weniger für Politik interessierten und zum Boykott von Wahlen neigten. Ferner vgl. Karl-Rudolf Korte u. a.: Die Deutschland-Trends. Einführung. In: Karl-Rudolf Korte: Deutschland-Trendbuch. Fakten und Orientierungen. Opladen 2001, S. 7–13, hier S. 10

31 Anfang der siebziger Jahre kamen mehrere Untersuchungen zum Ergebnis, dass sich im Bundesdurchschnitt Männer viermal häufiger als Frauen in Bürgerinitiativen engagierten, vgl. Armbruster u. a., S. 158

32 Siehe Mareike Alscher: Auf der Suche nach Balance. Frauen und Männer zwischen Beruf, Familie und Engagement. In: WZB Mitteilungen, Nr. 129 (September 2010), S. 31–33, hier S. 32

33 Vgl. etwa Thomas Gensicke: Individuelle Voraussetzungen für freiwilliges Engagement. In: Beate Rosenzweig u. a. (Hg.): Bürgergesellschaftliches Engagement und Zivilgesellschaft – ein Gesellschaftsmodell der Zukunft? Schwalbach (Ts.) 2004, S. 56–72

34 Etwa Christine Bilger u. a.: Ein lauter Tag hallt nach. In: *Stuttgarter Zeitung*, 30. September 2011

35 Hierzu und im Folgenden die interessante Reportage des Schriftstellers Andreas Maier: Widerständiges Wendland. In: *Frankfurter Allgemeine Zeitung*, 13. September 2012

36 Vgl. ebenfalls Dieter Halbach u. a.: Widerstand wirkt. Vergangenheit und Zukunft der Freien Republik Wendland. In: Oya. Heft 4/2010, online unter: www.oya-online.de/article/read/166.html (eingesehen am 15. Oktober 2012)

37 Aus historischer Perspektive Paul Nolte: Was ist Demokratie? Geschichte und Gegenwart. München 2012, S. 185 f.; allgemein hierzu Constanze Beierlein u. a.: Veränderung und Veränderbarkeit – Politische Sozialisation. In: Günter L. Huber (Hg.): Enzyklopädie Erziehungswissenschaft Online. Fachgebiet: Pädagogische Psychologie. Bedingungen pädagogischer Einflussnahme. München 2010, online unter: www.erzwissonline.de/fachgebiete/paedagogische_psychologie/beitraege/21100147.htm (eingesehen am 15. Oktober 2012)

38 Auch Constanze Beierlein u. a.: Gesellschaftliches Engagement. Gesellschaftlicher, gewerkschaftlicher und berufsständischer Einsatz aus dem Blickwinkel psychologischer Forschung. In: Report Psychologie. Jg. 30/2005, S. 210–217

39 Siehe das Gespräch des Rektors der Psychologischen Hochschule Berlin Prof. Dr. Siegfried Preiser mit Dorette Gühlich: Macht der Glaube an Gerechtigkeit ungerecht? In: *Psychologe Heute*, Heft 4/2012

40 Vgl. François Höpflinger: Wandel des Alters – neues Alter für neue Generationen, online unter: www.hoepflinger.com/fhtop/Wandel-des-Alters.pdf (eingesehen am 15. Oktober 2012)

41 Thomas Mann: Betrachtungen eines Unpolitischen. Frankfurt am Main 2001, S. 47

42 Ähnlich auch die Beobachtungen von Schneider-Wilkes, S. 195 ff.

43 Vgl. Colin Crouch: Postdemokratie. Frankfurt am Main 2008

44 Vgl. zu dieser Problematik Reiner Weinert: Intermediäre Institutionen oder die Konstruktion des «EINEN». In: Kölner Zeitschrift für Soziologie und Sozialpsychologie. Jg. 47/1995, S. 237 ff.

45 Hierzu, wenngleich in etwas sehr hellem Licht, vgl. jetzt Peter Mörtenböck u. a.: Occupy. Räume des Protests. Bielefeld 2012, S. 49 ff.

46 Vgl. etwa Christian Jakob u. a.: Fragmentierter Protest. In: *taz*, 18. Mai

2012; Ursula Scheer: Ein Gefühl des Unbehagens. In: *Frankfurter Allgemeine Zeitung*, 17. Mai 2012; Felix Helbig u. a.: Spottgesänge für die Polizei. In: *Frankfurter Rundschau*, 20. Mai 2012

47 Hierzu die erhellende Reportage von Jörg Heuer: Gorleben im Wendland – das gekaufte Dorf. In: *Hamburger Abendblatt*, 1. November 2010

48 Am Frankfurter Beispiel siehe Ralph Bollmann u. a.: Brüllen, Dröhnen, Pfeifen. In: *Frankfurter Allgemeine Sonntagszeitung*, 12. März 2012

49 Peter C. Dienel: Bürgerinitiativen – soziologische und sozialisationstheoretische Aspekte. In: Bernd Guggenberger u. a. (Hg.): Bürgerinitiativen und repräsentatives System. Opladen 1984, S. 298–308, hier S. 305; vgl. auch die Begründung für den Austritt aus dem BUND von Enoch zu Guttenberg: Ich trete aus. In: *Frankfurter Allgemeine Zeitung*, 12. Mai 2010

50 Markus Miessen: Albtraum Partizipation. Berlin 2012, S. 9

51 Zu diesem Gedanken früh schon Robert Spaemann: Politisches Engagement und Reflexion. In: Technische Hochschule Stuttgart. Reden und Aufsätze. Bd. 30. Stuttgart 1965, S. 3–19, hier S. 18

52 Vgl. Dieter Rucht: Bürgerschaftliches Engagement in sozialen Bewegungen und politischen Kampagnen. In: Christiane Toyka-Seid (Hg.): Bürgergesellschaftliches Engagement in Parteien und Bewegungen. Opladen 2003, S. 17–155, hier S. 18

53 Siehe Ulrich Matz: Der überforderte Staat. Zur Problematik der heute wirksamen Staatszielvorstellungen. In: Wilhelm Hennis u. a. (Hg.): Regierbarkeit. Studien zu ihrer Problematisierung. Stuttgart 1977, S. 82–102; als Replik von linker Seite vgl. Claus Offe: «Unregierbarkeit». Zur Renaissance konservativer Krisentheorien. In: Jürgen Habermas (Hg.): Stichworte zur «geistigen Situation der Zeit». Bd. 1. Frankfurt am Main 1979, S. 294–338

54 Joachim Fischer, Wie sich das Bürgertum in Form hält, Springe 2012, S. 44

55 Albert Hirschmann: Engagement und Enttäuschung. Frankfurt am Main 1984, S. 13

56 Ingolfur Blühdorn: The Sustainability of Democracy. On Limits to Growth, the Post-democratic turn and Reactionary Democrats, online unter: http://people.bath.ac.uk/mlsib/public%20access/Bluehdorn_-_The_Sustainability_of_Democracy_-_Eurozine.pdf (eingesehen am 15. Oktober 2012)

57 Hierzu auch Christoph Möllers: Der vermisste Leviathan. Staatstheorie in der Bundesrepublik. Frankfurt am Main 2008, S. 69

58 Claudia Ritzi u. a.: Politische Führung in der «Postdemokratie». In: Aus Politik und Zeitgeschichte. Heft 2–3/2010, S. 9–15

59 Spaemann: Politisches Engagement und Reflexion, S. 10 f.; Thomas Ellwein: Politische Verhaltenslehre. Stuttgart 1965, S. 195

60 Siehe auch Miquet-Marty: Les oubliés de la démocratie, S. 189

61 Miessen: Albtraum, S. 7

62 Peter Fritzsche: Wie aus Deutschen Nazis wurden. Zürich/München 1999, S. 46

63 Hierzu sehr überzeugend Gian Enrico Rusconi: Berlusconismus ohne Ende? In: Ders. u. a. (Hg.): Berlusconi an der Macht. München 2010, S. 151–161, hier S. 160

64 Vgl. sehr eindrücklich Sheri Berman: Civil Society of the Weimar Republic. In: World Politics. A Quarterly Journal of International Relations. Jg. 49 (1997). Heft 3, S. 401–429, hier S. 419. Diesen kritischen Blick auf die Zivilgesellschaft richtet die Verfasserin auch auf die amerikanische Gegenwartskultur, vgl. Dies.: Civil Society and Politcal Institutionalization. In: American Behavioral Scientist. Jg. 40 (1997). Heft 5, S. 562–575

65 Hierzu ebenfalls Frank Brettschneider: Kommunikation und Meinungsbildung bei Großprojekten. In: Aus Politik und Zeitgeschichte. Heft 44–45/2011, S. 40–47, hier S. 42

66 Siehe auch Horst Dreier: Integration durch Verfassung? Rudolf Smend und die Grundrechtsdemokratie. In: Friedrich Hufen (Hg.): Verfassungen. Zwischen Recht und Politik. Festschrift zum 70. Geburtstag für Hans-Peter Schneider. Baden-Baden 2008, S. 70–96, hier S. 94

67 Andreas Gross: Heilung durch direkte Demokratie. In: *Frankfurter Allgemeine Zeitung*, 1. Dezember 2010

68 Hans Vorländer: Spiel ohne Bürger. In: *Frankfurter Allgemeine Zeitung*, 11. Juli 2011

69 Miquet-Marty: Les oubliés de la démocratie, S. 165 u. S. 168

70 Herfried Münkler: Die Verdrossenen und die Empörten. In: *Neue Zürcher Zeitung*, 25. April 2012

71 So schon der kluge Beitrag von Sebastian Haffner: Die neue Sensibilität des Bürgers. In: Guggenberger u. a., S. 75–86, hier S. 85

Dank

Ein solch umfangreiches Forschungsprojekt durchführen zu können ist eine große Freude, aber auch eine immense Anstrengung. Bedanken wollen wir uns bei all denjenigen, die uns bei dieser Exkursion durch die deutsche Protestlandschaft unterstützt haben.

Unser Dank gilt zuallererst den Engagierten, die sich bereit erklärt haben, mit uns zu reden, die uns für Interviews zur Verfügung standen, an den Gesprächsrunden teilnahmen und uns Einblicke in ihr Leben gewährten. Ungenannt blieben viele Ansprechpartner aus örtlichen Initiativen, Lokalpolitik, Vereinen und Verbänden, die uns mit ihrem Wissen und ihren Kontakten im wahrsten Sinne des Wortes Türen öffneten, uns mögliche Interviewteilnehmer vorstellten. Ihnen sind wir ebenso zu Dank verpflichtet wie Lutz von Meyerinck und Ulrich Winkler vom kmw outrage management, die jederzeit klug und geschickt zwischen den so unterschiedlichen Systemen Wissenschaft und Wirtschaft vermittelten.

Die vielen Stunden Tonmaterial haben Mathias Hehr, Fitore Jahahj, Annike Klimmeck, Haris Mustafi, Robert Pausch und Stephanie Strasser transkribiert. Bei der Gesprächsmoderation halfen Daniela Kallinich und Christian von Eichborn. Das finale Manuskript gewohnt akribisch gegengelesen haben Katharina Rahlf, Roland Hiemann und Felix Bartenstein.

Ganz besonders produktiv waren – einmal mehr – die vielen kritischen wie konstruktiven Gespräche mit den Kolleginnen und Kollegen am Göttinger Institut für Demokratieforschung über Methodik und Interpretation. Dieser besonderen Arbeitsatmosphäre an einem einmaligen Ort verdanken wir ungemein viel.

FSC
www.fsc.org
MIX
Papier aus verantwortungsvollen Quellen
FSC® C083411

Das für dieses Buch verwendete FSC®-zertifizierte Papier *Lux Cream* liefert Stora Enso, Finnland.